Guanghua Sixiang Zhengzhi Jiaoyu Luntan

光华思想政治教育论坛

主　编　唐晓勇　雷栋良

西南财经大学出版社
SOUTHWESTERN UNIVERSITY OF FINANCE & ECONOMICS PRESS

中国·成都

2018
总第九辑

图书在版编目（CIP）数据

光华思想政治教育论坛.2018/唐晓勇,雷栋良主编.—成都：
西南财经大学出版社,2018.12
（光华思想政治教育论坛系列丛书）
ISBN 978-7-5504-0679-7

Ⅰ.①光…　Ⅱ.①唐…②雷…　Ⅲ.①高等学校—思想政治
教育—中国—文集　Ⅳ.①G641-53

中国版本图书馆 CIP 数据核字（2018）第 279708 号

光华思想政治教育论坛（2018）

Guanghua Sixiang Zhengzhi Jiaoyu Luntan（2018）

主编:唐晓勇　雷栋良

责任编辑	王　利
封面设计	张姗姗
责任印制	朱曼丽
出版发行	西南财经大学出版社（四川省成都市光华村街 55 号）
网　　址	http://www.bookcj.com
电子邮件	bookcj@foxmail.com
邮政编码	610074
电　　话	028-87352211　87352368
照　　排	四川胜翔数码印务设计有限公司
印　　刷	郫县犀浦印刷厂
成品尺寸	185mm×260mm
印　　张	15.75
字　　数	366 千字
版　　次	2018 年 12 月第 1 版
印　　次	2018 年 12 月第 1 次印刷
书　　号	ISBN 978-7-5504-0679-7
定　　价	98.00 元

目 录

目　录

第三篇　高校思想政治教育与思想政治工作

第一篇 马克思主义理论及党史党建研究

论制度化逃避及其治理

刘 芳 刘 娟

【摘要】 制度化逃避是指在人们的实际生活中存在的违背制度要求但似乎又行得通的行为。制度化逃避现象在当前我国政治、经济、社会生活中都不同程度地存在并发生着作用。在全面深化改革的过程中，在中国特色社会主义进入新时代的伟大进程中，应该正视制度化逃避问题。既要对制度化逃避的概念、特点、类型进行梳理，也应对制度化逃避的表现、危害性及问题产生的原因进行分析，从而对制度化逃避进行有效治理，提出治理的基本原则、治理路径和具体措施。

【关键词】 制度化逃避；权力寻租；不正当竞争；从众违规行为

【作者简介】 刘芳，西南财经大学马克思主义学院教授，从事马克思主义理论的教学与研究工作；刘娟，中共邛崃市委组织部干部。

3

中国特色社会主义进入了新时代，我国社会主要矛盾已经转化为人民日益增长的美好生活需要和不平衡不充分的发展之间的矛盾。社会主要矛盾的转化，对全面深化改革总目标的完成，夺取中国特色社会主义的伟大胜利，提出了更高的要求。我们应该看到，在全面深化改革的过程中，制度化逃避是一个不可回避且必须加以治理的问题。这对完善和发展中国特色社会主义制度，推进国家治理体系建设和治理能力现代化建设，有着重要的理论价值和现实意义。

一、制度化逃避的含义、特点和类型

（一）制度化逃避的含义和特点

制度化逃避是指在人们的实际生活中存在的违背制度要求但似乎又行得通的行为。它体现了形式上的制度与现实中的制度的矛盾。所谓形式上的制度，即公认的、成文的制度。所谓现实中的制度，即现实生活中真正实行的制度。由于制度本身可能存在某些漏洞或者不完善，无法制约人们所有的行为和调节所有的关系，这就为制度化逃避行为的产生提供了空间。在我们的现实社会中存在不少钻制度空子的现象，如假公济私、行贿受贿、"合法不合理""你有政策我有对策"等，这些都是制度化逃避现象。[①]

由于社会环境、文化意识等方面的差异，导致人们出现价值观念的差异和对行为

---

① 李芹. 社会学概论 [M]. 济南：山东人民出版社，2012：259.

规范的不同认识，评价制度化逃避的标准也有所不同。因此，我们有必要对制度化逃避的特点做进一步的阐述。

首先，制度化逃避是一种较为普遍的社会现象，具有普遍性。社会中不少个人或群体似乎都难免会出现某种制度化逃避行为。例如：不守时，上班迟到、下班早退；随意或随大流式不守规矩或违规，乱闯红灯、乱扔垃圾……这些都是制度化逃避现象。

其次，制度化逃避是人们对特定制度规范的不遵从，具有相对性。人们总是在特定的时间、地点和条件下表现出制度化逃避行为，而在不同的时间、空间和社会背景下的制度规范是不一样的。一种社会行为是否属于制度化逃避，需要根据具体情境做出具体分析。如：在一夫多妻制的国家，一个男子可以同时与多个女子结婚，而在一夫一妻制的国家，则是不被允许的。可见，对是否属于制度化逃避行为的判定，是具有相对性的。

最后，制度化逃避具有两面性。制度化逃避主要是指那些违反制度规范要求而产生负面影响的不良行为。然而，从制度化逃避所产生的后果来看，并不一定都会对社会起负面的作用。有时候，虽然人们的某些行为违反了制度，但所违反的制度规则已随社会变迁而不再起作用。在这种情况下，人们会认为这类行为是可以接受的，它对改进制度设计有一定的促进作用。不过，从社会稳定的角度来看，必须要避免制度化逃避的负面影响，加强对制度化逃避的治理。

（二）制度化逃避的类型

依据不同的标准，制度化逃避可以被划分为不同类型。

首先，可以分为政治、经济、社会生活等不同领域的制度化逃避。人类社会生活具有复杂性与多样性，每一个具体的领域都存在着制度化逃避现象。这种划分有助于对制度化逃避现象进行全面的研究，有助于对制度化逃避的有效治理。

其次，可以划分为隐性的和显性的表现形态方面的制度化逃避。通常情况下，隐性状态的制度化逃避多属于结构上的或局部的，而显性的制度化逃避则是行为上的或整体性的。对制度化逃避表现形态的区分，对于我们采取适当的方式去治理不同类型的逃避现象是有益的。不论是隐性的还是显性的制度化逃避行为，我们都需要给予关注，恰当处理，以更好地促进社会的协调发展。

再次，根据功能的不同，可以分为建设性的和破坏性的制度化逃避。在大多数情况下，制度化逃避是破坏性的，对于制度建设的消极作用显而易见。但不能否认，有些制度化逃避是对不合理制度的质疑或不遵从，其对于修正或完善不合理制度是有价值的。

最后，根据制度化逃避发生的范围的不同，可划分为局部性的或整体性的制度化逃避。某些制度在不同的地域会有不同的作用，从而产生局部性的制度化逃避现象。也有因为某些制度本身的缺陷，引发的整体的制度化逃避。

二、制度化逃避的表现、危害性及问题产生的原因

（一）制度化逃避的表现

制度化逃避在政治、经济和社会生活中均有突出的表现。

首先，制度化逃避在政治生活中主要表现为权力寻租。权力寻租指握有公权者以权力为筹码谋求获取自身利益的一种非生产性活动。权力寻租其实就是将权力商品化，

以权力为资本，去参与商品交换和市场竞争，牟取不正当的金钱和物质利益，即通常所说的权物交易、权钱交易、权权交易、权色交易，等等。法律制度的不完善，监管、执行的不彻底，为一些官员提供了权力寻租的条件。他们利用制度存在的漏洞，以各种方式将权力作为一种稀缺的资源投入市场，将公共权力资本化。权力寻租必然导致权力腐败。

其次，制度化逃避在经济生活领域中主要表现为不正当竞争。经济活动主体从自己的利益出发，通过制度化逃避，违背社会主义市场经济领域中的诚信、公平竞争等基本的道德原则，从而牟取利益。他们要么通过制造低成本的假冒伪劣商品欺骗消费者牟取高额利润；要么通过不正当竞争手段以贬低、诋毁、低价商战等手段毁坏竞争对手信誉，造成恶性竞争；要么通过虚假宣传，进行非法集资、非法传销等。这些行为不仅违反和破坏了公平、诚信的市场经济原则，同时也给社会带来了极其恶劣的影响。此外，多种形式的经济贿赂、钱权交易等现象也层出不穷。经济领域内的这些制度化逃避问题都是钻社会主义市场经济制度不完善的空子，妄图通过"打擦边球"获取高额利润。

最后，制度化逃避在社会生活领域中主要表现为从众违规行为。在社会生活中，从众心理是较为普遍的社会心态。不少人明明知道有些做法是违规的，但因为有人已这么做了，而且做了不仅没有什么坏处，反而有利可图，那么自己当然也可以这么做。当这种从众心理与一定的似乎是可以容忍的越轨行为相结合时，从众违规这种制度化逃避也就不可避免地发生了。"法不责众"的从众心理，使集体式的不遵从行为如闯红灯等制度化逃避变得理所应当。

（二）制度化逃避的危害性

上述种种制度化逃避的产生，都表明我国目前存在的形式的制度与现实的制度不能一致，两者之间存在某种脱节。法律法规、政策规定等原本应该具有刚性的东西却变得有弹性、可变通，是与非的界限被模糊了，衡量标准也变得不确定。由此观之，制度化逃避的危害性是明显的。

首先，它削弱了制度的刚性。现实生活中大量的制度化逃避，削弱了制度本身所应具有的规范性、刚性。制度的刚性一旦被削弱，制度的弹性、不确定性就明显增强，从而使得制度的约束功能无法发挥作用。

其次，它容易引发人们对制度制定者、执行者的不信任。当制度化逃避现象频发时，很容易导致社会的不平等和利益分配的矛盾，人们就会产生各种不满情绪，并把这种不满情绪转移到制度制定者、执行者身上，对决策者和管理者产生不信任态度，对其制定的制度本身及执行制度的能力产生怀疑，这种怀疑将会引发信任危机。当这种不满情绪被不断放大，就会导致偏激情绪的产生，甚至引发某种对抗性行为。

最后，它无视制度的存在，一部分人的越轨行为导致制度失效，降低了社会运行效率。现代社会的各种制度都是为了保证社会中的各种力量或组织的有序运行，各种制度都是适应社会或组织的发展需要而产生的。而制度化逃避无视制度的存在，无法保证社会组织的有序运行，也影响了整个社会的良性运行。

（三）制度化逃避问题产生的原因

制度化逃避在任何社会都有，是一种不可回避的社会现象，只是程度不同而已。没有这种现象的社会只能是理想社会。但是，如果一个社会的制度化逃避现象过于严重，制度的有效性就受到挑战，对此必须高度重视。产生制度化逃避的原因是多方面的。

首先，文化背景因素。中国长达几千年的封建社会，形成了不遵守规范的特权思想，这种思想在今天的社会中依然存在。我们的某些政府官员，不认为这是旧社会的糟粕，反而为享有特权而沾沾自喜；不是身体力行，做遵纪守法的模范，而是自以为高人一等，处处做特殊公民。在传统社会中，老百姓对官僚特权的容忍度比较大，对官僚的特权行为也习以为常。这种文化背景助长了一部分拥有权力者的特殊化行为，认为某些行为老百姓不能做，但是握有权力者则是可以做的。

其次，制度本身的局限。一是制度过于抽象化，不易操作。即使制度本身可能是个好的制度，但只有理论的阐述而缺少可具体运作的条款，这些原则也不能直接落到实处。二是制度设计过于理想化，在现实生活中难以实施，至少在现阶段还不具备实施的条件，因此往往会流于形式，只能更多地停留在纸上。这是制度自身的不足。

再次，部分社会成员理想信念和社会责任感缺失。在一部分政府官员心中，缺乏应有的理想信念，却具有双重人格。一方面，他们可以在公开的场合，讲得冠冕堂皇，将自己标榜为社会制度的执行者与捍卫者；另一方面，在他们的内心深处，却并不是真正地信仰与忠诚于自己所誓言追求与捍卫的事业，而是将所服务的制度工具化，仅仅将他们所获取的权力作为牟取私利的工具，以权换利，以各种方式将自身利益最大化，努力不让自己吃亏。他们是制度化逃避的能手，以工作需要为幌子，利用熟悉制度和规范的空子的优势，在保证自身行为表面合法的前提下，获取灰色甚至黑色收入。一些缺乏社会责任感的普通民众，则不关心政治，他们对腐败行为、不正之风等并不关心。在他们看来，只要没有直接损害他们的利益，他们也不是直接的受益群体，那么这些或明或暗的制度化逃避对他们而言也不值得关心。他们中的一些人甚至认为，即使反对这些贪官污吏的行为也并不能有效地改变结果，个人的作用是有限的，难得将自己的精力花费在"无用"之争上，最终放弃了对腐败行为和不正之风的斗争。这种消极的做法无意中也助长了制度化逃避这种不良行为。

最后，社会需要与个人利益的冲突。任何制度或规范制定之初就是以满足绝大多数人的需要为标准的，都是为照顾大多数人的利益和需要的，以保证社会的有序运行。不过，制度设计是无法照顾到每一个个体或每一个群体的利益的，甚至一定程度上还会损害部分个体或群体的利益，这就容易导致部分个体或群体为确保不危及个人或群体利益而采取某种制度化逃避行为，如通过"打擦边球"的方式，钻制度的漏洞、政策的空子，来保护自身既得利益，扩张个体或群体利益。对于干部队伍中的少数个体和少数群体而言，"白色腐败"是其制度化逃避的典型行为。从普通个体到群体，当其利益被维护大部分个体或群体利益的制度规范规避掉后，一部分个体或群体会选择放弃此部分利益，开辟新的合法和合制度规范的利益来源。但总是有少数个体或群体对自身既得利益无法割舍，则会选择"另辟蹊径""投机取巧"……形成制度化逃避，并在该群体一定的活动范围内形成一种所谓的"潜规则"。娱乐圈的种种"上位""博头条"等现象就反映了部分个体或群体为获取名利所形成的各类制度化逃避行为。

三、制度化逃避的治理原则、路径选择和具体措施

（一）制度化逃避的治理原则

在高举中国特色社会主义伟大旗帜，决胜全面建成小康社会，夺取新时代中国特色社会主义伟大胜利，为实现中华民族伟大复兴的中国梦不懈奋斗的进程中，在全面深化改革的过程中，我们要治理制度化逃避的问题，必须遵循以下几条基本原则：

首先，坚持一切从实际出发、实事求是的原则。"一切从实际出发，理论联系实际，实事求是，在实践中检验真理和发展真理"[①]是我们党一直坚持的思想路线。在全面深化改革过程中要治理制度化逃避，就需要坚持一切从实际出发、实事求是这一基本原则，才能将问题解决得全面、彻底。

其次，坚持以人民为中心的原则。一是"为人民服务"，强调重视人的价值实现，注重人的价值本身；二是"以人为本"，让人民在全面深化改革的过程中真正享有社会资源，满足其自身合理需求的前提下，充分发挥其积极性和能动性，成为社会发展的主要依靠力量，共同消除社会中的制度化逃避现象。

最后，坚持集体主义道德原则。集体主义道德原则是社会主义初级阶段生产关系本质特征的内在要求，与社会主义市场经济原则具有一致性。在社会主义初级阶段，生产关系强调以公有制为主体，要求社会成员坚持相互合作、共同发展的集体主义原则。中国特色的社会主义市场经济需要与社会主义基本制度相结合。市场主体除了各自追求的经济利益外，还存在更多集体性、全局性的共同的长远的利益，而与这种共同的长远的利益关系相协调的道德原则便是集体主义。这是我国社会发展的方向所决定的。

（二）制度化逃避的治理路径

对制度化逃避进行治理，要以党的十九大提出的习近平新时代中国特色社会主义思想和基本方略为指导，紧扣全面深化改革的迫切任务进行路径设计。

首先，上层制度设计与下层民众需求相结合。改革是一个复杂的系统工程，在全面深化改革的过程中，要治理社会中的种种制度化逃避，就需要进行一场自上而下的改革，需要将顶层设计和基层群众的现实要求结合起来，尊重客观现实，把握客观规律，在统筹规划中稳步推进改革。不可否认，我们一直在对当前社会中存在的制度化逃避进行处理，但看似解决了表层的麻烦，实际却凸显了深层的问题；看似化解了显性的症结，实际却浮现了隐性的风险。社会发展水平不断提高，民众诉求也更为庞杂。新旧矛盾的缠绕、纠结，利益藩篱相互交错。缺乏科学的顶层设计，改革很难凝心聚力。有了顶层设计，还需要顶层的推动，才能做到彻底全面的改革，避免改革的碎片化。而只有顶层设计，缺乏对基层客观事实、现实诉求的把握，那将是水中浮萍，缺乏根基。人民群众是历史的创造者，在全面深化改革的过程中，要治理制度化逃避的问题，必须重视人民群众的作用，尊重基层群众的首创精神，做到集思广益，鼓励先行先试。改革的艰难，往往集中在改革的牵涉面广、关乎广大人民的切身利益这方面。我们要推动改革顺利进行，就必须时刻考虑人民群众的关切点，做到问计于民，问需于民，集民智、顺民意，做到上下呼应，最大限度地聚合改革正能量，激发人民群众

7

---

① 中共中央文献研究室.十二大以来重要文献选编（上）[M].北京：人民出版社，1986：67.

的积极性、创造性。

其次，改革的力度、发展的速度、社会的可承受度三者相结合。我们要在全面深化改革过程中去治理制度化逃避，就必须在改革的力度、发展的速度、社会的可承受度三者之间找到平衡点，确保既能在全面改革中顺利化解制度化逃避难题，又能在制度建设中促进全面深化改革的顺利进行。全面深化改革正处于经济转型的关键期，面临复杂多变的新环境，涉及我国重大利益关系的重新分配调整。不论是改革利益总量，还是调整利益预期，都需要严谨、科学地权衡改革的力度、发展的速度及社会的可承受度这三者的关系，做到求稳求妥，在制度的设计及运行中也需做到受益群体的最大化，统筹各方利益，保证改革能循序渐进地有效推进。

最后，整体推进与重点突破相结合。在全面深化改革的过程中，各领域和环节的关联性及其互动性都将明显增强，每项改革都将会对其他的改革产生重要影响。我们要在全面深化改革的过程中治理制度化逃避问题，在路径选择上需要做到点与面结合，把握整体推进与重点突破。不能眉毛胡子一把抓，要把握重点领域，抓准主要矛盾，抓住关键环节，以点带面，有重点、有规划地各个突破。

（三）制度化逃避的治理措施

制度化逃避出现的原因是多样的，制度化逃避的治理也应有针对性的具体措施。

首先，完善制度建设。随着经济全球化进程加快，中西方思想文化不断碰撞，相互交融。对于西方文化及其制度设计的理念等，我们所要采取的态度是辩证否定的态度，既不一概排斥，也不全盘吸收，扬弃借鉴才可行。西方文化特别是其中的制度建设的不少内容应该是人类不断继承和创造的智慧的结晶、文明的成果。因此，借鉴西方先进文化来治理我国全面深化改革中的制度化逃避，是非常必要的。我们需要学习西方成功的制度建设经验，来丰富和完善我们自身的制度建设。

其次，提高国民综合素质。在全面深化改革的过程中，完善教育制度刻不容缓，这直接关乎国民综合素质的提高。其一，规范拨款体制，加大基础教育的财政投入力度，严格把关教育经费的收支。避免部分地区和学校打着"择校费""借读费""赞助费"等名目乱收费。不规范、不公正的收费，滋生的是教育领域内部的不正之风，也导致了各种教育腐败现象的产生。因此，不论是为提高国民素质，还是为清除教育界的歪风邪气，都需要政府加大对教育经费的投入力度，加大对义务教育的普及力度，并建立相应的保障机制，保证教育经费合理、科学、高效使用。其二，需要均衡配置教育资源。在我国，习惯将学校划分为"三六九等"，并据此来配置教育资源。这样的做法并不科学。由于优等学校的教学设施、教学质量都明显优于其他一般的学校，从而使较多的学生及家长都希望通过各种非常规手段进入好的学校上学，在争夺教育资源上形成了诸多制度化逃避，如用钱买入校资格、通过迁移户口进入好的学校等现象，这样就造成了教育资源的不平衡分配和恶性的教育资源竞争。因此，要避免这样的现象，就应该均衡师资、降低重点学校的收费、完善学校的监管体制，保证其选择学生的公正公平公开。

再次，健全和完善中国特色社会主义法治体系。在全面深化改革的过程中，政治、经济、社会生活等各个领域的制度化逃避的存在，从一定意义上来讲，是我国法治体系的不健全、法律制度的不完善引发的。特别是面对当前我国腐败大量滋生、蔓延的问题，如何构建惩防腐败的法治体系，如何加大反腐防腐力度，是当前及以后全党全社会都必须关注的一个重大问题。要反腐，就必须加快法治建设的步伐，为依法反腐提供强有力的保障。同时，要加强法制宣传，形成依法治腐的社会环境。对于党内监察机关制定的关于党风廉政的制度体系，要进行清理和规范，形成"不易腐败"的防范机制。除此之外，要加强完善地方法规，根据各地的实际，将一些实用的、具有科学性和约束性的地方制度上升为法律，以此加强法律和制度的刚性，增强它的约束力。党的十八届四中全会上提出了全面推进依法治国，建设中国特色社会主义法治体系，建设社会主义法治国家的总体目标。为保证这个目标的实现，我们提出了五大坚持，即实现这个总目标，"必须坚持中国共产党的领导，坚持人民主体地位，坚持法律面前人人平等，坚持依法治国和以德治国相结合，坚持从中国实际出发"①。这充分表明了我国在全面深化改革中，构建完善的法治体系的重要性和必要性。

最后，深化改革社会管理制度。社会管理制度在本质上反映的是国家与社会之间的现实的互动关系，而在形式上则更多地偏重于反映一个国家、地区、民间组织的社会化服务程度。说到改革，我们倾向于政治、经济、文化制度等方面的构想，对于社会管理制度却未给予足够的重视。随着我国经济的快速发展，经济类型、分配形式、组织方式都日益趋于多样化，单纯依靠政府的社会管理体制是无法适应社会发展的。在全面深化改革的过程中，我们有必要将现代化的社会管理模式从固化的政府或企业的社会管理职能中剥离出来，让介于政府和企业之间的社会中介组织也参与社会管理，延伸政府服务，增强社会自律能力。在全面深化改革的过程中，我们要对社会管理体制中存在的挂着名目却不履行职能的制度化逃避进行治理，这就需要切实转变政府职能，大力完善社会管理制度。

9

参考文献

[1] 李芹. 社会学概论 [M]. 济南：山东人民出版社，2012.

[2] 朱力. 中国社会中的制度化逃避 [J]. 社会科学研究，1996 (4).

[3] 陈俊峰. 农民生育行为中的制度化逃避 [J]. 中国农业大学学报（社会科学版），2001 (3).

[4] 边达. 企业制度化逃避探析 [J]. 企业文明，1997 (3).

[5] 辛鸣. 制度论——关于制度哲学的理论建构 [M]. 北京：人民出版社，2005.

[6] 卢现祥. 为什么中国会出现制度"软化"？——基于新制度经济学的视角 [J]. 经济学动态，2011 (9).

[7] 杨冬雪. 社会倒逼与制度性逃避 [J]. 决策，2013 (7).

（编辑：刘世强）

---

①　十八届四中全会公报. 新华网 [DB/OL]. http://www.js.xinhuanet.com/2014-10/24/c_1112969836_3.htm.

马克思对黑格尔概念辩证法的批判与超越

王　凡　易家维

【摘要】在科学实践观的基础上，马克思对黑格尔的概念辩证法进行了彻底批判，直指其客观唯心主义的实质，马克思从思辨主题、思辨起点、思辨方法等方面对黑格尔概念辩证法进行改造，从而完成了对黑格尔概念辩证法的超越。

【关键词】概念辩证法；绝对理念；实践；唯物辩证法

【作者简介】王凡，西南财经大学马克思主义学院讲师；易家维，西南财经大学马克思主义学院 2016 级硕士研究生。

在科学实践观的基础上，马克思使黑格尔完备的辩证法体系突破它那神秘的外壳，并对其进行了唯物主义的改造，把社会历史的发展和唯物主义有机地结合了起来，把人类思维的发展和人类的实践活动有机地结合了起来，从而完成了其在哲学史上的革命性变革。

一、马克思对黑格尔概念辩证法的批判

众所周知，黑格尔以"绝对理念"即马克思所说的"无人身的理性"自我运动和自我认识的形式构建了宏大的概念发展的逻辑体系，这一逻辑体系就是黑格尔的本体论、认识论和逻辑学相统一的概念辩证法。黑格尔的概念辩证法把现实的辩证运动神秘化为"绝对理念"的自我运动，用恩格斯的话说就是"概念的自我发展"的辩证法。黑格尔的概念辩证法通过对概念本性的研究，展现了人类思维运动的逻辑过程。但是，在黑格尔的概念辩证法中，思维再现事物辩证运动的规律始终发生在纯思想中，脱离了具体的、历史的现实，因而是一种抽象的、片面的"发展学说"。

在科学实践观的基础上，马克思对黑格尔的概念辩证法进行批判性分析。首先，马克思直接指出了黑格尔概念辩证法的客观唯心主义实质。他说："我的阐述方法不是黑格尔的阐述方法，因为我是唯物主义者，而黑格尔是唯心主义者。"① 与黑格尔截然相反，马克思认为历史是人的环境和人自身持续不断进化的产物，人的意识不过是人脑对客观事物的主观反映。其次，马克思批判了黑格尔概念辩证法的抽象性。马克思认为黑格尔的哲学只是"纯概念"的自身发展、自身认识的思辨体系。"纯概念"是一种脱离自然和社会历史的"无人身的理性"。这种理性"在自身之外既没有可以设定

---

① 马克思恩格斯文集：第 10 卷［M］．北京：人民出版社，2009：280.

自己的场所，又没有可以与之相对立的客体，也没有可以与之合成的主体，所以它只得把自己颠来倒去：设定自己，自相对立，自相合成——设定、对立、合成。用希腊语来说，这就是：正题、反题、合题"①。由此，"整个现实世界都淹没在抽象世界之中"②，无限丰富的现实的辩证运动统统消融在概念的自我综合、自我深化和自我运动的思维中。在黑格尔的绝对理念里，一切矛盾都消解了、终止了，但是从此辩证法的革命性也就窒息了。马克思指出，出现这种问题的关键就在于，黑格尔"不了解'革命的''实践批判的'活动的意义"③，没有认识到思维的现实性来源于人的现实的感性的活动。

二、马克思唯物辩证法与黑格尔概念辩证法的差异

从马克思的论述可以看出，唯物辩证法与黑格尔概念辩证法有着本质的不同，它导致如下差异：

（一）思辨主题不同

黑格尔和马克思都关注辩证法，关注辩证过程的最一般的模式。但唯物辩证法与黑格尔概念辩证法又是不同的，这种不同来源于这样一个事实，即他们提出了完全不同的哲学问题。

黑格尔哲学思辨的主题是宇宙的合理结构是什么，意识如何揭示它。黑格尔认为，宇宙是一种绝对理念的对象化。绝对理念无须任何外在的刺激便可以开始和继续其发展。而充分发展了的人的意识就等同于这种绝对理念。人的意识的发展在经历了一个从抽象到具体的过程之后，实现从"感性确定性"到"绝对真理"。其中，每一个概念都是达到绝对真理的一个环节。每一个概念本身都是有限的，都只代表部分的真理，而新的、更丰富的、更具体的概念，既是对原有概念的否定，又是对原有概念的超越。世界的实质是精神，是"绝对理念"的自为的、自由的运动。在这种运动中，"绝对理念"实现了其"自身"的内在必然性，即其固有的目的。整个过程都发生在纯思想中。按照黑格尔的哲学逻辑，支撑世界的结构实则是各种概念本身。

而马克思哲学思辨的主题是在由人创造的、历史的现实中什么是不合理的，它如何才能通过人的实践被改变。在马克思看来，辩证法所关注的不是事物如何存在，而是事物如何可能通过人被产生、扬弃并进一步得到发展。辩证法的本质创新在于其实践——批判之维。辩证法不是纯粹的知识即一种"方法论"，而是对知识和现实的一种批判。这一批判与人的现实生活紧密相连。它涉及社会生活中的各个领域，诸如社会结构、经济体制、政治体制和文化体制等各个不同的方面。人通过实践，在历史的生产中创造出新的社会条件，实现异化到自由的自觉的状态，而人的意识也随着人类的实践而不断生长与创新。世界上不存在什么先于人而出现并处于人的意识之外的精神。人类的思维形式是随着实践的发展而发展的，并受实践检验和修正。以实践为基础，马克思主义哲学认为，我们生活的世界实际上是一个由内在于实践活动的多重性矛盾关系所构成的否定性统一的世界。因此，我们在认识世界、改造世界的时候，就不能

11

---

① 马克思恩格斯文集：第1卷［M］．北京：人民出版社，2009：599．
② 马克思恩格斯文集：第1卷［M］．北京：人民出版社，2009：600．
③ 马克思恩格斯文集：第1卷［M］．北京：人民出版社，2009：54．

把其中某种因素独立地实体化、抽象化、绝对化。我们必须承认世界的多样性、丰富性、矛盾性，并在此基础上寻求它们的辩证的、具体的统一。

（二）思辨起点不同

众所周知，康德之后，黑格尔力图弥合被康德割裂的思维的主观性和客观性之间的关系。在对康德先验哲学进行批判的基础上，黑格尔吸收了谢林的主体与客体同一的思想，将谢林所主张的绝对的、无差别的同一改造为具体的、有差别的同一。而具体的、有差别的同一意味着主客体之间存在着内在的矛盾性。黑格尔将既包含着主体能动性又包含着客观真理性的最高实体称为"绝对理念"。绝对理念是包含着内在矛盾性的统一体。"绝对理念"的辩证运动过程，同时也是"绝对理念"自我认识、自我创造的过程。黑格尔的逻辑学就是以"绝对理念"为起点，经由概念的辩证运动而展开的理论体系。在这个理论体系中包含了"绝对理念"扬弃自身所经历的逻辑学、自然哲学和精神哲学阶段。

费尔巴哈从人本唯物主义出发，"消解了形而上学的绝对精神，使之变为'以自然为基础的现实的人'"[①]。然而，马克思很快意识到，费尔巴哈所说的"人"是抽象的、不现实的人，而真正现实的个人应该是从事实践活动的人。要想实现由"抽象的人"向"现实的人"的转变，就必须把这些人"作为在历史中行动的人去考察"[②]。马克思说："我们的出发点是从事实际活动的人。"[③] 这种人"不是处在某种虚幻的离群索居和固定不变状态中的人，而是处在现实的、可以通过经验观察到的、在一定条件下进行的发展过程中的人"[④]。将"从事实际活动的人"确定为思辨的出发点，意味着哲学视域的重大转换。在黑格尔的概念辩证法中，"人"是认识自我的"会思维的精神"，它与纯思辨的"有"相对应，在本质上隶属于人的观念。而在马克思这里，"人"是面向感性生活实践的。人不仅能够认识世界，思辨地反映客观事物及其发展规律，还能够通过其主观能动性，能动地改造世界。以人的需要为基础，人类的实践活动表现为"主观"与"客观""合规律性"与"合目的性""理想性"与"现实性"等一系列矛盾运动的复合体。马克思对现实的人的现实活动的历史考察与分析，扬弃了黑格尔概念辩证法中抽象的运动结构，把人从"抽象"的统治中解放出来，帮助人们正确地认识和把握现实的感性世界。

（三）思辨方法不同

这种思辨方法的差异集中表现为：是"历史与逻辑相统一"，还是"逻辑与历史相统一"。

对黑格尔来说，辩证法是概念自身的逻辑运动。这些概念的合理性来自思维，"活泼自如的思维规定循着它们自己的进程逐步发展"[⑤]。外在的感性事物并不能成为其正确与否的标准。黑格尔这里所说的概念，不是以经验为基础的、有所确指的关于经验对象的概念，而是由"绝对理念"的逻辑规定所获得其意义的、把握无限的思辨概念。只有依靠具有逻辑规定性的纯粹概念的自身运动，才能获得关于普遍性和必然性的认

① 马克思恩格斯文集：第1卷 [M]．北京：人民出版社，2009：342．
② 马克思恩格斯文集：第4卷 [M]．北京：人民出版社，2009：294．
③ 马克思恩格斯文集：第1卷 [M]．北京：人民出版社，2009：525．
④ 马克思恩格斯文集：第1卷 [M]．北京：人民出版社，2009：525．
⑤ 黑格尔．小逻辑 [M]．贺麟，译．北京：商务印书馆，1980：48．

识。以此为立论基础，在黑格尔那里，人类社会历史是绝对理念的外化。人类社会的历史发展是绝对理念的展开和实现过程。历史本质上是思维至上的思辨产物。逻辑与历史的关系就表现为历史与逻辑相统一。

马克思以科学的实践观为基础，扬弃了黑格尔的形而上学观。对于概念的永恒化和先验化，马克思进行了一种历史主义的批判。马克思从概念产生的历史背景来考察它们的合理性。放在现实的基础上，概念就失去了其独立性的假象。历史事实是观念、范畴的合法性源泉。任何科学的观念、范畴都应当是具体与抽象、现实与理想的统一。与黑格尔"抽象的同一"相区别，马克思认为人类实践活动的具体性优先于历史范畴的一般抽象性。观念、范畴不需要用一个所谓的"绝对理念"来获得其自身的合法性。它们真正的合法性来自人类的实践活动。人类的实践创造着历史。历史唯物主义和历史唯心主义的区别就在于"它不是在每个时代中寻找某种范畴，而是始终站在现实历史的基础上，不是从观念出发来解释实践，而是从物质实践出发来解释各种观念形态"①，因而，作为对历史的反映，思维中的逻辑必须与历史事实相一致。"历史从哪里开始，思想进程也应当从哪里开始，而思想进程的进一步发展不过是历史过程在抽象的、理论上前后一贯的形式上的反映。"② 要想真正把握历史，离不开一定的逻辑方法。但从更本质的方面来说，历史规定着逻辑抽象的限度。我们不能以逻辑任意地裁剪历史。

三、马克思对黑格尔概念辩证法的超越

（一）现实的感性的物质活动是人类思维的正当前提和基础

黑格尔把绝对理念看成世界的本原，把整个世界的发展看成绝对理念自我演变的过程。因此，在黑格尔这里，一切发展变化都被归结为概念的纯逻辑的推演。黑格尔的概念辩证法始终在概念自身的运动中转圈子。在他的思想中，不是辩证的概念、观念源于客观世界的辩证发展，恰恰相反，而是辩证的概念、观念派生出外界事物。因而，在这种思辨思维中，事情被完全颠倒了。马克思批判地继承了黑格尔的概念辩证法思想，并在其基础之上创立了唯物辩证法。马克思与黑格尔不同的地方在于：黑格尔从观念与抽象思维出发，从理念创造出现实与自然等。马克思则相反，他认为观念是经由人脑改造的，是对人的现实的感性的物质活动的反映。他说：所谓整个历史，"不外是人通过人的劳动而诞生的过程，是自然界对人来说的生成过程"③。

而且，受其理论体系的影响，黑格尔对实践概念的理解亦具有局限性。他看到了实践对人的肯定性意义。他把"劳动看作人的本质，看作人的自我确证的本质"④，并且这种现实的生产劳动具有社会性，"我既从别人那里取得满足的手段……我也不得不生产满足别人的手段。于是彼此配合，相互联系，一切个别的东西就是这样成为社会的"⑤。但是，黑格尔对实践的看法存在严重的理论缺陷，正如马克思所评价的："他只看到劳动的积极的方面，没有看到它的消极的方面。劳动是人在外化范围之内的或者

① 马克思恩格斯文集：第1卷［M］. 北京：人民出版社，2009：544.
② 马克思恩格斯文集：第2卷［M］. 北京：人民出版社，2009：603.
③ 马克思恩格斯文集：第1卷［M］. 北京：人民出版社，2009：196.
④ 马克思恩格斯文集：第1卷［M］. 北京：人民出版社，2009：205.
⑤ 黑格尔. 法哲学原理.［M］. 范扬，张启泰，译. 北京：商务印书馆，1996：109.

作为外化的人的自为的生成。黑格尔唯一知道并承认的劳动是抽象的精神的劳动。"①

马克思扬弃了黑格尔的实践概念，吸取了其中的合理成分，让"实践"重新站在社会现实的基础之上，认为实践是人的感性的对象性的活动。现实的个人总是按一定的方式进行这种"对象性"的生产活动。这一过程，是人所特有的有意识有目的的活动，是人自觉地能动地改造世界的物质活动。实践是人的具体的感性活动。实践总是表现为人们在特定历史条件下的具体的生产和交往，这种具体的生产和交往表现为社会的、历史的活动。正是这种实践成为人类思维最为现实的前提和基础。因而，马克思认为，我们"不是在每个时代中寻找某种范畴，而是始终站在现实历史的基础上，不是从观念出发来解释实践，而是从物质实践出发来解释各种观念形态"②。

（二）立足于客观实践活动的辩证思维是人类思维应当遵循的科学方法

辩证思维的发展也经历了一个历史过程。18 世纪前后，以康德、黑格尔为代表创立了德国古典哲学。康德第一次明确提出人的理性思维发生矛盾的必然性，对于揭示和探究思维的辩证结构及其矛盾运动具有重要意义。黑格尔则在吸收人类辩证思维发展和科学成就的基础上，第一次全面系统地论述了辩证法的一般问题，对辩证法的发展做出了重要贡献。

马克思在改造黑格尔辩证法的基础上创立了科学的辩证法思维方法。马克思说："辩证法是倒立着的。必须把它倒过来，以便发现其神秘外壳中的合理内核。"③ 首先，他把被黑格尔颠倒了的辩证法颠倒过来，将辩证法置于唯物主义的坚实基础之上。马克思与黑格尔不同的地方在于：黑格尔从观念与抽象思维出发，从理念创造出现实与自然等。马克思则相反，他认为观念是经由人脑改造的，是对外界事物的反映。

马克思进一步把客观世界的运动看成一种自然历史的过程，而辩证思维就是对到处盛行着的辩证运动的反映。马克思将这种辩证思维运用于分析人类社会的运行。马克思"在《资本论》中把这个方法应用到一种经验科学即政治经济学的事实上去。他获得了成功"④。马克思曾说："我的观点是把经济的社会形态的发展理解为一种自然史的过程。"⑤ 列宁曾对此给予高度评价，他认为马克思"把经济的社会形态的发展理解为一种自然史的过程"的思想对历史、社会问题的研究来说，是一种严格的、科学的态度。在此之前，思想家们往往直接研究和讨论现存的政治法律形式，而忽视了像生产关系这样简单和原始的关系，这样一来，似乎社会关系是由人们直觉地建立起来的。而马克思正是抓住对生产关系的历史考察，揭示了人类社会本身的矛盾性、过程性和客观规律性。它表明，只有立足于客观的充满辩证特性的实践基础之上，主观辩证法才能正确反映客观规律，才不至于变成僵化的教条。

（三）科学地解释世界和能动地改造世界是人类思维的根本目的

马克思以前的哲学家们总是用不同的方式解释世界，并企图获得关于世界本质的终极真理。黑格尔对前人的思想尤其是逻辑思想进行了"全盘改造"，从而建立了自己的概念辩证法体系，他称之为"思辨的逻辑"。他说："思辨的逻辑，包含有以前的逻

---

① 马克思恩格斯文集：第 1 卷 [M]．北京：人民出版社，2009：205.
② 马克思恩格斯文集：第 1 卷 [M]．北京：人民出版社，2009：544.
③ 马克思恩格斯文集：第 9 卷 [M]．北京：人民出版社，2009：441.
④ 马克思恩格斯文集：第 9 卷 [M]．北京：人民出版社，2009：440.
⑤ 马克思恩格斯文集：第 5 卷 [M]．北京：人民出版社，2009：10.

辑与形而上学，保存有同样的思想形式、规律和对象，但同时又用较深广的范畴去发挥和改造它们。"① 然而"绝对理念"深深地窒息了辩证法的批判性与革命性。马克思认为，哲学家的使命在于改变世界，即在批判旧世界中发现一个新世界。它直面现实、批判现实，批判中实现建构，从而使哲学真正成为推动现实的人的发展的重要理论。想要改变世界的前提是能够正确地解释世界。这是唯物辩证法的第一指向。只有立足于人的实践，从现实的人及其历史发展来看世界，对世界的本质做出科学的说明，才能奠定人类改造世界的基础。

在马克思那里，唯一确定的是人的感性的活动。人的现实世界，才是历史中形成的被科学所研究的世界的真正的活的本体。马克思遵循"人的本质——人的本质的异化——人的本质的复归"的理论逻辑，对人类生活的现存社会状况即资本主义社会进行了批判性考察。马克思认为，人的本质力量就是在劳动或者说实践中得到确认和体现的。然而，在资本主义条件下，劳动仅仅以谋生的形式出现，马克思把现实中的人的这种与人的本质相对立的劳动称为"异化劳动"。这种异化劳动使"自己的本质变成仅仅维持自己生存的手段"②。与人的自由的有意识的劳动状态相比，现实社会中的人的这种异化的状态应当被扬弃，人类最终应达到的是这样的状态，即实现人的本质的复归。通过分析，马克思认为私有制是产生异化劳动的根源。作为一个关注现实社会的人的生存状态的哲学家，他将批判的矛头直接指向了资本主义私有制。只有对资本主义私有制加以扬弃，才能改变资本主义条件下人的这样一种异化的状态，进而真正实现人类的自由与解放。

对现实的人的关注，对现实的人的感性实践活动的关注，使得唯物辩证法从黑格尔的概念辩证法中"脱离"出来，并为马克思主义哲学找到了理论的生长基点。马克思主义哲学以其独特的理论视角、宏观的理论视野，借助于一系列特有的哲学概念、范畴和理论体系，科学地揭示了人与世界关系的总体格局和发展趋势，向我们展现了一个哲学意义上的世界图景。对人与世界关系的唯物的、辩证法的、历史的、具体的思维方式，使得唯物辩证法成为人类认识世界和改造世界的正确的行为指南。在其指导下，人们能够更加自觉、合理、迅速、有效地改变现实世界。正是在这里，唯物辩证法充分表现了自己的用武之地。无论是对于现存世界的理性审思，还是对于未来理想世界的观念建构，唯物辩证法都有自己独特的作用和功能。正是凭借着这种科学的理性审思和理想建构，人们才能在实际活动中卓有成效地进行对现实世界的改造工作。

综上所述，马克思对黑格尔的概念辩证法进行了彻底改造，从黑格尔"唯心主义哲学中拯救出来并运用于唯物主义的自然观和历史观"，从而创立了"现代科学形态"的"本质上辩证的"唯物主义新哲学。

（编辑：范伟伟）

15

---

①　黑格尔. 小逻辑［M］. 贺麟，译. 北京：商务印书馆，1980：49.
②　马克思恩格斯文集：第 1 卷［M］. 北京：人民出版社，2009：162.

马克思的生态思想及其当代价值

——基于对《1844 年经济学哲学手稿》的文本分析

韩　茜　董小玲

【摘要】马克思在《1844 年经济学哲学手稿》（以下简称《手稿》）中所论述的人与自然互为对象性存在、异化是人与自然关系破裂的关键、资本主义私有制是人与自然关系破裂的根源、只有共产主义社会才能实现人与自然的和谐统一等内容，对于生态问题日益严峻的当今社会仍然具有很强的观照价值，对我国生态文明的建设依然具有普遍的指导意义：坚持发挥人的主观能动性与遵循自然规律的统一；坚持以人为本的生态价值取向；坚持市场经济条件下生产关系的生态变革；坚持自然资源全民所有，完善生态环境责任制。

【关键词】生态；异化；私有制；生态文明

【作者简介】韩茜，西南财经大学马克思主义学院思想政治教育专业硕士研究生；董小玲，中共重庆市委党校马克思主义学院马克思主义中国化专业硕士研究生。

人与自然的关系一直是人类社会发展过程中的核心问题之一，马克思在《手稿》中对资本主义生产方式进行剖析和批判时，就人与自然的关系问题提出了实践唯物主义的观点，形成了马克思生态思想的雏形。只有以马克思主义唯物史观为指导，把马克思对资本主义社会的经济批判理论与生态批判理论相结合，依据马克思的生态思想反思我国的生态文明建设，才能真正彰显马克思生态思想的批判性与张力，为解决现实的生态危机探索具体路径，为繁荣生态文明提供理论航标，也有助于我国生态危机的缓解和社会发展理论的创新。

一、问题的提出

比尔·麦克基本曾在《自然的终结》的首页写道："我确信，这自然将存在到永远。"[①] 然而，他接着又说："我们长期认为的那种自然是永恒的看法……源自我们对自然界极其扭曲的感知……我们已经进入了自然界巨变的时代：我们生活在自然将要终结的时代。"[②] 在前一句话中比尔·麦克基本明确提出了自然将存在到永远的观点，而在后一句话中，他又认为自然界已经发生巨变，自然即将终结。比尔·麦克基本关于

---

① 比尔·麦克基本. 自然的终结 [M]. 孙晓春，马树林，译. 长春：吉林人民出版社，2000：1.

② 比尔·麦克基本. 自然的终结 [M]. 孙晓春，马树林，译. 长春：吉林人民出版社，2000：8.

人对自然的认知以及人与自然关系的巨大变化的论述深刻地反映了生态危机的渐变与普遍性，是对现代人类社会的严厉警告。

进入 20 世纪以来，生态危机逐渐成为一个全球性问题，它是对人类发展过程中出现的能源危机、环境危机、人口危机等问题的概括。而在中国，它突出地表现为自然环境遭到严重污染、自然资源被过度掠夺、物种快速灭绝等人与自然矛盾的日益尖锐。这些矛盾是否能够得到良好解决将直接影响到社会的发展方向以及人民的幸福生活质量。据此，有学者从生态文明建设的主体和手段、生态制度、生态伦理和哲学等多种角度提出了缓解生态危机的理论方案。学者王婷从宏观和微观双重视阈研究了马克思主义的内在范式，从而为人与自然的和谐发展模式打开了缺口。① 学者李沛莉、张金伟认为生态危机的实质是人性危机，必须改变对自然的征服模式，并通过对"人类中心论"和"生态中心论"的批判提出构建面向生态文明的生态经济人。② 张红霞、谭春波指出资本的私有性质造成了资本主义生产方式的反生态本质并向全球扩张，要彻底解决生态危机必须要不断完善生态制度，发展生态经济。③ 学界对马克思生态思想的关注从未间断。马克思生态思想从萌芽到成熟经历了一个很漫长的过程，这具体表现在马克思不同时期的专著里。透过《手稿》分析马克思的生态思想，不仅是解决现实危机的要求，也是马克思主义理论发展创新的要求。因此，在我国现代化建设中人与自然关系日益异化、生产发展速度与环境状况严重不平衡的形势下，认真研究马克思的生态思想，增强马克思主义生态观的理论自觉与自信，就成为摆在我们面前的一件十分复杂、紧迫而又意义重大的任务。

二、《手稿》中马克思生态思想的基本内容

马克思生态思想在《手稿》中主要表现在四个方面：一是人与自然互为对象性存在；二是异化是人与自然关系破裂的关键；三是资本主义私有制是人与自然关系破裂的根源；四是只有共产主义社会才能实现人与自然的和谐统一。马克思的生态思想既有对社会制度的批判，也有对人类社会走向的期待；既有对现实的问题意识，也有科学理论的张力。

（一）人与自然互为对象性存在

马克思认为人的生存、发展以及人类文明的创造都离不开自然界，人在拥有主观能动性的同时也必然要受自然规律的支配与制约。"人直接地是自然存在物。人作为自然存在物……是表现和确证他的本质力量所不可缺少的、重要的对象。"④ 首先，对自然的依附是人生存和发展的前提条件。人是有生命的自然存在物，人类生存所需的生活资料和生产资料等都是人从自然界获取的直接对象。因此，在这个阶段，人的自然属性是第一位的。其次，人的实践活动也要受到自然规律的制约。马克思认为人作为自然存在物的这一特性，决定了人在具有能动的特性的同时也同动植物一样，必须依靠自然才能生存，人的活动的限制性与受动性得以体现。也就是说，人虽然可以通过

---

① 王婷. 宏观与微观双重视阈中的生态文明建设初探 [J]. 马克思主义研究，2018（4）：148-152.

② 李沛莉，张金伟. 生态危机中的人性反思和生态经济人的理论构建 [J]. 生态经济，2018，34（9）：219-223.

③ 张红霞，谭春波. 论全球化背景下的资本逻辑与生态危机 [J]. 山东社会科学，2018（8）：129-134.

④ 马克思 .1844 年经济学哲学手稿 [M]. 北京：人民出版社，2018：103.

实践改造自然,在自然的基础上进行生产与再生产循环,但自然界是独立于人的意识的客观存在,人的一切活动都要受到生态环境和自然规律的制约。总的来讲,人靠自然界生活,人以自然界为对象进行实践活动,在这种实践活动中表现和确证自身的本质力量,并形成了自身与自然之间的对象性关系。其实,人与自然的对象性关系,就是人与自然的系统关联,就是人的实践活动在每一个环节上都必须体现生态性,其本质就是人与自然的生态关联。

(二)异化是人与自然关系破裂的关键

马克思在《手稿》中指出人与自然的互为对象性存在关系在资本主义私有制下被割裂,突出地表现为异化劳动的出现。首先,在《手稿》中,马克思从工资问题开始,继而讨论资本利润、地租等问题,在英国古典政治经济秩序学基础上,深刻地揭示了资本主义私有制条件下异化劳动的四种表现形式。"自然界一方面在这样的意义上给劳动提供生活资料,即没有劳动加工的对象,劳动就不能存在,另一方面,也在更狭隘的意义上提供生活资料,即维持工人本身的肉体生存的手段。"① 马克思认为劳动的本质是自由的、自觉的劳动。人通过劳动获取劳动产品,劳动产品的获得也是对人的本质的确证。而人只有在自然界中才能取得生产劳动产品的原料。所以,人与自然界原本是也应该是相互依赖、相互作用的内在统一关系。这是马克思论证异化劳动的基础。然而,在资本主义社会化大生产背景下,资本主义私有制对工人的剥削使自然界对工人来说已经不再成为其生存和生活所依赖的对象,而是成为被人类改造和征服的对象。对资本家而言,自然界也不再具有美好的独特性,而是异化为资本家追逐更大利润的对象。"忧心忡忡的、贫穷的人对最美丽的景色都没有什么感觉;经营矿物的商人只看到矿物的商业价值,而看不到矿物的美和独特性。"② 自然界的一切被物化,自然界与人之间的无价的生态关系变成可以用金钱来衡量的经济关系,人的主观能动性在异化劳动的支配下体现为对物质财富的无止境追求和对价值理性的忽视。由此看来,异化劳动最终使自然界异化成资本主义的"奴隶",这也是导致今天全球性生态危机的重要因素,也是理解马克思生态思想的关键。

(三)资本主义私有制是人与自然关系破裂的根源

生态危机是以人与生态自然的尖锐矛盾体现出来的人与社会的矛盾,其根源是资本主义私有制生产方式。在《手稿》笔记本 I 中,马克思对资本主义私有制下的异化劳动作了四重规定,其中最根本的是人与人的异化。他进而对这种异化进行了深入的思考和挖掘,最终发现资本主义私有制是人与自然关系破裂的根源。资本主义制度是一种建立在资本家私人占有制基础上的剥削制度,绝对地追求剩余价值成为资本主义一切活动和价值的目的与轴心。"私有制使我们变得如此愚蠢和片面,以至于一个对象,只有当它为我们所拥有的时候……简言之,在它被我们使用的时候,才是我们的。"③ 首先,资本主义私有制是对工人自身的"自然"的破坏的根源。马克思认为在资本主义私有制下,工人受资本家的雇佣,在劳动的过程中占有自然界,但同时却失去了这种占有,即劳动产品不为自己所有,劳动对工人来说只是"外在的东西",甚至

---

① 马克思.1844 年经济学哲学手稿 [M]. 北京:人民出版社,2018:48.
② 马克思.1844 年经济学哲学手稿 [M]. 北京:人民出版社,2018:84.
③ 马克思.1844 年经济学哲学手稿 [M]. 北京:人民出版社,2018:82.

失去了工人外部的感性自然和自身的自然，工人在劳动中感受到的不是幸福而是不幸。这是因为资本主义私有制条件下，工人的持久健康与环境的持续清洁等都是不需要资本家付出资本的，也不会对产品价值的形成产生任何的影响，从而资本家也不会对工人自身的自然引起重视。其次，资本主义私有制是人与自然异化的根源。在资本主义私有制条件下，自然被异化成资源库和垃圾场，自然界对于人来说只具有价值开发和利用的功能。而人自身也被异化成动物性和机械性的存在，人与人之间也被异化成异己的和非人的对象，自然界的原始生态在人类无限制的欲望下被肆意践踏。人与自然的和谐共存关系在资本主义私有制面前变成了浪漫主义的臆想，成为社会利益的牺牲品。更为重要的是，随着资本主义的纵深发展，科学技术的更新换代使城市化和工业化以超出以往的速度迅速发展，而城市化和工业化一方面促成了社会和人的现代化，另一方面也导致了生态失调、气候变暖等问题。此外，马克思认为资本主义私有制对自然、对人与自然关系的破坏不只局限于某个国家范围内，而是一种普遍的、全球性的资源掠夺，这根源于资本主义生产体系和市场的全球化。因此，资本主义的侵略不仅仅是对全球范围内的生产资料和市场的侵略，也是对全球生态环境的侵略。

（四）只有共产主义社会才能实现人与自然的和谐统一

马克思对人与自然关系的揭示并未停留在对资本主义私有制的批判上，马克思也为人类社会提供了一种可行的理想社会制度方案——共产主义社会。首先，共产主义与异化劳动的关系。在共产主义条件下，人不是作为异化了的"人"，而是作为真正意义上的"人"来生产、来劳动，人与他人共同主导劳动过程，共享劳动产品，在自由自觉的劳动中感受到生命的力量、感受到精神的愉悦和享受，在劳动中肯定自己和发展自己。可以说，在共产主义条件下的劳动是幸福的，人对自然的索取也是有克制的。其次，共产主义与私有财产的关系。"共产主义是对私有财产即人的自我异化的积极的扬弃……是存在和本质、对象化和自我确证、自由和必然、个体和类之间的斗争的真正解决。"① 马克思认为，扬弃私有财产并不是要消灭它的存在，而是要改变私有财产的存在方式，使之成为人的劳动现实化的积极确证，为人的本质力量的实现创造条件，使人不受私有财产的束缚与统治，使人不被自己创造的物奴役。共产主义对私有财产的扬弃，使自然界不再是谁的私有物品，人对自然的征服欲随之被自然是人类共同生存的必要条件取代。再次，共产主义与人的本质的关系。人的本质是自由自觉的劳动者。人的本质只有在人的对象中才能展现出来。对象的异化或丧失，也就表明了人的本质的异化或丧失。人要真正占有自己的本质，就是要把人的对象收回到自身中。在共产主义条件下，人的意识、情感、需要得到了真正的满足，破除了异化劳动的存在条件，人对自然的无限制的索取和掠夺由于共产主义对人的本质的实现而不复存在，人与自然实现了持续不断的良性互动。马克思关于共产主义的论述，蕴含了极具现代特性的生态哲学内容，它为人与自然实现真正的和谐统一提供了制度性的建设方案，为人类生态文明的建设指明了方向。

三、《手稿》中马克思生态思想的当代价值

尽管马克思在《手稿》中谈论到的人与自然关系的处理问题是在资本主义私有制

19

---

① 马克思.1844年经济学哲学手稿［M］.北京：人民出版社，2018：82.

的背景下进行的批判性考察，但其中所蕴含的生态意识和制度设想对当前我国开展生态文明建设仍然有着不可忽视的启示意义。在纪念马克思 200 周年诞辰大会上，习近平总书记阐释了新时代如何继承和发展马克思主义的重大问题，其中一个重要方面就是要在学习和生活中践行马克思主义关于人与自然关系的思想。综合来看，马克思的生态思想是符合人类社会发展规律的具有普遍性的思想，以马克思的生态观为切入点反思当前我国生态文明建设的缺陷与不足，能够促使我国的生态文明建设从多种角度处理好发展与生态的关系，从而为美丽中国的建设打下坚实的基础。

（一）坚持发挥人的主观能动性与遵循自然规律的统一

马克思在《手稿》中明确指出人是需要靠自然界维持自己的生存的一种存在物。一直以来，我们都只把目光聚焦于自然的使用价值方面，即自然能够直接为我们的衣食住行带来的便利，忽视了自然之于人的生态价值，如优美的环境为我们提供的精神上的熏陶、新鲜的空气给予了身体有机的养分等。实质上，无论是物质还是精神，生存或是发展，人都摆脱不了对自然界的依附，而自然界又遵循着一定的规律演进着，自然界的优先性特征在现代的时代背景下显得尤为重要。的确，从理论上讲，从中国传统的关于人与自然的宇宙观，再到如今的习近平新时代中国特色社会主义思想中的生态成分，中国社会关于发展的生态模式一直在延续；从实践上说，改革开放以来的市场经济在以稳定的形式运行，这些成绩无一不是以尊重人的发展权利和遵守市场经济发展规律为前提而取得的。为了使我国的生态文明建设达到预期的目标和效果，就必须以遵循自然规律为着眼点，充分发挥人的主观能动性，并把两者有机地统一起来。首先，遵循自然规律必须做到顺应自然、尊重自然和保护自然。遵循自然规律的基本前提是对自然规律的掌握，根本保障来源于相关法律法规和政策的制定与落实，首要目标是人与自然和谐相处。其次，要在遵循自然规律的基础上积极发挥人的主观能动作用。通过发挥人的主观能动性改变规律发生作用的条件，可以扩大或缩小自然规律发生作用时带给人类的影响。最后，必须坚持发挥人的主观能动性与遵循自然规律的统一。只有这样，才能达到习近平总书记提出的"既要绿水青山，也要金山银山"的要求，才能实现人与自然的"双赢"局面。

（二）坚持以人为本的生态价值取向

马克思在《手稿》中指出，在资本主义制度下，资本家和工人所拥有的自然资源不仅在量上存在非人性化的不平等——大部分自然资源掌握在少数资本家手中，在质上也存在着严重的异化倾向——工人沦为资本家获取自然资源的工具。我国作为世界上最大的社会主义国家，理应充分展现社会主义制度的优越性，尤其是在我国社会主要矛盾已经发生变化的前提下，满足人民群众对美丽自然的期待与需求也是社会主义本质的体现。据此，在开展生态文明建设的过程中，必须坚持以人为本的生态价值取向，避免在资本主义制度下出现的人的"异化"现象。首先，在科学技术的使用上要体现以人为本的价值取向。科学技术的使用一直被认为是导致人与自然关系破裂的重要因素。尤其是在资本主义私有制下，科技伴随着人的异化也发生了异化现象。因此，要理性地使用科学技术，在科技运用的每个层面都将人的幸福生活考虑在内，大力发展绿色生态科技，做到技术的使用是为了人，技术发展成果由人民共享。其次，在生态建设的过程中应充分体现民意。生态建设是一个事关多方利益的社会建设，但其中最根本的是为实现人的全面发展营造良好的环境。也就是说，在生态建设的过程中，应充分征求和听取公众意见，提高公众的参与度与知情度，尤其是在政府决策方面，保证透明化和规范化，实现民主决策。这不仅遵循了马克思生态思想中的"人道主义"，也生动体现出了习近平总书记"以人民为中心"的执政理念和"良好的生态环境是最普惠的民生福祉"的讲话精神。据此，坚持以人为本的生态价值取向，不仅强调了现实生态矛盾转化的可能性，更是社会主义生态文明建设应有的思维逻辑。

（三）坚持市场经济条件下生产关系的生态变革

马克思对共产主义的描述是以对资本主义私有制的批判为前提的。资本主义私有制是资本主义市场经济得以运行的关键因素。因此，对于我国来说，要想避免走资本主义的老路就必须要坚持市场经济条件下生产关系的生态变革。一般而言，市场经济的运行经历了从生产到消费的四个环节，因此坚持市场经济条件下生产关系的生态变革就必须从这四个方面入手。首先，将生态成本纳入生产预算，严格控制生态成本。所谓生态成本，就是在自然的再生能力不受损害的前提下，对由于生产所导致的环境危害进行治理所产生的费用。在资本主义追求最大经济效益的机制下，公共性的生态利益被资本忽略，尤其是对于大多数企业而言，极少将生态成本纳入企业成本预算中。同时，企业也可以通过科技创新，打破发达国家对科技的垄断与统治，努力开发清洁能源与可再生能源，从而减少生态成本。其次，分配环节要进行生态补偿。对于市场经济的分配来说，其中最重要的就是要坚持公平与效率相统一的原则。在生态补偿方面，可以坚持政府补偿与市场补偿相结合。对政府来说，政府可以设置生态补偿资金，对生态（由于生产发展）受到破坏的地区进行资金补偿。对市场来说，市场可以通过竞争，增加生态补偿资金总量。再次，交换环节要做好生态分工。随着资本主义私有制生产关系的确立和发展，分工朝专业化方向发展，人的异化现象也越发严重。据此，我国应该建立以共同利益为目标、以生态自然资源的平等交换为手段的生态分工体系，从而破除自然资源的商品化与私有化。最后，消费环节要建立生态再生产机制。生态再生产机制，是以生态理性消费为动力，以生态消费理念为指导，利用生产的循环机制，建立符合生态文明的生产→消费→再生产的良性消费链。而在资本主义私有制条件下，人们在对产品进行消费的过程中，形成了具有明显意识形态的文化观念，这种观念无限地放大了人的现实的和虚幻的消费需求，使消费不再成为对商品的价值的肯定，而是成为一种财富的符号。

（四）坚持自然资源全民所有，完善生态环境责任制

马克思在《手稿》中指出，资本主义制度宣扬自然资源由私人占有的合法性、私人占有之后的自由支配权和自由市场交易。这不仅在理论上存在明显的资本主义倾向，而且在实践上也存在严重的缺陷。为了克服这种缺陷以及抵制资本主义环境私有理论的消极影响，我国必须坚持马克思主义生态观，坚持自然资源全民所有，对破坏生态环境的违法行为追责。改革开放以来，我国全民所有自然资源资产有偿制度逐步建立和完善，自然资源的全民所有权以立法的形式确立，但仍然存在与经济社会发展和生态文明建设不相适应的一些突出问题，比如受多重利益的交叉驱动，环评制度改革"慢、难、繁"，执行人员"懒、散、慢"、生态环境损害赔偿制度不完善等。坚持自然资源全民所有制，必须明晰产权，普及生态改革意识，加强权力使用监管。同时，严密的监管体系也是保障全民所有自然资源的重要条件。只有坚持自然资源全民所有，完善生态环境责任制，才能把好生态文明建设的每一道关，才能将人对自然的实践能

力限制在法律的框架内。这也是为了共产主义的实现而必须采取的手段。

　　尽管马克思在《手稿》中蕴含的生态思想还处于初始阶段，并没有完全成熟，但对于人类社会的发展和人与自然关系的塑造依旧意义深远。人类社会发展到今天，气候变暖，物种灭绝，各类污染问题层出不穷，这不得不让我们反思人类的行为给自然造成的消极影响。重温马克思的生态思想，注重生态文明与社会发展和人的发展的紧密联系，从马克思生态思想中找出生态问题的普遍性和应对之道，不断满足人民日益增长的对美好生态环境的需要，也不失为处理当今中国环境问题，建设美丽中国的可行选择。

（编辑：范伟伟）

科学把握《共产党宣言》七篇序言的历史地位和理论贡献

陈　琴

【摘要】《共产党宣言》（以下简称《宣言》）于 1848 年 2 月正式出版，是马克思主义创立的标志性文献。在《宣言》发表 24 年之后的 20 余年里，马克思和恩格斯又依据不同的时代背景，先后为《宣言》写了七篇序言。每一篇序言的产生都有着各自特殊的历史背景，反映着不同时期由于各种问题而产生的实践需要和理论需求。七篇序言正是马克思、恩格斯因时而变地回应和解决历史问题的产物，具有十分重要的历史地位。同时，七篇序言作为《宣言》这一伟大理论文献的重要组成部分，发挥着阐释和发展《宣言》思想的作用，具有不可磨灭的理论贡献。深入研究《宣言》序言的写作背景和理论贡献，对于我们准确把握《宣言》的内容和深刻理解马克思主义的理论品质具有十分重要的意义。

【关键词】《共产党宣言》；七篇序言；历史地位；坚持；发展

【作者简介】陈琴，南开大学马克思主义学院 2017 级硕士研究生。

从 1872 年到 1893 年这 20 余年间，结合时代变迁和工人运动实况，马克思、恩格斯先后为德文版、俄文版、英文版、波兰文版及意大利文版的《共产党宣言》撰写了七篇序言。其中 1872 年和 1882 年的序言是二人合写的，1883 年、1888 年、1890 年、1892 年及 1893 年的序言则是由恩格斯独自完成的。一般来说，每一部比较规范、成熟的著作都会有序言，但是几乎没有像《宣言》这样拥有七篇序言的，而且是五种不同语言版本的序言。从形式上看，序言之多反映了《宣言》受欢迎的程度，证实了《宣言》历经时间的考验，在不同的国家都拥有了广泛的读者。从内容上看，序言的增加既是对不同时期的现实问题的回应，又是对《宣言》内容的坚持与发展，这提示我们既要准确地理解和把握《宣言》的丰富内涵，又要深入地学习和领会《宣言》所体现的马克思主义与时俱进的理论品质。这是我们研读《宣言》的科学方法，也是对待马克思主义的科学态度。

一、因时而变地应对历史问题

《宣言》作为马克思和恩格斯长期理论探索的重大成果，是马克思主义创立的标志性文献。但《宣言》的创作并不是一次完成的，其中很多思想在七篇序言中得到了拓展、深化和修正。七篇序言向我们展示了一种"用历史来规定文献，用文献来证明历史"① 的马克思主义文献观。那么，分析《宣言》序言的历史地位，就需要重点考察七篇序言各自的产生背景，了解不同时期的实践需要和理论需求，弄清楚为何会产生不同的序言以及各个序言要解决的问题是什么。

（一）澄清理论问题，增强理论自信

1872 年德文版序言是《宣言》发表 24 年之后的第一篇，也是内容最丰富、最具根本性意义的序言。截至 1872 年，国际工人运动有了很大的发展，同时也经历了共产主义者同盟解散、巴黎公社运动失败等低潮。重新强调《宣言》的原则，增强理论自信是亟待解决的问题，于是马克思和恩格斯共同撰写了这篇序言。在这篇序言中，马克思、恩格斯既肯定了基本原理的正确性，同时也看到了随着时代发展《宣言》某些方面的"过时"，强调与时俱进，如对暴力革命理论的补充等。这篇序言最重要的价值就在于明确了对待《宣言》的基本态度，即实事求是的马克思主义态度。这种科学的态度是对当时的工人运动最好的指导，推动各国工人政党建立在《宣言》的原则基础上，同时也是对无政府主义者巴枯宁及其党徒最好的反击，促使工人阶级重新树立信心。

1883 年德文版序言写作的一个主要背景就是马克思逝世了。在马克思生前，德国工人政党就出现了背离马克思主义基本立场的错误倾向，导致党的纲领、组织原则都在一定程度上偏离了科学社会主义理论，造成了极为恶劣的影响。在 1883 年马克思逝世之后，马克思主义的传播和发展更是面临了诸多困难。也正是在这样的背景下，恩格斯于 1883 年撰写了新的德文版序言。这篇序言高度肯定了马克思在创立历史唯物主义过程中的杰出贡献，表达了对马克思逝世的悲痛，并科学地概括了贯穿在《宣言》中的基本思想，是引导我们准确理解《宣言》的最重要的一篇序言。1883 年德文版序言概括并重申历史唯物主义和科学社会主义的基本观点，有利于引导当时的德国工人政党沿着马克思主义的轨道向前发展，也有助于今天的我们更准确地理解和把握马克思主义的科学内涵。

（二）剖析各国情况，推动工人联合

1882 年俄文版序言分析了 19 世纪七八十年代俄国的情况。与 1869 年俄文版《宣言》的出版被视为奇闻不同，仅 1870 年到 1881 年这十年左右的时间里，"俄国就爆发了 200 多次罢工"②。这篇序言正是在俄国工人运动蓬勃发展，马克思和恩格斯关于俄国公社的研究不断深入的背景下，为回应民意党以及查苏利奇等人的请求，并适应俄国工人运动的需要而写的。1882 年俄文版序言是马克思和恩格斯对《宣言》发表以来世界资本主义发展和无产阶级运动发展的一个概述，也是他们关于俄国社会发展道路思想的第一次公开表述。这篇序言把俄国革命运动和整个世界的无产阶级革命运动联合起来考察，回答了以俄国为代表的落后国家能否跨越"卡夫丁峡谷"和如何实现跨越的问题，丰富和发展了马克思主义社会形态理论，并推动着无产阶级的国际联合。

1892 年波兰文版序言和 1893 年意大利文版序言这两篇序言是恩格斯分别为波兰社会党人和意大利社会党人的理论刊物出版的《宣言》所写的序言，强调了无产阶级在

<hr />

① 李锐.《共产党宣言》的创作与思想——MEGA 视野下的文本、文献研究［M］. 北京：中国社会科学出版社，2013：273.

② 李真. 马克思恩格斯的七篇序言对《共产党宣言》基本原理的坚持和发展——纪念《共产党宣言》发表 160 年［J］. 思想理论教育导刊，2008（2）.

民族独立运动和社会主义革命运动中的关键作用，对两国当时的工人运动的发展具有重要指导意义。恩格斯在 1892 年波兰文版序言里主要谈了两个内容：第一，阐明《宣言》需求量与机器大工业发展状况之间的关系，指出"《宣言》在某种程度上已经成为测量欧洲大陆大工业发展的一种尺度"①；第二，揭示无产阶级与民族独立的关系，一方面波兰民族独立只有靠波兰无产阶级才能争得，另一方面只有被压迫民族获得民族独立，无产阶级的国际联合才能实现。1893 年意大利文版序言主要讲了民主革命和社会主义革命的关系，并表达了对意大利革命的希望。恩格斯认为资产阶级民主革命为社会主义革命准备了基础。资产阶级民主革命一方面产生了资本主义制度的掘墓人——人数众多的、集中的、强大的无产阶级，另一方面各国通过民主革命实现民族的独立和统一，为无产阶级的国际联合创造了条件，为社会主义革命准备了基础。这两篇序言的产生表明工人运动在更广泛的范围蓬勃发展，也进一步推动着无产阶级的国际联合。

（三）回应社会事件，引导正确方向

1888 年英文版序言和 1890 年德文版序言这两篇序言分别写于第二国际成立前后，具有特殊的历史意义。1888 年英文版序言是恩格斯在第二国际成立的前一年为赛·穆尔翻译的《宣言》英文版写的序言，同时恩格斯还亲自订正了译文、添加了附注。序言回顾了从共产主义者同盟成立到第一国际解散时《宣言》的传播情况，表明《宣言》的命运与国际工人运动的状况是紧密相连的。19 世纪 80 年代，随着工人运动的高涨，各国无产阶级迫切要求加强国际团结，于是建立新的国际工人组织又被重新提上日程。1888 年英文版序言重新强调 1883 年德文版序言和 1872 年德文版序言的主要内容，重申了《宣言》的基本思想，其重要历史地位在于为第二国际的成立做了理论准备，从而使得新的国际工人组织建立在科学共产主义的理论原则和纲领路线的基础上。1889 年 7 月 14 日，第二国际正式成立。1890 年德文版序言就是恩格斯在第二国际成立后的第一个"五一"劳动节为第四个德文版《宣言》撰写的序言。在这篇序言中，除了引用和复述了 1882 年俄文版和 1888 年英文版序言的内容之外，恩格斯还回顾了 1848 年《宣言》出版以来国际无产阶级队伍在《宣言》指导下日益壮大和团结的景象。这篇写于第二国际成立后的第一篇序言，高度赞扬了工人们的斗争，也极大地促进了国际工人运动的蓬勃发展。

二、一以贯之地坚持《宣言》思想

考察《共产党宣言》的七篇序言，会发现尽管由于时代原因，各篇序言有着各自的历史痕迹，但是马克思和恩格斯并没有因为时代的变迁和工人运动的起伏而放弃自己最初的主张。贯穿在序言和正文中的基本观点、基本立场以及研究和写作《宣言》的基本方法是一致的。

（一）序言对《宣言》基本观点的坚持

《宣言》序言对正文的继承首先体现在对《宣言》基本观点的坚持上。对于《宣言》的基本原理，1872 年德文版序言首先确定了这样一种科学认识，即"《宣言》中

---

① 马克思恩格斯选集：第 1 卷［M］. 北京：人民出版社，2012：394.

所阐述的一般原理整个说来直到现在还是完全正确的"①。"一般""整个""完全"这些修饰词，充分地彰显了马克思、恩格斯的理论自信，因为这一认识是在《宣言》经过整整 24 年的考验，且国际工人运动历经了很多挫折后，马克思、恩格斯二人做出的判断。在 1888 年英文版序言中，恩格斯再次重申了《宣言》基本原理的正确性，充分体现了马克思、恩格斯敢于坚持真理的理论品格。那么，贯穿《宣言》始终的基本思想到底是什么呢？1883 年德文版序言对此做了精辟的概括："每一历史时代的经济生产……解放出来。"② 1888 年英文版序言再次引用这段话，并将其称作"构成《宣言》核心的基本思想"③。概括来说，这段话所揭示的一般原理就是历史唯物主义和科学社会主义思想，其基本观点有：第一，经济基础决定上层建筑；第二，阶级社会发展的直接动力是阶级斗争；第三，唯有推翻资产阶级统治，无产阶级才能获得自身及全人类的解放。

对于上述基本观点，马克思、恩格斯始终持坚定的态度，整个七篇序言也都是在坚持和论证这些基本思想和基本原理。对于《宣言》这一特定历史条件下的产物，1872 年德文版序言强调"我们已没有权利来加以修改"④。在马克思去世之后，恩格斯更加认为："谈不上对《宣言》做什么修改和补充了。"⑤ 这都体现了马克思、恩格斯始终如一的尊重历史、坚持真理的态度。从序言多次引用之前的观点，如 1888 年英文版序言对 1872 年序言和 1883 年序言的引用、1890 年德文版序言对 1882 年序言和 1888 年序言的引用等，也可以看出七篇序言之间的关系，是一篇肯定一篇，而不是一篇否定一篇。

（二）序言对《宣言》基本立场的坚持

《宣言》是共产主义者同盟的纲领性文献。作为党纲，政治立场始终是第一位的。《宣言》反复强调共产党人没有无产阶级以外的利益，并且明确表达了"两个绝大多数"的思想，即"无产阶级的运动是绝大多数人的，为绝大多数人谋利益的独立的运动"⑥，从而科学揭示了马克思主义的基本立场和社会主义运动的本质特征。关于共产党人的观点、目的和意图，《宣言》从不隐晦，它指出马克思主义的基本立场是代表无产阶级的利益，并公开声明共产党人推翻资产阶级统治、实现无产阶级专政的"最近目的"和建立每个人自由全面发展的联合体的"终极追求"。其目的在于，号召全世界无产者联合起来推翻资产阶级统治，建立无产阶级专政，从而实现自身乃至全人类的解放。七篇序言也是紧紧围绕无产阶级解放目标，结合不同时期工人运动的特点，旗帜鲜明地坚持无产阶级立场，并与各种封建势力、资本主义势力及形形色色的机会主义派别做斗争。

（三）序言对《宣言》基本方法的坚持

《宣言》的序言也继承了《宣言》中分析问题的基本方法。恩格斯曾指出："马克

① 马克思恩格斯选集：第 1 卷 ［M］. 北京：人民出版社，2012：376.
② 马克思恩格斯选集：第 1 卷 ［M］. 北京：人民出版社，2012：380.
③ 马克思恩格斯选集：第 1 卷 ［M］. 北京：人民出版社，2012：85.
④ 马克思恩格斯选集：第 1 卷 ［M］. 北京：人民出版社，2012：377.
⑤ 马克思恩格斯选集：第 1 卷 ［M］. 北京：人民出版社，2012：380.
⑥ 马克思恩格斯选集：第 1 卷 ［M］. 北京：人民出版社，2012：411.

思的整个世界观不是教义，而是方法。"① 这种方法首先就是唯物主义辩证法。纵观《宣言》全文，辩证的分析方法在文中处处可见。例如，在原文中分析资产阶级的作用时，他们谈到"资产阶级在历史上曾经起过非常革命的作用"②。"非常"一词充分肯定了资产阶级反封建反宗教、开拓世界市场、推进城市化进程、促进统一的民族国家形成及推动生产力发展等历史作用，同时，"曾经"一词又体现了马克思对资本主义制度无情的批判，暗示了资产阶级必将被无产阶级取代的社会历史发展规律。这种辩证的分析方法在七篇序言中也有诸多体现，例如 1872 年德文版序言既肯定了《宣言》一般原理的正确性，又实事求是地指出"这个纲领现在有些地方已经过时了"③，并强调在运用这些基本原理时，要注意"随时随地都要以当时的历史条件为转移"④。由此可见，在整个《宣言》的创作过程中，马克思、恩格斯始终秉承着唯物辩证法的基本精神，坚持用发展的观点看问题。

三、与时俱进地发展《宣言》理论

恩格斯反复强调马克思主义理论是不断发展的，而不是"必须背得烂熟并机械地加以重复的教条"⑤。七篇序言就是马克思、恩格斯发展自己的理论的表现。对于《宣言》的历史文献地位，马克思、恩格斯从未否认。同时，对于《宣言》所阐述的基本原理的完善和发展，他们也是一丝不苟地在其序言中认真完成。这种与时俱进的精神，是马克思、恩格斯对待自己理论的态度，也是 170 年来马克思主义始终保持蓬勃生命力的关键所在。

（一）序言对《宣言》理论的修订

《宣言》的序言之多，可以看出马克思和恩格斯从来没有停止创作的步伐，他们的理论研究也不是僵死不变的。马克思、恩格斯一刻也没有忘记根据自身最新掌握的理论材料和实践经验，适时地对《宣言》中的理论进行修订和完善。

第一，随着理论研究的深入，不断修订和完善原有的理论。《宣言》第一章中明确写道："至今一切社会的历史都是阶级斗争的历史。"⑥ 这一观点在很长一段时间里被继续沿用，包括 1878 年恩格斯在《反杜林论》中依然使用这种表述。随着对人类历史认识的深入，恩格斯关于阶级斗争历史的理论也更加完善。恩格斯从未抛弃"人类的全部历史都是阶级斗争的历史"的基本理论主张，但是在表述上更加准确了。1882 年，对于"全部历史"，恩格斯在《社会主义从空想到科学的发展》一书中增加了"除原始状态外"这一限定语。他认为："以往的全部历史，除原始状态外，都是阶级斗争的历史。"⑦ 仔细对比《宣言》序言和正文，我们会发现恩格斯在 1883 年德文版序言中概括《宣言》的基本思想时，使用了"（从原始土地公有制解体以来）全部历史都是阶级斗争的历史"这样的新表述。1888 年，恩格斯把阶级斗争历史的起点由"从原始土地

① 马克思恩格斯文集：第 10 卷 [M]. 北京：人民出版社，2009：458.
② 马克思恩格斯选集：第 1 卷 [M]. 北京：人民出版社，2012：402.
③ 马克思恩格斯选集：第 1 卷 [M]. 北京：人民出版社，2012：377.
④ 马克思恩格斯选集：第 1 卷 [M]. 北京：人民出版社，2012：376.
⑤ 马克思恩格斯选集：第 4 卷 [M]. 北京：人民出版社，2012：588.
⑥ 马克思恩格斯选集：第 1 卷 [M]. 北京：人民出版社，2012：400.
⑦ 马克思恩格斯选集：第 3 卷 [M]. 北京：人民出版社，2012：796.

公有制解体以来"这种提法再次调整为"从土地公有的原始氏族社会解体以来",并在《宣言》正文中添加脚注:"这是指有文字记载的全部历史。"[①] 毫无疑问,这一系列的修改和补充使得《宣言》正文关于阶级斗争史的表述更加严谨、准确,也更加符合历史发展的客观事实。但是这并不是说马克思、恩格斯的理论不正确,而是由于知识的局限造成了表述的不准确。恩格斯在 1888 年英文版的注释里已经做出了解释:"在 1847 年,社会的史前史、成文史以前的社会组织,几乎还没有人知道。"[②] 在写作《宣言》时,马克思、恩格斯还不知道奴隶社会之前还有原始社会的存在。原始社会的组织形式以及阶级产生的根源,是随着哈克斯特豪森、毛勒和摩尔根等学者对社会史研究的不断深入才逐渐被揭示出来的。而人类社会历史的秘密一旦被发现,恩格斯就马上将科学研究的最新成果反映到自己的著作中,修正了不科学不完善的观点,从而使得《宣言》更加科学、严密。

第二,随着实践的发展,不断修订和完善原有的理论。《宣言》是马克思主义理论在实践中的历史缩影。《宣言》正文的写作时间很紧张,受限于当时实践的发展,马克思和恩格斯当时对于无产阶级如何对待旧的国家机器以及用什么去代替这些问题的思考还比较欠缺,对如何建设共产主义国家的回答还非常模糊和抽象。但在巴黎公社运动发生之后,《宣言》对这个问题就可以给出解答了。马克思从仅仅维持了 72 天的巴黎公社中迅速提取出了更为实际的无产阶级革命经验,并做出了新的思考。他把公社看作工人阶级夺取政权的一个活生生的例子,将巴黎公社的种种改革措施上升到了共产主义理论高度,最终写成了《法兰西内战》,对国家机器做了更为具体的表述。1872年版《宣言》序言重提这部著作,并结合巴黎公社经验再次强调:"工人阶级不能简单地掌握现成的国家机器。"[③] 在马克思看来,一切不触动资本主义根本制度的社会变革和政治斗争都只能使资产阶级国家机器更加完备,唯有打碎和砸毁旧的国家机器,无产阶级才能真正实现自己的统治。这种观点显然与 1848 年版的《宣言》有了很大的不同。《宣言》正文中只是表明了工人要掌握政权的革命意愿,但是没有形成如何对待旧国家机器的明确态度。文中第二章末尾的有些革命措施甚至是消极的、天真的,没有什么特殊的意义。有了巴黎公社工人建立新型国家的经验以及失败的教训之后,就有必要增加通过暴力革命打碎旧的国家机器的新思想,向世人展示马克思关于无产阶级专政理论探索的新成果。

(二)序言对《宣言》理论的补充

从马克思主义理论的完整性上看,七篇序言对《宣言》理论进行了补充,具有十分重要的理论价值。七篇序言总结概括了《宣言》的性质、任务、基本思想,补充了有关"卡夫丁峡谷"的理论,同时也论述了"共产党宣言"这个名称的特殊意义。所以,读者要准确、全面地理解和把握《宣言》的内容,就一定离不开对七篇序言的精心研读。

序言总结概括了《宣言》的性质、任务和基本思想。1872 年、1888 年版序言明确交代了《宣言》的性质:《宣言》是国际共产主义运动第一个纲领性文献,是共产党

---

① 马克思恩格斯选集:第 1 卷 [M]. 北京:人民出版社,2012:400.
② 马克思恩格斯选集:第 1 卷 [M]. 北京:人民出版社,2012:400.
③ 马克思恩格斯选集:第 1 卷 [M]. 北京:人民出版社,2012:377.

28

的"周详的理论和实践的党纲"，也是国际上"千百万工人公认的共同纲领"。1882年，马克思、恩格斯在序言里对《宣言》的任务做了说明，即"宣告现代资产阶级所有制必然灭亡"①。至于《宣言》中的两大核心思想——历史唯物主义和科学共产主义，1848年版《宣言》还未能依据社会现实和工人运动斗争经验做出更为准确、精炼的概括和总结，但后来1883年版序言就明确指出并准确概括了《宣言》的基本思想。

　　序言补充了关于"资本主义卡夫丁峡谷"的理论。马克思早期坚信，社会形态发展是一个自然的历史过程，人类社会将按照五种社会形态依次更替，不可颠倒，亦不可跨越。但随着对东方社会特别是对俄国的农村公社的深入探索和细致研究，马克思晚年依据辩证的历史决定论得出科学社会主义道路可以多样的结论，提出特定条件下落后国家可以跨越"资本主义卡夫丁峡谷"的观点。俄国公社到底是能够不经历资本主义的痛苦直接过渡到共产主义社会形态，还是必须依次经历历史发展的各个阶段呢？马克思和恩格斯的回答是："假如俄国革命将成为西方无产阶级革命的信号而双方互相补充的话，那么现今的俄国土地公共所有制便能成为共产主义发展的起点。"②　也就是说，俄国跨越"资本主义卡夫丁峡谷"取决于两个条件：俄国自身的革命将引发西方的无产阶级革命，且俄国与西方国家的无产阶级革命相互关照、互为补充。这既揭示了各国无产阶级革命有"同时"进行的必要，同时也指出了各国依据本国国情选择独特的发展道路的可能性。与其他所谓"社会主义"派别不同，马克思主义既不提供无产阶级革命的"万灵丹药"，也不描绘非常细化的神话般的未来愿景，它提供的只是指导实践的基本原理和与时俱进的方法。

　　序言论述了"共产党宣言"名称的特殊意义。能否将"共产党宣言"改称为"社会主义宣言"？恩格斯分别在1888年英文版和1890年德文版序言中明确否定了这种提法。原因大体有两点：一方面，就如1872年德文版序言强调的那样，我们没有权利修改"历史文件"；另一方面，以"共产党宣言"命名，既符合当时的历史现状，也蕴含着深刻的革命理念。《宣言》产生之时，"社会主义"与"共产主义"是两个完全不同的概念，即"社会主义是资产阶级的运动，而共产主义则是工人阶级的运动"③。当时的社会主义者主要指"各种空想主义体系的信徒"和"形形色色的社会庸医"，他们既不能代表无产阶级的利益，也不能正确认识社会发展的历史规律，不能找到社会变革的物质力量和正确途径。恩格斯认为，工人阶级只有靠自己才能获得自身的解放，只要认清了这一事实，那么"在这两个名称中我们应该选哪一个，就是毫无疑义的了"④，从而对《宣言》名称的选择作了补充说明。

　　总之，《共产党宣言》的七篇序言与《宣言》正文是一个统一的整体，我们应在部分与整体相统一的意义上去理解和把握七篇序言的历史地位和理论贡献。七篇序言作为不同历史时期的产物，有着各自特殊的历史任务，同时也是对《宣言》这一"没有权利修改"的历史文献的内容加以修订和补充的重要形式。通过剖析《宣言》序言的产生背景和主要内容，我们可以窥见马克思主义与时俱进的理论品质。马克思和恩格斯始终秉承实践性、批判性和革命性精神，根据资本主义社会发展和工人阶级力量

---

①　马克思恩格斯选集：第1卷［M］. 北京：人民出版社，2012：379.
②　马克思恩格斯选集：第1卷［M］. 北京：人民出版社，2012：379.
③　马克思恩格斯选集：第1卷［M］. 北京：人民出版社，2012：385.
④　马克思恩格斯选集：第1卷［M］. 北京：人民出版社，2012：385.

变化情况，不断总结无产阶级革命经验，积极地回应时代要求，以严谨的态度实事求是地承认部分理论已经过时，同时又以科学的态度与时俱进地丰富和发展《宣言》理论，赋予马克思主义更强大的生命力。正是这种与时俱进的理论品质，使得马克思主义历经 170 年依然焕发出强大的生机和活力。直到今天，"马克思主义所阐述的一般原理整个来说仍然是完全正确的"①。这启示我们，在新时代背景下，我们既要坚持以马克思主义基本原理为指导，同时也要从新的实际出发，立足中国实际和时代发展来进行理论创造，使当代马克思主义焕发出更强大的真理力量。

（编辑：范伟伟）

———————————

① 习近平. 在纪念马克思诞辰 200 周年大会上的讲话 ［N］. 人民日报，2018-05-05（002）.

对《共产党宣言》中"两个必然"理论的认识与思考

徐李红　张小波

【摘要】《共产党宣言》博大精深，马克思、恩格斯在其中阐发了很多重大理论创新。《共产党宣言》中的"两个必然"理论，更是洞察了人类历史发展的客观规律。本文从马克思、恩格斯经典文献出发，阐述"两个必然"理论的论证过程及辩证思维，并且结合我国改革开放的经验和当今所处的新时代背景，分析当代资本主义的新变化及其表现，论证了资本主义的内部调整和两种政治制度的合作趋势恰恰是"两个必然"的实现进程。"两个必然"理论揭示了资本主义必然灭亡的历史规律，但是无产阶级革命具有复杂性和长期性，国际共产主义运动遭遇的挫折是社会主义事业螺旋式前进的插曲；中国特色社会主义的成功实践是对"两个必然"理论的最好印证。在新时代背景下，我们不仅要掌握"两个必然"的理论原创，坚定共产主义信仰，还要联系当前社会的新变化，赋予它与时俱进的理论内涵。

【关键词】共产党宣言；两个必然；新时代

【作者简介】徐李红，西南财经大学马克思主义学院 2017 级硕士研究生；张小波，西南财经大学马克思主义学院副教授，加拿大阿尔伯塔大学中国学院研究员。

在《共产党宣言》发表 170 年后，世界局势发生了前所未有的变化。资本主义国家在吸收了社会主义因素的基础上，逐步建立起社会保障和福利体系，在某种程度上缓解了无产阶级与资产阶级之间的矛盾冲突。与此同时，随着苏联解体和东欧剧变，国际共产主义运动陷入了低潮；全球化促进了新型国际关系的发展，社会主义国家和资本主义国家形成既有竞争也有合作的关系。在这些复杂的国际背景下，对于《共产党宣言》中"两个必然"理论，不能采用教条主义的、孤立和静止的方式来解读。作为新时代的中国公民，我们有必要重新研读《共产党宣言》中"两个必然"经典思想，并结合当今时代的新变化，正本清源，来坚定我们的政治信仰。

一、《共产党宣言》中"两个必然"理论的内涵与逻辑

1848 年正式出版的《共产党宣言》是马克思主义创立的标志性文献。在《共产党宣言》中，马克思、恩格斯通过对资本主义经济关系和阶级关系的分析，科学地论证了资本主义不可避免地走向灭亡的历史规律，并且描绘了共产主义必然胜利的美好蓝图。他们在这个无产阶级革命的纲领性文件中提出了"两个不可避免"："资产阶级的

灭亡和无产阶级的胜利是同样不可避免的。"①这是马克思、恩格斯应用历史唯物主义的观点和方法对资本主义经济运动规律进行科学分析后得出的伟大论断。这就是著名的"两个必然"理论。

（一）资产阶级的产生、发展及消亡的必然性

马克思、恩格斯从以下三个方面分析了资产阶级产生、发展和消亡的必然性：

第一，马克思、恩格斯立足于唯物史观，首先分析了资产阶级的产生和发展。"人类社会的任何一种生产关系，都有它产生的充分依据，同时又都不可避免地要被新的、更高的生产关系所取代，因而一切生产关系都必然要经历历史的变更。"②马克思、恩格斯认为资本主义的产生和发展是符合社会发展规律的，同以往历史上的社会更替一样，资本主义社会取代封建社会经历了长期的过程。同样，资本主义社会同原始社会、奴隶社会和封建社会一样，都有其既定的历史轨迹，因此，在资本主义生命力完全发挥出来之前是不会灭亡的。马克思、恩格斯在分析的过程中，科学地阐述了社会历史发展规律，指明了未来社会发展的大方向。

第二，马克思、恩格斯强调要辩证地看待具体问题，肯定资产阶级的作用和成就。他们指出，资产阶级在推进历史变革的进程中，曾经起到了积极的作用。资产阶级在反对封建专制主义和宗教神学的斗争中，各种资产阶级思想曾发挥了重要的思想启蒙作用。资产阶级的胜利也极大地鼓舞了全世界被压迫被剥削的人民。到19世纪六七十年代，资本主义制度在全世界范围内广泛建立。即使在资本主义积累时期，资本主义在全球范围内的扩张，也在一定程度上瓦解了封建专制制度，结束了封建割据状态，建立了世界联系。由此可以看出，马克思、恩格斯对资产阶级历史地位的评价，是将其置于人类历史长河之中的客观分析。

第三，马克思、恩格斯指出了资本主义灭亡的必然性。马克思认为资本主义生产关系"仍然沿袭了过去只有与小生产才基本适应的私有制内容，所不同的只是改变了私有制的形式而已，由资本家的资本私有制代替了过去的地主土地私有制。"③他们认为，当生产力发展超过了一定阶段，经济危机的周期性爆发、城乡矛盾和对抗的加深、主权国家与殖民地国家之间的对抗、人与人之间关系乃至整个社会变得物化、资产阶级和无产阶级之间的对抗等，都体现了资本主义生产关系与生产力发展的不相适应，所以资本主义的生产关系必然无法容纳生产力的发展，终将被新的生产关系取代。资本主义生产社会化与生产资料私有制的基本矛盾，决定了它不可避免地走向灭亡。

（二）无产阶级的产生、发展及胜利的必然性

马克思、恩格斯从以下三个方面分析了无产阶级产生、发展和胜利的必然性：

第一，无产阶级和资产阶级同时产生，随着资本主义的发展而发展。在《共产党宣言》中，马克思、恩格斯明确指出，自资本主义诞生之日起，工人就被雇佣，以出售自己的劳动力来换取生活资料。随着资本主义进入大规模机器生产时代，加上资本家降低成本的利益驱动，许多女工和儿童加入了产业工人的行列，一些小资产阶级也因为没有竞争优势而破产，加入无产阶级的队伍中，无产阶级的力量随着资本主义的

① 马克思恩格斯选集：第1卷 [M]. 北京：人民出版社，1995：284.
② 叶庆丰. "两个必然"与"两个决不会"的论断及其当代意义 [J]. 中共中央党校学报，2003（1）：6.
③ 石镇平. "两个必然"的理论证明、历史证明和现实证明 [J]. 马克思主义研究，2017（1）：113-120.

发展而增长。

第二，马克思、恩格斯分析了无产阶级反对资产阶级的斗争在不同历史阶段的表现形式。无产阶级的斗争形式经历了由自发到自觉的变化过程。在自发斗争阶段，无产阶级缺少统一的组织领导，工人是分散的和孤立的；同时，无产阶级将受剥削奴役的根源归因为大机器生产的应用，因而斗争的形式比较单一，主要表现为破坏机器、烧毁工厂、殴打工头等一些本能的反抗行为。在这一阶段，斗争领域主要在经济方面，目的是提高自身的工资待遇和福利水平。到自觉斗争阶段，自发的分散的斗争已经发展成为有组织的联合行动，斗争手段更加多样化，如罢工、政治示威、游行、议会斗争和武装起义，同时也将斗争拓展到了政治领域。无产阶级在反对资产阶级的斗争中逐渐发展为一个成熟的阶级。

第三，马克思、恩格斯分析了无产阶级的特点，指出无产阶级肩负着推翻资本主义、实现共产主义的伟大历史使命。无产阶级是受资本主义剥削、压迫最深重的阶级，因而具有最坚决和最彻底的革命要求。同时，作为大工业生产的主力军，无产阶级具有组织性和纪律性。"无产阶级如果不能消灭一切阶级和剥削，自己就不能得到最后的解放。"①这些都决定了无产阶级肩负着无产阶级革命的伟大历史使命。此外，在《共产党宣言》中，马克思、恩格斯还指出，无产阶级完成其历史使命的道路是暴力革命，用暴力手段推翻资产阶级统治，建立无产阶级专政。马克思、恩格斯强调暴力革命的重要作用，并不是因为无产阶级偏爱暴力，而是因为无产阶级革命面对的是反革命的暴力。②由于资产阶级掌权，当工人运动威胁其统治时，它总是会使用武装镇压的。无产阶级要想生存，就只能通过暴力革命来粉碎资产阶级的统治。

二、《共产党宣言》中"两个必然"理论在当代面临的挑战

理论的生命力在于创新，真理必然要在回答时代课题、经受时代挑战的同时，不断注入新的时代内涵。"两个必然"在当代世界也面临着一些挑战，这表现在以下三个方面：

（一）资本主义仍具有较强生命力

在马克思去世一百多年后，资本主义不仅没有消亡，反而仍在发展着。资本主义国家在当今世界的优势主要表现在以下几个方面：在经济上，以美国为首的西方国家仍然掌握着最先进的科学技术，电子信息技术的迅猛发展推动了生产力的极大提高；在政治上，西方资本主义国家极力向世界宣传和推行以三权分立、多党竞争、议会制度、民主选举为核心的民主制度，并且取得了一定成效；在军事上，无论是军费开支、武器装备，还是信息化程度，资本主义国家仍然占主导地位，源于"冷战"中以美国为首的"北约"仍然是资本主义国家"霸权主义"的有效军事组织；在文化上，西方资本主义国家利用经济全球化的机会，通过网络、电影、电视等形式不断向世界尤其是社会主义国家渗透自己的价值观念和思维方式，如今欧美节日、欧美影视、体育明星已流行全球。

当代世界资本主义之所以仍然具有生命力，部分原因在于它在与世界社会主义长

---

① 侯惠勤. 科学的经典 真理的旗帜——读《共产党宣言》[J]. 马克思主义研究，2012（12）：5-14.
② 石镇平. 马克思对社会主义理论的三大贡献 [J]. 马克思主义研究，2018（3）：28-38.

期较量的同时总结了经验和教训，取长补短，学习到社会主义对它有用的方面。"由于新科技革命注入了活力、资本主义的自我调整和资本扩张，当代发达资本主义国家已渡过重重危机，发展到了一个更加稳定、更加具有活力的新阶段。"[1]但是"资本主义生产关系的'外壳'却没有被突破，究其原因主要在于资本主义生产关系的'外壳'开始发生了一些具有社会主义性质的变化"[2]。例如，老罗斯福总统的反托拉斯法和劳工政策通过加强宏观调控，规范了市场秩序，限制了垄断；小罗斯福总统的新政增加了工人的就业机会，提高了工人的工资水平；资本主义国家逐步建立福利制度和社会保障制度，其中瑞典的福利模式被视为典范，因为其福利涵盖了从摇篮到坟墓的各个阶段。但是这些举措只是暂时缓解了资本主义的社会矛盾，正如马克思在 1867 年《资本论》第 1 卷序言中所说的那样："社会形态的变革与更替是'一种自然史的过程'，它还是既不能跳过也不能用法令取消自然的发展阶段。"[3]资本主义通过调整局部的生产关系适应现代化生产力，为生产力的发展赢得了一定的空间，但资本主义的基本矛盾仍然存在并且在不断激化，资本主义灭亡的命运具有不可逆性。

（二）无产阶级世界革命的复杂性和长期性

《共产党宣言》的最后一句话"全世界无产者，联合起来！"[4]，就是宣告要进行无产阶级世界革命，即在资本主义最发达、社会生产力最发达的西方国家特别是西欧和北美首先取得胜利，进而带动无产阶级革命在全世界的胜利。在这里，马克思强调实现社会主义的方式必然是暴力革命，但是实际情况是社会主义革命进程缓慢，而且在当代，通过无产阶级暴力革命手段来实现社会主义变得越来越不现实。

历朝历代的革命活动大致都有一个文件、思想或者口号以动员革命群众揭竿而起。事实上，无产阶级革命群众的绝大多数都是普通民众，他们大多数不是出于忠于革命信条，有着远大的抱负，为了实现人类自由而全面的发展而支持并投身于革命，自身利益才是驱使他们进行革命的决定性因素。在资产阶级统治之下，工人阶级被奴役、被剥削、穷困潦倒，只有走上革命的道路才能保证自身的生存和发展。值得注意的是，在 21 世纪的新时代，资本主义仍具有发展的动力，尤其在资本主义发达国家，工人生活状况有了很大改善，劳资双方关系趋于缓和，工人阶级要求的权益基本得到了满足，因此纲领性的革命文件并不能引起多么大的波澜，无产阶级暴力革命很难进行并取得成功。而苏联的社会主义实践在很大程度上已经背离了马克思主义的很多基本原则，比如放弃了以人为本，政治生活中民主与法制遭到严重破坏，同时不注重保障和改善民生；忽视苏联共产党的自身建设，存在严重脱离群众、个人崇拜、特殊利益集团等现象。其他社会主义国家包括我国早期的社会主义建设，也因为受到苏联的影响而走过弯路。然而"历史发展的大趋势并不取决于暂时的力量对比，也决不因革命形势由高潮暂时转入低潮而有所改变"[5]。革命活动有高潮也有低潮，伟大的无产阶级革命活

① 李青宜. 当代资本主义的新变化与马克思的"两个必然"思想 [J]. 当代世界与社会主义，2006（2）：36-40.

② 张学森，李朝旭. 社会主义的历史方位与实践进程——重温马克思的"两个决不会"思想 [J]. 科学社会主义，2018（2）：12-17.

③ 马克思恩格斯选集：第 2 卷 [M]. 北京：人民出版社，1995：101-102.

④ 马克思恩格斯文集：第 2 卷 [M]. 北京：人民出版社，2009：66.

⑤ 陈明凡. "两个必然"：社会主义理想信念的科学基石——读《共产党宣言》[J]. 中国特色社会主义研究，2010（2）：104-107.

动更是如此。"世界社会主义运动是扎根于社会生活的现实运动，它总是处在不断发展和变化的过程中。"①社会主义运动遇到的挫折也促进了它的新发展：由共产国际中心领导转变为由各国共产党独立领导；由单一的革命道路转变到遵循各国国情的革命道路；由统一的社会主义发展模式转变为各具特色的社会主义发展道路。总的来说，国际共产主义运动在复杂的国际形势下充满了发展机遇和挑战。

（三）"两种社会制度"的关系与发展趋势

我们应该看到"两种社会制度"也有相通、相融之处。资本主义国家的变革虽然延缓了国内阶级冲突，但是没有改变资本主义剥削的本质。资本主义国家内部还存在很多问题，比如目前美国社会贫富差距加大、两党政治分化加剧导致国家治理能力下降、民粹主义和贸易保护主义盛行等。

改革开放前，由于国家安全的需要，我国独立自主的外交政策着重强调意识形态的差异，错失了第二次科技革命的发展机遇，导致我国与西方发达资本主义的差距迅速扩大，尤其在科技创新、企业管理、军事装备等方面。改革开放后，我国在和平共处五项原则基础上发展我国同世界各国的关系，积极参与国际合作，尤其是我国在共建共赢的基础上提出的"构建人类命运共同体"等新理念也获得了广泛的国际认同。我国指出了美好的未来需要各国人民的共同努力，也在用实际行动证明着社会主义的优越性，逐渐改变着西强东弱的"一球两制"格局。由此我们可以看出，两种社会制度有着千丝万缕的联系，在以和平和发展为主题的时代背景下，两者的关系并不是过去所设想的你死我活，而是可以和平共处，互助协作，从而达到双赢的。在这个过程中也会有竞争甚至更为激烈的斗争，但是最终的结果是不仅社会主义发展了，而且资本主义也会在和风细雨的条件下逐渐地实行变革，最终会沿着它的道路发展到社会主义。

三、在新时代背景下如何把握"两个必然"理论

首先，要明确立场。"不管最近25年来的情况发生了多大的变化，这个《共产党宣言》中所阐述的一般原理整个来说直到现在还是完全正确的，而这些原理的实际运用随时随地都要以当时的历史条件为转移。"②这恰恰体现了马克思主义哲学活的灵魂即具体问题具体分析。在今天不同的时代背景下，这仍是我们学习《共产党宣言》和马克思主义经典著作时应该坚持的立场和态度。拿我国的"中国特色社会主义"道路来说，我国的所有制结构已经从单一的公有制转变为以公有制为主体的多种所有制共存。社会主义改造完成后，我国的阶级政策也因时改变。党的十九大报告中明确指出：我国社会主要矛盾已经转变为人民日益增长的美好生活需要同不平衡不充分的发展之间的矛盾。这些都体现了中国特色社会主义是科学社会主义原理与中国具体实际相结合的产物，是对《共产党宣言》中所提出的科学社会主义的继承与创新。对此，列宁有一个非常生动的比喻。他说：从事无产阶级革命事业，就好像"我们想攀登一座崎岖险阻、未经勘察、人迹未到的高山，因此有时要迂回前进，有时要向后转，放弃已经选定的方向而试探着从不同的方向走"③。通往共产主义的道路多种多样，道路差异很

①　聂远麟. 世界社会主义运动在低潮中奋进［J］. 求是，2013（21）：55-57.
②　马克思恩格斯选集：第1卷［M］. 北京：人民出版社，1995：248.
③　列宁选集：第4卷［M］. 北京：人民出版社，1972：225.

大。但正如列宁所说，尽管道路选择千差万别，有"绕道"或者甚至"倒退"，但只要适合本国国情便是最好最快的道路。"理论的科学性和实践的实效性是我们新时代坚定道路自信的重要依据。"①我国创造性地将科学社会主义原理与中国具体实际相结合，在短短几十年里，中国特色社会主义道路使我国生产力突飞猛进，人民生活水平显著提高，逐步步入小康社会，在国际舞台上取得的成就同样举世瞩目，中华民族的伟大复兴正在验证这一理论的真理性。实践证明，"两个必然"是毋庸置疑的，"实事求是、与时俱进"的方法论要求同样不可丢弃。

其次，要抓住关键。当前国际上只有五个共产党执政的社会主义国家，并且社会主义国家发展普遍不平衡、不充分，有着这样或那样的问题。目前，我国在社会主义国家中发展迅速，仍拥有难得的发展机遇，与世界主要大国在淡化意识形态冲突的前提下合作达到了一定的共赢。但是国际形势仍然错综复杂，一些资本主义国家，特别是以美国为首的西方发达国家，具有严重的种族中心主义，对我国始终保持着不友好甚至敌视的态度，激化矛盾，升级冲突，对我国进行更深层次的文化渗透，通过广播、电视、电影、报纸、杂志、信息网络和其他媒体出口文化产品，公开或秘密地宣传其社会和政治理论、价值观、意识形态和生活方式，并且诽谤我国无人权、无民主，丑化我党我军以及大肆宣扬"中国威胁论"，严重损害我国的国际形象。就我国而言，当前还处于社会主义初级阶段，发展不平衡不充分，贫富差距、食品安全、医疗卫生等社会问题迫切需要解决。电子信息技术、科技创新能力等关键领域更是落后于世界发达国家。国际地位虽然有所提高，但由西方发达国家主导的国际关系体系并未被打破。换而言之，社会主义的发展仍然不够，发展仍是第一要务，提高发展的质量和效益才是重中之重。习近平同志在党的十九大报告中也多次强调转变发展方式、落实新发展理念的重要性。"实现共产主义"这一伟大使命要求我国社会主义发展必然是全面协调可持续的发展，同时，发展社会主义和实现共产主义并不意味着以牺牲世界人民的利益为代价。我国一直以"维护世界和平、促进共同发展"为己任，共产主义的实现必然建立在这个前提之上。

最后，要坚定信念。"无论哪一个社会形态，在它所能容纳的全部生产力发挥出来以前，是决不会灭亡的；而新的更高的生产关系，在它的物质存在条件在旧社会的胎胞里成熟以前，是决不会出现的。"②马克思指出，在两个条件成熟之前，"两个必然"是不可能发生的，即资本主义社会发挥完它的生产力，社会主义生产关系完全成熟。资本主义制度框架内做出的自我调整与改良，在一定程度上暂时地局部地缓解了资本主义的社会矛盾，从而延缓了资本主义走向灭亡的历史进程，但是资本主义剥削的本质并没有消失，马克思"两个必然"同样能够用来解释当今时代的变化。近年来，由于部分民众对"两个必然"缺乏系统认识，只片面地看到了资本主义的繁荣表象，一时间"马克思主义无用""马克思主义过时"等错误思想风行，严重影响了国民对社会主义、共产主义的信心。党的十九大报告明确指出"不忘初心，牢记使命"。这一初心和使命是我们党的崇高理想和最终目标，更是每个人的梦想。习近平同志对"初心

① 严圆圆，武红娟. 新时代"两个必然"对增强大学生道路自信的启示——纪念《共产党宣言》发表170周年［J］. 改革与开放，2018（13）：131-133.

② 马克思恩格斯选集：第2卷［M］. 北京：人民出版社，1995：33.

和使命"的阐述正是"两个必然"这一伟大目标在新时代的体现。处于新时代的社会公民必须认真研读经典，学习理论知识，提高自身思想道德修养，同时，要培养科学的思维方式，避免僵化，能够辩证地看待当代资本主义的新变化，认识到共产主义实现的长期性与曲折性。迈入新时代的中国也一定要不忘初心、坚定信念，确保当前的社会实践、方针政策立足于社会主义初级阶段的基础之上，全国人民万众一心，开启社会主义新征程。

结　论

"唯有与时俱进的理论，才能永葆生机与活力。"①马克思从未称自己的理论、著作具有绝对真理性，他在有生之年，总是在不断地学习、修订和完善它们。在纪念马克思 200 周年诞辰的今天，学习马列经典著作有利于我们理解习近平新时代中国特色社会主义思想的深刻内涵和现实意义，学习"两个必然"所要坚持的立场和态度也同样适用于整个马列经典著作。我们要结合时代背景，把中国特色社会主义在发展过程中所形成的新鲜经验补充到对其的理解之中，使马克思主义经典能够在回应时代问题之中不断彰显其时代意义与价值。同时，自觉主动地深入学习理论知识，用马克思主义武装头脑，培养科学的思维方式，增强自身本领，真正将"两个必然"内化于心，将理想信念植根于心，为社会主义建设贡献力量。

参考文献

[1] 高放. 《共产党宣言》当代解读 [J]. 理论探讨，2008 (6)：1-5.

[2] 董德刚. 《共产党宣言》三个论断之辨析 [J]. 科学社会主义，2011 (8)：43-47.

[3] 陈学明. 重新审视《共产党宣言》的当代意义 [J]. 探索与争鸣，2012 (11)：23-28.

[4] 石镇平. "两个必然"的理论证明、历史证明和现实证明 [J]. 马克思主义研究，2017 (1)：113-120.

[5] 吴雄丞. "两个必然"的原理和资本主义的新变化——纪念《共产党宣言》发表 160 周年 [J]. 高校理论战线，2008 (3)：35-42.

[6] 王楠楠. 从"两个必然"和"两个决不会"论断看资本主义的历史与命运 [J]. 法制与社会，2018 (5)：234-235.

[7] 董艳. 重读《共产党宣言》[J]. 山西高等学校社会科学学报，2016 (2)：3-6.

[8] 严圆圆，武红娟. 新时代"两个必然"对增强大学生道路自信的启示——纪念《共产党宣言》发表 170 周年 [J]. 改革与开放，2018 (13)：131-133.

[9] 聂远麟. 世界社会主义运动在低潮中奋进 [J]. 求是，2013 (21)：55-57.

[10] 张学森，李朝旭. 社会主义的历史方位与实践进程——重温马克思的"两个决不会"思想 [J]. 科学社会主义，2018 (2)：12-17.

（编辑：范伟伟）

---

① 严圆圆，武红娟. 新时代"两个必然"对增强大学生道路自信的启示——纪念《共产党宣言》发表 170 周年 [J]. 改革与开放，2018 (13)：131-133.

辩证否定观与中国共产党的自我革命

李 茜

【摘要】中国共产党是马克思主义政党，始终坚持以辩证唯物主义与历史唯物主义为指导来推进党的建设。党的十九大报告提出，新时代要以自我革命精神推进党的建设伟大工程。自我革命精神正是马克思主义辩证否定观在党的自身建设中的实践和运用，体现了党中央全面从严治党的勇气与毅力，对于新时代党的建设具有重要意义。

【关键词】辩证否定观；中国共产党；自我革命

【作者简介】李茜，西南财经大学马克思主义学院 2017 级硕士研究生。

历史已经证明，中国的革命事业和社会主义建设事业之所以取得成功，一个根本的原因就在于始终坚持和加强中国共产党的领导。中国共产党是马克思主义政党，始终坚持以辩证唯物主义与历史唯物主义为指导来推进党的建设，始终坚持以自我革命的精神来推进党的建设。党的十九大报告指出，我们党最鲜明的品格就是敢于自我革命，从严治党。① 要实现中华民族伟大复兴的梦想，必须推进党的建设新的伟大工程。自我革命是对辩证否定观的丰富和发展，体现了我们党从严治党的勇气与毅力，对于新时代指导党的建设伟大工程具有重要意义。

1840 年以后的很长一段时间的近代中国内忧外患，积贫积弱。以孙中山为代表的许多仁人志士为改变这一局面，领导进行了多次的改革与革命运动，虽然屡败屡战，但都以失败告终。自 1921 年中国共产党成立以来，变革之路仍然艰辛而又曲折，但中国的革命面貌开始从根本上发生变化。时至今天，中国共产党正领导中华民族行进在由站起来、富起来到强起来的伟大历史进程之中，我们离中华民族伟大复兴的梦想越来越近。中国共产党为何可以领导中国人民走向解放和独立？为何会在众多政党中脱颖而出成为执政党？从中国共产党近百年的历史可以看到，中国共产党始终坚持以辩证否定观为指导，以自我革命精神不断加强自身建设，始终保持自身纯洁性和先进性，从而才能在众多政党中脱颖而出，成为中国革命的领路人，成为带领人民推进社会主义建设事业的执政党。本文将从马克思主义哲学的角度，运用马克思主义辩证否定观来回顾和分析中国共产党自身建设的历程，并对新时代中国共产党应该怎样坚持辩证否定观全面从严治党进行探索。

---

① 习近平. 决胜全面建成小康社会 夺取新时代中国特色社会主义伟大胜利——在中国共产党第十九次全国代表大会上的报告 [M]. 北京：人民出版社，2017：26.

一、马克思主义辩证否定观的内涵

马克思主义辩证否定观认为，任何事物内部都存在着肯定和否定两种因素，肯定因素维持事物的存在，而否定因素则会促进事物的灭亡。辩证的否定，是事物的自我否定，是旧事物向新事物的转变，其实质是"扬弃"。马克思主义辩证否定观"要求我们对待一切事物都要采取客观的态度"。

首先，肯定和否定两个因素是相互依存的，肯定之中有否定，否定之中有肯定，对一事物的正确认识应该是肯定它的正确一面，同时否定它的错误一面。因此对每一个事物我们都应该采取科学分析的态度，理性看待事物存在的肯定和否定两方面的因素。正如毛泽东所说，在认识事物的时候不应该肯定一切，只应该肯定正确的东西；同时也不应该全盘否定，只应该对错误的东西进行否定。[①]

其次，辩证的否定是事物在自我发展过程中，内部矛盾相互作用的必然结果，是事物对自己本身进行的自我否定。辩证的否定就是"扬弃"，是新事物在克服旧事物陈旧腐朽的部分，保留和发扬优秀部分的基础上的自我成长和发展。列宁曾说过，辩证否定并非纯粹否定，"否定保持着肯定的东西"[②]。因此，辩证否定就是既克服消极因素又保留其积极因素。

一个优秀的政党是敢于直面自己的错误并进行自我纠正的。任何政党都不可能没有一丝一毫的错误，但关键在于能及时发现及时整改。只有这样，才能促使事物不断向着美好的方向发展。中国共产党一直用辩证否定观指导党的建设以及其他实际工作，其中，作为党的三大作风之一的批评与自我批评就是辩证否定观在党内建设中的具体运用，并贯穿于中国共产党的一切工作中。

二、中国共产党的建设历程中始终坚持辩证否定观

作为马克思主义政党，中国共产党在自身建设中一直坚持辩证否定观的思想，坚持一切从实际出发，在不断的自我否定和反思中实现自我净化和完善。我们党在革命、改革和建设时期也正是践行着自我革命的思想，才能一次又一次地解决党内矛盾，化解党内危机，不断地发展和壮大党的队伍。

1927 年，中国共产党在面对国民革命失败，党领导的革命事业陷入危险关头的复杂局面下，紧急召开了八七会议。这次会议否定了以陈独秀为代表的右倾机会主义错误，肯定了毛泽东等人提出的"枪杆子里面出政权"的思想，提出开展土地革命和武装反抗国民党反动派的总方针，从而掀起了轰轰烈烈的土地革命。中国共产党之所以能够及时地认识到自身的错误并加以改正，正如八七会议所申明的，是因为我们是最先进的无产阶级政党，我们敢于发现自己的错误并及时地纠正错误，毫不避讳和掩盖错误本身。八七会议上对党的总书记陈独秀所代表的错误路线进行的批判，正是对马克思主义辩证否定观思想的具体运用。不论党内职务高低，我们的党都敢于肯定正确的东西，否定错误的东西。八七会议后，党积极开展了土地革命，建立革命根据地，为中国革命开辟了新的道路。这表明党在对自己本身的错误路线进行否定之后推动了

---

① 毛泽东文集：第七卷 [M]. 北京：人民出版社，1999：274.
② 列宁专题文集 [M]. 北京：人民出版社，2009：141.

中国革命事业的发展。

中国共产党在八七会议上对右倾错误路线进行了批判，但在随后的土地革命中，党内又不时出现各种"左"倾错误思想。特别是在反抗国民党军事围剿的艰苦斗争中，由于当时党的领导人博古等人在军事斗争中的"左"倾领导，最终导致了第五次"反围剿"斗争的失败，红军被迫长征。在长征途中，博古等人的错误又从"左"倾冒险主义转变为逃跑主义，导致红军在突围过程中损失惨重。面对这样的危机，中国共产党在1935年1月召开了著名的遵义会议，进行自我反思，纠正军事路线上的错误。遵义会议否定了博古等人在军事上的错误领导，肯定了毛泽东关于当时军事斗争的许多正确主张，再次以辩证否定观为指导，实现了党在组织上和军事上的拨乱反正。遵义会议的召开不仅拯救了中国的革命，而且这也是中国共产党第一次不依赖外部力量进行自我反思并解决自身存在的问题，意义非常重大。

长征胜利结束之后不久，伟大的抗日民主革命运动开始。为了适应党领导的革命事业的发展，在1941年前后，针对党内出现的一些本本主义、教条主义、党性不纯的问题，中共中央及时地开展了著名的延安整风运动，在《关于增强党性的决定》中做出了明确规定，要求党员干部必须要学会使用自我批评和加强学习的方法，来使自己能够适应于党和革命的需要。① 延安整风运动认真开展批评与自我批评，党员干部认真学习马列原著，针对自身思想存在的问题做出整改，及时清除不良思想，加强自身党性修养。中国共产党的批评与自我批评并不仅仅局限于表面，而是要深入查找问题的根源，认真找出党内矛盾、党内问题的关键，对症下药，并在新的基础上开创新的美好局面。这也是辩证否定观在党的自身建设中的又一次运用。

中华人民共和国成立前夕，为了克服党内可能随着革命胜利而产生的骄傲自满、不思进取等不良风气，中国共产党召开了七届二中全会。会上，毛泽东提出了"两个务必"重要思想，号召党员要发扬革命时期不骄不躁、艰苦奋斗的作风，预防各种不良风气带来的危险。这是中国共产党面对革命使命发生历史性转变的关键时刻，运用马克思主义辩证否定观指导党的建设，预防党内否定的消极因素的增长。

中华人民共和国成立后，中国共产党在领导社会主义建设事业的过程中，由于缺乏经验，也由于主要领导人急于求成等主观因素，社会主义建设在取得巨大成就的同时，也发生了像"大跃进"和"文化大革命"这样的严重挫折，给中国人民和社会主义建设事业造成了巨大的损失。即使这样，中国共产党仍然能够以辩证否定观为指导，先后在七千人大会和党的十一届三中全会等党的重要会议上，以自我革命的精神实现拨乱反正。

20世纪70年代末开始，以邓小平同志为核心的第二代中央领导集体，解放思想，实事求是，一方面对社会主义制度中最基本最核心的内容以"四项基本原则"的形式进行坚持，另一方面对传统社会主义中一些被实践证明已经过时或者不切实际的内容又以自我革命的精神大胆进行改革，这实际上也是对马克思主义辩证否定思想的又一次具体实践。

---

① 中央档案馆. 中共中央文件选集第十三册（1941—1942）[M]. 北京：中共中央党校出版社，1991：700.

三、新时代党的自我革命对辩证否定观的运用和发展

随着社会主义改革开放事业的不断推进，我国的社会与经济也在不断发展和前进。当 21 世纪进入第二个十年以后，中国共产党领导下的社会主义改革开放事业已经走过 30 多个春秋，中国的社会主义建设事业也进入了新的历史时期。在新时期，我们的事业面临着很多新的困难与挑战。同时，中国共产党也面临着"四大考验"和"四大危险"。为了克服和应对这些困难和挑战，不但需要我们党领导和团结全国人民攻坚克难，而且也要求党要以自我革命的精神和勇气来全面从严治党，不断增强自身抵御风险的能力，提高自身的党性修养，不断地进行自我反思、自我完善，在新时代实现自身的不断成长。

党的自我革命精神体现的是一种勇气和自信。强调革命，体现了中国共产党人敢于正视问题、直面问题的勇气，强调不是小修小补，而是要去除原有体制弊端。自我革命体现的是一种自信，敢于自我否定，自我发展。这种勇气和自信基于中国共产党领导中国从站起来、富起来到强起来的伟大使命，基于党能够牢记自己的使命，不忘初心。

第一，通过加强对腐败的惩治和制度建设来进行自我革命。中国共产党一直牢记自己的使命和担当，十八大以来党更加重视从严治党，加强对党内部的治理，以壮士断腕的决心，以绝对的高压力度来推进反腐败斗争，强调"老虎""苍蝇"一起打，哪怕是党的高级领导干部，只要涉及腐败问题，也敢于动真格，坚决不放过任何一个腐败的蛀虫。从 2012 年起，薄熙来、周永康、令计划、徐才厚、郭伯雄等"大老虎"相继落网。在严厉打击党内腐败的同时，党还在不断加强自身的制度建设，完善内部监督体制。在党的十九大报告中，习近平总书记提出要在以往监督体系的基础上进一步完善党内部的监督，强化自上而下的监督模式，加强对党内领导的日常监督，构建"五加二"党建新格局。新格局在继承以往格局基础上，更加重视制度在监督中的决定作用，强调制度的重要性和根本性，强调从制度上加强对党内干部的监督和对腐败问题的惩治。

第二，通过加强党员同志自身学习教育来进行自我革命。党的十八大召开后不久，为了深入贯彻十八大精神，号召党员干部要坚持群众观点，密切和群众之间的联系，保持自身廉洁，加强作风建设，开展了突出作风建设，反对形式主义、官僚主义、享乐主义、奢靡之风，要求党员干部要"照镜子、正衣冠、洗洗澡、治治病"的党的群众路线教育实践活动。[①] 2014 年 3 月，为了进一步提高党员干部的党性修养，从严治党，强化党内监督作用，习近平总书记提出了"既严以修身、严以用权、严以律己；又谋事要实、创业要实、做人要实"[②] 的重要论述，随后各级党政机关开展了"三严三实"专题教育，通过学习，强调党内的自我监督，通过领导干部带头自我反思、自我革命，从而纠正党内的不良风气，营造良好的党内政治环境。2016 年 2 月，党中央号召全体党员学习党章党规和系列讲话，做合格党员，简称"两学一做"。开展"两学一

① 中共中央文献研究室. 十八大以来重要文献选编（上）[M]. 北京：中央文献出版，2014：467-468.

② 中共中央文献研究室. 习近平关于党的群众路线教育活动论述摘编 [M]. 北京：党建读物出版社，中央文献出版社，2014：41.

做"教育的目的是在继续深化党内干部学习教育的基础上，面向全体党员开展更加广泛的党内教育活动。保持党的先锋模范性，不仅要加强对党内干部的管理，同时也要加强对广大党员群众的学习教育。"两学一做"活动要求党员增强四个意识，牢记为人民服务的宗旨，严格遵守党的各项规矩和纪律，成为一名合格的党员。进入新时代，我们面临的风险更多，考验更加严峻。为了增强全体党员抵御风险、解决困难的能力，2017年10月18日，习近平总书记在十九大报告中提出要在全党开展"不忘初心、牢记使命"主题教育，用马克思主义中国化最新理论成果武装大脑，要求全体共产党员牢记中国共产党是中国人民的党，要始终维护人民利益，不断加强自身建设，从而带领中国人民实现中华民族的伟大复兴。[1]

第三，坚持群众路线。党坚持自我革命，就要始终把人民群众的利益放在第一位，在实践中发现并解决问题，做一个永远与人民群众在一起的政党。得人心者得天下，这话在当今的时代依然是正确的。坚持以人民利益为先，坚持自我革命，我们党才能跳出历史兴衰周期律，永葆生机。

坚持以人民为中心。无论是在抗战过程中还是在和平建设年代，中国共产党始终以人民为中心。习近平在十九大报告中强调，人心向背决定着一个政权的前途和命运。[2]在新时代，我党的宗旨没有改变，也不会改变，坚持群众路线，急群众之所急，忧群众之所忧。在面对新时期党内出现的形式主义、官僚主义等问题时，我们党根据具体国情实事求是地开展批评和自我批评，在坚持以人民为中心的基础上，加强与人民群众的联系，开拓群众意见渠道，广泛听取人民意见，注重新媒体社会热点舆情，对重大舆情做出正确反应。

第四，坚定理想信念。中国共产党要始终成为时代先锋、民族脊梁，就必须坚定理想信念，而共产主义理想和中华民族的伟大复兴的信念就是党的脊梁。理想信念是共产党人强大的精神支柱，缺少了精神支柱的支撑，就容易造成思想上的懒惰、行动上的迟缓，就不能担起时代重任。因此在党的自我革命中，党要始终坚定自己的共产主义理想，不忘初心，克服和修正自身存在的问题，在既有坚持又勇于自我否定中不断加强党的自身建设，从而向共产主义理想不断迈进。

总而言之，从建党之初的五十余人的小党到今天八千八百多万党员的执政党，我们历尽艰辛，我们风雨兼程。改革开放40年，我们扬帆远航，在世界波澜壮阔的海面上竖起了中国的大旗。中国共产党的胜利，不是侥幸，不是偶然，而是代代中国共产党人勠力同心，不断自我革命得来的。当前，我们党带领全国人民取得了举世瞩目的成绩，改革开放近40年，我国的经济得到了极大的发展，经济实力跃居世界第二，国际地位显著提高。同时，我国也面临发展不平衡不充分等严峻挑战。新时代党的自我革命思想是党在新形势下，面对各种考验和危险进行的一次刮骨疗伤，是对马克思辩证唯物主义和历史唯物主义的具体生动的应用，丰富和发展了马克思主义辩证否定观的内涵，对于指导我们党在坚持道路自信、理论自信、制度自信、文化自信的基础上不断进行自我完善、自我革新，不断加强和改善党的领导，永葆党的无产阶级性质，

---

① 习近平. 决胜全面建成小康社会 夺取新时代中国特色社会主义伟大胜利——在中国共产党第十九次全国代表大会上的报告［M］. 北京：人民出版社，2017：63.

② 习近平. 决胜全面建成小康社会 夺取新时代中国特色社会主义伟大胜利——在中国共产党第十九次全国代表大会上的报告［M］. 北京：人民出版社，2017：61.

领导人民完成历史使命具有重要意义。

通过加强党内的制度建设和学习教育，党的自我革命取得了显著的成果。首先，通过思想上的教育，党员同志们的思想根基越来越牢。一系列的以理想信念为重点的思想政治教育，为党在思想和作风上不断"补钙"，提升了全体党员的党性修养和思想境界。其次，党群干群关系越来越密切。通过开展党内教育，持续整顿党员同志的作风问题，大大减少了形式主义、官僚主义的产生和存在，使党员干部能真正地牢记自己的使命，以人民为中心，融入人民群众之中，为人民办实事，从而真正坚持了党的初心。最后，加强惩治腐败力度，监督执纪越来越严。通过大力惩治党内腐败，大大减少了党内腐败人员的存在，党员干部不敢腐败的目标基本达成，惩治腐败的制度也在逐渐完善，改善了党内政治环境。

参考文献

[1] 习近平. 决胜全面建成小康社会　夺取新时代中国特色社会主义伟大胜利——在中国共产党第十九次全国代表大会上的报告 [N]. 人民日报，2017-10-28 (001).

[2] 毛泽东著作选读（下册）[M]. 北京：人民出版社，1986.

[3] 黄丹. 中国共产党人自我革命精神论 [J]. 学校党建与思想教育，2017 (16).

[4] 陈哲力. 中国共产党四次自我反思与中国革命的胜利 [J]. 长春工程学院学报（社会科学版），2006 (1).

[5] 张西立. 中国共产党自我革命的哲学依据 [N]. 学习时报，2017-08-16.

[6] 曲青山. 勇于自我革命是中国共产党最鲜明的品格和最大的优势 [J]. 紫光阁，2017 (3).

[7] 张诚. 中国共产党"自我革命"的理论逻辑 [J]. 中国领导科学，2017 (6).

[8] 陈一收. 勇于自我革命是中国共产党最鲜明的品格 [J]. 思想理论教育导刊，2018 (7).

[9] 杨子强，车宗凯. 西柏坡时期中国共产党革命观的发展及启示 [J]. 思想教育研究，2018 (7).

[10] 钟天娥. 习近平对中国共产党革命精神的弘扬与发展 [J]. 理论导刊，2017 (8).

[11] 何毅亭. 论中国共产党的自我革命 [J]. 红旗文稿，2017 (15).

（编辑：贾国雄）

刘少奇党性修养思想及其当代价值

王彦琦

【摘要】 刘少奇的党性修养思想是马克思主义党性学说的延伸和升华，是对党所肩负的历史使命的深刻认识和全面把握。刘少奇在继承马克思、恩格斯、列宁和毛泽东党性修养思想的基础上，提出了以思想意识修养为核心的多方面的党性修养思想，并提出了理论学习与革命实践相结合和主体自觉与接受党的监督相结合的党性修养的科学方法，为中国共产党党性修养体系的形成做出了独特的贡献。刘少奇的党性修养思想对新时代背景下的党员和执政党如何加强党性修养有着重要的参考价值。

【关键词】 刘少奇；党性修养；党建

【作者简介】 王彦琦，西南财经大学马克思主义学院2016级硕士研究生。

学术界认为，对"党性"可以从两方面进行理解，一是从政党层面上讲，党性指党的性质，是一个政党明显区别于其他政党所固有的特性，其中阶级性是党性的基础；二是从党员个体层面上讲，是党员根据党固有的特性而树立起来的自觉意识和行为规范。中国共产党党员的党性表现为崇高的理想信念、优良的工作作风、严格的组织纪律性等。从这个意义上讲，共产党员的党性修养就是要求党员个体在实践中自觉坚持并恪守政党的党性原则，按照党性原则锻炼自己，不断改造自己，使党性观念得到升华、意志得到磨炼、整体素质得到提升的过程。刘少奇的党性修养思想全面论述了党性修养的科学含义，具体指出了党性修养的内容和方法，对丰富马克思主义党的建设理论和促进党的发展壮大产生了重大而深远的影响。

一、刘少奇党性修养思想的理论来源和现实基础

（一）刘少奇党性修养思想的理论来源

第一个来源是马克思、恩格斯和列宁的党性修养思想。马克思、恩格斯在领导工人斗争的实践中，针对当时欧洲各种错误思潮对无产阶级的影响，提出了关于党性修养的一些精辟论断。他们在《共产党宣言》中提到党员"没有任何同整个无产阶级的利益不同的利益"[①]，应当以无产阶级以及全人类的解放为最高理想。他们要求共产主义者同盟的盟员，必须坚持这种理想和信念，同各种假社会主义进行斗争。列宁最早对"党性"进行了界定，他的党性修养思想反映在他关于党性的一系列论述中。列宁

[①] 马克思恩格斯选集：第4卷 [M]. 北京：人民出版社，2012：1.

对马克思、恩格斯的党性思想进行了丰富，他认为党员一定要有坚定的阶级立场，面对选择时必须直率和公开地站到一定社会集团的立场上。① 其后他又在理论、纪律等方面进行了补充，他认为，党员只有以先进理论为指导，自觉服从党组织的安排，才能真正成为革命的先锋战士。

第二个来源是毛泽东的党性修养思想。毛泽东根据党成立后面临的困境，提出了"中国党的马克思列宁主义的修养"。毛泽东的党性思想内容十分广泛，并主要表现为思想上的修养。他要求党员要用无产阶级意识去消灭他们的封建剥削思想、资产阶级思想等非无产阶级意识，树立马克思主义的世界观。毛泽东从"实事求是"角度对党性修养做了新的阐释，认为党员如果没有把马克思主义理论和革命实践相结合的正确态度，那么他的党性是不完整的甚至会丧失党性。毛泽东将党性修养提高到了一个新的层次，他认为党性修养需提高到马克思主义思想方法的高度，才是真正的思想上的修养。除此之外，毛泽东还有关于党员作风、组织、纪律等多个方面修养的思想，可以说它是刘少奇党性修养思想的直接来源。

（二）刘少奇党性修养思想产生的现实基础

中国共产党成立时，处于复杂的社会环境中。成立初期，党的力量还很弱小，理论准备不足，处于不成熟阶段。当时，党面临的外部环境十分严峻，封建思想、小资产阶级思想等非无产阶级思想不断侵蚀着新生的中国共产党，难免导致党内出现与无产阶级思想相背离的各种或"左"或右的错误倾向。在革命的进程中，随着农民和小资产阶级加入党的组织，党员队伍在不断扩大的同时，党内结构变得日趋复杂，党内阶级意识和思想意识出现不纯的问题，严重影响了党的纯洁性。这些都对党开展革命事业产生了极大的阻碍。所以，加强党员的党性修养成了中国共产党自身建设中必须要大力解决的问题。

二、刘少奇党性修养思想的主要内容

刘少奇认为，党员思想意识的修养在党性修养思想中居于核心地位。但刘少奇党性修养思想的内容是多方面的，具体包括以下几个方面：

（一）思想意识的修养

刘少奇在《论共产党员的修养》中，对共产党员的思想意识的修养进行了详细的论述。他认为思想意识的修养体现在坚定的共产主义理想信念上，即通过树立共产主义的世界观来坚定自己无产阶级的坚定立场。如果一个共产党员不用共产主义世界观去审视自己，那么他的理想信念的根基就容易产生动摇，其无产阶级意识也就很难巩固，甚至会影响到整个政党的无产阶级性质。为此，他强调，每个党员都要用共产主义的世界观去对抗自身存在的非共产主义的世界观。② 刘少奇认为，只有通过这样的方法不断将各种非无产阶级意识剔除出去，才能夯实自身的共产主义的理想信念；只有通过进行这样坚决并且艰难的斗争，才能真正理解和掌握马克思主义的理论和方法，为自己在共产主义事业中的奋斗指明方向，才能在民族以至人类的解放中牺牲个人利益，勇敢地奉献自己的一切，做一名有纯粹的无产阶级思想意识和坚定的共产主义信

---

① 列宁全集：第1卷 [M]. 北京：人民出版社，1984：363.
② 刘少奇选集：上卷 [M]. 北京：人民出版社，1981：121.

念的共产主义者。

（二）马克思主义理论的修养

刘少奇认为，一个不认真学习马克思主义理论的党员将会失去观察世界、处理问题的有力武器，很容易在斗争中失去正确方向，甚至会偏离无产阶级的正确轨道，成为各种机会主义者。他在《论共产党员的修养》中强调马克思主义理论修养同思想意识修养是不可割裂的有机的整体，只有通过进行马克思主义理论的修养，党员同志才能掌握科学的方法、革命的方法，才能坚定树立马克思主义的信仰以及共产主义的世界观。为了使党员能够更好地进行马克思主义理论的学习和修养，刘少奇在《学习态度和学习方法》中做了详细说明。他指出，想要熟练掌握马克思主义理论，就不能只是对文本作浅显的解读，而是要将其充分运用到生活中的方方面面，在具体实践中掌握事物的客观规律。只有用这种态度去学习马克思主义理论，才能真正掌握马克思主义的精髓，做一名合格的马克思主义学生。

（三）组织纪律的修养

刘少奇认为，党员在组织纪律上的修养，关键是采取正确的立场和态度去处理好党员和党、党员和党员的关系。因此，他提出，党员首先要正确认识党的民主集中制原则，它是处理好党内关系的最基本的组织原则。他要求党员必须要根据党的组织原则行事，一方面，党员要服从上级和中央领导，确保党员在思想上与党保持一致；另一方面，党员必须充分发挥主观能动性，在实际情况下认真落实党的决定，并在允许的范围内，发出党员的声音，积极提出意见和建议。其次党员要自觉遵守党的纪律。他认为，纪律是对全党思想意识统一的一个重要保障，是用来规范党员与党、党员和党员之间的关系的，使他们相互之间始终保持步调一致。党员进行纪律修养，一方面就是要求党员对党章党规等有着熟练的掌握，使自己的行为符合规范要求；另一方面就是要在熟练掌握的基础上，不断提高党员的自律性，养成遵守纪律、敬畏纪律的习惯，保证党员内在自律和外在约束的统一，这样才能确保党员的立场和思想不变，始终与党保持一致。

（四）作风的修养

刘少奇所说的党员的作风修养，主要是坚持党的优良作风，即实事求是、密切联系群众和批评与自我批评三大作风。首先要坚持实事求是。刘少奇认为，不论是在革命时期还是建设时期，党员中都存在着自以为是的主观主义作风，他们在指导工作时，从来不愿意踏踏实实地做调查研究，不愿意下到基层与群众进行商量交流，这些都是党性不纯甚至是丧失党性的表现。实事求是的作风修养，就是要求党员强化一切从实际出发的工作态度，将自己负责的工作和任务做得切实可靠，才能赢得群众信任。其次要信任群众，坚持群众路线。刘少奇认为，一旦脱离群众，党内不正之风就会兴起，同时党员自身的消极腐败的作风就会逐渐浮出，从而导致群众利益受损，这将是党面临的最危险的问题。他指出，党员必须发扬密切联系群众的工作作风，这是党性修养的一个重要标准。只有转变官僚主义的工作观念和态度，真正懂得党的群众路线，将完成党和国家的任务同群众路线结合起来，才有利于借助人民群众的力量克服工作中的难题，更好地维护党、国家和人民的利益。最后要坚持批评与自我批评。刘少奇在他的一系列讲话和文章中，列出了党员身上出现的各种错误的思想意识，认为批评与自我批评是解决党内思想错误倾向的有效方式，"批评与自我批评需要用认真、诚恳、正式的态度，去改正和消除自身的不好的行为，去揭发党内各种坏的现象"①。只有通过不断发扬党的批评与自我批评的优良传统，改善党内政治风气，才能永葆党的先进性和纯洁性。

（五）道德的修养

刘少奇在对传统道德修养进行扬弃的基础上，提出了党员道德方面的修养。他认为，道德修养是每一个党员人生的必修课，同时也是需要终身学习的课题。不论是在革命时期还是建设时期，道德修养在党员的党性修养中都是极其重要的一个环节。刘少奇指出，中国共产党员的道德修养就是党员以共产主义道德作为自己行动的尺度。他在《论共产党员的修养》中对共产主义道德进行了说明，认为共产主义道德与其他唯心主义道德的最大的不同，就是它以无产者和人民为基础，它意味着党员可以为共产主义毫不犹豫地奉献自己的一切，它代表着无产阶级解放和人类解放的整体的和长远的利益。在阶级社会中，没有什么是比它更加崇高的道德。党员进行道德修养，就是要树立共产主义的道德，使自己的行为更加符合共产主义事业的要求，同党中央保持高度的一致，做一名有觉悟的无产阶级先锋战士。

三、刘少奇党性修养的主要方法

刘少奇的党性修养思想中也包含了进行党性修养的具体方法，它包括以下几个方面：

（一）理论学习与革命实践相结合的方法

刘少奇认为，理论与实际相结合是党性修养的科学方法，必须坚决反对旧社会唯心主义的学习和教育的修养方法，即"理论和实际的脱离"②。只有理论学习和具体的实践有机结合，才能更加有效地提高自身阶级觉悟和阶级意识以及提高党性。他强调，马克思主义不是教条，党员如果仅仅重视理论的学习而与实践相脱节，很容易走向教条主义；而如果党员只注重实践而轻视理论，那么他就会陷入经验主义的错误倾向当中。刘少奇严厉批评了这两种错误倾向，认为党性修养应该在革命的实践中进行：只有通过实践，才能了解中国国情，形成自己独特的、具体的实践经验，再将其与马克思主义理论相结合，使马克思主义在中国的土壤中生根发芽，赋予它巨大的生命力；还要学会用马克思主义的立场、观点和方法去指导行动，有效地防止党员在实践中迷失正确的方向，更好地解决实践中遇到的问题。总之，共产党员的党性修养必须在理论与实践相结合的基础上进行，只有这样，党员才能真正解决自己党性修养各个方面存在的问题，才能保持党员的先进性，使党性更加纯洁。

（二）主体自觉与接受党的监督相结合的方法

刘少奇深谙唯物辩证法的基本原理，指出共产党员进行党性修养，除了依靠内因——党员主体起主要作用外，还要通过外因——党的监督来进行补充。一方面，党员需要自觉地严格地恪守党性要求，按照要求来改造自己，使自己不断具备党性内容中的一切优良特性，不断提升自己的思想高度；另一方面，他认为党性修养必须注重外因的补充，即党的监督。刘少奇在多篇文章中对党员需要接受监督进行了详细的说明，

---

① 刘少奇. 论共产党员的修养［M］. 北京：人民出版社，2005.
② 刘少奇选集：上卷［M］. 北京：人民出版社，1981：120.

他认为对党员进行监督是一种有效的党性修养的外部帮助。它包括党的专题教育活动、党的纪律或是制度的监督、正确的党内斗争即接受来自他人的批评指正。刘少奇认为，整党治党工作的开展是一种重要的批评与自我批评的方式，对党员发现自己的缺陷有很大作用。在制度层面上，刘少奇提出通过条例准则的完善，如设置党的监察机构，为党员划上警戒线，让党员通过外部帮助，有效防止其思想的腐蚀和错误倾向的发生，真正使党员的党性修养落到实处。

四、刘少奇党性修养思想的现实价值

刘少奇的党性修养思想虽然形成于中国新民主主义革命时期，但在新时代推进党的建设的伟大工程中，其中的许多思想仍然具有现实的参考价值。

（一）刘少奇党性修养思想内涵对新时代党性修养培育的价值

刘少奇深谙马克思主义基本原理，他强调党性修养的全面性，为此，他从思想意识、理论、组织纪律、作风和道德等多个方面对党员党性修养进行了论述。刘少奇的党性修养思想为当前中国共产党丰富党性修养的内容起到了十分重要的借鉴作用。新时代背景下，党面临的执政危险和考验不断增多，党性修养的要求也随之增加。只有根据时代要求，不断丰富党性修养的内容，使党性修养更加全面，才能更好地为全面从严治党提供基础和保障。

首先，要求党员进行以思想意识为核心的修养，为推进全面从严治党提供了思想政治保障。具体来说，一是党员要坚定理想信念，补足精神之钙。① 刘少奇认为，人的思想意识在党性修养中起着决定性的作用，所以党员任何时候都必须树立起无产阶级思想意识和共产主义理想信念，来纠正自己的错误思想，指导自己的行动。新的时代，各种社会思潮涌入，党员的思想防线面临着严峻的挑战，党员必须坚定树立为中华民族伟大复兴奋斗的崇高理想信念，才能保证正确的政治方向，不忘初心。新时代，习近平多次强调了党员要时刻"补补精神上的钙"，保持坚定的信仰和信念，才能保持优质的思想"骨头"，而不得"软骨病"。② 二是党员要牢固树立"四个意识"。四个意识是检验党员是否合格的基本标准。每个党员都要将政治意识、大局意识、核心意识和看齐意识放在首要位置，坚定地维护党的领导，始终同党中央保持一致，为实现共产主义事业奋斗终生。

其次，要求党员必须进行全面的党性修养。党性修养具有时代性，随着时代的变化，党性修养的内容也不断丰富起来。刘少奇十分重视党性修养的全面性，他的《论共产党员的修养》为新时代加强党性修养提供了多方面借鉴。一是提升自身理论水平。习近平强调马克思主义理论是每一个党员的必修课，党员必须老老实实地用它来解决实际生活和工作中遇到的各种问题，使之成为每个党员及党员干部的看家本领。当前，我们党员队伍构成越来越多样，党员必须要把认真学习马克思主义理论以及党的方针政策作为首要任务重视起来，在党的"两学一做""三严三实"等教育活动中不断充实自己，提升自身的理论水平。二是守纪律，讲规矩③。政治规矩和纪律是全党的政治

---

① 中共中央文献研究室. 习近平关于全面从严治党论述摘编［M］. 北京：中央文献出版社，2016：55.
② 中共中央文献研究室. 十八大以来重要文献选编（上）［M］. 北京：中央文献出版社，2014：467.
③ 中共中央文献研究室. 习近平谈治国理政：第二卷［M］. 北京：外文出版社，2017：151.

方向。随着党员队伍不断壮大，党员数量不断增多，在一个幅员辽阔的、人口众多的国家执政，如果不注重严明党的政治规矩和纪律，那么我们党将失去向心力，面临严重的执政危险。新时代进行组织纪律修养就是讲规矩、守纪律，坚持党的民主集中制原则，在党的规章制度内行事，对党章党规党纪心存敬畏，时刻规范自己的举止行为。三是改进工作作风。刘少奇认为，一旦党员的工作作风出现问题，将会损害党和人民的利益，使我们党失去根基。我国正处于全面深化改革的特殊阶段，我们党面临着严峻的反腐形势。部分党员干部经不起外部形形色色的诱惑，贪污腐败、形式主义等等，其根本原因是党性上出了问题。习近平指出，作风建设永远在路上，党员必须时时刻刻保持清醒，在作风问题上真抓实干，发挥批评与自我批评的优良传统，时刻把人民群众放在最重要的位置，最大限度地发挥党员的先锋作用。四是树立正确的利益观。刘少奇认为，党员进行道德修养，是进行共产主义的道德修养，其核心是树立正确的利益观，即个人利益服从于整体利益。新时代，党始终坚持以人民为中心进行发展，始终将人民的利益放在首位，朝着满足人民的美好生活需要的新目标奋勇前行。中国共产党员更加有义务加强自己的道德修养，始终保持共产党人的崇高品德，时刻反省自己的工作是否保障了人民的切身利益和需要，树立起党在人民心中的良好形象。

（二）刘少奇关于党性修养的方法对新时代党性修养培育的价值

第一，丰富党的学习教育活动。刘少奇指出，坚持理论学习与革命实践的结合是党性修养的主要方法。新时代，党的外部环境发生了极大的变化，作为执政党更应该强调加强党员理论学习和实践的重要性，以提高党员处理实际问题的能力。当前，党内部分党员对马克思主义理论的学习不够重视，对于党的宗旨与性质不能很好理解，从而使党员在党性修养方面遇到阻碍。因此，只有加强马克思主义理论的传播、教育，才能打好共产党员的理论功底，才能真正加强全党的马克思主义信仰和无产阶级意识。所以，必须积极开展党的专题教育和学习教育等教育活动。党的专题教育和学习教育是党根据时代特点做出的正确举措。当前我们党根据党内外形势，提出进行"三严三实"和"两学一做"等具有时代意义的教育活动，这些活动都取得了显著的成效，使党员理论水平不断提高，对党中央的政策的理解也更加深刻，使党员与党中央更加一致，为党员在学习、工作以及生活中指明了方向，更加脚踏实地地为新时代的目标而奉献自己的力量。

第二，严肃党的政治生活。刘少奇在《论党内斗争》中提到，加强党员的党性修养，打击违反党性的不良现象，开展一些党内斗争必不可少。他认为党内政治生活不能只是一团和气，也需要有斗争、有批评、有纪律，只有在严肃党内政治生活中才能把党员的错误思想攻克，促进党的团结。刘少奇提出，要做到严肃党内政治生活，要解决三个问题，首先是民主的问题，也就是认真执行党的民主集中制，开展集中领导下的民主生活。只有解决好了党内的民主问题，才能营造出良好的民主的氛围，鼓励党员发表一些意见、进行一些讨论。做领导干部的要更加强调民主，通过与基层党员交流、讨论，才能更好地解决党内存在的问题。其次是批评与自我批评的问题。刘少奇指出，"当局者迷，旁观者清"，党员除了主动反省自身的问题外，接受来自外部的监督和帮助对党员提高自我认识也有着重要的意义，使用批评与自我批评这种有教育意义的办法可更加有效地改正党员不良作风，提高党员的自觉性，保持好党员的先进性。最后是党的制度建设问题。党内的条例和准则对于规范党员生活、制约党员错误行为有着重要的意义。新时代，我党加强了反腐倡廉和党内法规制度建设，坚定不移地惩治腐败，并对触犯党纪国法的党员干部进行严肃的追究和惩处。这些都提高了党员进行党性修养的自觉性。

参考文献

[1] 毛泽东文集：第三卷 [M]．北京：人民出版社，1996．

[2] 刘少奇．刘少奇论党的建设 [M]．北京：中央文献出版社，1991．

[3] 刘少奇．刘少奇选集（上卷）[M]．北京：中央文献出版社，1981．

[4] 刘少奇．刘少奇选集（下卷）[M]．北京：中央文献出版社，1985．

[5] 中共中央文献研究室．习近平谈治国理政 [M]．北京：外文出版社，2014．

[6] 房晓军，张子礼．中国共产党党性修养史论 [M]．北京：群众出版社，2016．

[7] 商孝才．论刘少奇的坚强党性原则 [J]．毛泽东思想论坛，1997（3）．

[8] 顾保国，文勇，曹绪飞．论刘少奇共产党员修养理论的现实意义 [J]．马克思主义研究，1998（Z1）．

[9] 王少安，周玉清．如何认识中国共产党党性思想的形成与发展 [J]．红旗文稿，2015（1）．

[10] 李文山．试论刘少奇的党性修养理论 [J]．河南大学学报（社会科学版），2000（2）．

[11] 丁俊萍，胡永干．刘少奇党性修养思想及其当代价值 [J]．理论学刊，2015（3）．

[12] 房晓军．新形势下加强党性修养的思考 [J]．中国特色社会主义研究，2015（3）．

[13] 付清．中共历史上党性修养的理论与实践 [D]．淄博：山东理工大学，2007．

[14] 王金松．刘少奇的党性修养思想研究 [D]．呼和浩特：内蒙古师范大学，2014．

[15] 赵静．刘少奇的党性修养思想及其当代价值研究 [D]．成都：西南石油大学，2017．

（编辑：贾国雄）

陕甘宁边区的乡村文化建设及其现实启示

吴建宏

【摘要】在抗日战争时期，作为大后方的陕甘宁边区是中国共产党开展局部执政的示范地区。边区政府成立后，大力倡导新民主主义文化并在其指导下对边区的乡村文化进行重建，有效地将边区群众从保守、落后、迷信、无知的状态之中解放出来，在提高边区群众文化素质的同时，也启发了他们的革命觉悟。研究陕甘宁边区的乡村文化建设不仅具有重要的历史价值，还能为当前乡村振兴战略的实施提供一定的借鉴意义。

【关键词】陕甘宁边区；乡村文化建设；乡村振兴

【作者简介】吴建宏，西南财经大学马克思主义学院 2017 级硕士研究生。

1937 年 7 月 7 日全面抗战开始之后，国、共两党为了挽救民族危亡而暂时搁置芥蒂组成抗日民族统一战线。依据国共合作协议，将原本的"陕甘苏区"革命根据地改名为"陕甘宁边区"，并成立了由中国共产党领导的边区政府。在此基础上，中国共产党开展了一系列施政举措，尤其是在陕甘宁这样典型的农村地区，中国共产党在短短的数年时间里使边区的经济、政治、文化等方面发生了巨大的变化。特别需要指出的是，乡村文化建设就是其中一项非常关键和重要的施政举措。研究陕甘宁边区的乡村文化建设，不仅具有重要的历史价值，还能为当前乡村振兴战略的顺利实施提供一定的借鉴。

一、陕甘宁边区乡村文化建设的背景

"七七事变"之后进入全民族抗战的历史时期，面对日益加深的亡国灭种的危险处境，将最广大人民群众调动起来，共同抵抗日本的侵略，是摆在中国共产党人面前的头等大事。中国共产党清楚地认识到抗日战争是以积贫积弱的弱国对抗强大好战的强国，这将是一场旷日持久的战争。而我国又是一个传统的农耕国家，农民占全国人口的 80% 以上，抗日战争若想胜利就必须得到广大农民的响应和支持。陕甘宁边区由于地处偏远、环境恶劣、交通不便，经济发展水平不高，文化落后，文盲比例高，文化教育和社会教育几乎是一片空白。封建迷信、赌博、吸食鸦片盛行，"全区巫神多达 2 000 人，招摇撞骗，为害甚烈。人民群众不仅备受封建的经济压迫，而且吃尽了文盲、迷信、不卫生的苦头"①。任由这种文化现状发展，不开展乡村文化建设，既不利于群众领会中国共产党的对敌斗争战略，影响中国共产党边区政策、方针的贯彻和执行，也会影响边区的工农业生产。这一时期，国民党顽固派为了加强其独裁统治，也在文化领域推行复古和反共思想。为了有效应对国民党顽固派的倒行逆施，陕甘宁边区政府的乡村文化建设势在必行。中国共产党在边区提出新民主主义文化，回击国民党的反动文化宣传，将边区群众从保守、落后、迷信、无知中解放出来，启发他们的革命觉悟。

在当时，陕甘宁边区开展乡村文化建设也存在一些有利条件。第一，边区相对稳定的大后方环境为乡村文化建设提供了良好的环境氛围。日军未能大规模入侵陕甘宁边区，与陕甘宁相邻的国统区在抗日民族统一战线的规制下也不敢贸然对陕甘宁边区进行侵犯，这些相对有利的外部条件保障了边区的和平与稳定。第二，新民主主义革命理论中的文化纲领为乡村文化建设指明了正确方向。第三，陕甘宁边区开展的土地制度改革为边区的乡村文化建设奠定了物质基础。抗日战争时期的土地政策使农民的生活得到了改善，调动了他们参加生产的积极性，从而在物质层面为乡村文化教育事业的发展做好了准备。第四，边区民主政治的发展有力地促进了乡村文化建设。陕甘宁边区在政权组织上按照"三三制"的原则实行民主政治，边区政府人员由边区群众直接选举产生。边区民主政治的发展使边区农民主人翁意识增强，他们在边区建设中不断发挥自己的聪明才智，为陕甘宁边区乡村文化建设提供了人力资源和智慧源泉。边区农民在政治上翻身做主人，物质生活得到改善，随之必将寻求文化精神生活的满足，因而开展乡村文化建设顺理成章，也必然会得到边区群众的大力支持。

二、陕甘宁边区乡村文化建设的内容及成效

陕甘宁边区开展乡村文化建设所涉及的内容非常广泛，大致可以概括为以下几个主要方面：

（一）识字扫盲，开展小学教育和社会教育

陕甘宁边区"知识分子缺乏，文盲达99%"②。大量文盲的存在是边区乡村文化建设的不利因素，因此开展识字扫盲就成为陕甘宁边区乡村文化建设的首要任务。为了完成这一任务，边区政府针对适龄儿童建立起系统的小学教育，针对社会人士开展社会教育。

为了保证适龄儿童能够不因家庭经济原因而丧失入学机会，边区政府实施了小学义务免费教育，并制定了《陕甘宁边区小学法》《陕甘宁边区小学规程》等一系列法规来保证其落实。边区还对贫苦家庭孩子进行学业上的资助。在边区政府这些强有力的促学措施推动下，边区的小学教育迅速发展，小学的数量和学龄儿童的入学数量都有了极大的增加。1938年，边区小学的数量比抗战之前增加了6倍，1940年，学龄儿童的入学率已经从抗战之前的5.1%提升到20%。③尽管由于边区的经济、政治等因素的制约，三年制义务教育的目标并没有全面地得到实现，但是很多原本没有机会进入

---

① 李维汉. 回忆与研究（下）[M]. 北京：中共党史资料出版社，1986：566.
② 李维汉. 回忆与研究（下）[M]. 北京：中共党史资料出版社，1986：566.
③ 梁星亮，杨洪. 中国共产党延安时期政治社会文化史论 [M]. 北京：人民出版社，2011：351.

学堂的农家子弟接受了小学基础教育，这在陕甘宁边区的乡村里是史无前例的。

对于成年男女的社会教育也称"冬学运动"。成年男女由于肩负着生产劳动等任务，不能像孩童一样进入全日制学校学习。为了解决成年男女中的文盲问题，边区政府另辟蹊径，通过建立半日校和夜校对成年男女进行识字扫盲。为了保障冬学运动的组织和顺利展开，边区政府还派出了社会教育指导员、工作指导团对各乡、区、县进行巡视、检查、监督。"凡各社教组织既经成立后，县、区、乡级政府及负责教育者，均须经常检查辅导，推动进行教育，不得间断或徒具形式。"① 《社会教育工作纲要》还对社会教育的重要性以及社会教育与学校教育的关系、如何开展社会教育等问题做出了具体而又明确的规划。在对群众不断地进行解释和说服、启发群众的学习热情之后，社会教育取得了一定的发展。

（二）开展乡村文艺，丰富乡村生活

边区所举办的乡村文艺活动总体上说来主要有两种性质：一种是借助于专业文化团体的文化下乡活动；另一种是边区群众自发组织的文艺活动。两种性质的文艺活动互相补充，共同活跃了民众的文化生活。

延安的文艺工作者在党和边区政府的号召下，组织并成立各种艺术团体，不断创作反映党的政治主张和群众生活的优秀文艺作品。尤其是在延安整风运动之后，按照"文艺要为工农兵服务"的指导原则，边区文艺工作者为了贴近群众而深入乡村，运用戏剧、秧歌等通俗的文艺形式，简洁明了、通俗易懂地宣传新民主主义文化和中国共产党的政治主张，针对每一时期的中心工作的不同，有侧重地进行巡演。一批经典剧目例如《不当亡国奴》《夫妻识字》等深受群众的喜爱。这些剧目在边区不断巡回演出，产生了良好的社会影响。

此外，边区很多乡镇都自发成立了业余剧团、秧歌队、皮影队等，利用生产活动外的时间自导自演。秧歌运动本身就是陕甘宁边区一项传统的文艺活动，只不过它原本是封建宗法社会的产物，在一定程度上具有一些落后的色彩。为了改造秧歌表演中的落后因素，边区文艺工作者开展了"新秧歌运动"。新秧歌注意摒弃秧歌运动中的落后成分，重点表现边区群众的新生活，其主题围绕反封建迷信、除奸反霸、减租减息等展开，参与主体也广泛包括了工、农、兵、学等各阶层。据记载，抗战时期的陕甘宁边区平均每 1 500 人中就有一个秧歌队。② 他们的足迹遍及每个乡镇和山村。这些现象说明在乡村文化建设中，边区群众的文艺活动有了蓬勃的发展。

（三）废除封建遗毒，净化乡村风气

由于地处西北内陆地区，抗战以前，陕甘宁边区各种封建陋习盛行。为此，共产党领导的乡村文化建设有针对性地对各种封建陋习进行了扫除。

（1）揭露和批判封建迷信思想。陕甘宁边区群众封建迷信思想比较浓厚，巫神人员众多。通过开展反巫神运动和巫神坦白运动，一方面揭露其骗人的伎俩，另一方面集中改造巫神和神官，对他们进行说服教育，强制他们进行生产运动，迫使其不再继续从事封建迷信活动。反对封建迷信最有力的武器就是学习科学文化知识，因此，边

---

① 陕西师范大学教育研究所. 陕甘宁边区教育资料社会教育部分（上）[M]. 北京：教育科学出版社，1981：100.

② 梁星亮，杨洪. 中国共产党延安时期政治社会文化史论 [M]. 北京：人民出版社，2011：355.

区印制了各种科学小册子和科普读物，努力提高边区群众的科学知识水平。

（2）废止妇女缠足。妇女缠足是中国传统社会的一大陋习。为废除这一陋习，乡村文化建设中开展了"不缠足运动"。1939年陕甘宁边区政府制定了《禁止妇女缠足条例》，规定18岁以下的妇女禁止缠足，40岁以下缠足妇女放足，40岁以上的不予强制。边区政府还将该条例的实施、贯彻情况作为边区各县的政绩之一。自该条例颁布施行之后，幼女不再遭受折骨裹足之苦，一半以上的妇女解放了双足。①

（3）废止封建婚姻制度，提倡婚姻自由。边区政府颁布的《陕甘宁边区婚姻条例》禁止早婚，"男子已满二十岁，女子已满十八岁"②为法定婚龄。提倡婚姻自由，禁止童养媳，禁止包办、买卖婚姻，禁止一妻多夫或一夫多妻；提倡离婚自由。离婚条件上保护妇女，比如"女方在怀孕期，男方不得提出离婚"③。

（4）禁止虐待妇女，提倡男女平等。抗战以前，丈夫、公婆虐待、打骂妇女的现象时有发生。有的妇女经受不住暴力而逃离家庭，有的甚至上吊自杀，而大多数的妇女只能一生忍气吞声，甘受折磨。陕甘宁边区的"妇救会"开展以"反虐待"为主的斗争，为受虐待妇女"发声"。对于在家庭中虐待妇女、制造家庭暴力的典型，邀请本地和附近村庄的群众通过开批斗会的形式加以惩治，积极宣传反对家庭暴力、提倡男女平等政策。

（5）改变生育陋习，宣传新式接生法。陕甘宁边区的一些地方的传统是妇女生孩子时要坐在灰堆上；难产时，就请巫婆烧香拜佛、请巫神驱鬼、让产妇推磨，甚至直接用剪刀将胎儿分离出母体；产后，还不让产妇睡觉、吃营养品等。这些陋习使妇女的生育活动变成了一种苦难，而且直接威胁到产妇和婴儿的安全。边区妇联通过开展妇女生活展、举办助产训练班等积极宣传新式接生法，使妇女懂得了新式接生法的好处和基本的育儿养儿知识，改善了产妇的生育条件，提高了婴儿的存活率。

综上所述，边区政府通过乡村文化建设向乡村落后愚昧社会风气做斗争，将边区群众从保守、落后、迷信、无知中解放出来，在提高边区群众文化素质的同时，也启发了他们的革命觉悟，一个崭新的、积极向上的新乡村浮现在边区群众面前。

三、陕甘宁边区乡村文化建设的现实启示

中华人民共和国成立60多年来，我国乡村的发展取得了长足的进步。但是，由于历史和自然的原因，我国还有些地区像当年的陕甘宁边区一样相对比较落后，发展也比较缓慢，而且我国农村人口仍然占据很大比例，在一些农村里也存在一定的小农意识和封建余毒。党的十九大报告中提出了"乡村振兴战略"，回顾抗战时期陕甘宁边区的乡村文化建设，可以发现当年的成功经验对我们今天的"乡村振兴"仍然具有一定的启示。具体可以概括为以下几个主要方面：

第一，党和政府在实施"乡村振兴战略"时应该高度重视乡村教育，办好乡村学校。一方面不仅要制定一系列文件、条令和法例保证乡村教育，而且在操作实行的过程中也要注意条令、文件和法例的执行情况，派驻党员和干部督查、指导乡村教育；

① 中华全国妇女联合会. 中国妇女运动史［M］. 北京：春秋出版社，1989：422.

② 崔兰萍. 陕甘宁边区婚姻制度改革探析［J］. 西北大学学报（哲学社会科学版），2000（4）.

③ 张丽艳，孙军业. 试论陕甘宁边区妇女的人权状况［J］. 中华女子学院学报，2001（5）.

另一方面，保证乡村教育、乡村校舍等基础设施建设的财政投入。像陕甘宁边区，即便是在经济极其困难的情况下，边区政府仍然尽最大的努力支持和保障乡村文化建设，边区每年投入在教育上的经费都在逐年增加。1945 年，边区教育经费投入达到了边区财政支出的 1/4①，这在战争年代已经算是投入力度相当之大了。正是在党中央和边区政府的正确领导之下，边区的乡村文化建设的实践才能够越过重重的阻碍顺利开展。除了上述举措，当年的边区乡村建设还注意处理好教育与乡村生产、生活的关系。乡村教育采取灵活多样的形式，多利用各种时间间隙，解决了教育与生产、生活在时间方面的冲突，满足了群众学习文化知识、提高文化素质的要求。因此在当今的"乡村振兴"中，也要注意对于教育教学方面采取需要什么就教什么的方针，学习内容与生活实践紧密相连；依据教育对象的不同，因材施教、因时制宜，成年男女参加社会教育，适龄儿童参加学校教育，等等。

第二，在"乡村振兴"中充分调动各方面的力量，促进乡村文化产业和文化事业的发展。陕甘宁边区在乡村文化建设中建立起了广泛的文化工作统一战线是其能够获得群众认可的重要因素。文艺工作者不辞辛苦，纷纷走进乡村生产和生活的第一线，帮助农民建立识字组，为其编排戏剧，表演节目；农民充分发挥自身的主体性，发挥了自办文化的积极性，例如农民成立民办村学，自编自演各种民间文艺，自办黑板报等。建设文化工作的统一战线，既大力吸收民主人士，对于赞成民主的乡村旧知识分子也采取团结的态度，鼓励他们发挥所长，在识字扫盲中充当指导员；对于乡村中的旧艺人和旧艺术进行培训改造，使之为抗战、生产和教育服务。在文化统一战线的推动下，边区在群众教育、移风易俗、宣传抗战等方面出现了比较大的改观。这些很好的经验告诉我们，在"乡村振兴"中也要注意充分调动各方面的力量，让先进文化在乡村落地生根，促进乡村文化产业和文化事业发展。

第三，在"乡村振兴"中大力推动移风易俗。社会主义新农村是一个产业兴旺、生态宜居、乡风文明、治理有效的新农村。文明的乡风是乡村振兴的灵魂，乡风文明的实现离不开乡村文化建设。当前，"天价彩礼"、婚丧嫁娶大操大办、互相攀比等现象在部分农村仍然存在，这种现象无疑给人民群众带来了巨大的负担。因此必须推动移风易俗，将社会主义核心价值观融入乡村文化建设之中。利用村规民约、良好的家风家训等对民俗进行引导，开展乡村文明创建活动，村级党组织和党员应发挥带头示范作用，自觉成为文明乡风、良好家风、淳朴民风的倡导者。乡村文化建设的本质是乡村精神文化建设，实现乡村振兴，乡村的文化建设必然会起到重要作用。乡村文化建设不仅能够丰富群众的文化生活，也能够改善农村的整体风貌。这一点已经被当年的陕甘宁边区的乡村文化建设所证明。

参考文献

[1] 梁星亮，杨洪. 中国共产党延安时期政治社会文化史论 [M]. 北京：人民出版社，2011.

[2] 李维汉. 回忆与研究（下）[M]. 北京：中共党史资料出版社，1986.

[3] 白冰. 陕甘宁边区农村社会治理的实践及当代价值 [D]. 兰州：兰州理工大

---

① 梁星亮，杨洪. 中国共产党延安时期政治社会文化史论 [M]. 北京：人民出版社，2011：375.

学，2018.

[4] 岳国芳. 延安时期陕甘宁边区乡村社会文化变迁研究 [D]. 西安：陕西师范大学，2017.

[5] 胡志明. 陕甘宁边区的纪念日活动与民众教育 [J]. 山西档案，2018 (1).

[6] 赵欣宇. 社会教育在陕甘宁边区社会治理中的贡献和作用 [J]. 党史文苑，2016 (22).

[7] 王玉珏. 陕甘宁边区社会教育与妇女解放 [J]. 南通大学学报（社会科学版），2016 (5).

[8] 王斐. 试析陕甘宁边区的乡村文化建设对社会主义新农村建设的启示 [J]. 广西社会主义学院学报，2012 (3).

[9] 王建华. 抗日战争时期陕甘宁边区的识字运动 [J]. 中共党史研究，2010 (2).

[10] 张志忠. 对抗日民主根据地文化建设的若干思考 [J]. 晋阳学刊，2010 (4).

[11] 雷甲平. 抗日战争时期陕甘宁边区的主要社会问题及其治理 [J]. 抗日战争研究，2009 (1).

[12] 付建成，肖育雷. 论抗战时期陕甘宁边区乡村治理的特点 [J]. 中国延安干部学院学报，2009 (1).

[13] 王国红. 陕甘宁边区的乡村妇女教育 [J]. 江淮论坛，2007 (4).

[14] 黄正林. 1937—1945 年陕甘宁边区的乡村社会改造 [J]. 抗日战争研究，2006 (2).

[15] 黄正林. 抗战时期陕甘宁边区的乡村妇女 [J]. 抗日战争研究，2004 (2).

（编辑：贾国雄）

第二篇 新时代中国特色社会主义理论与实践研究

中华人民共和国成立以来社会主要矛盾转化的内在逻辑

陈雅慧　　黄世坤

【摘要】中华人民共和国成立以来社会主要矛盾的转化具有其内在逻辑，需要以马克思主义理论为指导才能予以科学说明。生产方式的演变是社会主要矛盾演变的逻辑起点。社会主义生产方式决定了社会主义社会主要矛盾与资本主义社会的阶级矛盾有着根本的不同，是在发展生产与满足人民需要基础上展开的非对抗性矛盾。在社会主义生产关系没有根本改变的前提下，社会主义社会生产力的提高导致了社会主要矛盾的局部质变。科学认识社会主要矛盾的转化逻辑，对新时代社会主义建设有若干重要启示。

【关键词】中华人民共和国；社会主要矛盾；转化；逻辑

【作者简介】陈雅慧，西南财经大学马克思主义学院在读硕士研究生；黄世坤，西南财经大学马克思主义学院副教授，主要研究方向为中国特色社会主义、近现代史专题。

【基金项目】本课题受西南财经大学中央高校基本科研业务费项目"新时代推进'伟大斗争'与建设和谐社会的关系研究（项目号 XZX18004）"的资助。

习近平总书记在十九大报告中指出："中国特色社会主义进入新时代，我国社会主要矛盾已经转化为人民日益增长的美好生活需要和不平衡不充分的发展之间的矛盾。"这是继中国共产党十一届六中全会之后关于我国社会主要矛盾的新论断。实践表明，正确把握不同阶段的社会主要矛盾，是我们党和国家制定正确路线、方针、政策的重要前提。中华人民共和国成立之初，中国共产党理论联系实际，做出资产阶级与无产阶级的矛盾是社会主要矛盾的正确判断，据此进行社会主义改造，极大地解放了社会生产力；但是后来，中国共产党对社会主要矛盾的认识发生过偏差，提出了"以阶级斗争为纲"的口号，造成了"大跃进"和"文化大革命"的重大曲折，大大影响了我国社会主义现代化建设进程。自中国共产党的十九大做出"新时代"我国社会主要矛盾已发生转化的重大论断以来，学术界迅速掀起了社会主要矛盾的相关研究高潮。但是，"中华人民共和国社会主要矛盾转化的内在逻辑是什么？"这么一个重要问题却未引起研究者的重视。没有弄清其转化的内在逻辑正是我们曾经对社会主要矛盾的判断出现偏差的一个重要原因。本文试图从马克思的社会主要矛盾转化理论出发，对中华人民共和国成立以来社会主要矛盾转化的内在逻辑做初步分析。

一、马克思关于社会主要矛盾分析的逻辑链条

社会主要矛盾是指在社会诸多矛盾中，起决定作用、居于主导地位的矛盾。社会主要矛盾的形成受多种因素的影响，一般来说，在没有外敌入侵等重大外部因素制约的情况下，社会主要矛盾由内部因素决定。显然，社会主要矛盾的转化不能由其自身来决定，因为矛盾对立双方以及它们的演变都有背后更深层次的动因。逻辑应该与历史一致，历史从哪里开始，逻辑就应从哪里开始。

马克思在黑格尔客观唯心主义辩证法的基础上，将人们的物质生产活动引入历史分析中，并将其作为历史发展的根本动力，形成了唯物辩证法的理论体系，抛弃了以往只是在思想层面研究人类社会历史发展的思路，对各种社会经济形态的产生、发展和衰落过程进行全面细致的研究。马克思认为，人类社会的发展正是在生产力与生产关系的矛盾运动中不断向前的，生产力发展决定生产关系的变化，生产关系的变化对生产力发展具有重要的反作用，生产力不断发展引起生产关系不断变革与革命，从而推动了人类社会由低级形态向高级形态发展。正如马克思在《资本论》中所说："手推磨产生的是封建主为首的社会，蒸汽机产生的是工业资本家为首的社会。"① 随着生产方式的改变，人们也就会改变自己的一切社会关系。亦如马克思所言："每一历史时代主要的经济生产方式和交换方式以及必然由此产生的社会结构，是该时代政治的和精神的历史所赖以确立的基础"②，"物质生活的生产方式制约着整个社会生活、政治生活和精神生活的过程。不是人们的意识决定人们的存在，相反，是人们的社会存在决定人们的意识。"③ 可见，在马克思看来，物质生活的生产方式是人们进行一切活动的基础，只有从生产方式的变化入手，才能梳理出人类社会的发展规律，社会主要矛盾及其变化也只能从生产方式及其矛盾运动出发才能得到科学的说明。

由于没有相关实践，马克思没有论述社会主义社会的主要矛盾及其转化问题。但是，马克思深入研究了资本主义社会的社会结构及其经济运行规律。在资本主义私有制的生产方式下，资本家为了不断满足资本增殖的需要，雇用了大量劳动工人，同时，工人们为了自身及家人的生存，将自己的劳动力作为一种商品卖给资本家。拥有一定生产资料的资本家通过不断榨取工人们的剩余价值，在满足市场需要的同时获取了大量利润。资本家将一部分利润用于扩大再生产，使企业得到升级，最终形成垄断。在这个过程中，人口越来越多地密集起来，生产资料越来越多地集中起来，财富越来越多地聚集在少数人手里，从而产生严重的贫富分化，形成了资产阶级和无产阶级之间的不可调和的对抗性矛盾。也就是说，"资产阶级不仅锻造了置自身于死地的武器，它还产生了将要运用这种武器的人——现代的工人，即无产者"④。最终，马克思、恩格斯得出了资产阶级的灭亡和无产阶级的胜利同样不可避免的"两个必然"的历史结论。换言之，马克思、恩格斯也正是从生产方式这一起点出发来研究和阐释资本主义社会主要矛盾的。同样地，在奴隶制生产方式基础上产生的是奴隶主阶级与奴隶阶级的矛盾并成为社会主要矛盾，在封建制生产方式基础上产生的是封建主阶级与农奴阶级

① 马克思，恩格斯. 马克思恩格斯文集：第 1 卷 [M]. 北京：人民出版社，2009：602.

② 马克思，恩格斯. 共产党宣言 [M]. 北京：人民出版社，2014：12.

③ 马克思，恩格斯. 马克思恩格斯选集：第 2 卷 [M]. 北京：人民出版社，1995：32–33.

④ 马克思，恩格斯. 马克思恩格斯文集：第 2 卷 [M]. 北京：人民出版社，2009：38.

（或地主阶级与农民阶级）的矛盾并成为社会主要矛盾。

　　但是，长期以来，我国理论界对社会主要矛盾的研究进展缓慢，对于不同性质社会的主要矛盾的认识缺乏统一理解。对于奴隶社会、封建社会、资本主义社会等以私有制为基本经济制度的社会，社会主要矛盾是占主导地位的生产方式决定的两大对立阶级的矛盾，这是没有问题的。但同样是阶级社会，社会主义社会初级阶段的主要矛盾是人民需要与社会生产不能满足人民需要的矛盾，似乎不一致。毛泽东尝试过统一理解，却将无产阶级与资产阶级的矛盾看成社会主义社会的主要矛盾。马克思曾指出，"理论是彻底的，就能说服人"。理论认识不统一是理论不彻底的重要表现，将极大地影响我们对社会主要矛盾的正确把握。其实，我们以生产方式为出发点进行分析，认为社会主义社会的主要矛盾是人民需要与社会生产不能满足人民需要的矛盾，才与认为私有制社会的主要矛盾是两大对立阶级的矛盾具有理论范式的一致性，也可以容易地解释为什么将阶级矛盾作为社会主义社会的主要矛盾是不对的。这是为什么呢？

　　这里的关键，是要进一步区别不同生产方式产生的不同生产目的，这是从生产方式到社会主要矛盾的逻辑分析链条的中介点。以前的研究往往忽视了这个中介点而简单地将生产方式分析与阶级分析直接联系，就容易简单类推出阶级社会中阶级矛盾是社会主要矛盾这样的似是而非的观点。其实，马克思、恩格斯之所以从生产方式出发，分析出资产阶级与无产阶级的矛盾是资本主义社会的主要矛盾，原因就在于马克思认为资本主义生产方式决定了其生产目的首先是为了满足资本增殖的需要，"在这种占有下，工人仅仅为增殖资本而活着，只有在统治阶级的利益需要他活着的时候才能活着"[1]。正因为这样，资产阶级与无产阶级的矛盾才会成为资本主义社会的主要矛盾。对社会主义社会和其他社会的分析也应当如此。马克思在《〈政治经济学批判〉序言》中指出，"资产阶级的生产关系是社会生产过程的最后一个对抗形式"[2]，可见，马克思主义经典作家早已预料到社会主义社会和共产主义社会由于生产方式的变化将不存在对抗性矛盾。由于在社会主义社会，基本经济制度是与资本主义私有制完全不同的社会主义公有制占主体地位，导致其生产的目的主要不是为了满足资本增殖的需要，而是回归生产的本真目的即满足人民的生活需要，这就决定了社会主义社会的主要矛盾自然是人民需要与社会生产不能有效满足人民需要的矛盾。随着生产力的发展，旧的人民需要解决了，又会产生新的需要，从而社会主要矛盾会发生新的具体变化。简言之，社会主要矛盾发生变化的内在逻辑链条和理路在于：分析的逻辑起点在于社会生产方式的发展变化，逻辑中介点在于社会生产目的的变化，社会主要矛盾变化是逻辑结果；社会生产方式的根本变化将导致社会生产目的发生根本变化，进而导致社会主要矛盾的质的变化；反过来，在生产方式基本相同的同一社会形态中，由于生产目的没有根本变化，社会主要矛盾也将不会产生质的变化；但是，同一社会形态下由于生产力与生产关系的若干具体变化，将导致社会生产目的的具体变化，也会推动社会主要矛盾产生若干具体变化，甚至发生局部质变。离开了社会生产方式分析社会主要矛盾变化，必然是缘木求鱼；离开了社会生产目的这个中介点，相关分析必将陷入歧路；离开了质量互变规律，对社会主要矛盾的分析则会陷入机械唯物主义的迷思。

61

---

① 马克思，恩格斯. 马克思恩格斯文集：第2卷 [M]. 北京：人民出版社，2009：46.
② 马克思，恩格斯. 马克思恩格斯文集：第2卷 [M]. 北京：人民出版社，2009：592.

二、中华人民共和国成立以来社会主要矛盾变化的历史进程

理清了生产方式——→生产目的——→社会主要矛盾这个逻辑链条，我们就可以更准确地把握中华人民共和国成立以来社会主要矛盾变化的根由及方向。当然，生产方式包括社会生产力和生产关系两个方面，而不同生产目的主要由不同生产关系导致，从而导致不同性质的社会主要矛盾。相同社会形态下则首先要观察社会生产力的发展以及生产关系相应变动导致的社会主要矛盾的具体变化。从宏观上看，中华人民共和国成立以来我国的社会主要矛盾大致经历了两次转化。

（一）第一次社会主要矛盾的转化

从中华人民共和国成立到社会主义改造的基本完成，是我国由新民主主义向社会主义过渡的阶段。在这一阶段，中国共产党首先需要判断我国的社会主要矛盾，确定未来的发展方向。中华人民共和国成立之初，面对着国家内外交困、生产力极端落后，毛泽东在 1950 年 6 月党的七届三中全会上指出：“我们当前总的方针是什么呢？就是肃清国民党残余、特务、土匪，推翻地主阶级，解放台湾、西藏，跟帝国主义斗到底。”[1] 在肃清国民党残余势力的同时，面对我国“一穷二白”的经济发展状况，中国共产党针对不同的情况采取了不同措施，一方面针对农村经济处于封建半封建的状况，在农村开展土地革命，摆脱封建的生产关系对生产力发展的束缚；同时在城市允许私营工商业和民族资本主义在一定程度上进行发展，将官僚资本和帝国主义在华资本收归国有，建立起国营经济。到 1952 年，经过建国初 3 年的努力，中华人民共和国顺利完成了经济恢复工作。情况变化使中国共产党进一步认识到，在打倒官僚资产阶级和地主阶级之后，资产阶级、农民及其他小资产阶级和工人阶级成为社会的三大主要力量，各个阶级之间也存在明显的矛盾，但主要还是表现为工人阶级与资产阶级、社会主义道路与资本主义道路之间的矛盾。针对这一矛盾，1953 年 6 月，中共中央政治局会议提出了党在过渡时期的总路线：“从中华人民共和国成立，到社会主义改造基本完成，这是一个过渡时期。党在这个过渡时期的总路线和总任务，是要在一个相当长的时期内，逐步实现国家的社会主义工业化，并逐步实现国家对农业、对手工业和资本主义工商业的社会主义改造。”[2] 工人阶级与资产阶级、社会主义道路与资本主义道路之间的矛盾成为我国社会主要矛盾的根据在于：在过渡时期，我国存在着五种经济成分即社会主义性质的国营经济、半社会主义性质的合作社经济、农民和手工业者的个体经济、私人资本主义经济和国家资本主义经济。其中，合作社经济是个体经济向社会主义集体经济过渡的形式，国家资本主义经济是私人资本主义向社会主义国营经济过渡的形式。所以基本经济成分实际上是社会主义性质的国营经济、个体经济和资本主义经济三种。但是由于农民和手工业者的个体经济既可以自发地走向资本主义，也可以被引导走向社会主义，本身并不代表一种独立发展方向，其生产目的也与满足人民需要的社会主义生产目的不相矛盾，因而可以比较容易地被社会主义社会的新的更高的生产关系融合和替代。相反，资本主义性质生产关系的生产目的却是与社会主义性质生产关系的生产目的根本冲突的，反映了无产阶级为代表的人民大众与资产阶级

---

① 中共中央文献研究室. 建国以来重要文献选编：第 4 册 ［M］. 北京：中央文献出版社，1994：258.

② 中共中央文献研究室. 建国以来重要文献选编：第 5 册 ［M］. 北京：中央文献出版社，1994：134.

利益的根本对立。因此这三种基本经济成分及与之相联系的三种基本阶级力量之间的矛盾，就集中表现为资本主义和社会主义两条道路、资产阶级和工人阶级两个阶级的矛盾。显然，这主要是由当时的生产关系状况决定的。

"三大改造"的完成，使我国的生产关系进一步发生根本性变化，建立起了以全民所有制和集体所有制两种公有制为主体的社会主义基本经济制度和以按劳分配为主体的社会主义分配制度。到改革开放之前，公有制的生产方式在我国的社会生产中仍占据着绝对主体的地位。相关资料显示，1978 年，公有制经济在国民经济中所占的比重达到 97.9%，非公有制经济仅占 2.1%。[①] 比起社会主义改造的过渡时期，生产方式已发生根本变化，资本主义的生产方式已被消灭，剥削制度和剥削阶级随之被消灭，从全局上看生产目的已变成为满足人民的物质文化生活需要而生产，社会主要矛盾当然要根据新的社会生产目的进行新的相应分析。同时，我国的社会生产力还比较落后。直到 1987 年，中国共产党第十三次代表大会的中央委员会报告仍强调："突出的景象是：十亿多人口，八亿在农村，基本上还是用手工工具搞饭吃；一部分现代化工业，同大量落后于现代水平几十年甚至上百年的工业，同时存在；一部分经济比较发达的地区，同广大不发达地区和贫困地区，同时存在；少量具有世界先进水平的科学技术，同普遍的科技水平不高，文盲半文盲还占人口近四分之一的状况，同时存在。"[②] 这样，人民日益增长的物质文化需要就同落后的社会生产力形成尖锐的矛盾。中国共产党对我国进入社会主义社会后的主要矛盾进行了艰辛的探索。1956 年中共八大指出："我们国内的主要矛盾，已经是人民对于建立先进的工业国的要求同落后的农业国的现实之间的矛盾，已经是人民对于经济文化迅速发展的需要同当前经济文化不能满足人民需要的状况之间的矛盾。这一矛盾的实质，在我国社会主义制度已经建立的情况下，也就是先进的社会主义制度同落后的社会生产力之间的矛盾。"[③] 中共八大的表述在现在看来尽管不够严谨完善，但已经把握到了社会主要矛盾的重大转变。1981 年中国共产党中央委员会在十一届六中全会上正式提出我国的社会主要矛盾是"人民日益增长的物质文化需要同落后的社会生产之间的矛盾"。实践证明，这个判断是完全正确的，不仅有助于从根本上纠正我们曾经仍将阶级矛盾当作社会主义社会主要矛盾的错误认识，而且奠定了我们将工作重心转向经济建设的理论前提。显然，这次主要矛盾转化是由于我国生产方式的根本性变化尤其是生产关系的根本变化，导致社会生产目的的根本性变化，进而导致社会主要矛盾发生根本性转化。

（二）第二次社会主要矛盾的转化

进入 21 世纪以来，由于世情国情发生了较大变化，尤其是社会生产力的极大发展，一些学者开始了关于我国社会主要矛盾转化问题的研究。在变与没变的问题上，双方各执一词。一方认为，"人民日益增长的物质文化需要同落后的社会生产之间的矛盾"已经不能完全概括现阶段的社会发展状况。主要有这样几种说法："公共产品供给相对不足的矛盾"说，"文化需求同落后的文化生产之间的矛盾"说，"社会分配不均的矛盾"说，"经济发展与人口、资源、环境之间的矛盾"说，等等。但是，这些观点

---

① 1978 年国民经济和社会发展统计公报 [EB/OL]. www.cfen.com.cn.

② 沿着有中国特色的社会主义道路前进——在中国共产党第十三次全国代表大会上的报告 [DB/OL]. http://cpc.people.com.cn/GB/64162/64168/64566/65447/4526368.html.

③ 中共中央文献研究室. 建国以来重要文献选编：第 9 册 [M]. 北京：中央文献出版社，1994：340-341.

大多从某一角度，某一方面来概括社会主要矛盾的变化，虽具有一定的借鉴意义，但都具有片面性。也有很多学者认为我国社会主要矛盾没有变化，但也往往承认出现了很多新特点。例如有的学者提出需要将原有的"物质文化需要"的内涵进行扩大，等等。可见，实际上有很多学者认为我国社会主要矛盾发生了新的变化，但都具有片面性，缺乏高度概括性。有的观点还是错误的。在中国共产党十九大上，习近平总书记代表中央指出："中国特色社会主义进入新时代，我国社会主要矛盾已经转化为人民日益增长的美好生活需要和不平衡不充分的发展之间的矛盾。"这个论断是马克思主义的科学论断。我国的社会矛盾在社会主义的新时期发生了又一次的转化。

党的十九大认为新时代我国社会主要矛盾发生了转化的根据是什么呢？十九大报告讲得很清楚，主要有两点：一是我国稳定解决了十几亿人的温饱问题，总体上实现小康，不久将全面建成小康社会，人民美好生活需要日益广泛，不仅对物质文化生活提出了更高要求，而且在民主、法治、公平、正义、安全、环境等方面的要求日益增长。二是我国社会生产力水平总体上显著提高，社会生产能力在很多方面进入世界前列，更加突出的问题是发展不平衡不充分，这已经成为满足人民日益增长的美好生活需要的主要制约因素。确实如此，比如党的十八大以来，我国的经济建设取得了很多新的重大成就，经济增长长期保持中高速，国内生产总值已稳居世界第二，2016 年已达到 744 127.2 亿元①，对世界经济增长贡献率超过 30%。同时，在经济快速发展的过程中也出现了很多问题，发展不平衡不充分的问题更加凸显。比如在经济发展领域，反映社会贫富差距的基尼系数，在 1978 年仅为 0.16，在 2016 年上升为 0.465②，超过了绝大多数发展中国家；地区收入差距仍然较大，以 2016 年为例，东部地区人均可支配收入为 30 654.7 元，而西部地区仅为 18 406.8 元③；在生态领域，由于长期片面重视经济发展而忽视环境保护，造成环境污染严重，环境问题一度成为人民最关心的问题。以这些问题为代表的社会发展中的不平衡不充分的问题日益凸显出来，第二次社会主要矛盾的转化正是在这个背景下发生的。

中华人民共和国第一次社会主要矛盾的转化是根本性质的变化，它由无产阶级与资产阶级的矛盾、社会主义道路与资本主义道路的矛盾转化为人民日益增长的物质文化需要与落后的社会生产力之间的矛盾。但是，这个第二次社会主要矛盾的转化为什么不是根本性质不同的转化呢？根据本文第一部分的理论观点其实可以很好地解释。在我国的生产方式变动中，虽然社会生产力水平出现了质的提升，但这种质的提升正是在我国坚持社会主义公有制占主体地位的基本经济制度前提下取得的，它没有改变反而证明了我国基本经济制度的现实合理性。也就是说，由于我们改革开放中始终坚持"两个毫不动摇"，公有制的主体地位保证了我国的社会生产关系没有发生质的变化，因而社会生产目的仍然是要满足人民的生活需要。又由于社会生产力的某些质的变化，"社会生产能力在很多方面进入世界前列"，"更加突出的问题是发展不平衡不充分"，而人民的生活需要"日益广泛"且"提出了更高要求"，在这种情况下，我国社会主要矛盾自然是已经转化为人民日益增长的美好生活需要和不平衡不充分的发展之

---

① 中华人民共和国国家统计局. 2016 中国统计年鉴［M］. 北京：中国统计出版社，2016：156.

② 来源于国家统计局 2016 年国民经济运行情况新闻发布会［DB/OL］. http://www.chinanews.com/cj/shipin/cns/2017/01-20/news690179.shtml.

③ 中华人民共和国国家统计局. 2016 中国统计年鉴［M］. 北京：中国统计出版社，2016：193.

间的矛盾。可见，这次主要矛盾的转化是在社会主义生产关系未发生根本变化从而社会生产目的仍然主要是满足人民需要的前提下，由于生产力的发展引起人民需求的变化产生的，转化前后的社会主要矛盾具有内在的一致性，它们都仍然是人民需求与社会生产发展不能有效满足这种需求的矛盾。这同样揭示出，我国经过近 40 年的改革开放，社会生产关系仍然保持了公有制主体地位而未发生根本变化，关系国计民生的关键领域依然掌握在国家手里，但随着非公有制经济的发展，一些企业不遵守法律约束，片面追求自身资本增殖的因素也有一定的发展，这种情况下其生产目的就会发生根本变化。如任其发展，我国社会主义制度和社会主要矛盾发生根本变化的危险是存在的，不能不引起我们注意。

三、中华人民共和国社会主要矛盾转化的影响因素及启示

由上可知，社会主要矛盾的转化由多种因素决定。在没有外敌入侵等重大外部因素影响的条件下，生产方式的根本改变将导致社会主要矛盾的根本转化；在同一生产方式下，生产力与生产关系的矛盾运动又使社会主要矛盾发生阶段性转化。无论哪一种性质的转化，社会生产目的都是我们分析时的逻辑中介点。把握社会主要矛盾转化的这些因素及其背后的逻辑，对现阶段的社会发展具有重要意义。

（一）继续解放和发展生产力，满足人民美好生活需要

社会主要矛盾转化的历史告诉我们，在正确把握社会发展阶段的前提下，生产发展是解决社会主要矛盾的基础和关键，只有不断地解放和发展生产力，才能满足人民对美好生活的要求。结合现阶段的社会生产具体情况，我们满足人民物质文化需要应从更高层次、更多方面来进行。

第一要提升发展的效率，以此释放出更大的生产力。通过运用高科技和创新型技术等手段解放生产力，在国家层面，加大对创新型人才和高科技人才的培养力度，通过财政支持和政策支持，鼓励创新；在社会层面，通过国家和政府的引导，形成一种支持和倡导创新的氛围。第二要继续推进供给侧改革，优化经济结构，建设现代化经济体系。随着社会的不断发展，人们对质量的要求越来越高，推进供给侧改革，将提升供给方的质量作为改革的重点，更好地满足人民对美好生活的需要。

（二）必须坚持公有制主体地位，坚持中国特色社会主义道路

中华人民共和国成立以来社会主要矛盾转化的逻辑规律告诉我们，公有制的生产方式是保证社会主要矛盾在生产发展与人民需要范畴内展开的前提，特别是关系到国计民生的关键行业与领域，国家必须牢牢把控。改革开放以来，我国的所有制发生了很大的变化，虽然公有制仍占据主体地位，但其把控力与影响力已有所降低。因此在新时代，我们仍然要把握住公有制主体地位这个关键，对"国企私有化""土地私有化""金融自由化"等新自由主义思想给予坚决的回击，继续改善国家宏观调控，保证公有制经济的主体地位，坚持正确的社会主义改革方向。

（三）完善社会分配机制，理顺社会利益关系

社会分配是保证社会能够进行再生产的关键环节，只有社会分配顺利进行，人们才有能力消费以满足自己的需要，社会才能进行发展性再生产。完善社会分配机制，首先应在初次分配中向中低收入者倾斜。在我国目前的社会主义市场经济条件下，出现了有些群体如农民、工人等收入偏低的情况，这在一定程度上抑制了他们的消费能

力，阻碍了这些群体基本物质文化需要的满足。其次要健全社会保障制度，这是社会进行再分配的重要手段。教育、医疗等问题是事关民生的重要问题，加快建立覆盖全民的社会保障制度，推动人民的需要不断升级，尤其是面对中低收入人群，国家可通过财政倾斜等方式保证中低收入人群享受到全面的社会保障。

科学判断现阶段的社会主要矛盾，是全面建成小康社会的关键所在。随着未来生产力的不断发展，国情、社情、民情的不断变化，社会主要矛盾还会发生符合历史情况的转化，这就要求我们要牢牢把握社会主义性质的生产方式，坚持公有制经济的主体地位不动摇，在满足人民需要的范畴内发展生产，以更科学的认识建设新时代中国特色社会主义。

参考文献

［1］马克思，恩格斯. 马克思恩格斯选集：第 1 卷［M］. 北京：人民出版社，1995.

［2］马克思，恩格斯. 马克思恩格斯选集：第 2 卷［M］. 北京：人民出版社，1995.

［3］马克思，恩格斯. 马克思恩格斯选集：第 3 卷［M］. 北京：人民出版社，1995.

［4］马克思，恩格斯. 共产党宣言［M］. 北京：人民出版社，2014.

［5］恩格斯. 社会主义从空想到科学的发展［M］. 北京：人民出版社，2014.

［6］毛泽东. 矛盾论［M］. 北京：人民出版社，1975.

［7］毛泽东. 毛泽东选集：第 4 卷［M］. 北京：人民出版社，1991.

［8］中共中央文献研究室. 建国以来重要文献选编［M］. 北京：中央文献出版社，1994.

［9］逄锦聚. 经济发展新常态中的主要矛盾和供给侧结构性改革［J］. 政治经济学评论，2016（3）.

［10］吴宣恭. 根据所有制实际重新分析当前阶段的社会主要矛盾［J］. 政治经济学评论，2012（1）.

［11］周海荣，何丽华. 马克思主义社会矛盾理论视域下我国社会主要矛盾的转变［J］. 社会科学，2018（4）.

［12］杨亮. 现阶段我国社会主要矛盾的多维探析［D］. 广州：广州大学，2017.

（编辑：刘杨）

当代中国崛起的现代性含义与道路反思

王翔宇　王中碧

【摘要】现代大国崛起有其独特的逻辑，即现代性中的工业化、契约社会和现代公共文化精神等主题在国际关系中以综合国力、国际制度和现代外交理性等形式呈现。从现代性的理论框架延伸，当代中国崛起的历史意义在于，它在延续现代国家崛起的行为逻辑的同时，孕育着对现代大国崛起道路的根本性反思并将其付诸广泛、深远的宏大外交实践之中。这一时间性特征决定了中国在长期的民族复兴道路上更应谨慎、妥当地处理历史经验和时代要求二者的辩证关系，在持之以恒的国家现代化建设过程中打破现代性危机对国家成长的不利影响，最终通过中国特色大国外交的实践推动人类命运共同体的构建。

【关键词】现代性；反思现代性；当代中国崛起；中国道路

【作者简介】王翔宇，西南财经大学马克思主义学院讲师；王中碧，西南财经大学马克思主义学院 2017 级硕士研究生。

"现代性"的复杂、多元特征决定了人们可以通过大国兴衰的视角丰富对这一概念的认识。中国作为将现代性内涵全方位融入自身建设的国家，在"中国崛起"的命题下检验国家成长的历史合规律性显得尤为必要。在"反思现代性"讨论十分激烈的今天，对于现代大国崛起的内在逻辑，也需中国不断给予再度诠释，即通过中国特色大国外交的理念与实践对这一概念进行根本性的历史回应。

一、何谓"现代性"的大国崛起？

在哲学意义上，"现代性"（Modernity）是指一种全新的时代意识，它既是一种对历史的感知，也是一种对价值与规范的诉求态度。① 从涵盖范围看，"现代性"是一种复合性产物，涉及经济、政治、文化等多个方面②，因此，我们理解现代性，需要从物质、制度、精神等多重维度予以关注。首先，现代性开宗明义强调了物质力量对社会结构的根本性塑造。吉登斯指出，"现代性"大约等同于"工业化的世界"，对物质世界非生命资源的利用及机械的广泛使用孕育出现代意义的社会关系。③ 其次，现代性突

---

① 唐文明. 何谓现代性？[J]. 哲学研究，2000（8）：44.

② 赵景来. 关于"现代性"若干问题研究综述 [J]. 中国社会科学，2001（4）：27.

③ 安东尼·吉登斯. 现代性与自我认同 [M]. 赵旭东，方文，译. 北京：生活·读书·新知三联书店，1998：16.

出表现为对传统社会否定、革命、批判的精神气质或文化取向。与传统社会不同，在现代性的文化模式中，理性使人更加自觉、彻底地超越本性，它要求个体发展自主性，摆脱依靠外力的"不成熟状态"①。最后，与这种文化气质相关的，是现代性精神自觉地转化为对社会生活有力塑造的制度安排。主体意识、理性精神等现代性主流意识，建构出资本主义、民族国家与科层管理等现代社会制度。②

现代性的上述内容同样深入映射于国际关系中。自文艺复兴以来，由于民族国家的兴起、大一统帝国（教会）形态的瓦解、外交的世俗化以及随之而来的工业革命，现代国际关系在构成主体、结构、内在运行机理等诸多方面，与前现代诸文明有着根本性的差异。而作为国际关系经久不衰的大国崛起命题，在这一历史进程中也发生着革命性的转变，展现出与前现代时期王朝兴衰本质的不同。

首先，现代大国崛起提升了国家物质权力基础的复合性特征。传统文明中权势力量的兴起通常表现为其在单一领域中的绝对优势。罗荣渠指出，在前工业文明时代，通常是具有军事优势的边缘地带威胁文明中心地区。③ 这很好地说明了军事力量作为单一物质基础对国家崛起的根本性作用。而在现代社会，由于工业革命的发生以及工业对军事、科技、财富等多个物质领域的串联，现代大国崛起在物质权力基础方面表现出高度的多元复合性。工业化不仅意味着国家生产力水平的提高与战力塑造，还体现在本国商品竞争优势、本国货币海外通行能力以及社会高效组织能力等诸多方面。④ 可以说，工业时代的到来造就国家竞争的逻辑趋同和方式一致性。英、法、德、日等现代国家的崛起，无一例外是在实现工业化后逐步完成其在武力水准、财富总量、贸易及金融地位等方面的赶超。作为反例的是，苏联未能将其工业化成果有效转化为多元物质权力，造成其综合国力无法与美国抗衡，最终形成国家治理危机。这进一步论证了复合型物质权力对现代大国的重要意义。

其次，现代大国崛起给国际关系带来根本性的社会文化转型。它烘托了国家个体意识、自我价值的充分实现以及理性的自觉，既赋予了国家独立人格的现代主权意识，也促进了国家对兴衰主题全面、有机、多样的理性认知，做出对国际关系演进全面、整体、系统、科学的理性设计。不同于前传统社会中大国通过领土兼并、宗教战争、财富掠夺实现兴衰更替的经验模式，现代大国在脱离超国家权威束缚的同时，自觉地将大国竞争与科学、技术、经济、社会等内容结合，逐步确立了以理性主义、效率至上原则为核心的现代观念。它要求大国祛除特殊的王朝或宗教情感，以"国家最佳利益"的思维定义兴衰，并具体、细致地辨识特定形势下国际利益关系和力量对比，从而精确、科学地确定所需的战略与战术。⑤ 同时，现代大国对未来国际关系演进的设计也超越了宗教（如基于大一统教会理念的世界帝国思想）、惯例（如基于封贡外交的天下主义）传统思维框架，从经济发展、技术进步、法治完善、阶级斗争等现代理性角度汲取对国际社会演进的认知。

① 衣俊卿. 现代性的维度及其当代命运 [J]. 中国社会科学, 2004 (4)：23.
② 唐文明. 何谓现代性？[J]. 哲学研究, 2000 (8)：47.
③ 罗荣渠. 现代化新论 [M]. 北京：商务印书馆, 2004：23.
④ 保罗·肯尼迪. 大国的兴衰 [M]. 陈景彪, 译. 北京：国际文化出版公司, 2006：186-187.
⑤ 时殷弘. 现当代国际关系史 [M]. 北京：中国人民大学出版社, 2006：105.

再次，现代大国崛起也强烈地体现为行为者对国际制度的自觉、理性建构。现代性的制度属性涉及经济运行、社会管理、规范行为和权责界定等方面，既表现为具体的现代制度成果，也体现为个体与制度间的理性互动关系。吉登斯认为，与传统社会制度依据经验、惯例、文化习俗的塑造路径不同，现代制度的建构依赖于主体把知识应用于对现实关系理性地阶段性地修正中。① 而制度本身由于其固有的契约性、程序性和运作低成本性，在现代主权国家体系中有助于帮助国家建立相对普遍的行为规范、确立基本的国家权责边界并降低无政府行为风险。因此，对现代大国而言，突破经验、习俗、宗教等因素的桎梏，利用自身优势地位不断对国际制度加以修正与完善，成为现代大国崛起的重要表现形式。从民族国家、主权以及现代外交等现代国际关系"根本制度"，到联合国、欧盟与核不扩散条约等特定国际机制，均能看到不同时期新兴国家对国际秩序的充分关切与理性建构。尤其是伴随着国际关系议题的技术性、复杂性与全球性不断加深，主动利用自身经济、知识、武力保障等方面的优势来塑造有利于国际秩序长效运作甚至人类共有利益维护的制度，成为现代新兴国家提升行为合法性、降低崛起风险的有效手段。

最后，从结果层面上看，与传统文明中大国权势兴衰不同，现代大国崛起突出表现为全球化的加剧以及"中心-边缘"结构的形成。传统帝国形态囿于活动能力的限制或经济方式的封闭，难以维持在其治下多民族、跨地域间长期、稳定的相互依赖机制。而现代大国崛起的内在动力是工业的成熟与资本主义的发展，二者天然具备超越主权国家界限的本性，因此工业优势与资本地位能够帮助大国塑造其主导的大市场，并形成治下的普遍标准或国家发展模式外溢，进一步强化了其他国家对其在贸易、金融、国家发展乃至国家安全等多个层次的依附。现代化理论认为，现代性的根本性后果之一是全球化，它不仅造成了多元文化的消磨及制度的同质化，也加剧了国家间不对等依附的状态。② 沃勒斯坦认为在"中心-边缘"格局中，资本主义能够帮助新兴国家跳出传统帝国治理困境并在整合较大地理区域形成更多功能，这便助长了中心国家将边缘地区拉入一体化经济的能力。在这样的等级化民族国家体系中，由于中心力量的优势，多元文化出现趋同，中心国家的文明模式得以普遍化。③

二、当代中国崛起的现代性轨迹

在现代国际体系中，任何大国的发展均无法脱离现代性多元框架对其崛起的根本性影响。就此而言，当代中国崛起的历史意义，一方面在于使古老文明在今天文明版图中得以延续并强劲复苏，另一方面更在于作为后发国家，中国在接触、接纳、融入现代国际关系的过程中，在物质、制度、文化等多个方面保持了与现代国际关系内在机理的高度一致性，这需要从现代性的多维度特征中来理解当代中国崛起这一问题。

首先从现代性的经济维度看，物质文明转型成为百余年来中国实现御侮自强并最

---

①　安东尼·吉登斯. 现代性与自我认同［M］. 赵旭东，方文，译. 北京：生活·读书·新知三联书店，1998：22.

②　安东尼·吉登斯. 现代性的后果［M］. 田禾，译. 南京：译林出版社，2000：152.

③　伊曼纽尔·沃勒斯坦. 现代世界体系：第一卷［M］. 尤来寅，等译. 北京：高等教育出版社，1998：462-463.

终完成民族复兴的首要前提。从近代以来，无论是试图摆脱屈辱外交的救亡图存运动，还是志在民族复兴的宏大实践，走工业化道路、实现从传统农耕文明向现代工商业文明转型成为中国崛起的基本物质条件，是中国与其他现代大国在崛起进程中的首要一致性。自 1949 年以来持续推进的工业化路线，保证了中国在数十年间迅速完成从传统产业文明向现代工业文明的过渡[①]，中国可以进一步在现代工业竞争轨道上借助自身发展禀赋夯实崛起基础。同时，由于中国工业化的仿效性、计划性及高效率特征，后发优势进一步加速提升了中国工业规模与工业能力，从而保证了其在国际结构中的相对权力增长。[②]

正如现代大国在工业革命推动下获得与之相关的其他物质优势一样，当代中国崛起的现代性意义还在于将工业化的相关物质性衍生成果也转化为崛起要素。城市化、科研体系、金融权力、市场占有度、海外投资与建设能力等工业文明副产品，也随着中国工业化不断增长并帮助中国提升在国际格局中的权力比重。尤其是加入世贸组织，中国在真正意义上融入世界经济体系以来，工业成长进一步转化为国家对外行为能力，外贸扩大、人民币国际化、基建输出乃至专利申请比重提高，在多领域强化了中国在复合国力竞争背景下对国际秩序转型的话语权。

其次，当代中国崛起深刻地反映了其对现代国际关系精神文化的接受、内化及运用。现代性在哲学意义上所强调的个体主体性与自我意识，在国际关系层面上以现代民族主义、国家自主性与现代主权理念等形式表达。对当代中国而言，实现民族独立与民族自决、建立不受外部力量干预的国家主权，在寻求民族解放与复兴的过程中被上升为整体性的价值诉求，并在中华人民共和国外交实践中以和平共处五项原则、反帝、反殖民等形式成为扩大中国国际影响力的武器。在全球化日益深入、对国家主权独立性质疑的声音不断提高的今天，主体价值对中国国家崛起的意义在于一方面不断确立了中国政治上的独立自主性，避免重蹈部分后发国家在国际政治无政府状态中沦为大国政治附庸的覆辙；另一方面不断强调"中国的传统、经验和具体情势，相信现代化的实现途径绝非只有西方一种模式，中国的未来主要取决于中国人根据自己国情的自主实践"[③]，而非单纯地全盘西化或照搬苏联发展模式。

除了主体意识的强化，现代性的文化精神在行为层次上还增强了中国外交的理性化程度。它烘托了国家充分的自主信念和发展信心，并扩展为中国对国际社会关系演进的科学、系统认识。在对和平与发展时代主题的科学判断基础上，中国明确地将自身定义为国际秩序的参与者及建设者，形成对自身发展禀赋优势的理性判断，以及对

---

① 可以看到自 1960 年至 2015 年，中国大陆农业产值占 GDP 比重总体呈下降趋势，其中最高峰为 1968 年（41.68%），1993 年之后这一数字严格控制在 20% 以内，2008 年之后甚至被压缩在 10% 以下（2015 年为 8.83%）。相比较而言，同期中国的工业与服务业产值总体上升，如工业产值占 GDP 比重自 1970 年之后始终保持在 40% 以上（峰值为 1980 年的 48%，2015 年比重为 40.93%），服务业产值在 2001 年之后占 GDP 比重也始终维持在 40% 以上（2015 年作为峰值年甚至达到 50.23%）。参见世界银行数据库. http：//data.worldbank.org.cn/indicator.

② 从工业总产值来看，中国在 2006 年超过日本（1.3 万亿美元对 1.21 万亿美元），2011 年超过美国（3.5 万亿美元对 3.1 万亿美元）。就高科技出口这一能够反映国家工业水平的指标看，中国在航空航天、计算机、医药、科学仪器、电气机械等方面的出口总额 2003 年超过日本（1 080 亿美元对 1 070 亿美元），2005 年超过美国（2 159 亿美元对 1 907 亿美元），2009 年超越美日之和（3 096 亿美元对 2 275 亿美元）。参见世界银行数据库. http：//data.worldbank.org.cn/indicator.

③ 时殷弘. 现实主义政治伦理与特殊主义世界观 [J]. 世界经济与政治论坛, 2011 (1)：131.

国家多元利益及其优先次序的科学思考。现代性理性精神对中国外交的影响还在于，中国对国际体系更为公正、合理、普惠国际秩序的愿景植根于国家对全球化和多元经济中心发展的科学判断，以及对全球经济增长不稳定因素增多、全球发展不平衡加剧的理性忧患上①，自觉地表现出关于人类命运的理性设计、关于历史合目的性与合规律性的精神面貌。②

最后，正如近现代国际关系史中崛起大国对国际制度的有效塑造，当代中国在崛起进程中也将对国际制度的建构、重塑与改革作为提升国家实力与国际话语权的重要方式。国际制度形成于国际强制（compulsory）、协调（coordination）与协作（collaboration），无论何种途径，国际制度与国家之间的双向互动在社会无政府状态下均呈现出明显的国别差异现象，即大国在制度塑造和从中获利两个过程中处于优势地位。因此，对崛起国家而言，建构或改革国际制度既是其大国地位的反映，也可以在矛盾管控、扩大声望、提升崛起合法性等方面发挥功能，③ 抵消国际权力转移带来的风险。当代中国集国际社会的参与者、建设者与贡献者三重身份于一身，通过建构国际制度来推动国际权力再分配与国际秩序重塑，是中国对国际政治现状及发展的理性思考结果，也是将现代性当中公共参与精神、契约精神、自律精神转化为实现国家利益、追求合法共同体的国际政治实践。

具体而言，当代中国对国际制度的建构与改革主要表现为三种形式。第一，推动现有制度的普惠及公正性，既夯实了自己在发展中国家的影响力，也扩大了对全球治理的公共产品供给与道义支持，从而提升了崛起的合法性。第二，打造新型制度平台，包括亚投行在内的新生国际机制大大提升了全球治理进程中公共产品供给质量，强化了中国对多元、多边全球治理模式的引领。第三，扩大那些自己具有较多话语权的国际机制的功能，提升自身国际事务话语权的涵盖范围。包括推动上海合作组织的职能范围从安全向综合领域拓展、东盟"10+3"机制从经贸向综合领域过渡，中国国际事务影响力乃至话语权可以借此方式实现从单一维度到多重维度的质的提升。

三、中国崛起道路的"反思现代性"意涵

"反思现代性"是现代性研究中无法回避的问题。吉登斯指出，现代性本身酝酿着对自身的反思，即社会实践不断受到关于实践本身的新知识的检验和改造，令结构不断改变着自己的特征，从而使社会生活从现代性的恒定性束缚中游离出来。④ 马克思主义则直接表达了对资本主义现代性的批判，它集中于资本主义现代性对人类文明多元特质的冲击、对社会两极分化的加强、对行为主体的异化以及造就不平等的全球化等方面。⑤ 同样，对现代性的批判火力也存在于人们对今天国际关系的不断思考与诘问中。沃勒斯坦曾指出："资本主义是一个不平等的体系。当21世纪中叶资本主义体系让位于后继的体系（一个或多个）时，我们将看看这后继体系是否会更平等。我们不

① 中共中央宣传部. 习近平总书记系列重要讲话读本［M］. 北京：人民出版社，2016：260-261.
② 衣俊卿. 现代性的维度及其当代命运［J］. 中国社会科学，2004（4）：16.
③ 许嘉，蔡玮. 国际制度与中国选择［J］. 国际政治研究，2007（4）：138.
④ 安东尼·吉登斯. 现代性的后果［M］. 田禾，译. 南京：译林出版社，2000：34.
⑤ 孟鑫. 马克思现代性视阈下中国道路的价值与意义［J］. 马克思主义研究，2016（2）：31.

能预测它会是一个什么样的体系，但能通过我们目前政治的和道德的活动来影响其结果。"① 作为比资本主义发展程度更高的社会形态，社会主义在对资本主义现代性进行全面反思的过程中，需要不断对既有现代化模式进行批判并建构出新的现代性形态。因此，当代中国的国家发展及对国际秩序的深度再建构不仅仅是改变了一般意义上大国兴衰运动内中心力量的位次，更重要的是试图对现有国际关系运作机理和内在逻辑进行深刻的改造并使之良性化。

因此，当代中国崛起无论是行为过程还是客观结果都必须尊重一个现实，即作为处于现代化转型过程中的后发国家，中国在现代化潜能尚未全部释放之时便已看到现代性之种种弊端，并需要对其予以深刻的反思与批判。② 在国际关系层次上，资本主导、个体中心化、社会目的性缺失等现代大国崛起特征，需要当代中国在打造新型国际关系中有意识地予以回避，进而在国际体系转型和全球治理推进的今天对现代大国崛起路径形成有力的再诠释。

首先，当代中国崛起道路完善了崛起国与国际社会的关系形态，在国家成长与国际社会整体成长、自我意识与公共意识、全球化与多元性之间寻求合理的平衡点。现代性带动个体与社会关系转变这一问题在思想界引起了大量深入思考，包括哈贝马斯的"交往理性"、贝克的"自反的现代性"、罗尔斯的"公共理性"为"现代性困境"提出过不同视角的解决思路。③ 它们均涉及重新对现代性视阈内个体与他者、个体与社会之间关系的重新定义，主张摆脱个体"主体中心理性"并形成多元社会中的"重叠共识"。对现代大国而言，这就必须要求重新审视过去数百年大国发展的方式和逻辑，防止牺牲国际社会普遍利益或共识来换取单一国家成长。尤其是在全球公共性问题凸显、国际体系社会性程度不断提高的今天，将自身发展机遇外惠于国际社会，提升自身参与和解决全球问题的意愿及能力，尊重并维护国际社会内文化、制度与发展模式多元的现实，成为时代赋予新兴大国崛起的更高要求。而当代中国国家成长的一大本质特征在于，在国家强劲崛起进程中自觉地推动自身与国际社会共同成长，不断推动自身对国际社会的有效贡献，在国际安全保障、全球化维护、国际制度建设等方面履行新兴大国应尽的义务。党的十八大以来，在后金融危机时代全球贸易保护主义和政治保守主义抬头的背景下，中国应继续通过国家成长带动国际社会的进步，将民族复兴与发展共享纳入同一框架中。尤其是随着"人类命运共同体"概念的提出及实践，中国在政治、经济、文化、安全以及生态等多个领域强调了自身崛起对全球治理体系的创新完善，体现了中国崛起"个体理性"与国际社会成长"公共理性"的有机统一。

其次，就个体间关系而言，当代中国崛起道路不断地重新定义崛起国与既有大国

① 伊曼纽尔·沃勒斯坦. 现代世界体系：第一卷 [M]. 尤来寅，等译. 北京：高等教育出版社，1998：2.
② 一些著述对中国现代化的时间特征已有类似讨论。有学者将中国现代化称为"复杂现代性"，也有学者认为"中国现代性建构存在历时性与共时性的统一"。参见：冯平，汪行福. 复杂现代性框架下的核心价值建构 [J]. 中国社会科学，2013（7）：24；高慧珠，王岩. 马克思的现代性思想和"中国道路"的创新性 [J]. 江西社会科学，2011（7）：13.
③ 参见：尤尔根·哈贝马斯. 现代性的哲学话语 [M]. 曹卫东，译. 南京：译林出版社，2011：347；乌尔里希·贝克. 自反性现代化 [M]. 赵文书，译. 北京：商务印书馆，2001：16；丰子义. 马克思现代性思想的当代解读 [J]. 中国社会科学，2005（4）：60.

之间的关系模式。马克思主义认为，现代性内涵于资本的逻辑之中。① 主体自觉意识、竞争意识以及扩张欲望等资本内在逻辑，在工业文明和全球化推动下进一步刺激了国际体系权力转移过程中大国之间的紧张关系，"大国崛起困境"成为近现代国际关系中难以规避的问题。时至今日，在大国战略互疑和地区热点同时增长的背景下，为应对全球治理难题，构建新型大国关系显得尤为必要，这也是当代中国在成长进程中破除现代大国崛起困境、构建新型国际关系的明智之举和必由之路。改革开放后，中国在融入国际体系过程中积极开展多方位大国外交，不以大国间全面战争或经久的冷战对抗为代价实现强国之梦，而是通过互利共赢的方式在中美、中欧、中俄、中日等大国双边关系中积极扩大合作领域，以妥善处理矛盾、增进互信、扩大互利的方式保障国际体系的和平转型，克服守成大国和新兴大国必然冲突的"大国政治悲剧"。党的十八大以来，中国在建构新型大国关系方面取得了大量成果，不断借助全球治理和双边互利来推动大国间建立共识、弥合分歧和互利互惠，形成包括"一带一路""G20共识""金砖国家"会晤机制在内的多项能够兼容中国国际话语权提升和其他相关大国获益的国际政治回馈。从当前国际社会公共产品长期供小于求的基本形势看，中国的发展对其他大国而言仍然具有巨大的责任分担潜能。中国不断深化、发展、创新其对外开放对其他大国而言具有长期的互惠效应，这从根本上有力地破除了现代大国兴衰交替过程中的零和博弈逻辑，成为中国崛起对现代大国政治的创新。

最后，在结果层面上，当代中国崛起试图扭转现代国际关系产生的"中心-边缘"不平等分配结构，也致力于改变现代国际关系当中以"物"为核心的发展模式，通过"以人为本"的发展理念破除资本主义的现代性困境。资本主义现代性无法回避异化和两极分化两个结果，二者在近现代大国崛起进程中也有突出表现，即大国通过资本或工业竞争构筑起以自己为中心的不平等分配结构，以及在国家成长过程中形成对人的发展、人的价值以及人与自然和谐关系的漠视，最终形成贫富加剧和生态危机等全球公共问题。因此，打破"福特式生产"的地域中心状态，破除"中心-边缘"的不平等分配结构，烘托并实现人在国家成长中的获得、发展及价值，成为全球化时代新兴大国必须尊重、恪守并落实在实践中的原则。中国作为以马克思主义为指导思想的新兴国家，更应当接受全球化对新兴大国提出的时代要求，不断为现代大国崛起议题提出深刻反思并注入新的内容。在外交实践中，中国数十年来坚持将自身国家成长的动力外溢于国际社会当中，通过国际援助、建立经贸伙伴关系、改革国际经济制度等方式，使大量后发国家得到工业化、经济成长以及国际经济地位提升的机遇，并切实将这些物质增长转化为人的获得。党的十八大以来，中国在对外行为当中进一步强化了对共赢理念的贯彻，通过"一带一路"倡议及其具体实施，将自身巨大的工业化成就惠及沿线地区，为广大发展中国家实现产业升级、经济与民生发展注入新的强劲动力。有研究表明，通过"一带一路"当中惠及周边的政策原则、持之以恒地向沿线推广制造业以及"中巴经济走廊""澜沧江—湄公河合作机制"等在内的跨境合作模式，预计未来12~15年，沿线国家将有24亿中低收入人口转化为中高收入人口。这在根本上昭示出中国崛起的去中心化特征和普惠色彩，彰显其与现代西方国家崛起未能增加多

73

---

① 丰子义. 马克思现代性思想的当代解读［J］. 中国社会科学，2005（4）：54.

数人口收入本质上的不同。① 与此同时，中国借助国家崛起、国际话语权提升的机遇，在全球治理出现瓶颈的背景下不断扩大"一带一路"沿线地区就业、提出"健康丝绸之路"倡议、建立生态环保大数据服务平台、鼓励新能源开发应用、批准并践行《巴黎气候公约》，在全球减贫、公共卫生和生态文明等全球治理领域发挥积极的建设作用，从而真正意义上实现国家崛起与人的发展同向而行。正是通过这种以开放共赢提升民生获得感，以实际行动为"人类命运共同体"夯实基础、注入活力的实践，中国能够在真正意义上构建新的大国崛起模式，从而站在世界历史高度为现代性做出浓墨重彩的注脚。

（编辑：刘世强）

---

① 钟飞腾."一带一路"新型全球化与大国关系［J］.外交评论，2017（3）：13.

"五位一体"总体布局视域中的中国特色社会主义现代化问题研究

王广杰　王彦琦

【摘要】中国正处于全面建设社会主义现代化的关键时期。综合分析中国的历史和现实，在世界大格局、大趋势中全面把握中国社会主义现代化的独特逻辑，是一项十分紧迫而又意义重大的理论任务。现代化是一个国家从传统向现代的历史性转变过程，它的具体结果就是现代性。西方现代性在人类发展史上具有伟大的历史进步意义，但同时它也造成了许许多多十分严峻的社会困境。中国如何在全面建设社会主义现代化的同时成功规避西方现代性的诸多负面效应，并且在实现自身现代化的历史进程中为整个现代世界提供一种具有中国智慧的现代化方案和中华新文明，是中华民族伟大复兴的中国梦的必然要求和应有之义。

【关键词】"五位一体"总体布局；中国特色社会主义现代化；现代性；中华新文明

【作者简介】王广杰，西南财经大学马克思主义学院讲师，主要从事马克思主义哲学和政治经济学等领域的研究；王彦琦，西南财经大学马克思主义学院2016级硕士研究生。

习近平总书记在党的十九大报告中高屋建瓴地指出："从十九大到二十大，是'两个一百年'奋斗目标的交汇期。我们既要全面建成小康社会、实现第一个百年奋斗目标，又要乘势而上开启全面建设社会主义现代化国家新征程，向第二个百年奋斗目标进军。"[①]因此，在习近平新时代中国特色社会主义思想指导下，切实按照"五位一体"中国特色社会主义事业总体布局要求，扎实推进社会主义现代化建设伟大事业，是我国步入新时代肩负的无比伟大而光荣的历史使命。本文依据马克思主义哲学的基本立场和观点，立足于习近平新时代中国特色社会主义思想关于中国社会主义现代化建设的最新总结、论断、政策，并结合中国的历史传统和西方发达国家实现现代化所走过的不同道路，拟在哲学层面探究中国社会主义现代化的独特道路问题以及中国现代性的独特内容和性质问题。在这个问题上，我们一定要有足够的理论定力和历史视野，在反对单纯的本土经验主义和西方教条主义的双重错误中力求我们的哲学探索切

75

---

①　习近平. 决胜全面建成小康社会 夺取新时代中国特色社会主义伟大胜利 [M]. 北京：人民出版社，2017：28.

中新时代中国社会现实，并且切实有效地促进全面建设社会主义现代化国家的伟大实践。

一、西方现代化的发展逻辑和世界历史意义

讨论西方世界所有的现代性问题或现代性的所有问题，应该始终立足于资本主义生产方式，因为所谓西方现代性实质上是资本主义社会呈现出的基本性质。而一定社会形态的基本性质，又根源于一定的生产方式的独特性质。正如马克思所指出的："从直接生活的物质生产出发阐述现实的生产过程，把同这种生产方式相联系的、它所产生的交往形式即各个不同阶段上的市民社会理解为整个历史的基础，从市民社会作为国家的活动描述市民社会，同时从市民社会出发阐明意识的所有各种不同理论的产物和形式，如宗教、哲学、道德等等，而且追溯它们产生的过程。"①

从本质上说，正是由于资本主义的发展，西方国家才率先实现了现代化。因此，作为与传统性相对应的现代性，它指的是资本主义生产方式所开创的社会形态的独特性，更准确地说，是资本主义社会的经济基础、政治上层建筑、思想上层建筑以及科学文化所组成的有机整体的独特性。

作为一定历史发展阶段上的社会形态的独特性质，现代性最早出现在 17 世纪前后的西欧，它经历了复杂而漫长的历史发展过程，实际上，一部世界近现代史就是一部现代性发展演变的历史。在中世纪末期，西欧封建社会从自身内部产生出资本主义生产关系的萌芽——小手工业、商业和初期城市的城关市民。随后商业越来越迅速发展，工场手工业随之取代小手工业而迅速崛起。地理大发现、新航路的开辟和海陆交通工具的革新为资本主义的发展提供了世界市场和便利交通条件。第一次产业革命的完成最终确立了机器大工业的统治地位，资本主义生产方式逐渐取代传统的生产方式而在社会生产中巩固地确立起来。伴随着资本主义生产关系的不断调整和变革，资产阶级的政治地位相应地得到提高，直到在现代民主政治中独占统治地位，把政权垄断在自己的手中。② 资本主义之所以能够取得如此巨大的历史成就，是绝对离不开以启蒙运动为典型的思想文化和以理性主义为核心的科学技术的支撑的。启蒙运动打倒了一切外在的权威和束缚，把理性抬到了至高无上的地位，并且确立了人在世界中的地位、尊严和能力。科学技术全副武装起现代机器大工业，实际上成为资本主义发展的最为强大的动力和支柱。所有这一切，都是西方现代性的要素、特征和体现。从资本主义生产方式确立直到今天，西方现代化的历史进程无非是在充分地延续、发展和强化着资本主义生产方式确立时期所形成的基本原则。当然，较之于近现代的西方现代性，现当代的西方现代性无疑更加复杂、更加普遍和更加深刻，它在很多方面表现出崭新的特征。总而言之，西方现代性在 400 多年的历史发展过程中，不断地丰富自己、完善自己乃至于否定自己。

西方现代性的发展逻辑归根结底是资本主义的发展逻辑，资本主义的发展逻辑归根结底是资本主义生产方式的发展逻辑。资本主义生产方式以货币转化为资本和劳动转化为雇佣劳动为前提，以商品和服务的自由流通和平等交换为媒介，以永不停歇的

---

① 马克思，恩格斯. 德意志意识形态（节选本）[M]. 北京：人民出版社，2003：36.
② 马克思，恩格斯. 共产党宣言 [M]. 北京：人民出版社，1997：28-29.

运动和扩张为手段，以永无止境地追逐剩余价值为目的。不仅如此，资本主义生产方式的目的和本性还内在地产生和决定了自由主义和极权主义等现代性政治元素，正如它内在地创生和滋养启蒙主义、理性主义、科学主义、人类中心主义以及虚无主义等现代性思想基因一样。在资本主义生产方式的基本逻辑中，包含着西方现代性的全部特性。可以被认为属于西方现代性的一切要素、规定和特征，都可以从对资本主义生产方式的具体分析中得到令人信服的解答。

西方现代性展现出无与伦比的历史进步性。具体而言，西方现代性在经济领域体现为前所未有的、高度发达的生产力，以及与之相适应的发达的生产关系和交换关系。西方现代性在政治领域体现为以自由和民主为其主要形象的现代政治，普罗大众从作为臣民的政治奴隶转变为民主制国家名义上的主人。西方现代性在精神文化领域表现得更为充分，文艺复兴、宗教改革、启蒙运动应运而生，人文主义精神和理性主义精神一并得到发扬光大。除此之外，资本的扩张本性同时把资本主义生产方式和资本主义文明强制性地扩张到全世界，并以自己的形象创造出一个现代世界。因此，西方现代性绝不是地方主义的，它注定是世界历史主义的。西方现代性将整个世界连为一体，带给全人类完全崭新的生存方式和光明灿烂的生活愿景。

但是西方现代性并非完美无瑕的，它的致命缺陷就是"坏的无限"的对抗性和二律背反性，其历史进步性的大小与其历史局限性的大小是成正比的。可以说，西方现代性的历史有多久，它被批判的历史就有多久。在现代西方世界的各个领域，现代性的弊端都随着资本逻辑的展开而日益凸显。这是因为："作为现代世界由以成立、由以持存并不断地再生产自身的本质根据，它（指现代性—引者注）可以被概括为两个基本支柱，即资本和现代形而上学。"① 在经济领域，资本与雇佣劳动的对抗在纵横两个维度都日趋尖锐化。在纵深的维度上，资本与雇佣劳动的对抗愈来愈普遍化、广泛化和复杂化；在横亘的维度上，资本与雇佣劳动的对抗愈来愈国际化和全球化。其结果必然是资本主义国家内部的贫富分化以及发达国家与发展中国家的贫富悬殊。经济领域的贫富两极分化在政治上表现为野蛮的专制主义或文明的极权主义的盛行以及新殖民主义、霸权主义甚至军事干涉主义的此起彼伏。在人和自然的关系方面，自然界完全沦落为资本实现自身无限增殖目的的物质资料世界，导致全球不断发生千奇百怪的生态灾难。当今人类安身立命的根本被斩断、被拔起，因而其生存处于前所未有的盲目和虚无状态，人的本质和价值的全部丰富性被金钱的纯粹性彻底取代。

二、中国现代化的历史背景和独特历程

所谓现代化就是一个国家或社会进入现代之中，从而具有现代性。现代化与现代性是手段与目的和过程与结果的辩证统一关系。本文主要从发生学、现代化的障碍、现代化的探索等方面阐述近代以来中国现代化的历史背景和发展历程。

在今天看来，中国现代性概念已然合法、必要而清晰，并且它本身已经先行地揭示出两点内容：第一，现代性已经发展成为多元现代性。它并不是仅仅表现为西方现代性一种样式，而是具有不同国家的多样性。第二，现代性已经发展为全球现代性，

---

① 吴晓明. 哲学之思与社会现实 [M]. 武汉：武汉大学出版社，2010：69.

中国现代性具有与其他国家的现代性截然不同的独特性。我们使用"中国现代性"概念意指中国社会从传统转向现代的历程中所表现出来的同时又体现中国独特历史传统的社会基本性质。中国现代性是属于中国的，是中国独特社会历史和独特社会现实相结合的产物。

中国是一个历史悠久的东方大国，它的传统社会结构非常牢固，具体表现为如下三方面的完美统一：农业、游牧和农耕为主的自然经济，家国同构的大一统的专制统治，成熟的完善的农业-游牧文明。中国传统社会自身内部绝不可能产生西方式的现代性，这一点是由中国传统社会的本质决定的，并且业已为中国的历史进程所证明。因此，晚清帝国的严重腐败和重重危机本身并不能导致现代化，而只能导致战争和改朝换代，这是中国历史一以贯之的逻辑。因此，如果在发生学的意义上讨论中国现代化问题，它不是从内部自然产生的，而是在西方列强入侵所带来的经济、政治和文化交往的影响下催生的。这就意味着中国现代性不像西方现代性那样是一个具体社会形态的经济、政治和文化的历史发展的瓜熟蒂落的结果，而是从一开始就容易夭折和畸形发展的独特现代性。

从 1840 年鸦片战争直到 1949 年中华人民共和国成立，中国的现代化进程可谓处处障碍、寸步难行。晚清帝国的统治者其实根本就不需要也不想进行现代化，它只是为了图存自保才被迫学习西方的坚船利炮、工业生产、科学技术和人文社科等，从而迈出了现代化的第一步。但是无论晚清内部还是外部列强，无论历史传统还是社会性质，无论经济基础还是上层建筑，它们统统不是晚清开展现代化运动的促进因素，而是严重的阻碍因素。之所以如此，是因为它们与资本主义生产方式及其经济基础和上层建筑本质上是异质的、矛盾的和无法调和的。

图存自保、思想启蒙和实现现代化，这三重任务作为近现代中国的历史使命一并出现并且要求被实现。"为了民族复兴，无数仁人志士不屈不挠、前赴后继，进行了可歌可泣的斗争，进行了各式各样的尝试，但终究未能改变旧中国的社会性质和中国人民的悲惨命运。"[1] 直到中国共产党成立并且逐步政治成熟之后，这三重历史使命才被清晰明白地表达为"推翻压在中国人民头上的帝国主义、封建主义、官僚资本主义三座大山，实现民族独立、人民解放、国家统一、社会稳定"[2]。

三、中国现代化的发展方向和世界历史使命

1949 年中华人民共和国的成立，为中国现代化铺平了政治道路。1956 年社会主义制度的建立，为中国现代化铺平了政治道路，同时奠定了经济道路。1949—1978 年的社会主义建设和摸索，虽有曲折，但仍为中国现代化打下了重要的物质基础，积累了正反两方面的丰富经验。20 世纪 80 年代以来，世界大环境非常有利于中国现代化建设事业的开展。中国共产党审时度势，采取以经济建设为中心和改革开放的基本国策。经过 30 多年的高速发展，中国取得了举世瞩目的伟大成就，为实现中华民族伟大复兴

---

① 习近平. 决胜全面建成小康社会 夺取新时代中国特色社会主义伟大胜利 [M]. 北京：人民出版社，2017：13.

② 习近平. 决胜全面建成小康社会 夺取新时代中国特色社会主义伟大胜利 [M]. 北京：人民出版社，2017：14.

奠定了雄厚的基础。"今天，我们比历史上任何时期都更接近、更有信心和能力实现中华民族伟大复兴的目标。"①

"经过长期努力，中国特色社会主义进入了新时代，这是我国发展新的历史方位。"② 新时代意味着新的历史机遇和挑战，意味着新的社会矛盾，意味着新的历史使命。因此，步入新时代，中国特色社会主义现代化事业更加前景光明、催人奋进，中国社会主义现代化的理论探索也更加紧迫、重要，我们一定要以复杂现代性和全球现代性为理论前提，坚定道路自信、理论自信、制度自信、文化自信。离开"四个自信"，就等于承认只有西方现代性，从而扼杀中国现代性；离开"四个自信"，就无从谈起中国特色社会主义现代化的正确方向，更无从谈起中国特色社会主义现代化对全球现代性的拯救和重建的世界历史使命。

中国特色社会主义现代化道路的绝对根据在于中国的深厚历史传统、具体社会现实和现代性自身的复杂性的辩证统一。任何国家都无法割断自己的历史而纯粹地、普世地活在现代世界之中，历史传统构成一个国家独特的基因和气质，流淌于这个国家的血脉之中。中国的历史传统是根深蒂固的、结构健全的和有机而富有韧性的。至今仍然发挥着重要作用的历史传统可以归结为政治的和文化的两大方面：修身齐家治国平天下的人家国观，追求大一统的政治理想，天地人合一的宇宙观，包容创新的胸襟气度，人本主义和自然主义相统一的精神境界等。这些政治的和文化的传统不应该被视为中国特色社会主义现代化的障碍，而应该被视为弥足珍贵的思想资源，进而被吸纳进中国特色社会主义现代化的进程之中，使之充分发挥独特的、重要的作用。不仅如此，中国的历史传统还肩负着世界主义的历史使命："东亚（实际上指中国——引者注）有很多历史遗产，这些都可以使其成为全世界统一的地理和文化上的主轴。"③

中国的社会现实本身是一个极其复杂的理论问题。作为哲学概念的社会现实是由黑格尔首先揭示出来的："黑格尔哲学通过对主观意识观点进行清晰的批判，开辟了一条理解人类社会现实的道路，而我们今天仍然生活在这样的社会现实中。"④ 现实概念出现在黑格尔《小逻辑》的"本质论"部分，被规定为"本质与实存或内与外所直接形成的统一。现实事物的表现就是现实事物本身。所以现实事物在它的表现里仍同样还是本质性的东西。"⑤ 因此在黑格尔看来，只有使思想自己完全进入事物的客观内容并抛弃自己的所有幻想⑥，才能达到具体的社会现实。这么说来，中国社会现实概念所包含的显然不是常识所理解的现存事实之类的东西，而是中国社会发展过程中所表现出来的内在的、普遍的和必然的东西。

那么中国的社会现实是什么呢？在经济基础方面，最重要的是以公有制为主体的

---

① 习近平. 决胜全面建成小康社会 夺取新时代中国特色社会主义伟大胜利［M］. 北京：人民出版社，2017：15.

② 习近平. 决胜全面建成小康社会 夺取新时代中国特色社会主义伟大胜利［M］. 北京：人民出版社，2017：10.

③ 池田大作，汤因比. 展望21世纪——汤因比与池田大作对话录［M］. 荀春生，朱继征，陈国樑，译. 北京：国际文化出版公司，1999：277.

④ 伽达默尔. 哲学解释学［M］. 夏镇平，宋建平，译. 上海：上海译文出版社，2004：113.

⑤ 黑格尔. 小逻辑［M］. 贺麟，译. 北京：商务印书馆，1980：295.

⑥ 伽达默尔. 哲学解释学［M］. 夏镇平，宋建平，译. 上海：上海译文出版社，2004：114.

生产关系和建立于其上的社会主义市场经济体制。中国的社会主义生产方式与资本主义生产方式相比较，撇开生产力水平和状况等方面的差距不谈，生产关系方面的以公有制为主体、按劳分配为主体以及社会主义市场经济体制，构成经济基础方面最为本质的重要的差别。我国的经济基础是整个特色社会主义制度体系的坚实物质基础，必将在中国特色社会主义现代化进程中发挥基础性和独特性的作用，确保现代化建设沿着社会主义的正确方向前进。在政治上层建筑方面，中国共产党将长期执政，中国共产党领导是"中国特色社会主义最本质的特征"，是"中国特色社会主义制度的最大优势"①。中国共产党的领导既保证了人民群众当家做主的政治地位和根本利益，也保证了中国大一统政治局面的长久稳定。依法治国和以德治国并重体现了现代的民主政治和传统的治国理念的有机结合，既符合中国国情、政情，又符合人民群众的政治心理、政治情感。民主集中制的具体政治运行模式有利于兼顾集中力量办大事和人民民主，有利于充分发挥政治上层建筑在经济基础和思想上层建筑方面的双重促进作用。客观地说，现行政治制度安排符合中国的历史传统和社会现实。在思想上层建筑方面，优势和独特性更加显著，这是因为我国的思想上层建筑是复合性的和有机性的。其中既有传统文化的精华要素，又有将马克思主义中国化而形成的党和国家的指导思想，还有 100 多年来学习西方人文社会科学所消化和创造的思想文化资源。更进一步，其中的每一方面又是一个相对完整的、由多种要素所构成的子系统。在科学技术方面，虽然目前我国的科技水平与发达国家相比还存在一定差距，但是一方面党和国家高度重视科学技术的创新和发展，另一方面科学技术具有相对于人文社会科学而言的普遍性和借鉴性，所以中国具备迅速发展科学技术的条件和基础，也有望较快地从总体上赶上发达国家的科技水平。概括地说，这四个方面作为一个整体构成新时代中国社会现实。

现代性之所以是复杂现代性，其根源在于世界各国历史传统的独特性、社会现实的复杂性和现代化进程的多样性。我们看待复杂现代性不能像马克思所批评的蒲鲁东看待经济范畴那样："蒲鲁东先生认为，好的方面和坏的方面，益处和害处加在一起就构成每个经济范畴所固有的矛盾。应当做的是：保存好的方面，消除坏的方面。"② 恰恰相反，我们应该辩证地看待现代性，把握现代性的普世性和一般性，正如把握它的民族性和独特性一样。中国现代性不完全等同于西方现代性，这要求我们必须把它放在全球现代性的总体、中国的历史传统和社会现实之中来系统而准确地把握。而切实做到这一点，是确定中国特色社会主义现代化道路的哲学前提，也是探讨中国现代性的世界历史意义的理论前提。

准确把握中国现代性，势必要求与西方现代性进行比较，势必要求联系中国的独特历史和发展环境。西方现代性是西方社会自身内部的生产方式、社会现实和思想文化相互作用、不断变革的产物。中国现代性是中国社会历史自身的逻辑绝不可能产生的事物，它实际上是在西方军事、经济、政治和文化的全面冲击下中国传统社会骤变和瓦解的产物。西方现代性从生产力和经济基础的领域开始，逐步扩展到政治和思想

---

① 习近平. 决胜全面建成小康社会 夺取新时代中国特色社会主义伟大胜利 [M]. 北京：人民出版社，2017：20.

② 马克思恩格斯全集：第 4 卷 [M]. 北京：人民出版社，1958：145.

上层建筑的领域。而中国现代性原本没有经济基础方面的任何准备，反而是在经济、政治、文化以及军事的全面内外交困和濒临危亡中倒逼产生的，所以中国现代性自诞生之日起就是西方现代性的小学生的身份和先天不足兼后天失调的气质。随着中华人民共和国的成立，中国现代性的经济基础和政治上层建筑等方面的诸多障碍已然一扫而空。但是这丝毫不等于说从此之后中国可以顺利地发展出像西方现代性那样的现代性，因为西方现代性是建立在"市民社会"和"原子个人"的基础上的，而这些又是建立在一千多年的柏拉图主义传统和基督教教化的基础上的。因为中国不存在"市民社会"而存在"伦理社会"，不存在"原子个人"而存在"伦理个人"，而"伦理社会"和"伦理个人"作为中国的社会基础和人性基础势必长期延续下去，所以中国的现代性势必不同于西方的现代性。

那么，中国现代性的正确方向究竟为何？第一，中国现代性的正确方向绝不同于西方现代性的方向。第二，在中国历史传统、社会现实和现代化的总体中探寻正确方向。第三，中国现代性的正确方向应该努力规避西方现代性中的种种弊端和恶果。第四，辩证地、批判地对待我们的历史传统和社会现实，发挥它们对中国现代性的独特作用。总而言之，中国现代性的正确方向可以哲学地表达为：政治—伦理—天人合一现代性，即它是政治性、伦理性和天人合一性辩证统一的现代性。所谓政治性，旨在强调政治对中国现代性的强有力的谋划、规范、协调和保障功能，使中国现代性科学合理地永续发展下去。所谓伦理性，这是中国现代性最为核心的维度，它把中国现代性牢牢地建立在历史地形成的伦理社会和伦理个人的基础上。伦理性维度可以避免西方现代性的市民社会的利益化和碎片化、原子个人的单向度化和孤立化以及文明的形而上学化和虚无主义化。所谓天人合一性，它不仅是在"人与自然的和解"的意义上说的，而且是在"为天地立心，为生民立命"的意义上说的。质言之，天人合一性不仅强调中国现代性内在地包含生态文明建设、美丽中国建设和可持续发展的维度，而且凸显宇宙作为人的生存之场和安身立命之所的道德性、宗教性和哲学性的本质重要维度。

如果中国特色社会主义现代化确实依循政治—伦理—天人合一现代性的方向开展起来，那么它势必能够发展出中国新文明。如果就这种新文明对当今占主导地位的西方文明的没落的拯救而言，它毫无疑问是具有世界历史意义的人类新文明。其"新"，是相对于中国传统文明和西方现代文明的"旧"而言的，所以本质上是正在生发中的中国和世界的"时代精神的精华"。其"新"就在于：将中国传统文化精华建立在中国特色社会主义现代化伟大实践的基础上，是中国传统文化精华在特色社会主义现代化历史条件下的"复活"，同时又是中国特色社会主义的现实孕育出的新文明的要素的萌芽和成长。在人类新文明的意义上说，中国特色社会主义现代化肩负着重大的世界历史使命：它是人类智慧的新希望，是人类文明的新地基，是人类命运共同体的新灵魂。被雅斯贝尔斯誉为"轴心时代"的人类文明之一的古老中华文明，理应在西方文明没落之际当仁不让、责无旁贷，与中国特色社会主义现代化进程携手并肩，开创出崭新的文明类型。"将来统一世界的大概不是西欧国家，也不是西欧化的国家，而是中国。并且正因为中国有担任这样的未来政治任务的征兆，所以今天中国在世界上才有令人惊叹的威望……恐怕可以说正是中国肩负着不止给半个世界而且给整个世界带来政治统一与和平的命运。"①

总结：中国特色社会主义现代化的哲学方法论原则

立足于马克思主义哲学的基本立场，结合党的十九大报告关于国情、社情、党情、世情的基本判断，我们历史地、比较地研究了西方现代化和中国特色社会主义现代化的共同性和差异性，从哲学层面探讨了中国特色社会主义现代化的发展历程和必然趋势。归结起来说，我们只是初步提出了一些问题：第一，中国特色社会主义现代化的发展方向是什么？第二，中国特色社会主义现代化的世界历史使命是什么？进而概要地提出了解决问题的哲学方案：第一，建立政治—伦理—天人合一现代性，即政治性、伦理性和天人合一性有机统一的中国现代性。第二，构建作为整个世界新的"时代精神的精华"的中国新文明，拯救日趋没落的西方文明及其虚无主义本质，进而开启人类新智慧、新文明、新希望。

坚持历史性原则、总体性原则和辩证法原则的有机统一，是我们探讨中国特色社会主义现代化问题的哲学方法论原则。历史性原则要求我们把中国特色社会主义现代化问题放到中国的全部历史中加以把握，并且准确把握每一个发展阶段的新特点、新矛盾、新趋势，这才能科学地探索出具有发展前景和合乎中国实际的现代化道路。总体性原则要求我们放眼整个世界和中国社会的整体，以系统论的思维范式把握各个层次之间复杂的相互关系和相互影响。总体性原则的政治表达正是习近平新时代中国特色社会主义思想所明确的"五位一体"中国特色社会主义事业总体布局。我们应该认识到："思想不仅是我们的思想，同时又是事物的自身（an sich），或对象性的东西的本质。"② 我们决不能像"经济决定论"或"拿来主义"那样肢解总体性进而片面地强调西方现代性的普遍性或中国社会现实整体的某一层面。辩证法原则实质上正是要求把历史性原则和总体性原则有机统一起来，具体到中国特色社会主义现代化问题上就是辩证地把握它的本质内容、独特性质、历史发展和必然趋势。只有以历史性原则、总体性原则和辩证法原则三位一体的哲学方法论原则探讨中国特色社会主义现代化问题，才能深入领会党的十九大报告关于开启全面建设社会主义现代化国家的基本精神、战略布局、实施纲要，才能准确把握习近平新时代中国特色社会主义思想关于"五位一体"特色社会主义事业总体布局的丰富内涵，以及"五位一体"特色社会主义事业总体布局对现代化建设的全面而根本的定向、引导作用。

参考文献

［1］习近平. 决胜全面建成小康社会 夺取新时代中国特色社会主义伟大胜利［M］. 北京：人民出版社，2017.

［2］马克思，恩格斯. 德意志意识形态（节选本） ［M］. 北京：人民出版社，2003.

［3］马克思，恩格斯. 共产党宣言［M］. 北京：人民出版社，1997.

---

① 池田大作，汤因比. 展望21世纪——汤因比与池田大作对话录［M］. 荀春生，朱继征，陈国樑，译. 北京：国际文化出版公司，1999：278-279.

② 黑格尔. 小逻辑［M］. 贺麟，译. 北京：商务印书馆，1980：120.

［4］吴晓明. 哲学之思与社会现实 ［M］. 武汉：武汉大学出版社，2010.

［5］池田大作，汤因比. 展望 21 世纪——汤因比与池田大作对话录 ［M］. 荀春生，朱继征，陈国樑，译. 北京：国际文化出版公司，1999.

［6］伽达默尔. 哲学解释学 ［M］. 夏镇平，宋建平，译. 上海：上海译文出版社，2004.

［7］黑格尔. 小逻辑 ［M］. 贺麟，译. 北京：商务印书馆，1980.

［8］马克思恩格斯全集：第 4 卷 ［M］. 北京：人民出版社，1958.

（编辑：郭岩伟）

习近平关于教育公平的论述及其实践路径

张二芳　苏　昱

【摘要】教育公平是维系社会公平正义的重要基石，是社会公平最鲜亮的底色。党的十八大以来，习近平总书记站在国家发展的新高度，立足于教育现代化发展的新形势，提出了深化教育改革的新要求，形成了一系列有关教育公平发展的新思路、新论断、新举措。其主要内容包括：提升教育普及程度，保障教育机会公平；坚持教育改革，推进教育质量公平；注重顶层设计，促进教育制度公平；加强教师队伍建设，提高教师待遇和地位；加强教育信息化建设，实现教育资源共享；注重教育脱贫，阻断贫困代际传递等。习近平关于教育公平的论述作为新时代中国特色社会主义思想的一个重要组成部分，进一步丰富和发展了社会主义教育公平理论，为新时代实现教育现代化提供了根本遵循。

【关键词】习近平；教育公平；实践路径

【作者简介】张二芳，山西财经大学马克思主义学院教授，硕士生导师；苏昱，山西财经大学马克思主义学院 2016 级硕士研究生。

【基金项目】国家社会科学基金项目"当代大学生自由、平等与公正观教育研究"（项目号：13BKS099）资助。

　　公平是社会主义核心价值观的基本内容，而教育公平则是维系社会公平正义的重要基石，深刻体现着社会发展的价值指向。党的十八大以来，以习近平同志为核心的党中央高度重视"培养什么人、为谁培养人、怎样培养人"这一根本问题，特别注重教育发展的核心价值，更加重视对教育公平的实践探索。特别是当前我国社会主要矛盾发生深刻变化，人民对于享有优质公平教育的需要日益增长。今天，我们追求的教育公平已经从简单的教育普及，转变为让每一个人能够得到应有的受教育机会，分享优质教育资源，在创新能力上得到发展，享有更好更公平的教育。习近平总书记的教育公平论述包括起点的教育权利和机会公平、过程的教育资源分配和保障公平、结果的教育内涵和质量公平等，涵盖了各级各类教育全过程全方面，内容丰富、内涵深邃。探究习近平关于教育公平的论述的学理脉络，厘清其实践路径，具有重要的理论价值和实践意义。

一、提升教育普及程度，保障教育机会公平

教育机会公平在于每个人都可以享有选择适合的教育渠道和形式的机会从而接受

教育并获得知识。中华人民共和国成立以来，特别是改革开放 40 年来，我国教育水平获得了长足发展。但是，我们不得不承认，在我国目前的教育体制和教育模式中，仍然存在一些教育不公平的现象和问题。比如，地区之间、城乡之间的教育资源配置不合理，贫富差距引起的人们受教育机会不同等，"多层次教育水平同在、多重历史使命叠加"①。这样的教育实际要求我们在推进教育大国向教育强国的转变过程中，在全面深化教育改革的过程中，应当而且必须更加注重教育公平。

接受教育是人们学习知识、增长才干、实现梦想的根本途径，而教育机会公平则是尊重每个人的理想和价值追求，为其人生出彩平等地提供舞台。2013 年 9 月 25 日，习近平总书记在联合国"教育第一"全球倡议行动一周年纪念活动的贺词中指出："努力让每个孩子享有受教育的机会，努力让 13 亿人民享有更好更公平的教育，获得发展自身、奉献社会、造福人民的能力。"② 让每个孩子都能够有学上，有公平地接受教育的机会，不让孩子输在起跑线上，这就将教育权利的公平落到了实处。2014 年 6 月，习近平总书记在加快职业教育发展的重要讲话中说："要加大对农村地区、民族地区、贫困地区职业教育的支持力度，努力让每个人都有人生出彩的机会。"③

党的十八大以来，我国各级各类教育的学生入学率得到快速增长，更多的孩子能够拥有接受教育的机会，教育普及程度获得显著提升，更多分门别类、循序渐进的教育形式开展起来。2017 年，学前教育毛入园率比 2012 年增加了 15.1 个百分点，达到 79.6%；九年义务教育巩固率在五年时间里提高了 2 个百分点，达到 93.8%；特殊教育毕业生 6.94 万人，比 2012 年增加 2.08 万人；高中阶段毛入学率 88.3%，比 2012 年提高 3.3 个百分点；高等教育毛入学率达到 45.7%，比 2012 年增加 15.7 个百分点；各类民办教育在校生达 5 120.47 万人，比 2012 年增加了 1 209.45 万人。④ 这样的成就得益于我们处于祖国繁荣发展的伟大时代，可以享有共同出彩的机会；得益于习近平总书记教育公平思路的指导，以及各级党委和政府部门的贯彻实行；得益于坚持教育的公益性和普惠性，坚持办好学前教育、推动城乡义务教育一体化发展、加快普及高中阶段教育、办好特殊教育、加快发展民族教育等，为每个人实现人生出彩提供了更加开放的准入条件，搭建了更加公平的教育平台。

二、坚持教育改革，推进教育质量公平

教育质量是包含教学内容、教学手段、表达形式、实施过程以及效果反馈和体系评价等的有机统一整体，其成效好坏本质上在于培养对象的质量高低。党的十八大以来，我国不断深化教育领域改革，始终坚持正确育人导向，"坚持把立德树人作为中心环节，把思想政治工作贯穿教育教学全过程，实现全程育人、全方位育人"⑤。一方面继续扩大义务教育普及程度，另一方面更加注重教育质量和效益提升。坚持推进素质教育，把提高教育质量作为教育改革发展的核心任务，推动我国教育从外延式的规模

① 陈宝生. 在全国教育工作会议上的讲话 [J]. 中国高等教育，2018（5）：9.
② 中共中央文献研究室. 习近平谈治国理政 [M]. 北京：外文出版社，2014：191.
③ 习近平. 更好支持和帮助职业教育发展　为实现"两个一百年"奋斗目标提供人才保障 [N]. 人民日报，2014-06-24（001）.
④ 教育部. 2017 年全国教育事业发展统计公报 [N]. 中国教育报，2018-07-21（003）.
⑤ 中共中央文献研究室. 习近平谈治国理政：第二卷 [M]. 北京：外文出版社，2017：376.

量化增长向内涵式的质量提升转变，推动我国教育总体发展水平进入世界中上行列。

第一，注重教学课程优化改革。课程设计体现着教学思想和教学目标，是教学内容得以展现的重要载体，人才培养的质量与效益很大程度上也取决于教学课程的体系设计。党的十八大以来，我国学校课程教学进行了诸多优化改革：课程功能从传授知识转到培养人的核心素养；课程内容从单一学科内容转向有机整合多学科内容；教材编制注重增强各学段的衔接，契合学生成长和实际教学的要求；鼓励学校根据实际情况改变教学组织形式，鼓励形成"自主、合作、探究"的学习方式，创新传统教学模式；强调通过研学旅行、社会实践等突破课堂教学的局限；注重加强大学生创新创业教育。所有这些改革，体现出按照教育规律促进学生成长发展的特征，丰富了教育资源的内涵，拓展了教育新思路，促进了我国教育质量的提升。

第二，实现高等教育内涵式发展。从党的十八大提出的"推动高等教育的内涵式发展"到党的十九大提出要以加快"双一流"建设来实现高等教育内涵式发展，在高等教育的发展模式和路径上发生了重要的变化，这种内涵式提升体现在以下几个方面：一是不再单纯以高校数量增长和规模扩大为重点，而是更加注重对高素质人才的培养和科研能力的提高。二是优化高等教育整体设计结构，更加注重系统性；提升高等教育办学水平和能力，更加注重创新性；创建高等教育教学反馈评估机制，更加注重科学性；突出高等教育社会贡献能力，更加注重价值性。三是鼓励有能力、有特色的高校建设世界一流大学和一流学科，同时对中西部偏远地区、贫困地区办学条件差的高校给予支持，推动不同层次、不同类别高校共同发展。党的十八大以来，为不断激发高等院校改革的内生动力，不断深化教育行政体制改革，给予普通高校更多自主权，通过独立探索人才引进与培养模式、课程内容设计与教学方式、教师绩效考核与职称评定等措施，因地制宜挖掘其各自优势；同时，政府不断加大对不同层次和不同类型高校的财政支持，重点发展一批有水平、有能力的特色高校和特色学科，发挥其独特优势，并扩大校际开放交流，以引领高等院校教育办学能力的全面提高。

三、注重顶层设计，促进教育制度公平

科学设置的教育制度是教育体系得以有效运行的关键，有了教育新体制"四梁八柱"的搭建完成，才有教育公平的体制保障。党的十八大以来，教育部根据实际情况陆续出台了相关文件。2017年9月24日，中共中央办公厅、国务院办公厅印发《关于深化教育体制机制改革的意见》，旨在通过对各级各类教育人才招生、教育管理等体制机制进行顶层设计，到2020年基本建立教育基础性制度体系，形成充满活力、富有效率、更加开放、有利于科学发展的教育体制机制，从而促进教育规则、体制、制度的公平。基本建立开放包容、高效运行、反馈灵活、彰显民生关切的科学的教育基础性制度体系，从而在根本上保障教育公平有序推进。

以上海、浙江深化考试招生制度改革试点为例，为形成"分类考试、综合评价、多元录取的考试招生模式，健全促进公平、科学选才、监督有力的体制机制"①，上海、浙江新高考改革的基本模式是"两依据一参考"，即依据统一高考和高中学业水平考试

---

① 习近平. 共同为改革想招 一起为改革发力 群策群力把各项改革工作抓到位［N］. 人民日报，2014-08-19（001）.

成绩，参考高中综合素质评价进行录取。改革强调扩大学生选择权。"3+3"的高考科目组合，语文、数学、外语为必考科目，外语科目考两次，选择最好的一次记入高考总分。另外 3 科，上海从高中理、化、生、史、地、政 6 科中选考 3 门，共 20 种组合；浙江增加一门综合技术，是 7 个选 3，共有 35 种组合，实行选课分层走班的教学方式。新高考扩大了学生的考试选择权、科目选择权、课程选择权。本次高考综合改革，虽然存在高中学校功利应对新高考、科目和分值设计不当引发考生选考"偏科"、考生课业负担明显加重等问题，但总体而言，仍然给不同特长、爱好的学生提供了公平的个性发展机会，通过考试评价改革撬动育人模式变革，促进学生全面而有个性地发展。考试评价难题开始化解，为深层次撬动高中科学育才和高校科学选才提供了有力支撑。

四、加强教师队伍建设，提高教师待遇和地位

教师队伍的质量高低直接影响着教育质量的好坏，直接关系到教育公平的问题。因此，教育公平不仅包含学生这个教育客体接受教育机会、享受教育资源的公平，还包括教师这个教育主体的队伍建设。习近平总书记非常牵挂教师群体，他在 2018 年 9 月召开的全国教育大会上强调，"努力提高教师政治地位、社会地位、职业地位，让广大教师享有应有的社会声望，在教书育人岗位上为党和人民事业做出新的更大的贡献"[1]。

党的十八大以来，国家采取多种措施，健全师德建设长效机制，完善教师资格标准和教师专业标准，加强教师培养培训，优化教师资源配置和教师队伍结构。我国 80% 的教师在农村，农村教师队伍质量的提升是提升全国教师队伍整体质量的关键。国家采取多方面措施提升农村教师队伍素质水平。通过实施"硕师计划""国培计划"等举措，进一步为乡村教师提升道德风尚，提升学历水平，拓展知识储备范围，以在更高层次、更深领域加强乡村教师的能力素质塑造。《乡村教师支持计划（2015—2020年）》注重采取多种措施提升农村教师队伍素质水平，如注重提高农村教师思想政治素质和师德水平，职称（职务）评聘向农村学校倾斜，建立农村教师荣誉制度等。

提高教师地位和待遇，激发广大教师教书育人的积极性。近几年主要通过以下措施来确保实现：一是大力提高教师社会地位，以评选"最美教师""时代楷模"等活动创新教师教书育人表彰内容和方式，赋予优秀教师更高荣誉、更多认同，同时尊重教师主体地位，让教师成为全社会都羡慕和尊敬的群体；二是着力提升教师薪资水平和福利待遇，健全和优化中小学教师工资联动机制，以总量核定和内部分配相结合，有效保障教师工资待遇；三是福利待遇向乡村教师倾斜，有针对、有差别地提高贫困地区教师补助标准，以更多生活补助和工资福利惠及连片特困地区的乡村教师，为他们能够安心教书、舒心教书、开心教书提供基本物质保障；四是优化教师薪酬管理与绩效考评体系，形成以丰富课程体系、创造科研成果、培养优质人才，突出价值导向的收入分配机制。

五、加强教育信息化建设，实现教育资源共享

教育过程的不公平很大程度上在于教育资源配置的不公平，除了加大基础设施投

---

[1]　习近平. 坚持中国特色社会主义教育发展道路 培养德智体美劳全面发展的社会主义建设者和接班人 [N]. 人民日报，2018-09-11（001）.

入、加强教师素质队伍建设之外，利用互联网技术等信息化手段使区域、城乡间的教育信息和资源实现共享是促进教育公平的重要方式。教育信息化能够很好地解决教育资源分布不均衡的问题，特别是对于贫困、边远地区而言，由于师资水平、教育硬件设施等相对落后，难以享受和经济发达城市一样的教育条件。但是，通过教育信息化手段可以有效实现不同区域、不同学校之间教育信息资源的流动与分享。2015年5月23日，习近平总书记在致国际教育信息化大会的贺信中指出："我们将通过教育信息化，逐步缩小区域、城乡数字差距，大力促进教育公平，让亿万孩子同在蓝天下共享优质教育，通过知识改变命运。"①

党的十八大以来，教育战线以建设"三通两平台"为教育信息化建设的核心目标和重要举措，明确教育信息化的发展方向，完善学校教育信息化基础设施，加快数字教学内容建设与共享，扩大优质教育资源覆盖面，促进教学方式与学习方式的变革。各级教育主管部门和各级各类学校抓住有利时机，针对信息化与教育改革发展的融合不够、优质教育信息资源总量不足、多头管理、重复建设、标准不统一、教师应用信息技术的能力不能满足教育教学需要、统筹管理比较薄弱等问题，构建了教育信息化发展配套机制，通过系统部署推出扩大优质教育资源覆盖面的有效机制，全方位多途径提升了教师的信息技术应用能力。建设教育管理系统、推进实现教育发展决策科学化、推进教育信息化评估标准建设、以评促建、广泛开展信息技术教育应用试验和试点推广等举措，有力地促进了教育信息化，推动了教育质量的提升。

六、注重教育脱贫，阻断贫困代际传递

教育公平的实现离不开教育政策的支撑，很大程度上政策倾斜是对区域、城乡、校际等方面公平程度的重要调节。2015年2月，习近平总书记在春节前夕赴陕西看望慰问广大干部群众时强调："要重视教育，重视基础教育尤其是老区的基础教育，财政资金要向这方面倾斜。"② 革命老区、边远地区、贫困地区、民族地区等基础教育相对薄弱，这些地区的孩子们需要更多的政策支持来保障其享有公平地接受教育的机会。因此，要以国家政策倾斜为先导，加大对这些特殊地区的教育资金与教育资源的投入，保障其学前教育、义务教育的正常实施，统筹提高高等院校在贫困边远地区的招生比例，让贫困边远地区的学生拥有更多接受高等教育的机会和权利。

党的十八大以来特别注重以教育脱贫阻断贫困代际传递。"治贫先治愚，扶贫先扶智。教育是阻断贫困代际传递的治本之策。"③ 当前，我国精准脱贫工作进入关键阶段，教育脱贫是其中十分重要的环节。加大教育扶贫力度，实现家庭经济困难学生资助体系全覆盖，使不同家庭背景的学生受到同样的教育，才能阻断贫困的代际传递，在根源上实现脱贫。一是促进城乡教育均衡。实现城乡教育一体化是提升农村教育质量、实现教育公平的必由之路。从首先基本普及九年义务教育、基本扫除青壮年文盲的"两基"目标，到现阶段对"县域内义务教育发展基本均衡和基本普及十五年教育"的"新两基"追求，从首先改善农村义务教育学校基本办学条件到逐渐提高乡村教师

---

① 习近平. 习近平致国际教育信息化大会的贺信 ［N］. 人民日报, 2015-05-24 (002).
② 习近平. 向全国人民致以新春祝福 祝祖国繁荣昌盛人民幸福安康 ［N］. 人民日报, 2015-02-17 (001).
③ 中共中央文献研究室. 十八大以来重要文献选编（下）［M］. 北京：中央文献出版社, 2018：42.

质量等，都体现出国家对农村教育的大力推进。二是增加教育经费支持。2015 年颁布的《国务院关于进一步完善城乡义务教育经费保障机制的通知》，就是旨在将农村义务教育经费保障机制与城市义务教育奖励补助政策统筹结合，从而建立一套统一的由中央和地方根据不同项目与相应比例协调承担的城乡义务教育经费保障机制。这个城乡统一、重在农村的义务教育经费保障机制是提高基本公共服务水平与促进城乡义务教育一体化发展的重要的制度创新，对促进教育公平，提高农村义务教育质量具有十分重要的意义。

综上所述，习近平总书记关于教育公平的论述内涵十分丰富，体系日益完整，逻辑逐渐清晰，包含起点的教育权利和机会公平、过程的教育资源分配和保障公平、结果的教育内涵和质量公平等，涵盖了各级各类教育全过程全方面，体现了代内公平与代际公平的有机统一。在实践中，近年来我国教育领域以习近平总书记关于教育公平的论述为指导，坚持共享发展新理念，全面提升教育普及程度，切实保障全体人民平等的受教育权利，加快推进基本公共教育服务均等化，努力扩大多样化、高质量的教育服务供给，不断加大教育政策和经费保障条件的支持力度，统筹规划城乡、区域、校际教育资源分配的均衡性与差异化，教育发展水平和教育公平程度迈上了一个新台阶。"让每个孩子都能享有公平而有质量的教育"①，是习近平总书记关于教育公平的论述的根本价值旨归，不仅从量上优化教育资源和条件配置，还从质上提升教育内容和能力内涵，深刻回应人民关切，极大提升了人民对于美好生活需要的满意度和获得感。习近平总书记教育公平思路及实践举措，拓展了社会主义公正价值观的基本内涵，丰富了中国特色社会主义教育公平思想，促进了教育领域的深度改革与科学发展，彰显了教育现代化的根本要求和发展趋势，为推进全面建成小康社会和实现中华民族伟大复兴的中国梦提供了强大动力支持，也为实现我国社会公平正义增添了浓墨重彩的一笔。

（编辑：贾国雄）

① 习近平. 决胜全面建成小康社会 夺取新时代中国特色社会主义伟大胜利——在中国共产党第十九次全国代表大会上的报告 [M]. 北京：人民出版社，2017：45.

论"人类命运共同体"思想的出场逻辑与时代价值

王 祯

【摘要】"人类命运共同体"是马克思主义中国化的时代产物，是中国共产党人在继承马克思"共同体"思想的基础上，汲取中国优秀传统"和"文化的精髓，结合中国特色社会实践经验，来处理全球性问题的最新成果。因此，"人类命运共同体"的出场蕴含了全人类的共同价值追求和文明憧憬，把中国的时代发展需要同当今全球性难题的解决紧密联系起来，为消弭全球各种乱象提供了"中国方案"，为国际社会贡献了"中国智慧"。它发展了马克思主义共同体思想，激发了其当代活力，推动了马克思主义理论的当代创新和发展；它彰显了中国气派与中华文化魅力，体现出中华文明的风骨和风貌；它增强了中国特色社会主义自信，使中国的发展日益被世界接受和认可；它建构了全球普遍交往的新范式，超越了西方国家在国际交往中的博弈思维范式。

【关键词】全球化；人类命运共同体；中国方案；普遍交往

【作者简介】王祯，宁波大学马克思主义学院硕士研究生。

马克思曾说："一切划时代思想体系的真正内容，都是由于产生这些思想的那个时期的需要而形成起来的。"[①] "人类命运共同体"思想的出场也同样绝非偶然或一时的心血来潮，而是在全球化浪潮下，中国共产党人坚持走"中国道路"、行"中国模式"、用"中国智慧"探索解决当今世界各种难题、各种乱象的必然结果。虽然和平与发展早已成为时代主题，但是"人类也正处在一个挑战层出不穷、风险日益增多的时代"[②]，贫困、战乱、恐怖主义、难民危机、环境污染、金融危机、贸易保护、强权政治、冷战思维等诸多全球性问题依然存在。因此，在国家现代化和全球化的进程中如何处理好国际关系、实现全人类的合作共赢是我们必须要回答的重大时代课题。对此，中国共产党人提出的"中国方案"就是"构建人类命运共同体"以"实现共赢共享"。[③] 这一方案充分彰显了中国的大国担当意识和世界眼光，秉持了为全人类造福的信念，对构建和谐新型国际关系发挥了重要作用。探究人类命运共同体思想的出场逻辑不仅要从特定的时代背景（经济全球化、资本主义现代性扩张）入手，还要与其理

---

① 马克思恩格斯全集：第 3 卷［M］. 北京：人民出版社，1960：544.
② 习近平. 共同构建人类命运共同体——在联合国日内瓦总部的演讲［ER/OL］. 新华网，2017-01-29.
③ 习近平. 共同构建人类命运共同体——在联合国日内瓦总部的演讲［ER/OL］. 新华网，2017-01-29.

论渊源（马克思主义共同体思想、中国优秀传统"和"文化）紧密结合。中国共产党人立足于时代潮流，坚持马克思主义、"和"文化的理论逻辑和价值追求，以中国特色社会主义成功实践经验为指导，秉承马克思"真正共同体思想"，不断描绘新时代实现"自由人联合体"的美好蓝图。

一、"人类命运共同体"思想出场的历史逻辑及时代缘起

任何科学理论的产生都不是心血来潮，而是时代的产物、实践的产物。"人类命运共同体"思想是以习近平为核心的党中央领导集体立足于世界发展大势、国家发展需要，总结我国发展实践经验，为推动解决我们面临的突出问题和矛盾，探求中国特色社会主义新发展，深入思考人类未来前途命运的智慧结晶，它的出场有着深刻的国际国内背景。

（一）新旧经济全球化交替加深了世界联系

近代以来世界日益连接为一个整体，"资产阶级，由于开拓了世界市场，使一切国家的生产和消费都成为世界性的了"①。随着资本主义生产方式的出现，资本主义现代性应运而生。在资本主义生产关系里，一方面物质资料所有者通过购买他人劳动来增加自己占有的价值，另一方面自由劳动者通过出卖自己的劳动力来获得生活所需。随着资本的不断增殖，资本所有者不断扩大资本生产规模，继而不再只是局限于国家、民族内部，开始对外扩张。资本现代性也随着在世界范围内扩张，其本质不过是资本生产方式的全球扩张，其主要表现形式就是经济全球化、资本全球化。时代在进步，资本主义在发展，经济全球化在不同阶段也显现出不同的阶段特征。当今时代的主题仍然是"和平与发展"，但我们已迈过马克思时代的经济全球化阶段，正处于新经济全球化的阶段。当今世界是被称为"地球村"的全球时代，"你中有我，我中有你"是当代国际关系的显著特征。国家发展、时代发展和人类发展迫切需要各国紧密合作、联合面对、共赢发展。新时代催生新理论，当代人类也需要新理论的指导。

（二）资本现代性扩张带来了全球性问题

在旧经济全球化阶段，世界各国普遍交往遵循"主-客"范式，经济全球化的"主体"是西方等资本主义国家，"客体"是广大落后国家、殖民地半殖民地国家。西方等资本主义国家"它迫使一切民族——如果它们不想灭亡的话——采用资产阶级的生产方式；它迫使它们在自己那里推行所谓的文明，即变成资产者。一句话，它按照自己的面貌为自己创造出一个世界"②。本质上，诸多落后国家是"被全球化"的。中国由"闭关锁国"到被半殖民再到民族民主革命，以及广大亚非拉国家民族独立革命等都是"被全球化"的生动体现。而后随着世界范围内的民族解放和国家独立，新经济全球化形态逐渐登场。在新经济全球化阶段，各个国家交往范式转变为"主体际"的模式，即"在经济贸易、文化交流等国际事务中，在美国'一超独大'和'一超独霸'的前提下，各国在名义上是作为平等主体平等协商、自主交往"③。客观而言，资本现代性扩张为落后地区和国家带来了先进的生产力，但由于资本主义现代性的掠夺

① 马克思恩格斯文集：第1卷［M］．北京：人民出版社，1995：276.
② 马克思恩格斯文集：第2卷［M］．北京：人民出版社，2009：35-36.
③ 张天勇．文化自信：场域转换与主体自觉［J］．马克思主义研究，2017（5）.

性，它也将资本主义现代性的矛盾转移到了其他国家。一是全球和平失控。二战结束后世界发展的主体大势是"和平与发展"，但威胁和平发展的因素一直存在，难以消除。首先，局部冲突不断，比如朝韩冲突、巴以冲突、南海争端、"叙利亚危机""萨德危机"等；其次，恐怖主义在世界范围内活动，比如"9·11"事件、中东"伊斯兰国"、索马里海盗、乌干达"圣灵解放军"等。二是全球发展失衡。随着全球化推动世界发展步伐的加速，全球发展失衡的问题也不断突出。一方面是大国关系发展失衡，即新兴大国与现存大国之间权利结构失衡的问题，双方由此产生的有关权利分配的战略博弈日趋紧张；另一方面是南北发展失衡，即发达国家与发展中国家之间发展失衡的问题。一方面发达国家随着全球化浪潮而越来越富，另一方面发展中国家的穷人越来越多。对此，习近平同志对全球化时代收入分配不平等、发展空间不平衡问题表示了担忧。三是全球治理失灵。现有的全球治理体系是以美国、西方等发达国家为主导的，而广大发展中国家的话语权有限。在协同解决全球性的大问题上，一旦涉及重要利益，美国、西方等发达国家总是把自身利益放在第一位而置各国共同利益于脑后。由此，在当前全球治理体系下，许多全球难题总是停留在讨论层面而难以得到有效解决。

面对全球和平失控、发展失衡、治理失灵这三大问题，一些发达国家不仅未能承担起"领头羊"的大国责任，反而还是诸多问题的幕后推手，同时广大发展中国家、贫穷落后地区深受全球乱象的困扰，当今世界亟须一个科学的理论方案来指引全人类解决好这些问题和矛盾。

（三）中国主体性坐标的位移和现实发展的需要

首先，中国主体性坐标朝着世界舞台中心位移。国家主体性是指民族国家在发展过程中发挥主体能动性的独立自主状态，一方面是民族国家"在世界结构中的位置、状态，另一方面是在国家内部结构中的位置、状态"①。中华人民共和国自成立以来，就在全球化的浪潮中不断谋求国家的现代化发展。在国际交往的格局中，全球化和现代化构成了中国主体性发展的横纵坐标。全球化的新旧转化、现代化的不同发展阶段，促使中国主体性坐标发生位移。

（1）横坐标发生位移。在旧全球化的"主-客"交往范式中，中国处于被动地位，是"客体"。那时的中国是"被全球化"的，中国在西方强国的阴影下求生存谋发展。而"主体"则是西方等资本主义国家，它们以或暴力或温和的手段对其他国家进行疯狂掠夺、悄然渗透，并不断对外推行它们所推崇的"西方中心论"。如今新全球化阶段，随着中国的飞速发展，我国综合国力不断提升、国际影响力日益增强，我国积极负责、平等友爱的"大国形象"逐渐深入世界民众人心。在"主体际"的交往范式中，中国主体性大大提升。

（2）纵坐标发生位移。中国的现代化由"被动输入"走向"主动输出"。与照搬西方资本主义国家的现代化发展之路不同，中国独立自主地走符合中国国情的、凝聚"中国智慧"的、具有中国特色的现代化发展之路。从"引进来"和"走出去"的落实再到"人类命运共同体"的提出，正是中国充分能动发挥主体性的体现。中国以特色社会主义道路的成功实践影响着世界，并不断走向世界舞台中心，实现了当代中国由客体角色到主体角色的转变。

---

① 张天勇. 文化自信：场域转换与主体自觉 [J]. 马克思主义研究，2017（5）.

其次，在当今这样一个共生性的国际社会中，中国的发展离不开世界，世界的发展也离不开中国。改革开放后，中国取得了很大发展，我们正处于实现中华民族伟大复兴梦想的最佳时期，同时我们面临的形势和考验也十分复杂、严峻。世界范围内矛盾频发：全球经济动荡，地区、民族矛盾冲突不断并引发难民危机，发达和不发达国家两极分化严重，环境资源危机加深，等等。国家范围内：分裂势力仍然存在并不断活动，全面深化改革进入关键期，社会资源再分配还需更加公平，等等。但当今中国不仅是世界第一大贸易国，还是世界第二大经济体、世界最大的外汇储备国。可以说，中国是经济全球化的受益者之一，中国前途已经与世界的发展进步紧密联系。随着"一带一路"倡议的推进，中国利益与世界各国利益越来越具有共同性、一致性。习近平强调："要树立世界眼光，更好地把国内发展与对外开放统一起来，把中国人民利益同各国人民共同利益结合起来。"① 中国积极融入世界发展潮流，将自身的发展与国际社会的发展统一起来，提出"构建人类命运共同体"不仅是自身发展的需要也是时代发展的必然。习近平总书记科学地认识到了未来中国发展和世界共同发展的历史潮流，高瞻远瞩地把握到了中国利益与世界各国人民共同利益本质上的一致性，并根据中国具体实际、结合多年来中国特色道路的实践经验，提出了具有时代特色的"中国方案"。

二、"人类命运共同体"思想出场的理论逻辑

"人类命运共同体"思想出场的理论逻辑不仅包含着马克思"真正共同体"思想的精髓，蕴含着中国优秀传统"和"文化的核心价值理念，还凝聚着中国共产党几代领导人的集体智慧。

（一）"人类命运共同体"思想承继了马克思的"共同体"思想

"人类命运共同体"思想的出场可以说是承继了马克思的"共同体"思想，但又不是简单的承继，而是当代"中国智慧"与马克思主义科学理论进行结合的时代性创造。马克思认为从"自然共同体""虚幻的共同体"再到"真正的共同体"是人类社会形态更替演进的理论逻辑路径，与之分别对应的是"人的依赖性"状态、"以物的依赖性为基础的人的独立性"状态和"建立在个人全面发展和他们共同的、社会的生产能力成为从属于他们的社会财富这一基础上的自由个性"状态。② "自然共同体"是马克思对人类社会发展最初形态的概括，具体表现为"家庭和扩大成为部落的家庭，或通过家庭之间互相通婚（而组成的部落），或部落的联合"③。显然，这种原始的共同体是以血缘或部落关系为前提构建起来的，在这种"血缘共同体"中，个人不再是独立的个人而是部落或是大家庭中的一分子，共同体中的所有成员共同占有土地又共同分担劳动事务，且消费共同所得。但"自然共同体"更多地代表着社会成员的共同利益而忽视了每一个个体的特殊利益和需求（因为个体只有依靠共同体才能生存、抵御外敌）。诚如马克思所指出的，这种意义上的"共同体是实体，而个人则只不过是实体的偶然因素，或者是实体的纯粹自然形成的组成部分"④，所以"自然共同体"并非人

① 习近平.十八届中央政治局就坚定不移走和平发展道路进行第三次集体学习的讲话［N］.人民日报，2013-01-30.
② 马克思恩格斯文集：第8卷［M］.北京：人民出版社，2009：126.
③ 马克思恩格斯文集：第8卷［M］.北京：人民出版社，2009：52.
④ 马克思恩格斯文集：第8卷［M］.北京：人民出版社，2009：123.

类社会发展的理想形态。随着生产力和商品经济的发展，"自然共同体"随之解体。而后诞生的是以利益关系为纽带的"政治共同体"也可称之为"货币共同体"。在政治共同体中，个体占有私有产品，个体独立性、主体性日渐觉醒，进而也导致个体利益与共同利益严重背离。"政治共同体"的本质不过是占统治地位的阶级联合起来对其他阶级进行剥削、镇压的联合体，它无法代表全体成员的共同利益，其所谓的"共同利益"也只不过是部分人的利益诉求。显然，个体在"政治共同体"中的自由并不是真正的自由。"由于这种共同体是一个阶级反对另一个阶级的联合，因此对于被统治阶级来说，它不仅是完全虚幻的共同体，而且是新的桎梏。"① 马克思深刻认识到了资本主义社会的生产资料占有不平等和人真正自由的缺失的丑陋现实，揭露出资本主义社会本质上是"虚幻的共同体"。不可否认的是，马克思看到了资本主义生产、创造的巨大潜力，而后提出了建立"真正的共同体"的构想。"真正的共同体"是马克思关于未来共产主义社会形态的科学设想，伴随着物质财富和生产力的极大提高，这样的一个联合体即自由人的联合体，不仅能够满足全体成员共同发展的需要，还能满足每个个体自由发展的需要，同时人们的普遍交往也更加平等、自由。在此，个人特殊利益与社会共同利益本质上是一致的、和谐的。正如马克思所指出的："只有在共同体中，个人才能获得全面发展其才能的手段，也就是说，只有在共同体中才可能有个人自由。"② 在真正的共同体中，"每个人的自由发展是一切人的自由发展的条件"③。多年来，建立真正的共同体一直是中国共产党人的不懈追求，中国特色社会主义的实践也表明马克思的真正共同体理想在东方社会继而在全球社会实现是有很大可能的。本质上看，"人类命运共同体"与"真正的共同体"都是关于人类社会未来发展前路的理论，都关注人的自由的全面的发展，前者承继于后者，且前者在吸收后者理论精华的基础上，赋予自身新的时代内涵。因此，"人类命运共同体"立足于当前人类社会发展的严峻形势，追求构建公平、公正、合理、和谐的国际新秩序，旨在为全人类的幸福发展创造良好的国际环境，这与马克思对人类未来社会的理想状态的追求也是一致的。

（二）"人类命运共同体"思想汲取了"和"文化精髓

中华"和"文化蕴含着合作共赢、共享发展的交往理念。中华优秀传统文化源远流长、博大精深，其中"和"文化更是贯穿中华文化长河的一条主线。追本溯源，上古时期就有关于"和"文化的记载。《史记·五帝本纪》中写到"万国和，而鬼神山川封禅与为多焉"，这是黄帝所追求的统治局面。此后"和"文化一直延续发展并随着时代进步不断丰富。中国"和"文化思想深邃，古人对其内涵的概括大概可以分为以下几个方面：第一，"天人合一"思想，即人与自然的和谐；第二，"以和为贵"思想，即人与人的和谐；第三，"天下大同"思想，即国家治理和谐；第四，"协和万邦"思想，即国家之间的和谐；第五，"平正擅匈"思想，即人的内心和谐。概而述之，"和"文化以和谐为其思想核心，不仅涉及人的行为准则、生活习惯、社会风尚等内容，还包括思想观念、价值取向等诸多方面。"和"文化凸显了中国古人早就形成的合作共赢智慧，而当前社会所倡导的共享发展理念正是这一智慧的时代性凝结与升华。

---

① 马克思恩格斯文集：第1卷 [M]．北京：人民出版社，1995：119.
② 马克思恩格斯文集：第1卷 [M]．北京：人民出版社，2009：570.
③ 马克思恩格斯文集：第2卷 [M]．北京：人民出版社，2009：35-36.

94

中华民族自古以来就是一个崇尚和平的民族。古人郑和下西洋、玄奘西游、海陆"丝绸之路"等都是中华民族积极对外交往、和平交往的体现。通过这些方式，不仅给中华民族带来了异域风情和民族利益，将中华文明传播到其他国家，还实现了与睦邻国家间的友好往来、和平相处。中华人民共和国成立以来，我们坚定不移地奉行独立自主的和平外交原则，尤以周恩来的"求同存异""和平共处"五项原则影响深远，受到众多国家的认可和赞扬。近年来，中国发展迅速，缔造了一个又一个神话，在各方各业取得了重大成就，为世界经济、社会发展做出了巨大贡献。但美国等西方资本主义国家对中国的发展壮大心怀敌意，大肆叫嚣"中国威胁论"。面对某些国家的敌视，习近平总书记强调要加强国际传播能力建设，精心构建对外话语体系，讲好中国故事，传播好中国声音，阐释好中国特色。提出"构建人类命运共同体"，是中国"和"文化与时代结合的理论创造，还是我国在"大国崛起"过程中积极营造良好"大国形象"的重要举措。古语有云"独木不成林"，当代世界各国间的普遍交往日益加深，人们共享人类发展成果。同时各国有着不同的特性和多样性，各国生活习惯、社会制度、经济实力、国力强弱等各有不同，所以各国间的交往难免存在分歧甚至一定的冲突。但是遇到问题后，只有在平等协商的基础上加强沟通、对话、合作，才能更好地大事化小、小事化无，解决问题。"我们应该求同存异、聚同化异，共同构建合作共赢的新型国际关系。国家不论大小、强弱、贫富，都应该平等相待，既把自己发展好，也帮助其他国家发展好。大家都好，世界才能更美好。"①"求同存异、聚同化异"是"人类命运共同体"的价值诉求和基本特征，体现了"和"文化的理念追求，是对国家社会和谐发展的共同追求。"一带一路"是对"丝绸之路"的升级、拓展，"人类命运共同体"更是对中国"和"文化的当代创新和实践，它追求人与人、人与自然、人与社会、国家与国家的和谐，它以切实可行的方案践行着中华民族自古以来对"和"的追求。

（三）"人类命运共同体"思想凝聚着中国共产党人的集体智慧

习近平提出"人类命运共同体"思想，是对我国发展新时期、新阶段新型外交观的生动表达，它的出场不是凭空到来的，而是在吸收党的几代领导人国际战略思想的基础上的新发展、新创造，它凝聚着中国共产党人的集体智慧。

早在中华人民共和国成立初期，毛泽东就提出"三个世界"理论。在处理国际关系问题上，毛泽东指出："我们可以利用他们的矛盾，这里很有文章可做。"② 他认为，在国际交往中我们要正确区分好"敌、我、友"三个方面，利用"敌"与"敌"的矛盾来尽可能扩大"友"的同盟，缩小"敌"的范围；尽可能找到利益共同点来扩大"我"与"友"的范畴，反对"敌"的势力。毛泽东同志认识到了不同国家间的价值利益诉求虽有不同，但仍有共同点可寻、有合作点可用。可以说，这是"人类命运共同体"所提倡的"共同价值"的雏形。

邓小平的"和平发展"理论对"人类命运共同体"思想的形成起了奠基作用。邓小平高瞻远瞩地做出了"和平与发展"是当今世界两大主题的科学论断，并指出："应当把发展问题提到全人类的高度来认识，要从这个高度去观察问题和解决问题。"③ 邓

---

① 习近平. 中国发展新起点，全球增长新蓝图［N］. 人民日报，2016-09-04（001）.
② 毛泽东文集：第 8 卷［M］. 北京：人民出版社，1999：189.
③ 邓小平文选：第 3 卷［M］. 北京：人民出版社，1993：282.

小平同志强调，国家的发展进步应当遵循和平与发展的基本原则，发展是国家大事的重中之重，为推动建立新型的、平等的、自由的、合理的国际秩序规划了美好的蓝图。"人类命运共同体"思想正是在此基础上的深化发展和理论创新。而后江泽民、胡锦涛同志都先后提出了自己的国际战略思想。江泽民阐释了建立国际政治经济新秩序的理念；胡锦涛提出了建设"和谐世界"的理念。胡锦涛同志还主张："在追求本国利益时兼顾他国合理关切，在谋求本国发展中促进各国共同发展。"①

　　总之，中国共产党几代领导人有关国际战略的思想、理论为"人类命运共同体"思想的产生提供了重要的先导性理论基础，既体现了我党对世界大势的科学把握，也体现了党不断推进马克思主义中国化的积极探索。当代"人类命运共同体"思想正是中国共产党几代领导人集体智慧的结晶。

三、进入新时代的"人类命运共同体"思想及其创新价值

　　"人类命运共同体"思想的提出有着十分重要的时代价值，它既丰富了中国特色社会主义理论，又继承和发展了马克思主义共同体思想；它不仅使中国负责任、有担当的"大国形象"被越来越多的人认可，还弘扬了中华优秀传统文化；它不仅增强了"中国声音"，还增强了中国特色社会主义自信；它为解决国家争端提供了新思路，实现了由"零和博弈"到"正和博弈"的超越，为全人类普遍交往建构了新范式。

　　（一）发展了马克思主义共同体思想

　　"人类命运共同体"思想不只是单纯地对人类未来发展提出了理想蓝图，还从现实可行的角度入手提出了人类和谐发展的具体路径、方案，发展了马克思主义共同体思想。首先，与马克思对资本主义的强烈抨击和批判不同，"人类命运共同体"思想更强调各国之间的交流、沟通和合作，更突出国家间、制度间、文明间的共生共赢。因为时代在进步，形势在变化，马克思所处时代各国之间的联系远没有当今时代那样密不可分，习近平总书记深刻认识到世界各国早已是一个整体，各国之间只有积极求合作才是求发展的长远之计。而且当前资本主义社会还焕发出生机，在推动人类社会进步方面有着巨大作用，盲目抵触只会使自己落后于时代潮流。"人类命运共同体"比"真正的共同体"更加具有时代性、现实性、科学性。其次，马克思主义共同体思想从单一向度即共同体形态变迁向度来思考人类社会命运，强调在全球范围内推翻资本主义制度，继而实现"真正的共同体"。"人类命运共同体"思想则从伙伴关系、国家政治、国家安全、国家发展、民族文明、生态环境等多向度出发，以平等自由为基础，强调不同国家、民族要加强对话协商、共建共享、合作共赢、交流互鉴、绿色低碳，推动构建利益共同体、责任共同体，再到人类命运共同体。最后，"人类命运共同体"思想赋予了"真正的共同体"新的时代价值。人的自由全面发展是"真正的共同体"的核心价值追求。但检视当下，单纯地强调个人自由已不符合时代发展要求，资本主义私有制下的拜金主义、物欲主义、利己主义等给人类社会带来了不利影响，这些都是对个人自由的过分强调和曲解导致的。此外，西方等资本主义国家还在个人自由的掩盖下推行其所谓的"普世价值"，实现其对外的文化殖民和侵蚀，造成了更大范围、更大程度上的不自由。"人类命运共同体"思想认识到了"普世价值"本质上的不自

---

① 中共中央文献研究室. 十八大以来重要文献选编（上）[M]. 北京：中央文献出版社，2014：36-37.

由，以全新的视域思考符合人自由全面发展和人类根本利益、共同追求的价值目标，提出了"共同价值"，即"和平、发展、公平、正义、民主、自由"。因此，"共同价值"不仅占据了人类道义的制高点，还"代表了不同国家、不同民族、不同文明之间价值追求的最大公约数"[①]，是具有时代特色、符合世界潮流、贴近人类生活的理念价值。总之，"人类命运共同体"思想不仅激发了马克思共同体思想的当代活力，而且推动了马克思主义理论的当代创造和发展。

（二）彰显了中国气派与中华文化魅力

自中华人民共和国成立以来，中国一直致力于实现中华民族的伟大复兴，实现了由"东亚病夫"到"东方大国"再到"世界强国"的飞跃。随着中国实力蒸蒸日上，一些对中国不利的声音出现在国际舞台上，更有甚者叫嚣所谓的"中国威胁论"。"人类命运共同体"打破了"国强必霸"的"大国崛起"模式，把世界各国看成是紧密相连的命运共同体。这既是中国对国际社会其他国家、民族的质疑、敌视的有力回答，也是我国新时代新型外交观的表达，还显示出了中国特有的大国气派、大国风采。中国在实现自身利益的同时也兼顾其他国家的利益，实现了双边、多边共赢，这与西方诸国的处事方式是完全不同的。通过"一带一路"的建设，中国将友爱和平、积极负责的大国形象传播到世界各地。作为一个世界大国，我们要"把中国人民利益与世界发展联系起来，把中国人民利益同各国人民共同利益结合起来"[②]。同时，"人类命运共同体"思想还将中华优秀传统文化带入世界他国，体现出中华文明的风骨和风貌，秉承了中华"和"文化的理念内核，将"天下大同"的天下观、"和而不同"的和合观、"协和万邦"的整体观带出了国门，走向了世界。

（三）增强了中国特色社会主义自信

习近平指出："我们要建设的是中国特色社会主义，而不是其他什么主义。历史没有终结，也不可能被终结。"[③] 中国特色社会主义永远在路上。"人类命运共同体"思想秉持了与世界接轨的"大国崛起"逻辑，将"中国道路""中国模式"引向世界，使中国的发展越来越被世界认可，使中国特色社会主义理论越来越具有世界意义。它的提出增强了全体中国人民对中国特色社会主义道路的自信，也增强了其他社会主义国家对走社会主义道路的信心。"人类命运共同体"是中国特色外交观的创新，是坚持走和平发展道路的体现，是对"引进来、走出去"的坚持和发展，是中国特色现代化发展道路的新探索。它深化、升华了邓小平的"开放世界"理念、江泽民"文明多样性"思想和胡锦涛"和谐世界"观，还将"五位一体"的中国特色社会主义建设总布局理论上升到"构建人类命运共同体"的人类社会发展层面。"人类命运共同体"思想是中国共产党人立足新时代、新阶段对中国特色社会主义道路、理论的新发展。

（四）建构了人类普遍交往的新范式

随着"新航路"的开辟，世界日渐趋于一个整体。时至当下，全球化浪潮下的世界各国联系已变得密不可分。正如习近平所指出的，"今天，人类生活在同一个地球

---

① 胡子祥，郑永廷. 人类命运共同体视阈下的世界梦概念辨析——兼论中国梦与世界梦的关系 [J]. 毛泽东思想研究，2016（5）.

② 习近平. 十八届中央政治局就坚定不移走和平发展道路进行第三次集体学习的讲话 [N]. 人民日报，2013-01-30（001）.

③ 习近平. 在庆祝中国共产党成立 95 周年大会上的讲话 [N]. 人民日报，2016-07-02（001）.

村，各国相互联系、相互依存、相互合作、相互促进的程度空前加深"①。全球化的推进一方面促成了人类共同利益、共同价值的生成，另一方面也带来了全球性的问题和挑战。因此，构建公正、平等、自由、合理的国际新秩序是非常必要和迫不及待的。"人类命运共同体"思想正是中国国际秩序观的当代创新，也是"中国智慧"对人类交往范式的新思考。

首先，不同于西方主导的旧国际体系，"人类命运共同体"思想追求构建全人类"共享共赢"的国际交往新范式。旧的国际秩序中，西方国家以自身利益为出发点，以"自由、民主、人权"的"普世价值"为幌子，变相地对其他国家进行文化殖民和侵略，夸大其自身的主导性、普适性和优异性。"人类命运共同体"以各国共同利益为出发点，强调"和平、发展、公平、正义、民主、自由，是全人类的共同价值"②，推动建立对话协商、共建共享、合作共赢、交流互鉴、绿色低碳的国际新格局，它有着极其重要的时代性和现实性。其次，"人类命运共同体"思想超越了西方的博弈思维范式。大多数西方国家在处理国际关系问题时：从过程来看，惯用的是博弈思维方式，即在世界这个博弈大舞台中各方参与国各自追求的利益具有冲突性，此种"博弈"行为的"一个本质特征就是策略的相互依存性"③；从结果来看，主张的是"零和博弈"的思维范式，即在世界总资源不变的前提下，强者有得弱者有失，故各国将不可避免地发生争端、冲突。而"人类命运共同体"思想主张和平、合理处理国际事务：在过程中，各方参与者互相沟通、交流、合作，不再是简单的竞争、冲突；在结果上，实现各方参与者"共赢"，促进社会资源总量的增加，即"正和博弈"思维。"人类命运共同体"思想实现了由"零和博弈"到"正和博弈"的超越。习近平指出："当今世界，和平合作的潮流滚滚向前。和平与发展是世界各国人民的共同心声，冷战思维、零和博弈愈发陈旧落伍，妄自尊大或独善其身只能四处碰壁。只有坚持和平发展、携手合作，才能真正实现共赢、多赢。"④

结　语

习近平"人类命运共同体"思想，以马克思"共同体"思想、中华传统"和"文化精髓、中国特色社会主义实践智慧为理论基础，以全球化浪潮、西方困局、世界博弈、全球性难题、中国时代发展需要为现实依据，以国家富强、民族振兴、人民幸福为根本立场，以包容普惠、合作共赢、和平发展为核心理念，以共建"一带一路"为重要路径，构成了一个严密的科学体系。提出构建"人类命运共同体"，既是中国人民的福祉，也是世界人民的福祉，因此在当今时代有着十分重要的时代价值和深远意义。它为消弭全球各种乱象提供了"中国方案"，为国际社会贡献了"中国智慧"，为中国发展指示了前行的正确方向，为人类命运勾画了美好愿景，为全球未来提供了全新路径，体现了中国将自身发展与世界发展相统一的全球视野、世界胸怀和大国担当。

（编辑：郭岩伟）

① 习近平. 顺应时代前进潮流 促进世界和平发展 [N]. 人民日报，2013-03-24（001）.
② 习近平. 共担时代责任 共促全球发展 [N]. 人民日报，2016-01-18（001）.
③ 姚国庆. 博弈论 [M]. 北京：高等教育出版社，2007：4.
④ 习近平. 在博鳌亚洲论坛 2018 年年会开幕式上的主旨演讲 [N]. 人民日报，2018-04-10（001）.

试论基层干部与推进乡村振兴战略的关系

王　东　　陈梦兰

【摘要】党的十九大明确指出要实施乡村振兴战略。乡村振兴战略指明了新时代乡村发展方向，明确了乡村发展的新思路。培养一支"一懂二爱"的"三农"工作队伍是实施乡村振兴战略的关键。乡村基层干部是"三农"工作队伍的重要组成部分，是领导乡村基层工作的"领头雁""主心骨"，在乡村振兴过程中起着不可替代的作用。在明晰乡村基层干部重要作用的同时，更重要的是要找出制约乡村基层干部作用发挥的因素、找到破解制约乡村基层干部作用发挥难题的方法、找准制约乡村发展的短板，最终助力乡村振兴战略的顺利实施。

【关键词】乡村振兴；基层干部；特点；作用

【作者简介】王东，西南大学马克思主义学院在读硕士研究生；陈梦兰，西南大学马克思主义学院在读硕士研究生。

实施乡村振兴战略必须坚持党的领导，基层干部是领导乡村振兴的中坚力量。基层干部是生活和工作在乡村一线、与普通群众紧密相连，既了解党和国家方针、政策又熟知群众所想、所思并为党、为群众、为社会服务的一个特殊群体。明晰乡村基层干部的特点，高度重视乡村基层干部在乡村振兴建设过程中的地位和作用，既是加强基层干部队伍建设的前提和基础，也是乡村振兴过程中人才建设的题中之义。探究乡村基层干部对于乡村振兴的重要作用，应当探析制约乡村基层干部作用发挥的诸多原因，尝试找到最终能够破解制约乡村基层干部作用发挥的途径和方法，为乡村振兴战略的实施提供有益的理论补充。

一、乡村振兴中基层干部的特点

如前所述，作为一个特殊群体，乡村基层干部有其自身的特点：

（一）领导性

作为干部，首先就要体现领导性，"基层干部领导力的强弱体现的是基层干部的综合素质，反映的是基层干部领导工作的思路举措，折射的是基层干部的官德修养"①。在乡村振兴过程中，基层干部的这种领导性体现在：领导和组织广大乡村党员群众在思想上深入学习马克思列宁主义、毛泽东思想、邓小平理论，特别是要学习好习近平

---

① 曾继祖. 基层干部领导力存在的问题与对策［J］. 政工学刊，2016（8）：24-25.

治国理政方略、习近平新时代中国特色社会主义思想，把新理念、新思想贯彻到每个党员的头脑中，明确目标、坚定信念，融入乡村振兴的全过程；在行动上尊重本村党员群众意愿，带领党员群众积极开展本村物质文明、精神文明和政治文明的建设，打造特色乡村文化、高度重视乡村生态，组织和带领群众在对"美好生活的向往"的诉求下，以改革为动力，以发展为中心，走共同富裕之路；在决策中依据党的路线方针政策，依据上级党组织的决议、决定，带领党员群众对本村相关重大问题进行决策、安排和部署，在领导基层群众整合乡村资源、凝聚各方力量中，化解乡村振兴中发展"不平衡、不协调"的矛盾，助力乡村振兴早日实现。

（二）模范性

乡村基层干部始终坚持"从群众中来"又"到群众中去"，是党的基层代表，符合基层群众的共同意志。乡村基层干部作为乡村千百万群众公选的优秀代表，是贯彻执行党在农村各项方针政策的骨干，是团结带领广大党员群众促进乡村产业兴旺、构建乡村宜居生态、引领乡风文明、完善乡村治理最终走向富裕，实现乡村振兴的带头人。作为"代表""带头人"的基层干部充分发挥先锋模范作用，把干劲儿、狠劲儿示范引导在工作的最前沿，潜移默化于党员、群众之中，带领广大党员群众遵纪守法、勤劳致富，落实各项农村政策，助力乡村振兴战略的实施。

（三）前沿性

乡村基层干部是党的基层代表，处在乡村建设的最前沿。乡村基层干部是乡村产业兴旺带头人。"他们是党联系人民群众的关键力量，担负着组织和领导人民群众振兴乡村的重要任务，是乡村振兴的直接推动者、组织者和实践者。"① 乡村基层干部与群众联系最密切、最直接，了解群众所想，深知群众所需，理解群众所急，能够及时听到群众最新、最快、最真实的呼声，并将最真实和最直接的调查研究、群众生活的实际情况及时反映给上级党组织和政府相关部门。同时，在乡村振兴中，特别是在落实农业政策时，乡村基层干部最清楚落实各项政策后的实际效果，如是否因地制宜，是否优化资源配置，是否贯彻新的发展理念，最终有利于乡村自身的发展。

（四）枢纽性

乡村基层干部作为一个特殊的群体，具有"双重身份"：对于群众而言，他们是领导和干部，而对于上级国家机关干部来讲，他们又是"群众"，既有领导的一面，又有接受领导的一面，生活和工作在群众中间，是联系党和政府的纽带和桥梁。从领导的一面来讲，乡村振兴中农村的社情民意、党员意愿、群众呼声需要工作在群众中的基层干部及时向党和政府反映。从接受领导的一面来看，党和相关政府制定好农业政策，要求基层干部在第一时间准确地向党员群众进行宣传和解释，向群众妥善安排和布置工作，把党和政府的工作落到实处。乡村基层干部这种上传下达的枢纽性特征，决定了他们既是广大党员群众利益、群众心声的忠实代表，也是党和政府各项政策决定的忠实宣传者和执行者。

---

① 刘玉娟，丁威. 乡村振兴战略中乡村人才作用发挥探析［J］. 大连干部学刊，2018（8）：11-17.

二、基层干部在乡村振兴中的作用

（一）落实政策，促进乡村产业健康发展

思想是先导，贯彻落实党的十九大关于乡村振兴战略的系列精神是乡村振兴的关键一步，向基层党员群众讲清实施乡村振兴战略的系列政策是实现乡村振兴的重要一环，也是乡村基层干部的本职工作和重要作用。党员干部积极组织宣讲乡村振兴战略蕴含的核心精神，用通俗易懂的语言把党中央关于农民切身利益的问题讲清楚、说透彻，让广大农民首先在思想上有"获得感"，使其愿意听、想要听，最终愿意干、想要干、主动干。

乡村要振兴，乡村产业兴旺是重点和支撑。特别是大学生"村官"、年轻的基层干部，他们有知识、有本领、有视野、有精力，相对于普通农民而言更懂得传统农业的经济价值要远远低于其他产业的道理，注重将乡村产业兴旺的重点放在增加土地的附加值上，以推进农业供给侧结构性改革为主线，转变农业发展方式，培育懂知识、懂技术、懂经营的新型职业农民，助力促进农村一二三产业的融合发展。组织开发生态旅游、"农家乐"项目，积极支持特色农产品培育、种植和推广，延伸产业链，以有效促进农村经济的融合发展，促进乡村产业的兴旺。

（二）革新理念，推动乡村生态文明建设

乡村生态保护、乡村生态文明建设既是"五位一体"总布局关于生态建设的一部分，也是建设美丽中国要求的题中之义。农民是乡村生态保护的主要参与者，是乡村生态文明建设的主体。很显然，农民是否具备乡村生态观念是顺利推动乡村生态文明和实施美丽乡村建设的关键。而恰好乡村基层干部特别是年轻的大学生"村官"由于长期接受马克思主义生态观启发、马克思主义中国化的美丽中国建设思想熏陶，具有较强的生态政治观、绿色发展观，具备建设美丽乡村、助力乡村生态文明建设的思维和能力。

一方面，基层干部自身通过积极组织和开展生态文明教育培训，进一步学习党关于乡村生态文明建设系列精神，塑造正确的生态认知观，将生态文明理念贯穿于每一个决策中，以身作则，树立正确的政绩观，可以对农民生态文明素养的培育起到重要的示范作用。另一方面，广大农民生态观念的培育来源于生态观念宣传后的"获得感"，这种"获得感"是催生和激发农民生态情感，培育形成农民生态价值的"源动力"。特别是年轻的基层干部身在乡村一线，他们充分发挥人脉广、信息多、素质高、学习快的诸多优势，结合乡村基层实际走村入户、深入调查、详细记录并存档村民关于生态文明建设的意见和建议，总结提炼出成功的经验、做法，因地制宜，协助农村生态文明建设方案的编制与实施，使农民从精神上体验到干部关心群众的"获得感"。通过引导农民积极参与各类生态实践活动，在实践活动中感受良好生态带来的实在感，唤醒农民的生态情感，深化农民环保责任意识，提升农民生态文明道德素质，在实践中落实生态行为，促进乡村生态的建设。

（三）引领风尚，助力乡风文明建设

良好的乡风文明既是乡村振兴战略的重要组成部分，更是乡村农民美好生活需要的一部分。乡村基层干部是乡风文明建设的"领头雁"，乡村基层干部重不重视、抓不抓乡风文明，直接影响到乡风文明建设的开展和成效。乡村文化是乡风文明建设的核

心和重点，乡村基层干部带领广大党员群众大力保护本村历史文化、名胜古迹，宣扬名人事迹，充分发掘名城名镇的内在特质、文化内涵，协助广大农民群众编写和实施本村文化保护条例，可以有效保护和助推乡村文化建设。基层干部落实政策，把投入的资金、人才、技术用在关键处、用在刀刃上，以完善乡村基础设施建设，倡导讲文明、讲卫生、讲道德、树新风等助力乡村发展的新理念，不断净化乡村生活区、生产区，陶冶乡村村民生活情操，净化乡村村民"精神生活"，使得乡村生活更加健康化、文明化、绿色化。以年轻干部和大学生"村官"为主力军，加强农村文化事业的建设，通过积极搭建开展村民业余文化活动的平台和阵地，组织村里文艺骨干成立文艺表演队，取材乡村文化元素，以传统节日和农闲时间为切入点，开展乡村文艺表演，一方面既能实现基层干部迅速融入农村、熟悉群众的目标，另一方面也可以有效地丰富村民的文化生活，助力乡风文明的建设。

（四）统筹"三治"，完善乡村治理

完善乡村治理是乡村基层干部的本职工作，是乡村振兴战略的一个要求。党的十九大报告指出，实施乡村振兴战略要"加强农村基层基础工作，健全自治、法治、德治相结合的乡村治理体系"①，而乡村基层干部正是村民自治有效运转、提高乡村法治水平和德治精神得以实现的关键。村民自治不等于村民乱治，村民自治中基层干部发挥着主导作用，这种主导作用是在尊重村民民主权利的前提下的主导。结合本村实际，按照自治原则处理乡村内部事务，树立大局意识，科学引导村民积极参与乡村事务，充分体现村民主体性地位，可以有效促进乡村自治健康运转。在乡村法治提升上，基层干部一方面通过带头学法、守法、用法，完善村民自治法、村规民约，严格依法、按规矩协调各种矛盾纠纷、处理各种利益关系，才能深得民心。通过宣传法治思想，培养村民法治思维，并广泛开展社会主义核心价值观教育活动，增强村民法治意识，规范村民法治行为，推动乡村法治建设。习近平总书记指出："法律是成文的道德，道德是内心的法律。"乡村德治精神的实现，关键在乡村基层干部的有力引导。乡村基层干部作为乡村建设的主心骨，带领广大党员群众重建乡村原有的公序良俗，大力开展"村规民约""家风文化"等专题活动，重塑道德在乡村治理中的积极作用，对于有效处理乡村基层社会矛盾，推动现代乡村治理体系建构起着重要作用。

当然，乡村基层干部在完善乡村治理的过程中，最主要的不再是单一地强调某一方面的作用，更重要的是强调统筹自治、法治、德治三者的有机结合，"区别于以往乡村治理思路的片面化和碎片化，'三治结合'乡村治理体系强调乡村治理资源的整合优化"②。

三、制约乡村基层干部作用发挥的原因探析

（一）乡村基层干部人员组织结构不够优化

不够优化的人员组织结构是制约着农村基层党组织发挥其应有覆盖力、组织力的重要因素，是制约乡村基层干部作用发挥的重要原因。在乡村振兴过程中，乡村基层

---

① 习近平. 决胜全面建成小康社会　夺取新时代中国特色社会主义伟大胜利——在中国共产党第十九次全国代表大会上的报告［M］. 北京：人民出版社，2017.

② 陈寒非. 从自治、法治、德治三个维度完善乡村治理体系［J］. 人民法治，2018（14）：24-26.

干部人员组织构成不够优化主要体现在两个方面，一是新老干部的交替、干部老龄化问题突出，二是基层干部的后备队伍缺乏优质群体。造成这种现象的原因主要有两个方面：一是在乡村基层一线，由于工作辛苦、公共服务落后、社会环境单一等条件的限制，大多数中青年干部包括优秀学生都向大城镇、大都市聚集，而毕业或工作后往乡村回流的极少，即使有部分大学生"村官"回乡村工作，大部分也是出于工作压力而将乡村作为"避风港"甚至是"避难所"，以至于乡村基层干部出现"空巢"现象，老干部居多，乡村基层干部人员组织结构呈现畸形发展的态势。同时，在改革开放、市场经济以及城镇化推进过程中，土地收益相对减少，大多数有知识、有能力、懂技术、会经营的年轻干部包括中青年农民党员也逐渐"逃离"土地和乡村，纷纷向大都市靠拢另谋出路。加之在"政治上没盼头，经济上没甜头"等不良思潮的影响下，致使乡村基层干部队伍后继乏人，在人员组织结构上越发不合理，在乡村振兴中起不到"领头雁""主心骨"的作用。二是基层干部的培养体系不健全，重视程度不够高。基层干部人员的配备在一定程度上依赖于组织的培养，因而，基层干部人员配备是否合理，是否足够优化与我国干部培养体系和重视程度密切相关。我国虽然在干部培养方面出台过诸多措施，例如通过党校等专业机构培养党员干部，"但是，从现有的培养体系来看，其更重视县级及以上单位的干部培养，对乡镇及以下党员干部培养重视还不够"[1]。同时，"基层干部队伍能力水平难以适应新形势下基层工作的要求，除了原有的干部队伍整体素质不高以外，更重要的是针对基层干部的能力培养体系不健全，缺少接受教育培训的机会"[2]。殷雄飞、杨朝中、夏智在《精准扶贫存在的问题与对策研究》中介绍：以湖北省为例，省、市、县三级共有扶贫机构 102 个，其中省级 1 个、市州 17 个、县市 84 个，共有人员 917 人。在这些人员中，本科以上学历占到 42.3%，专科以下 57.7%；45 岁以上占 58.1%，30 岁以下占 6.1%。相比较，发改、人社、财政等部门人员配备更加充足，学历、年龄情况更加合理。同时，由于扶贫机构成立较晚、机构不统一带来的先天不足，使其成为历次机构改革受影响、受冲击最大的部门。大多数乡镇并没有专门的扶贫部门，多是由农业部门干部兼职，工作力量明显不足，工作人员与扶贫建档立卡对象之比为 1：64 180[3]。由此可见，导致基层干部人员结构不够优化的原因是多重的，既有来自基层干部自身的个体因素，也有社会不良诱因等社会因素，还涉及国家整个干部培养体系的因素。

（二）部分乡村基层干部现代化农业知识水平偏低

目前，在实施乡村振兴战略的过程中，塑造一支"一懂两爱"的"三农"工作队伍是一个极具紧迫性和关键性的举措。乡村基层干部是"三农"工作队伍的重要一部分，乡村振兴需要懂农业、专业化的基层干部队伍领导工作。对于懂农业、专业化而言，过去的干部大多数偏政治性、弱经济性，缺乏真正学农业、懂农业的基层干部。乡村振兴中强调的农业着重强调发展的是现代化农业，基层干部如果不懂农业、不懂现代化技术的运用、不懂产业化经营，在决策指导、工作安排、任务部署中就容易走弯路，出现工作失误的情况，无法发挥土地依托现代农业所能增加的附加值。同时，

①　吴子健. 新形势下基层干部队伍建设问题研究［J］. 改革与开放，2017（20）：154-155.

②　顾荣. 机构改革背景下的基层青年干部队伍建设——以上海市黄浦区老西门街道为例［J］. 上海党史与党建，2016（12）：41-43.

③　殷雄飞，杨朝中，夏智. 精准扶贫存在的问题与对策研究［J］. 减贫与发展研究，2014（4）.

基层干部自身缺乏专业化的知识和与职位相符的基本学历。唐晓腾在对江西省 20 个村实证调查的一项综合分析中得出当前乡村"管理精英"的素质现状令人担忧的结论。从样本村情况看（见表 1），村支书作为农村基层组织的"当家人"，小学以下文化程度的多达 53.6%，其中还有 7.3% 属于文盲和半文盲，而高中以上文化程度的只占 7.4%；村委会主任虽在《中华人民共和国村民委员会组织法》正式实施后，其作为农村社区群众性自治组织的法定代理人，文化结构状况有所改善，但整体文化素质偏低的问题并没有得到根本性解决，小学以下文化程度的仍多达 46.3%，而高中以上文化程度的也只占 12.2%。从整个村干部队伍的总体状况看，具有高中以上文化程度的也只占 24.1%。而农民党员的文化结构状况更令人担忧，仅有小学以下文化程度者多达 61.5%。[①] 这样的乡村基层干部对于引导作为乡村振兴主体的农民群体而言缺乏引导力、示范性、说服力，各项工作易处于被动地位，阻碍了乡村振兴的步伐。

表 1　　　　　　　　村两委主要干部文化结构状况统计表

N = 20（村）

选项	脱盲班及以下	小学	初中	高中、中专	大专以上
村支书	7.35%	46.3%	39.0%	7.4%	无
村主任	4.8%	41.5%	41.5%	12.2%	无

资料来源：唐晓腾. "本土化人才危机"与乡村基层治理困境——对江西省 20 个村实证调查的一项综合分析 [J]. 中共宁波市委党校学报，2005（5）.

（三）部分乡村基层干部的调查研究"浅尝辄止"

部分乡村干部特别是中青年大学生"村官"，由于缺乏深入实际的调查研究，在与农民群众的关系上缺乏深厚感情。一是部分干部不愿下沉到田间坝头，偏"办公室化"，不能站在农民群众的立场设身处地地为农民群众着想，"'在其位不谋其政'，事业心不强，满足于混日子，作风漂浮，得过且过，不能倾听群众呼声、关心群众疾苦"[②]。偶尔涉足田间地头，也大多是由于上级领导压力而"例行公事"。二是中青年干部特别是大学生"村官"、选调生骨干、定向培养干部，刚走出课堂，步入乡村，涉足田间，书生意气浓，工作中存在理想主义倾向，脱离实际的情况时有发生。"绝大部分青年干部都表示参加有关开展调查研究以及写好调研报告的培训对自己非常重要，但实际工作中积极参与这一类型培训和操练的并不多。"[③] 三是部分基层干部调查研究不够深入，缺乏方法，流于形式、浮于表面，对实际情况把握度不够深，加之外来干部语言等方面的因素制约，"基层干部与群众沟通时，存在的共性问题是使用的语言过于行政化"[④]，很难与村民打成一片，得不到真实有效的调研信息，很难开展建设工作。

（四）乡村基层干部队伍的福利条件不够完善，获得感不足

马克思在论述关于人的本质时强调"利益与需要是人的本质产生、发展和扬弃的

---

① 唐晓腾. "本土化人才危机"与乡村基层治理困境——对江西省 20 个村实证调查的一项综合分析 [J]. 中共宁波市委党校学报，2005（5）.

② 韩永廷. 加强农村基层干部队伍建设研究——基于安徽省蚌埠市农村基层干部队伍建设的调查与思考 [J]. 理论建设，2017（2）：24-29.

③ 庄莉莉. 不忘初心　沉到基层——提高青年干部调查研究能力的另一视角 [J]. 江苏政协，2017（6）：46-48.

④ 刘莹. 浅析新环境下基层干部与群众的沟通艺术 [J]. 学理论，2018（1）：61-62.

内驱力"。乡村基层干部也是由群众发展而来的，是一个利益个体，具备社会属性。乡村基层干部的利益诉求与需要是其是否扎根乡村工作、助力乡村发展、投身乡村建设的重要内驱力。"基层工作条件艰苦、工作任务较重，但是，基层干部的福利待遇并不高，很多基层公务人员的工资、福利收入还不到城市公务人员的一半，而且不同地区的公务员之间的经济收入也呈现出明显的差距。"① 的确，由于广大乡村普遍贫穷落后的事实，乡村基础设施、乡村公共服务、乡村医疗卫生事业相比于城市而言差距过大，诱惑力小，加之投入资金、获得报酬、人事编制等体制机制的不完善、不健全，许多中青年干部特别是刚毕业的大学生"村官"、选调生、定向培养干部不愿长期工作在艰苦的乡村一线，因为既流汗又流泪、既"辛苦"又"心苦"。也有数据显示，"在津贴和奖金方面，由于层级不同，同一地区，市一级行政单位的公务员津贴、奖金收入一般要比基层公务员高出 30% 以上。这就导致很多基层干部工作没有激情，缺乏积极性，甚至出现违规违纪问题。从纪检部门公布的基层干部违纪案件来看，经济问题占到了90% 以上"②。乡村基层干部获得感不足，必然出现干部人才外流，乡村振兴缺乏"主心骨"，振兴便无从谈起。

四、充分发挥乡村基层干部作用的思考

（一）完善党的乡村基层组织建设，优化基层干部人员结构

第一，要进一步完善乡村基层党组织建设，凸显党的领导作用。"党的根基在基层，一定要抓好基层党建，在农村始终坚持党的领导"③，"农村基层党组织是党在农村全部工作和战斗力的基础，是落实和完成党在农村各项政策的终端和末梢，也是推进乡村振兴战略的核心力量和重要抓手。"④ 乡村基层干部的培养、配备、优化应当是乡村基层党组织自身建设的重要部分。在党的统一领导下，依据乡村各地实际情况，兼顾政治效益和社会效益，优化基层党组织设置和分布格局，完善基层党组织人事改革、干部升迁、干部任离、青年干部培养等规章制度，站在全局高度，为解决乡村基层干部的基本素质、老龄化问题、后续队伍问题诊断把脉。

一方面，上级党政部门充分重视基层干部的培养、选派。上级党政部门应根据乡村基层实际精心遴选一批"懂农业、爱农村、爱农民"的干部人才参与到乡村振兴的人才队伍中，积极领导或者配合乡村原有干部开展工作。例如，给乡村基层部门提供大学生"村官"、选调生、定向培养生等干部来源门路，增强基层干部队伍的数量和质量。

另一方面，乡村基层部门要"自力更生"，提拔培养青年党员干部。从长远来看，乡村基层干部的人员更新、接续要坚持"自力更生，就地取材"的原则，从自己的干部队伍中发现、培养、锻炼和任用青年党员人才。因为乡村基层干部对乡风民情、乡俗民俗更加了解，相对于来自城市的大学生"村官"、选调生、定向培养生而言，工作"适应期"更加短暂。当然，也要加强基层干部的干部素质培养，特别是政治素质的提

105

① 李晓非. 在推进"四个全面"进程中加强基层干部队伍建设 [J]. 新长征, 2016 (3): 30-31.
② 吴子健. 新形势下基层干部队伍建设问题研究 [J]. 改革与开放, 2017 (20): 154-155.
③ 习近平. 万众一心，开拓进取，把新时代中国特色社会主义推向前进 [N]. 人民日报, 2017-10-20 (001).
④ 霍军亮, 吴春梅. 乡村振兴战略背景下农村基层党组织建设的困境与出路 [J]. 华中农业大学学报（社会科学版）, 2018 (3): 1-8.

高，一切向党中央看齐。加强理论学习，探索农村工作的理论和方法，深入实践研究，以不断创新的工作方法、工作思路适应不断发展变化的农村新形势。

（二）加强对基层干部的现代化农业知识及技能培训，使其懂农业

如前所述，实施乡村振兴战略，实现乡村振兴，不仅需要发挥乡村基层干部的"领头雁"作用，也要求乡村基层干部具备指导现代化农业工作的业务能力。对于乡村基层现有情况，一方面，年长的乡村基层干部应适当地学习农业知识，学技术、学经营；另一方面，要大力培养年轻的基层干部，学农业、懂农业，总结乡村农业发展经验，指导乡村农业工作。

第一，出台指导性鞭策政策，补充乡村基层干部所缺农业知识。乡村基层干部学习农业知识一方面需要自觉，另一方面也需要外力助推，上级关于农业发展的指导性文件能够起到鞭策和监督的作用。例如，各省级层面制定出台加强乡村一线干部关于农业学习的指导性文件，发挥乡村基层党组织的领导优势，强化组织领导，形成一层接力一层、一级接续一级"阶梯式""梯田式"的学习培训格局。同时，科学合理地安排学习内容，内容也应当有层次、分类别以适应实际情况不同的基层干部学习。

第二，完善培训类平台设置，促使乡村基层干部懂农业。学习农业知识是乡村基层干部懂农业的基础环节，加强农业技能技术的培养更需要搭建完善的农业技能培训平台作为必要的补充。首先，培训内容上，要按因地制宜、因材施教的原则进行，坚持按需培训，站在全局高度，拓展培训内容，按照基层干部所缺而补、所需而补，精心筛选培训内容，着力提高培训质量。其次，培训方式上，依据乡村基层干部数量庞大、需求多样以及文化程度、社会经历等不同状况，采取"精心雕刻"式的培训、"精准灌溉"式的培训，切忌"走马观花"式的敷衍、"大水漫灌"式的冲刷。注重乡村一线干部培训分类管理，实行差别化个性化培训。最后，培训目标上，将他们培训为懂农业政策，熟悉农村工作，善于把握市场规律、懂得市场运作，积极培育乡村市场主体，有机衔接小农户和现代农业发展，促进农村一二三产业融合发展，最终实现乡村振兴的基层骨干力量。

第三，投身乡村农业实践，提升基层干部对农业的再认知。学农业、懂农业旨在指导农业工作，乡村基层干部只有投身到农业实践当中发现问题、了解不足、吸取教训、总结经验才能真正学以致用，以提高对乡村农业的再认知，真正懂农业。在学农业、懂农业的基础上，要求基层干部深入实践，反思学到、用到的农业知识，进一步强化学习的深度和广度；强化基层干部对农业的再认知，引导教育乡村一线干部把党和政府制定的各项农业政策、农业工作计划切实运用到乡村振兴中，避免"干部自身所具有的知识、专业水平与新农村建设的需要还有很大差距，在解决一些新问题时，往往方法简单，办法不多，效果不佳"① 的不良现象，最终促进乡村振兴有序健康发展。

（三）深入调查研究，增进干群关系，使其爱农民

第一，提升乡村基层干部的调查研究意识，重视调查研究的作用。调查研究历来被中国共产党人视为传家宝，它对于解决实际问题、增强基层干部工作能力都起到了非常重要的作用。因此，在乡村振兴过程中，应当不断提升一线干部深入乡村基层、

① 韩永廷. 加强农村基层干部队伍建设研究——基于安徽省蚌埠市农村基层干部队伍建设的调查与思考[J]. 理论建设，2017（2）：24-29.

深入群众中开展调查研究的意识。只有首先具备这种意识，重视乡村基层调查研究的作用，才能了解乡村实际，找准工作基点。一方面，乡村基层干部的调查研究应当制度化、常规化，上级部门依据具体情况制定调查研究规定，增加外力督促作用，实现经常地进行调查研究；另一方面，一线干部也应当抽取业余时间积极学习调查研究理论知识，保持调查研究活力，例如学习毛泽东《湖南农民运动考察报告》《工作方法六十条》，习近平《之江新语》《谈谈调查研究》等党和国家主要领导人关于调查研究的重要文献，把"群众观点、群众路线"，把"以人民为中心"的发展理念装进头脑、带进乡村、联系群众。

第二，强调乡村基层干部调查研究的原则性，确保调查研究的真实性。调查研究必须讲究真实性，真实性是工作得以顺利开展的保证。确保调查研究的真实性，要求基层干部在开展调查研究时，必须充分把握三个原则性：

首先，实事求是原则。"在调查研究中能不能、敢不敢实事求是，不只是认识水平问题，而且是党性问题。只有公而忘私，把党和人民的利益放在第一位，才能真正做到实事求是。"① 实事求是原则是开展好调查研究工作的最基本原则，基层干部的调查研究必须建立在实事求是的原则下，恪守实事求是的调查原则，切忌走马观花式的调查，甚至敷衍塞责、欺上瞒下谎报式调查。其次，直接性原则。习近平强调"调查研究的根本目的是解决问题"②。调查研究特别强调直接性原则，掌握调查研究的第一手资料就是为了更好地找准问题的切入点，最终解决问题。强调基层干部调查研究的直接性原则，既可以避免其只听听汇报、看看文件的陋习，又可以深入基层一线，与群众零距离接触，增加与农民的感情。当然，强调调查研究的直接性、材料的一手性，并不是忽略调查研究材料的间接性，而是强调应当有所侧重。最后，广泛性原则。可以说调查研究的广泛性原则是其真实性原则的延伸。乡村基层地域广，较城镇分散，村户村民实际情况各异，一处两处、一户两户的典型调查不具备广泛性、代表性。所以，强调基层干部在开展调查研究时的广泛性原则，注重调查的广度和深度，以足够多数量的调查研究对象、数据作为支撑，既可以保证调查研究的真实性、代表性、说服力，又可以增加干部和群众交流的深度和广度，促进干群关系的深度交融。

第三，强化基层干部实践养成，增强调查研究能力和本领。乡村基层干部的调查研究工作既是"体力活"也是"脑力活"，既要深入基层以实现实践养成，也要通过不断的实践养成锻炼和提升自身调查研究的能力。一方面，调查研究的材料特别是第一手材料要求基层干部深入乡村基层调研获取；另一方面，调查获得的材料需要基层干部自己进行"去伪存真、去粗取精"的整理分析，反复研究，得出正确结论、做出科学决策，通过"基层现象"抓住"乡村本质"。在这个过程中，干部调查研究的能力得到了提升，也深化了干部对群众工作的认识，更加重视农民的重要作用，更加热爱农民。

（四）完善福利机制，关心基层干部，使其爱农村

乡村基层干部既是乡村振兴战略得以顺利实施的"助推器"，也是领导党员群众做好乡村基层工作的"主心骨"。只有科学合理地解决乡村基层干部"后顾之忧"，解决

107

① 杨升祥，尚欣. 健全领导干部深入基层调查研究机制［J］. 求知，2014（6）：7-9.
② 习近平. 谈谈调查研究［J］. 党建研究，2011（12）：4-8.

乡村一线干部的现实所需，方能调动基层干部的工作积极性，激发基层干部的创造力。"区县基层干部的工资福利待遇，往高的层面讲，代表着社会对其服务人民能力的认可；从低层次来讲，关系到区县基层干部的'面子'和'肚子'问题。"① 基层干部保持健康向上的精神状态，保持肯干、苦干、爱干的干事创业的工作激情，必然有益于乡村基层工作的开展实施，必然能为乡村振兴提供最坚实的干部队伍保障，从而促进乡村的振兴。因此，要探寻多种方法，从待遇、事业、感情等多个维度改善乡村基层干部的生活环境和生活条件，让"吃苦的人吃香、实干的人实惠、有为的人有位"，激发基层干部的工作动力。

第一，体恤乡村基层干部的真实生活，解决工作中面临的实际困难，实现待遇留人。工作待遇、工作报酬是乡村基层干部的正当所得，保障和满足他们的待遇报酬正是要让"实干的人实惠"。在生活上，提供最基本的生活保障，妥善安排乡村基层干部的驻村住宿，改善饮食、起居条件，做到"衣食无忧"；在工作中，保障乡村基层干部诸如生活补贴、交通补贴、差旅费正当合理的费用开支，同时将这类正规待遇纳入乡村一线干部的财政专项预算中，并及时足额兑现到乡村基层干部手中；乡村基层干部工作在乡村第一线，条件艰苦，相对于城市机关干部而言事故发生的偶然性较大，为一线干部购买人身意外伤害保险是体恤关心基层干部生活的重要一环。

第二，畅通乡村一线干部的晋升渠道，建立正向激励机制，让"有为的人有位"，实现事业留人。基层干部也是由个体的人组成的特殊群体，具有人的社会属性，正向激励、事业晋升是处于社会中的人的本能欲望与需求。重视乡村基层干部的工作地位，通过建立正向激励机制，加大表彰奖励力度，在绩效考核、年度考核、争先创优等工作中适度增加乡村基层干部的入选比例，不断增强乡村基层干部的"获得感"，不断提升基层干部干事创业的自豪感。

第三，凸显对乡村基层干部的人文关怀，让"吃苦的人吃香"，实现感情留人。上级党组织、领导要关心、关注时刻操持在乡村一线的基层干部，认真留意他们的工作状况、工作条件以及生活状况、生活条件，从身体上、心理上给予关怀。一方面，落实好、保障好乡村基层干部的医疗保健、休息休假等各方面的权益，组织好乡村基层干部的定期健康体测工作；另一方面，抽出时间、找准时机，深入到基层干部中走访慰问，开展常态化谈心谈话活动，及时了解基层干部心理活动，掌握基层干部的思想、工作、生活情况，在建立上下级干部之间良好关系的同时，做好基层干部的思想政治教育工作，减轻基层干部的工作压力、心理负担，让他们把主要精力投入到干事创业中，不断助力乡村振兴的发展。

（编辑：刘杨）

---

① 李育林，张玉强. 区县基层干部职务晋升焦虑的破解之道 [J]. 领导科学，2014（1）：7-9.

党的十八大以来农村基层党组织建设研究

黄　琴　谭亚莉

【摘要】 党的十八大以来，党中央高度重视农村基层党建工作，将"全面从严治党"向农村基层延伸，提出了一系列新政策新要求，为新形势下农村基层党组织建设提供了重要指导，充分保证了基层党组织成为农村工作的重要战斗堡垒。本文全面总结了十八大以来农村基层党建工作取得的成绩，着重探讨了当前在组织设置、队伍建设、基础保障等领域存在的问题，并按照党的十八大和十九大的要求，对进一步加强农村基层党组织建设提出了有针对性的建议。

【关键词】 农村基层党建；十八大；十九大

【作者简介】 黄琴，西南财经大学思想政治教育硕士，四川省天全中学政治课老师；谭亚莉，西南财经大学马克思主义学院副教授。

党的农村基层组织是农村各种组织和各项工作的领导核心，是党在农村基层组织中的战斗堡垒，也是党在农村全部工作和战斗力的基础。党的十八大以来，中央高度重视农村基层党建工作，颁布了一系列关于农村基层党建的政策，为新形势下农村基层党组织建设提供了重要指导和要求；召开了全国农村基层党建工作座谈会，总结各地农村基层党建经验，分析农村基层党建面临的新形势与新任务，要求全面提升农村基层党建工作水平，为社会发展提供基层保障。习近平总书记也多次做出重要指示，强调农村工作千头万绪，抓好农村基层党组织建设是关键，无论农村经济社会结构以及各类经济社会组织如何变化发展，农村基层党组织的领导地位不能动摇、战斗堡垒作用不能削弱；强调要从巩固党的执政基础的高度出发，坚持问题导向，进一步加强农村基层党组织建设，全面提高农村基层党组织的凝聚力和战斗力，为农村改革发展稳定提供有力保障。[①] 加强农村基层党组织建设，发挥其领导核心作用，对推动农村改革发展具有重要意义。

一、党的十八大以来农村基层党建工作取得明显成效

"农业农村农民问题是关系国计民生的根本性问题，必须始终把解决好'三农'问

---

① 刘云山、赵乐际同志在全国农村基层党建工作座谈会上的讲话 [DB/OL]. http://www.hhdj.gov.cn/Article/ShowArticle.asp? ArticleID＝5952，2015-9-15.

题作为全党工作重中之重。"① 而做好"三农"工作，关键在农村基层党组织。党的十八大以来，农村基层党组织从总体上看是坚强而有活力的，广大农村党员干部身挑重担、默默奉献，为促进农村经济社会发展做出了重要贡献。

在思想建设方面，从群众路线教育实践活动到"三严三实"专题教育，再到"两学一做"学习教育，从"关键少数"的集中性教育到"全体党员"的经常性教育，农村基层党员干部的理想信念得到牢固树立，世界观、人生观、价值观得到正确引导，农村基层党员的思想作风、学风、工作作风以及农村基层党员干部的领导作风、干部生活作风变得更"清"，农村党员队伍更"纯"。

在作风建设方面，2012 年 12 月，中共中央出台"改进工作作风，密切联系群众"的八项规定，自此，人民群众广泛关注的党员干部作风问题向好的方向转变。农村基层党员干部向中央看齐，落实八项规定，推动农村地区的党风政风发生了转变。农村地区党员干部、政府官员"拿着俸禄不办事"，上班时间进行娱乐活动，婚丧嫁娶大操大办，弄虚作假应付上级检查，公费超额开支等"四风"问题得到了很大程度的清理整治。

在组织建设方面，通过转变观念、因地制宜、建立健全组织机制等方法，农村基层服务型党组织建设取得重大进展。发展农村党员成为农村基层组织建设的一项经常性重要工作；农村党员的教育与管理得到进一步加强；农村基层党组织带头人的任职标准被严格提高，任职程序逐步完善；农村党组织覆盖不到位、设置不规范等问题得到普遍解决。

在反腐倡廉建设方面，党的十八大召开以后制定的第一部重要党内法规——《十八届中央政治局关于改进工作作风、密切联系群众的八项规定》，以及《党政机关厉行节约反对浪费条例》等反腐倡廉法规的相继颁布，随着中央巡视组的数轮巡视和"老虎""苍蝇"的相继落马，农村基层党组织的反腐倡廉取得了巨大成就——自党的十八大以来，巡察发现和推动解决了一批惠民惠农领域违纪违规问题，截至 2017 年 6 月底，共处分乡科级及以下党员干部 134.3 万人，处分农村党员干部 64.8 万人②，基层腐败得到了有效遏制。随着巡视监督向农村基层党组织延伸，可以深入查找基层党建工作存在的偏差，发现并推动解决发生在群众身边的突出问题，促进管党治党向基层延伸。

在制度建设方面，党的十八大以来，中共中央不仅废止了不符合实际发展的法规制度，也制定和修订了 90 余部党内法规。③ 农村基层党组织积极解读中央文件，落实党内法规，软弱涣散村党组织得到整顿，不合格党员受到处置，"不作为"的农村党政领导干部被清理，农村党员干部造假问题得到集中整治。依据中央出台的若干党内法规，农村基层党组织的建设、村务监督委员会的执纪问责更加有法可依。

---

① 决胜全面建成小康社会 夺取新时代中国特色社会主义伟大胜利：中国共产党第十九次全国代表大会在京开幕［N］. 人民日报, 2017-10-19（001）.

② 中纪委：五年来处分乡科级及以下党员干部 134.3 万人［DB/OL］. http://fanfu.people.cn/n1/2017/1008/c64371-29574649.html, 2017-10-8.

③ 庹震：十八大以来, 制定修订中央党内法规 90 部［DB/OL］. http://www.xinhuanet.com/politics/19cpcnc/2017-10/17/c_129721858.htm.

二、党的十八大以来农村基层党组织建设存在的问题

在农村基层党组织建设取得众多成绩的同时，我们也应该看到党的十八大以来农村基层党建仍然存在诸多问题。进一步推进和完善农村基层党组织建设，需要强化问题意识，突出问题导向，在解决问题的过程中发挥农村基层党组织在农村各项工作中的领导核心作用。

（一）部分农村基层党组织设置不健全、不规范

当前，农村基层党组织的覆盖不到位问题依然突出，以农民合作社为例，全国已有 130 多万个，而其中建立党组织的不足 3 万个①；同时，随着农村生产力与生产关系的变化、农村人口的流动变化，原来以村为单位设置党组织的单一模式早已不能满足需要；农村中新的经济组织与社会组织的出现（如新农村聚居地、乡村企业、家庭农场等），都需要党的领导，但在这些组织中，党组织的设置并不健全。此外，农村基层党组织的设置还存在着不规范问题：在有些合村并组的地方，党组织的设置仅为简单的合并；一些农村基层党组织的设立不按照党章和有关政策规定，仅凭村中"权威人士"的要求；有些党员人数不足以建立农村基层党总支的地方却设置了党委，党员人数足以设立党委的地方却只有党支部。还包括农村基层党组织的隶属关系不明确等问题——比如有些地方的党委隶属于党支部，向党支部汇报工作；有些地方是跨乡设置的党组织，它的领导和管理该由哪个村的党组织负责并不明确。

（二）部分农村基层党组织软弱涣散

党的十八大以来，农村基层党组织建设在党中央的领导下，取得了一定成绩，但部分农村基层党组织仍然存在软弱涣散的问题。一方面是农村基层党组织的服务体制机制存在不健全问题。有些农村基层党组织只挂名，不办事，拒绝、推诿群众的要求，党组织形同虚设，有名无实；有些农村党组织喊着"服务群众"的口号，服务意识与服务行为却与之脱节；有服务意识和行动的农村党组织却不知如何服务，服务内容（通常生活方面的服务多，生产方面的服务少）、服务对象（通常个别多于普遍）和服务时间（主要为暂时性帮扶）没有标准，没有达到"服务型"农村基层党组织的建设目标。另一方面是有些农村基层党组织缺乏凝聚力。农村基层党组织存在党组织活动零开展、开展少的问题，党组织成员之间沟通较少、缺乏默契，党组织缺乏吸引力；有些村的党组织包揽一切村务，村党组织与村委会之间存在一定矛盾。

（三）部分农村基层党组织领导队伍建设不完善

一是农村基层党组织带头人综合素质不高的问题。有些农村党组织带头人因年龄较大，"倚老卖老"，观念守旧，不注重党建创新；有些农村基层党组织带头人秉持"有事应付、无事偷闲"的观念，不求有功、只求无过地混日子，缺乏奉献与服务精神，存在有利就争无利就推的现象。② 二是农村基层党组织书记职位存在的问题。新型城镇化的发展带来了农村人员的流动性，年轻党员更多外出务工，造成一些农村党组

---

① 刘云山同志在全国农村基层党建工作座谈会上的讲话［DB/OL］.［2015-9-15］. http://www.hhdj.gov.cn/Article/ShowArticle.asp？ArticleID=5952.

② 邓国军. 十八大以来农村基层党建经验研究［J］. 中共太原市委党校学报，2016（2）.

织书记"后继无人"、职位空缺。党的十八大召开后，有利于农村发展的多种政策规定颁布，很多流动出村的致富能手回乡创业，其中有的党员被选举为新的党组织书记，但由于其党建理论水平不高，缺乏党建经验，无法胜任农村基层党组织书记这一职位。三是党组织书记之间关系不协调的问题。有些村党组织撤销了原来"久坐"书记之位的老干部，选拔了年轻有为的新书记，老书记有心理落差，村民不信服新书记的"初来乍到"；在党组织建设稍薄弱的农村，上级选派了"第一书记"驻村工作，"第一书记"与当地原书记的工作方式存在一定差异，工作中难免发生摩擦。一些农村地区没有处理好三者之间的关系，就很容易形成了老书记与新书记之间、新书记与"第一书记"之间、老书记与"第一书记"之间的矛盾，影响当地党建工作的开展。

（四）部分农村基层党组织党员队伍建设有待加强

农村党组织的党员队伍建设面临两个方面的问题：一是队伍结构的问题。目前全国60岁以上的农村党员超过农村党员总数的1/3[1]，农村党员队伍的老龄化严重；不超过30岁的年轻农村党员数量偏少，很多农村地区存在党员队伍"青黄不接"的现象；农村地区男性党员数量普遍多于女性党员数量，农村党员队伍的性别比例结构不协调。二是党员队伍的教育、管理松弛问题，特别是流动党员的教育管理问题更加突出。随着农村人口流动的加剧，一些农村党组织对外出务工党员没有安排党课学习教育，放任不管；部分外出党员无法按时参加、不能积极参加"三会一课"学习教育，导致一部分流动党员的先锋模范作用无法发挥。此外，党的十八大以来愈加缩紧了入党通道，有些农村地区的优秀人才由于入党名额限制而不能被及时发展成为党员，这造成部分农村党员队伍中"养着"综合素质低的党员，而外部优秀人才进不去的问题，给农村基层党组织的建设增加了阻力。

（五）部分农村基层党组织的基础保障力度不够

有些农村基层党组织建设问题并非党的十八大以后才形成的，而是历史遗留下来的，至今未彻底解决。农村党组织的基础保障问题就是历史遗留问题之一，具体表现在两方面：一方面是物质的保障力度不够。既包括农村党建活动的物资经费无保障，有的农村地区目前没有给党组织提供开展工作和活动的场所或者设施设备；有些村级党组织开展工作没有足够的经费保障，也有些将党组织的专项经费挪用他处。又包括退休党员干部的政策性补贴问题。对于党中央颁布的给予退休党员干部以补贴的政策，仍有村镇没有响应，或者未按标准发放。还包括农村当地的集体经济未有效发展壮大，部分农村相对落后的经济基础制约着当地党组织作用的发挥。另一方面是人员的保障力度不够。有些地方的党组织带头人无人胜任；有些农村地区的党员人数不足，达不到建立党组织的标准；还有些地方党委班子与村委班子的组成人员相同，既负责村务又负责党务。

三、全面推动农村基层党组织建设创新发展

农村基层党组织的建设关系着党对农村各项工作的领导能力，关系着党在农村的

---

[1]　刘云山同志在全国农村基层党建工作座谈会上的讲话［DB/OL］.［2015-9-15］http://www.hhdj.gov.cn/Article/ShowArticle.asp? ArticleID=5952.

执政基础，面对党的十八大以来农村基层党组织建设中存在的问题，有必要结合农村实际，探索解决问题的有效对策，提高农村基层党组织建设水平。

（一）完善农村基层党组织体系，确保党对各类组织的绝对领导

解决农村基层党组织设置方面存在的若干问题，就是解决农村基层党组织的设置覆盖面和覆盖有效性问题，我们需要的就是及时跟进农村经济社会变化发展的脚步，创新思维、创新方法。

一方面是健全农村基层党组织的设置。一是合村并组建立党组织。成都一些地区在扎实推进乡村振兴战略中，合理采取合村并组的方式进行农业农村的深化改革。有的以相近产业结构为纽带组建产业聚集型党组织，有的因距离相近、生活相融而设置地域相邻型党组织，还有以强带弱的方式建立强弱联合型党组织。这样的合村并组可以有效发挥党组织的领导作用，有利于各村资源的合理配置。二是在新的经济社会组织中健全党组织的设置，需要实地调查清楚当地农村存在的农民合作社、乡村企业、家庭农场等经济社会组织数量；其中党员的数量；党组织是否已经存于其中；弄清楚其中哪些可以设置党组织，哪些党组织需要调整等；然后按照党章党规设置党组织。

另一方面是规范农村基层党组织的设置。首先，农村基层党组织必须严格按照党章和其他相关政策的规定进行成立和撤销，在合村并组的地方，党组织不能仅简单合并，即必须掌握农村党组织的设置标准，合理规范农村基层党组织的设置。在此基础上，必须理顺党组织的隶属关系，党委管党总支，党总支管党支部，避免出现党总支向党支部汇报工作等错误。对于跨村跨乡的经济社会组织中建立的党组织，坚持谁批准谁主管的原则。总之，农村基层党组织要加强对农村各种组织的统一领导，就必须先把自己建立好，这样才能发挥党的领导核心作用。

（二）整顿软弱涣散的农村基层党组织，提高其服务能力与水平

从严治党是一个永恒的课题，整顿软弱涣散的党组织是一个长期而艰巨的任务。整顿农村基层党组织的软弱涣散问题，需要长期抓、长期查、长期落实，一刻不放松，让从严治党常态化、持续化。对于挂牌不做事、缺乏服务精神的农村基层党组织，首先必须让该党组织明白自身所承担的责任及历史使命，树立服务意识。其次建立服务型党组织，健全农村党组织的服务体制机制。农村党组织可以根据中共中央印发的《关于加强基层服务型党组织建设的意见》，结合实际情况，将农村党组织的服务内容、服务对象与服务时间等事项具体化、公开化、制度化，并定期报告进展情况。最后落实监督。既要落实村务监督委员会的监督，也要落实人民群众的监督；既要监督农村党组织是否存在服务行为，也要监督服务行为的实现情况。

除此之外，借鉴成都市郫都区战旗村的党建实践经验，应该严肃农村党组织生活，定期开展党组织活动，并将其以文字的形式记录下来，认真执行、定期考核，实现党组织活动的制度化；而农村党员可以借党组织活动进行沟通交流、互帮互助，增强党组织对党员的吸引力，增强党员之间的凝聚力以及党组织的战斗力。而对于村两委之间的不协调关系，需要做的是明确村党组织与村委会各自的工作职责。

（三）选好、育好、用好、管好农村基层党组织带头人，做好农村基层党建"领头羊"

党建强不强，关键看"头羊"，农村基层党组织带头人对农村基层党组织发挥领导作用有着至关重要的影响。培养优秀的"领头羊"，需要做到"四好"——选好、育

好、用好、管好。

"选"即选拔。党性好是选拔要点，能带领农民致富、较年轻是选拔重点，从而解决选拔难、年龄老化、后继乏人的问题。选拔出来的党组织带头人年龄较大，但他们有经验、有能力、熟悉当地情况，也是可取的；选拔返乡能人和致富能手担任带头人的，需要加强对他们的思想政治教育，增强他们的党性修养，发挥出他们带领群众共同致富的作用；有些地方确实选不出好的人选，则可从他处借调或者由他村党组织书记跨村兼职，但要注重村与村之间党建的特殊性，需因地制宜。

"育"即教育培训，加强对农村党组织领头人的教育和培训。对新上任的年轻党组织书记，既要加强党的理论知识学习，提升其理论水平，又要加强政治纪律和政治规矩的培训，提升其党性修养，用理论指导实践，以思想觉悟引导党建行为。对年龄较大的老书记，则要加强知识技能培训，培养其掌握和运用信息技术的能力，提升其履职能力；也可以借鉴成都村政学院的做法，以现场观摩、现身说法的教育培训方式为主，增强老书记投身党建的积极性。另外，还应当为农村党组织书记这一职位培养后备人员，注重对本村优秀党员、引进的优秀党员进行相关能力的教育培训，为党组织书记职位进行人才储备。

"用"即任用。主要应注意依据党章党规，考察新上任党组织带头人的工作积极性和工作活力。可采取多种措施提高党组织书记的工作积极性——表彰优秀党组织带头人，从优秀者中直接选用为公务员、领导干部等，从而解决农村基层党组织带头人没干劲、没盼头的问题，使其更有活力。撤销工作能力不足、思想觉悟不高的农村党组织书记，提拔任用真正为人民服务的优秀党员，在给予美好工作发展前景的同时也给予适当压力。

"管"即管理，着力解决的是约束不力、用权失范的问题。对老书记、新书记以及"第一书记"三书记之间的矛盾，一方面应该明确党组织书记的职责，明确书记工作的管理清单。处理好新老书记的换届，加强新老书记之间的沟通交流，新书记向老书记学习党建经验，老书记彻底放权，帮助新书记尽快适应新的工作环境；另一方面是建立健全村务监督委员会的监督机制，对农村党组织带头人的权力清单、服务宗旨、目标完成进度进行监督管理，防止权力不清等问题的出现。

（四）从严加强农村党员队伍建设，增强农村基层党组织的战斗力与凝聚力

截至 2014 年年底，我国农村人口占全国人口多数，有农村基层党组织 128 万个，占基层党组织总数的 30%；农村党员 3 500 万名，占党员总数的 40%。[①] 人数众多的农村党员队伍建设直接影响着党在农村基层群众心里的形象，直接影响着农村基层党组织的领导核心地位的发挥，所以必须从严加强农村党员队伍建设。解决农村党员队伍建设问题需从两方面入手：

一方面是优化农村党员队伍的结构，增强队伍的活力。按照党章党规发展党员的标准，既要重视在农村现有的优秀人员中培养和发展党员，又要注重在外出务工的优秀农民工中培养和发展党员，尤其要把 80 后、90 后年轻农民中的优秀人才及时吸纳到党员队伍中来，大力发展后备人员，以解决农村党员"青黄不接"、党员老龄化的问

① 仲祖文. 加强农村基层党建是农村工作的固本之举［N］. 人民日报，2015-06-19.

题。女性普遍心思细腻、有耐心，更要积极发展女性党员，在党建工作中发挥其长处，优化农村男女党员比例。

另一方面则是要严格农村党员的日常教育和管理。农村基层党员不同于企业、学校中的党员，所以教育和管理的方式要抓住农村党员的特点，具体问题具体解决，但也不能降低标准。即最基本的党员要求要遵守，最起码的规章制度和纪律规矩要执行；可以运用现代信息技术，利用网络远程教育手段，开办党课的网上学习，举行视频会议，共享微信、微博、手机客户端中的学习资料，创新农村党组织生活形式和党员学习方法，解决外出务工农村党员的教育学习和日常管理问题，提高对农村党员队伍的教育管理水平。再者，适时适当地对低素质党员进行重点教育，以解决部分党员素质低的问题；稳妥处理不合格党员问题，"畅通出口、严把入口"，增强农村党员的战斗力，保持农村党员队伍的先进性和纯洁性。除此之外，还需加强对农村党员的激励关怀，尤其是对农村基层老党员更要格外关心，帮助他们解决生活困难，让广大党员感受到组织的温暖，增强荣誉感和归属感，增强农村党员的凝聚力。[1]

（五）加大农村党建的基础保障力度，巩固党的执政基础

加强农村基层党建的基础保障，不仅是资金投入的问题，也是人员配置和政策颁布的问题。那么，首先要落实农村基层党建的资金保障。完善财政投入的经费保障制度，建好乡村党组织活动场所，解决党组织无办公场所的问题。健全农村基层党建经费的使用制度，党组织活动开展的经费标准、为群众服务的专项经费以及村党组织书记薪酬的发放、离任村干部的补贴等都需要有制度规章的约束，解决农村基层党建专项经费乱用的问题。其次要抓住农村土地改革的有利契机，合理运用惠农支农政策，整合资源，因地制宜创新收入渠道（农业合作社、家庭农场、休闲旅游）发展农村集体经济，为农村基层党组织建设提供坚实的经济基础，保证农村党组织政治功能、服务功能的发挥。再次要加强人员的保障。强化村党组织书记政治激励，提高其政治待遇，享有国家相应的优惠政策，使其带领乡村群众"撸起袖子加油干"时没有后顾之忧，书记职位"后继有人"，更充分地发挥农村党组织的领导核心作用；另外，还要坚持和完善组织员制度，为农村基层党组织配备好组织成员，加强发展党员工作，让一些农村党组织可以解决党员人数不足带来的问题；也使一些有条件的乡村可以配备一定数量的党务工作者，专职负责党务工作。最后则要落实政策保障。要保证对农村基层党组织建设的政策倾斜，确保农村基层党组织的成立、运行有法可依。

党的十八大以来，中央高度重视农村基层党组织建设，在中央的领导下，农村基层党建取得了一系列成就，但历史遗留问题未解决的同时，又在新形势下出现了若干新问题。若要发挥农村基层党组织的战斗堡垒作用，就必须理论联系实际，采取措施解决问题，加强农村基层党组织的建设，为农村改革发展提供有力保障。

参考文献

[1] 刘云山、赵乐际同志在全国农村基层党建工作座谈会上的讲话 [DB/OL].

①　刘云山、赵乐际同志在全国农村基层党建工作座谈会上的讲话 [DB/OL]. [2015-9-15]. http://www.hhdj.gov.cn/Article/ShowArticle.asp? ArticleID=5952.

［2015-9-15］. http：//www.hhdj.gov.cn/Article/ShowArticle.asp？ ArticleID＝5952.

［2］中纪委：五年来处分乡科级及以下党员干部 134.3 万人 ［DB/OL］. ［2017-10-08］. http://fanfu.people.com.cn/n1/2017/1008/c64371-29574649.html.

［3］庹震：十八大以来，制定修订中央党内法规 90 部 ［DB/OL］. http://www.xin-huanet.com/politics/19cpcnc/2017-10/17/c_129721858.htm.

［4］仲祖文. 加强农村基层党建是农村工作的固本之举 ［N］. 人民日报，2015-06-19.

［5］邓国军. 十八大以来农村基层党建经验研究 ［J］. 中共太原市委党校学报，2016 （2）.

（编辑：李怀）

新时代乡村治理中德治存在的问题及其完善路径探析

罗　贝

【摘要】面对中国特色社会主义进入新时代，德治作为乡村治理的情感支撑，在增强自治有效性、弥补法治不足等方面发挥着重要作用。但是，新时代乡村治理中德治仍存在一些问题，如优秀传统道德观念作用弱化、乡规民约局限性凸显、农村道德评价机制急需完善、乡村精英人才大量流失等。因此，完善乡村德治必须从加强农村文化建设、重视乡规民约建设、健全道德评议体系、壮大乡村精英队伍等方面下功夫，适应新时代发展的要求，实现传统道德价值的现代性转化，推动乡村善治目标的实现。

【关键词】乡村治理体系；德治；自治；法治

【作者简介】罗贝，西南财经大学马克思主义学院 2017 级硕士研究生。

治理有效是新时代乡村振兴的总要求之一，为此党的十九大报告专门提出要"健全自治、法治、德治的乡村治理体系"。"三治结合"理念的正式提出，为新时代乡村治理提供了基本的方向。在此"三治"中，德治本应是乡村治理相较于城市治理的最大优势，但在中国经济社会发生重大转型的今天，这一优势似乎有明显削弱的趋势，这是新时代乡村治理中的一个重大隐忧。因此，明确德治在新时代乡村治理中的作用，探寻德治建设中存在的问题以及切实可行的完善路径，是新时代乡村振兴中值得思考的一个重要问题。

一、新时代乡村治理中德治的基本内涵

国无德不兴，人无德不立。德治一直是中国社会治理中的一种重要方式，具有丰富的内涵。新时代乡村治理中的德治，既扬弃了中国古代传统德治的糟粕，又赋予其显著的时代特征和丰富的时代内涵。

（一）德治的概念

关于德治的概念，可以从传统德治和现代德治两个角度把握。中国历史上关于德治理论的记载，最早起源于西周，王国维曾将西周的为政之本归纳为"德治"。春秋末年，以孔子为代表的儒家学派继承和发展了周代的德治理念，主张以礼乐制度为核心，突出道德教化作用，反对"不教而杀"；主张施行仁政，反对苛政。需要注意的是，中国古代传统德治往往与"人治"有着密切联系，主张"德主刑辅"，要求君王"修身立德"，强调用道德力量去正面感化人，通过说服教育促使人们自觉遵循社会行为

规范。

现代德治即"以德治国"，是在国家治理体系现代化的背景下对道德作用的概括总结，相对于传统德治而言，更加侧重其社会治理功能。李建华认为，德治是依靠道德内化作用，来塑造人们的治理人格、规范治理行为和活动的治理模式，即德治就是以道德作为手段来治理国家，强调道德对社会秩序、人们行为的引领和规范作用。[①] 马戎认为，德治是一种流行于民间的朴素的道德规范，表示一种行为规范和相应形成的多少带有自发性的民间的社会秩序，认为德治就是利用民间的道德观念来规范人们日常行为，与国家制定的正式法律相区别。[②]

总之，德治就是要在国家治理过程中，一方面加强思想道德建设，提高人们的思想觉悟、道德水准、文明素养，提升全社会的文明程度，发挥德治道德教化功能；另一方面要建立一整套植根于普通民众内心的、人民群众普遍遵循的公共行为规则，维护社会秩序，促进社会有序健康发展，发挥德治社会治理功能。

（二）乡村治理体系中的德治

我国是一个有着五千多年历史的文明古国，具有深厚的文化底蕴和丰富的文化资源，蕴含了大量可以运用于乡村治理的道德行为规范。在乡村治理体系中，德治即在自治、法治的基础上，一方面借鉴吸收传统乡村德治的历史经验，传承乡村优秀传统文化，以文载德、以德育人，尊重乡村习惯法；另一方面深入挖掘乡村熟人社会蕴含的道德规范，整合改造乡村特有的价值体系并实现其价值的现代性转化，提炼和培育新时代乡村核心价值观，构建村民自觉践行和遵循的行为规则体系。

乡村德治建设，需要建立健全"以规立德、以文养德、以评弘德和家风建设"的德治建设体系，全方位、多角度引导村民形成积极向上的道德规范，改进乡村社会治理结构。以规立德，即用乡规民约树立德治权威；以文养德，即用乡村文化滋养文明乡风；以评弘德，即用道德评价弘扬新风正气；家风建设，即用家规家训涵养家庭成员的道德情操。

二、新时代乡村治理中德治的作用

新时代注重德治在乡村治理体系建设中的作用，既是完善乡村社会治理的必由之路，也是自治、法治建设的内在要求。德治为健全乡村治理体系提供强有力的情感支撑，不仅在自治设计运作中彰显道德色彩，增强自治的有效性，而且在法治运作实施中蕴含道德温情，弥补法治的不足，达到软治理与硬治理的有机结合。

（一）德治是健全乡村治理体系的情感支撑

我国拥有着长达两千年之久的封建专制制度，统治者十分重视道德教化的作用，通过教化民众来维护专制统治，特别是在广大农村，乡绅更是通过伦理道德、礼俗秩序、宗法纲常等手段来维护乡村社会的长期稳定。可见，德治在中国传统乡村社会中一直发挥着十分重要的作用。到了今天，虽然乡村的社会面貌已经发生了很大变化，但是以道德伦理为基础的"熟人社会"的基本特征并未发生根本性改变。

---

① 李建华. 论德治与法治的协同［J］. 湖湘论坛，2017（5）：24.
② 马戎. 罪与孽：中国的"法治"与"德治"概说［J］. 北京大学学报（哲学社会科学版），1999（3）：32.

乡村不同于城市，"熟人社会"是费孝通对乡村社会的经典概括，是人们描述乡村社会性质的经典理论模型。① 他认为，在这种"熟人社会"的差序格局中，人与人之间存在着一种以自己为中心的私人关系，人们通过这种关系互相联系起来，社会范围是由一根根私人联系所构成的网络……社会道德也只在私人联系中发生意义。② "熟人社会"的秩序机制的核心要素是"人情"，其中主要包括亲情、友情、乡情等。这些"情"往往成为人们自觉遵循乡村行为规范的重要原因，有时甚至成为人们生活的意义所在。"三治合一"的乡村治理体系建设中，充分利用这一情感因素，可以极大地降低治理的难度。故而，在推进基层自治、民主法治的同时，必须重视德治建设，妥善运用乡村中的人情因素，使之服从、服务于自治、法治建设，成为乡村治理体系的重要情感支撑。

（二）德治能够增强村民自治的有效性

村民自治制度是中国特色社会主义民主政治制度的重要组成部分，是村民当家做主最直接、最有效、最广泛的途径。实行村民自治，让村民参与到乡村治理中来，能够很好地调动他们政治参与的热情，进一步激发其建设家园的内生动力。

目前，在我国的部分乡村，村民自治制度实施的程度还不够，取得的效果还不理想，村委会在民主决策、民主施政、村务公开等方面还存在不足，"人治"现象普遍存在，这必将降低村民对村委会的信任度、认可度，村委会权威、地位、作用也将随之面临挑战。面对这种情况，正确发挥德治的作用，能够显著提高村民自治的有效性。一方面，德治具有舆论监督作用，能够监督村委会政策的制定和实施，尊重村民的批评权、建议权，使其尽可能符合最广大村民的利益诉求，增强基层自治的民主性。另一方面，德治可以降低乡村治理成本。乡村事务繁杂琐碎、千头万绪，有可能会产生许多民间纠纷，发挥乡规民约、村风民俗等德治手段在纠纷处理中的作用，能够有效减轻政府的治理负担。此外，村民自治一般只在基层民主政治建设中发挥作用，而德治可以辐射到村民生活的方方面面，从衣食住行到生产生活，从日常小事到关乎道德行为的大事，调节范围更广、层次更深，具有普遍的约束力。

（三）德治可以弥补法治的不足

当前，在我国农村地区虽然有较为健全的法制体系，但几千年来"皇权不下县"的传统，造成了农村有一套适用于每个村民的地方性规范，有自身独特的价值观念和行为准则。乡村不同于城市，它是一个聚族而居的社会组织，通常由几个姓氏或一个姓氏聚集在一起且世世代代延续。这就决定了乡村中家庭与家庭之间、人与人之间，必然存在一种或亲或疏的亲缘关系。在这种情形下，如果凡事都以法律为准绳，势必会使这种原本温馨的亲缘关系逐渐淡漠，甚至会埋下仇恨的种子。因此，在不违背法律法规的前提下，通过德治的方式处理邻里之间的纠纷，既能让村民感受到公平正义，也能让村民感受到贯穿于事件处理之中的亲情与温情，弥补法治的不足。

由于我国城乡二元结构的影响，大部分法律是根据城市的法律需求制定的，真正符合农村乡土性特征的民间法比较少，在遇到问题时，村民们往往更倾向于采用乡规民约等民间法来处理矛盾纠纷。村民们对民间法的普遍认同和自觉遵循，不仅是由于

① 贺雪峰. 华中村治研究［M］. 北京：社会科学文献出版社，2016：135.
② 费孝通. 乡土中国［M］. 北京：北京大学出版社，2012：48.

119

其理性的利益选择和行为习惯，而且更有情感上的依赖和实际效用。① 在正式法律尚不能对社会进行完全覆盖的条件下，德治方式很好地弥补了法治的"真空"，二者相辅相成、相互补充，共同推进乡村治理水平的提升。

三、新时代乡村治理中德治存在的问题

德治在乡村治理中承担着重要的职能。但是，在快速城镇化的背景下，当前中国乡村德治方面还存在一些明显的问题。

（一）优秀传统道德观念作用弱化，新时代农村道德文化尚未真正形成

农村不仅是中国农业文明的承担者，更是优秀文明基因的承载者。乡村传统道德文化崇尚和谐，倡导忠君国、孝父母、敬师长、守本分、尚节俭、谨言行等价值观念。这些道德因素经过现代转化，都能成为新时代文化建设最宝贵的资源。然而，伴随改革开放的不断深入和社会主义市场经济的飞速发展，乡村社会经济得到了前所未有的发展，人们的生活水平日益提高，思想观念、价值追求、生活方式等也随之产生了巨大改变。

价值观的多元化、人口的流动使人们受到各种外来思潮的影响，传统与现代行为规范和价值观念的碰撞导致的矛盾，将农民卷入道德判断标准两难的漩涡之中。② 部分农民抛弃了原有的道德文化精华，丢失了良好的社会风俗习惯，甚至受到"拜金主义""享乐主义""个人主义"等错误观念影响，出现了是非不分、荣辱不辨、黑白不明的状况，优秀传统道德观念的作用日趋弱化。与此同时，符合新时代发展要求的道德观和价值观又未真正形成，这些都影响和阻碍了乡村治理中德治作用的发挥。

（二）传统乡规民约局限性凸显，阻碍新时代乡村社会的法治化进程

作为非正式制度，乡规民约的制定和施行都具有悠久的历史，是国家正式法律规范的有益补充。乡规民约在保障乡村基层民主、管理公共事务、维护社会秩序、培育村民道德、规范村民行为、解决邻里纠纷等方面发挥着不可或缺的作用，是乡村社会治理的重要工具。

但是，传统乡规民约的局限性日益凸显。在内容上，部分传统乡规民约受到儒家礼教思想的束缚，仍然保留着某些封建纲常宗法的陋习，例如男尊女卑、重男轻女思想根深蒂固，在处理没有明确制定遗嘱的遗产时，主张传男不传女，女儿没有继承权等，这侵犯了公民的合法权利，并且与国家法律相抵触。在效力范围上，传统乡规民约往往从个别家庭、家族利益出发，注重调解家族内部的矛盾，效力范围仅局限在家族内部，对乡村公共性事务的调解约束较少。在形式上，传统乡规民约往往以口头形式存在着，难以形成规范性的正式文件，对不适用于现代社会生活发展要求的条款，也没有及时进行增补和修订。在约束力上，传统乡规民约主要靠村民内心的自律自省发挥作用，约束力较差，对遵循乡规民约的行为没有规范的表扬激励机制，对违背乡规民约的行为也没有合理的惩处机制，很难得到村民内心的真正接受和认同。

（三）农村道德评价机制急需完善，传统榜样力量弱化

所谓道德评价，是指人们运用已有的道德观念，依据一定的道德准则，对行为的

---

① 邓捷，廖依娜. 非主流力量的现实与必要——民间法在农村法治进程中的地位和作用 [J]. 贵州警官职业学院学报，2009（2）：78.

② 张婷婷. 新时代我国农村道德治理研究——以安徽省六安市为例 [D]. 合肥：安徽财经大学，2018：31.

是与非、善与恶、美与丑进行评价或判断的道德实践活动。正确进行道德评价，褒扬正义、贬斥邪恶，有助于提高村民的道德修养，增强其道德信念，规范其道德行为，从而维护良好的乡村社会道德秩序。

在中国特色社会主义进入新时代的背景下，全国许多农村地区都在如火如荼地开展道德评价活动，为助力打赢脱贫攻坚战、树立文明新风尚提供了强大的道德力量和精神滋养。在取得重大成效的同时，我们也应清醒地认识到评价活动中存在的问题，如评价规则不明确，朝令夕改；评价机制不完善，人情因素复杂；评价程序不规范，途径方式单一，评价结果实效性转化困难等问题不容忽视。同时，传统道德榜样力量弱化，生活节俭被说成"抠门"，奢侈铺张被认为"大方"，乐于助人被当作"多管闲事"，投机取巧被看作"机智圆滑"，本应受褒扬的美德却被讽刺、挖苦，本应被贬斥的行为却被当成"普遍真理"，村民思想混乱、道德失范现象屡见不鲜。

（四）乡村精英人才大量流失，德治主体力量逐步弱化

所谓乡村精英，既包括村中德高望众的长者、才学出众的文人，也包括返乡的退休干部、老党员，还包括第一书记、大学生"村官"这些外来的"文化人"。他们往往比普通村民更具有权威和影响力，能够调动更多乡村社会资源。在传统乡村社会里，乡村精英这一群体在协调人际关系、调解邻里纠纷、化解政府与民间的矛盾、维护社会秩序和谐稳定等方面发挥着重要作用。

伴随着城市化与市场化的飞快发展，农业生产效率和集约化程度不断提高，农村剩余劳动力不断增多，这些剩余劳动力为谋求出路，开始向城市大批转移，农村空心化现象越来越明显。国家统计局发布的《2017年农民工监测调查报告》显示：在数量上，农民工总量继续增加，2017年农民工总量达到28 652万人，比上年增加481万人，增长1.7%。[①] 在受教育水平上，大专及以上学历农民工占比显著提高，占总量的10.3%，比上年提高0.9个百分点。在性别比例上，农民工以男性为主，男性占65.6%，女性占34.4%。在年龄层次上，主要以青壮年为主，1980年及以后出生的新生代农民工占全国农民工总量的50.5%，占比首次过半，该群体逐渐成为农民工的主体。调查表明，目前我国农村劳动力流动呈现精英化趋势，外出务工的一般是受教育水平较高、年轻力壮的年轻人，留在农村继续从事农业生产的多为老弱妇孺。青壮年精英人才的大量流失导致乡村传统意义上的精英群体正逐渐走向消亡，乡村德治建设主体缺失且力量逐步弱化。

四、新时代乡村治理中德治的完善路径

完善德治在乡村治理体系中的作用，必须从加强农村文化建设、重视乡规民约建设、健全道德评议体系、壮大乡村精英队伍等方面着手，多措并举、协同配合，适应新时代发展的要求，培育文明乡风、良好家风、淳朴民风，使乡村文明焕发新气象。

（一）加强农村道德文化建设，培育新时代社会主义农村道德文化

加强乡村德治建设，既要继承传统农村道德文化精华，又要注重提炼和培育新时代乡村核心价值观，将社会主义核心价值观融入农村文化建设之中，以文化滋养文明

---

① 国家统计局.2017年农民工监测调查报告［EB/OL］.［2018-04-27］. http://www.stats.gov.cn/tjsj/zxfb/201804/t20180427_1596389.html.

乡风，以文化约束人们行为。

1. 继承传统农村道德文化精华，加强新时代农村道德文化建设

党的十九大报告强调，"文化是一个国家、一个民族的灵魂。文化兴国运兴，文化强民族强。"[①] 德治首先是要对农民群众开展道德教化，加强民族优秀传统文化教育，充实提高农民的思想道德水平和精神境界。其次要在尊重村庄已有的生活习惯和道德传统的基础上，探索和保护隐藏在风俗习惯中的优秀文化资源，修葺与重建承载着乡村文化的历史文献、碑刻、文物古迹等。最后要协调好乡村传统道德观念与现代社会道德观念之间的分歧与冲突，既要尊重传统道德观念在维护社会秩序方面的重要作用，又要防止其带给农民故步自封、因循守旧、小富即安、封建迷信的落后思想，引导农民树立新时代职业道德，培育他们的合作意识、责任意识、法治意识。

2. 适应新时代发展要求，提炼和培育新时代乡村核心价值观

马克思主义认为，经济基础决定上层建筑。恩格斯指出：人们"从他们进行生产和交换的经济关系中，获得自己的伦理观念"[②]。道德属于上层建筑的重要部分，在社会经济关系中产生，受到经济基础的制约和影响，随着时代发展、制度进步，道德内容也必然随之改变。因此，在德治建设进程中，必须适应时代发展新要求，广泛开展社会主义核心价值观宣传教育，积极提炼和培育新时代乡村核心价值观，引导村民形成"讲道德、尊道德、守道德"的良好社会风气，将新时代乡村核心价值观内化于心、外化于行。同时，还要发挥基层党组织的作用，发挥党员干部的模范带头作用，满足广大农民在物质上逐渐富裕起来之后对更美好的精神文化生活的要求。

（二）重视新乡规民约建设，形成新时代乡村行为规范

墨子曾说，"天下从事者，不可以无法仪，无法仪而其事能成者，无有也"，意思是说，做任何事情都要遵循一定的规则，不依规则而行是不可能成功的。乡规民约在不同时期具有不同的内涵，早期的乡规民约侧重于道德教化，后期则更强调社会治理，协调乡村生活中面临的实际问题。

1. 探索传统乡规民约中的道德价值，发挥道德教化功能

面对传统乡规民约，应做到批判继承、创新发展，取其精华、去其糟粕。一方面，应积极探索传统乡规民约中的道德价值，继承和弘扬其中讲仁崇义、爱国爱乡、明礼诚信、勤俭节约等传统美德，保护家谱族谱、民俗活动、传统仪式等文化遗产，发挥其价值引领和行为导向作用；另一方面，对传统乡规民约中消极落后的因素，在尊重村民的利益诉求的基础上，选择性地加以改造和摒弃，使之适应时代发展的要求，实现现代价值转变。注重对乡规民约的宣传和普及教育，将乡规民约制定成册分发给村民，提高村民对乡规民约的认知度和认同感，通过观念内化、教育引导、实践养成培育村民新的价值观念，养成新的行为规范，发挥其道德教化功能。

2. 修订现代乡规民约中的价值规范，发挥社会治理功能

发挥乡规民约的社会治理功能，一是遵循时代发展的新要求，扩大乡规民约的调节约束范围，涉及村民日常生活的方方面面，填补法律法规调节不到的空白领域，例

---

① 习近平. 决胜全面建成小康社会 夺取新时代中国特色社会主义伟大胜利——在中国共产党第十九次全国代表大会上的报告 [N]. 人民日报，2017-10-19（003）.

② 马克思恩格斯选集：第3卷 [M]. 北京：人民出版社，2012：434.

如禁止擅自占用耕地、保护乡村环境和公共设施、拒绝大办酒席铺张浪费等，使之服从和服务于现代法律的要求。二是要规范乡规民约制定程序，定期对乡规民约的内容进行增补和修订，融入现代价值规范，从乡村生活的实际和实践出发，让村民切实参与到乡规民约的制定中，调动他们参与社会生活的积极性、主动性。三是要健全乡规民约实施保障机制，运用合理的奖惩机制保障实施效力，对高尚的行为进行一定物质奖励并编纂入册，对失范的行为采取要求其打扫乡村街道等方式进行教育引导，避免只喊口号、流于形式，切实发挥社会治理功能。

（三）健全道德评议体系，弘扬新时代乡村正能量

深入持久地开展道德评议活动，通过动员和组织村民定期评议身边涉及道德因素的新人、新事、新风尚，建立健全客观真实、科学有效的道德评议体系，有利于形成良好道德风尚，弘扬新风正气，激发乡村社会正能量。

1. 建立道德评议组织机构，规范评议体制机制

开展道德评议活动，首先要成立专门的评议机构，由村民公推直选出政治素质好、有事业心和责任感、组织协调能力强、威信较高的人担任机构成员并定期换届选举，尽可能减少或避免人为因素和暗箱操作。其次，要细化评议规则，在广泛调查研究的基础上，制订村民易于接受、简单明了、切实可行的评议规则，并形成规范化的书面文件。再次，要严格评议运行程序，遵循公开公正客观的原则，注重实事求是、就事论理、以理服人，采取开会集中评、登门谈心评、板报橱窗评等多种方式。村民对评议结果有异议的，可以申请复议。[①] 最后，要注重评议结果的运用，建立个人或家庭道德台账，对评出的好人好事进行广泛表扬和宣传，对不文明不道德的行为进行批评教育，评议结果及整改情况与村民的评先选优直接挂钩，彰显评议的权威性和实效性。

2. 广泛开展先进人物评选活动，形成良好道德风尚

采取民主推荐与自荐相结合方式，广泛开展"五好文明家庭""脱贫致富标兵""百姓好人"等评选表彰活动，开展寻找最美乡村教师、医生、"村官"、家庭等活动，树立身边德孝典范，运用社会舆论、道德行为规范的感召力、影响力，形成鲜明的舆论导向。综合运用多种途径，深入宣传社会主义核心价值观、道德模范、感动人物、最美家庭等先进个人和家庭的典型事迹，形成健康向上的舆论氛围，引导群众学习先进人物典型事迹，在潜移默化中激发群众自力更生的内生动力，转变"等要靠"思想，弘扬真善美，传播正能量，通过德治的实践和行动，引领德治建设，用榜样的力量引领乡村文明新风正气。

（四）壮大乡村精英队伍，促进乡村精英有效参与德治建设

学者贺雪峰提出，根据乡村精英在现行组织体制中的位置，可以将其分为"体制内精英"和"体制外精英"。[②] 前者主要是指村干部，他们掌握着村庄治理权力；后者主要是指经济能人、个体户、私营企业老板、种养能手、乡村教师、医生等在村中有一定权威和影响力的人。引领乡村现代德治主体回归，需要从体制内精英、体制外精英两个群体着手，建立常态化的精英吸纳机制，改善精英回乡创业投资环境，壮大乡村精英队伍，使乡村德治重新焕发生机和活力。

① 曹明扬. 在煤矿开展道德评议活动的有益探索与实践企业文化［J］. 中外企业家，2017（8）：160.
② 贺雪峰. 新乡土中国［M］. 北京：北京大学出版社，2013：304.

1. 建立常态化的精英吸纳机制，为乡村精英进入体制内创造条件

首先，村委会可以在县乡政府的指导下，激活村中精英资源，调动"在土"精英、吸引"离土"精英及"外来"精英，组成乡村精英参事会、矛盾调解组、帮扶互助会等民间组织，成为乡村两委和村民之间的一股中间力量，倾听群众呼声，反映群众诉求，缓和干群关系，具体参与到乡村事务中去。其次，乡镇政府应出台常态化和制度化的乡村干部竞选和党员发展机制，为有志于为村庄建设贡献才智的乡村精英提供有效平台，促进他们由"体制外"向"体制内"转变。[①] 村委会在做决策时，应积极听取乡村精英的意见和建议，注重培养其组织领导、协调沟通能力。最后，重视对大学生"村官"的培养，通过厘清岗位职责、畅通发展前景、提供创业资金优惠政策、健全生活保障等，增加对他们留村的吸引力，使其自愿留在乡村工作发展。

2. 改善体制外精英回乡创业投资环境，引领乡村精英主体回归

首先，政府应积极鼓励乡村精英兴办企业，通过完善土地流转制度，发放小额贷款、适当减免税收、简化创业手续、完善销售渠道、农资科技下乡等措施，改善精英回乡投资创业环境。其次，增加乡村公共设施的财政投入，完善教育、卫生、医疗、交通等基础设施建设，修建文化广场，定期举办文化活动，提高乡村基本公共服务供给，改善乡村居住生活条件。再次，通过广播、电视、网络等媒体宣传农村新政策、家乡新风貌，激起那些热爱乡村环境、怀念乡村生活、乡土意识浓厚的"离土"精英的思乡之情、"落叶归根"情怀，运用他们的资金、知识、技术、人脉等优势，推动乡村高质量发展。最后，加强对乡村精英的思想引领，培育振兴家乡的使命感和责任感，发挥他们在乡风文明建设、社会规范维护以及公共舆论传播等方面的以身作则、模范表率作用，用他们的言行垂范乡里，用他们的成功经验指导实践，为乡村的振兴发展服务，带领村民走向致富之路。

总 结

中国特色社会主义进入新时代，新时代要有新举措。健全自治、法治、德治相结合的乡村治理体系是一项复杂的系统工程，自治是核心，法治是保障，德治是情感支撑，三者相辅相成、密切配合，共同发挥系统功能和整体效果。正确认识德治在乡村治理体系中情感支撑的作用，以德治增强村民自治的有效性，以德治弥补法治的不足，协同推进农村文化、乡规民约、道德评议体系、乡村精英队伍等方面建设，在落细、落小、落实上下功夫，把德治的抽象概念、崇高理想变成人们实实在在的行动，才能真正实现有效的社会治理，形成良好的社会秩序，才能确保广大乡村百姓的获得感、幸福感、安全感更加充实、更有保障、更可持续。

参考文献

[1] 费孝通. 乡土中国 [M]. 北京：北京大学出版社，2012.

[2] 贺雪峰. 新乡土中国 [M]. 北京：北京大学出版社，2013.

[3] 贺雪峰. 华中村治研究 [M]. 北京：社会科学文献出版社，2016.

[4] 张婷婷. 新时代我国农村道德治理研究——以安徽省六安市为例 [D]. 合肥：

---

① 沈费伟，刘祖云. 精英培育、秩序重构与乡村复兴 [J]. 人文杂志，2017（3）：127.

安徽财经大学，2018.

　　[5] 乔惠波. 德治在乡村治理体系中的地位及其实现路径研究 [J]. 求实，2018 (4).

　　[6] 邓超. 实践逻辑与功能定位：乡村治理体系中的自治、法治、德治 [J]. 党政研究，2018 (3).

　　[7] 何阳，孙萍.“三治合一”乡村治理体系建设的逻辑理路 [J]. 西南民族大学学报（人文社会科学版），2018 (6).

（编辑：刘世强）

马克思人的全面发展视域下的乡村治理模式探析

乔　谦

【摘要】乡村的有效治理，不仅是国家治理体系与治理能力现代化在农村的重要体现，更是实现农业农村现代化的根本保障。随着新世纪以来城乡关系的深刻演变，传统乡村正在发生着自身发展历史上重大的、根本性的转变。实现每个人的自由而全面的发展，是马克思一生从事全部理论创造和实践活动的主题，而乡村治理的实质也旨在促使乡村价值主体性的和谐共生，并且这一思想也为从乡村治理到乡村善治的历史转变提供了理论基石。因此，以马克思人的全面发展思想来探析新时代的乡村治理模式重构意义重大。

【关键词】马克思主义；人的全面发展；乡村治理；模式

【作者简介】乔谦，四川旅游学院马克思主义学院讲师。

【基金项目】四川旅游学院 2018 年度校级科研机构（创新社会治理中心）项目"乡村振兴战略视域下乡村治理体系研究"资助，项目编号：SCTUJI801。

《墨子·尚同》认为，乡治是国治、天下治的基础和命脉，乡村治理是否有效在很大程度上决定了国家统治是否稳定有序①。马克思人的全面发展思想作为中国共产党执政兴国的重要理论基石，不仅是坚持以人民为中心发展思想的体现，而且更能够为当下中国的乡村治理提供理论指引与政策引领。本文阐释了马克思人的全面发展思想内涵，在深刻剖析当前中国乡村治理面临主要问题的基础上，为新时代中国乡村治理模式的重构找准发力点，从而为顺利实施乡村振兴战略提供内生性动力支撑。

一、马克思人的全面发展理论的基本内容

马克思人的全面发展思想，有着丰富的内涵，是合目的性与合规律性的统一、社会发展与人的发展的统一、科学理性与价值理性的统一。实现每个人自由而全面的发展，是马克思一生从事全部理论创造和实践活动的主题，无论是马克思主义哲学、政治经济学、科学社会主义，马克思的研究始终都离不开"人"这样一个主体，人的自由而全面的发展就是马克思主义理论中合规律性和合目的性相统一的历史过程。

---

① 贺雪峰. 乡村治理研究与村庄治理研究［J］. 地方财政研究，2007（3）.

（一）摆脱劳动的束缚是每个人自由全面发展的前提

马克思在《1844 年经济学哲学手稿》中，通过阐述劳动异化论，已经初步形成了人的全面自由发展思想。马克思指出："一个种的全部特性、种的类特性就在于生命活动的性质，而人的类特性恰恰就是自由、自觉的活动。"① 自由自觉的活动作为人的本质体现，不仅是对人在劳动束缚与奴役下的扬弃，而且也宣示了每个人只有从劳动中获得解放，自由发展自己的才能，从事能够愉悦自身的职业，才能实现每个人自由而全面的发展。同样，在旧社会的分工体系下，由于"每个人只隶属于某个生产部门，受它束缚，听它剥削，每一个人都只能发展自己才能的一方面而偏废了其他各方面"②，造成了人的发展的片面性，并且忽视了人的个性独立，使人日益屈服于物的支配下，扼杀了追求自由与解放的权利。因此，马克思认为，只有把人类从必要的劳动时间下解放出来，使人挣脱物的束缚，个人才能在艺术、科学、精神领域和其他方面达到更高的造诣，也才能够全面发展自身的才能。

（二）全面的实践活动是推动人实现自身全面发展的归宿

纵观整个人类社会发展的历史，实质上就是一部人类争取自身解放与独立自主、从而获得自由解放与全面发展的历史。马克思、恩格斯在《共产党宣言》中，提出了"每个人的自由发展是一切人的自由发展的条件"③ 的论断，突出了个体自由发展对于全人类自由发展的重要性和基础作用，也鲜明地指出只有每个人克服自身发展的片面性，通过全面的实践活动来发展自身，才能实现个性的解放与自由发展的目标，进而推动人类的全面发展。这不仅是马克思主义关于人全面自由发展的最高体现，也是社会主义崇高理想的归宿，更是中国共产党人的价值目标和实践追求。此外，在《资本论》中，马克思从教育劳动的层面，论述了全面发展的人的条件，指出"生产劳动同智育与体育相结合，是造就全面发展的人的唯一方法"④。马克思进一步指出，只有全面的实践活动，即将劳动与个人所属的德、智、体实践才能的发挥相结合，才是实现人全面发展的基础。教育能够改变人自身发展的片面性，从而促使人从教育中得到自身全面发展的给养，为人自由自在的全面实践活动找到目标归宿，这也相应地构成了马克思关于人自由全面发展思想的理论前提和基础。

二、从马克思人的全面发展思想看新世纪以来中国乡村治理模式存在的问题

实现人的自由而全面的发展是马克思主义理论体系的核心要义，不仅体现了以人为本发展理念的精髓，而且也为新时代的中国乡村治理奠定了理论基石。中国乡村治理随着新世纪的到来进入了一个新的发展阶段。面对上个世纪末遗留下来的乡政村治窘境，我国乡村治理难题开始凸显并逐步恶化，乡村正在发生着自身发展历史上的重大的、根本性的转变。因此，纵观马克思人的全面发展思想，无不彰显着对中国乡村治理问题的深刻启示。

---

① 马克思恩格斯全集：第 42 卷［M］. 北京：人民出版社，2009：96.
② 马克思恩格斯文集：第 1 卷［M］. 北京：人民出版社，2009：688-689.
③ 马克思恩格斯文集：第 2 卷［M］. 北京：人民出版社，2009：53.
④ 马克思恩格斯文集：第 5 卷［M］. 北京：人民出版社，2009：556-557.

（一）村社共同体意识淡薄，恶化乡村治理难题

马克思在《德意志意识形态》中指出，"只有在共同体中，个人才能获得全面发展其才能的手段"①，进一步说明了共同体在聚集人力、推动人全面发展方面能够发挥出巨大的作用。进入新世纪以来，乡村发展日益成为我国经济社会发展的短板，尤其在取消农业税之后，传统乡土社会的集体聚合能力不断弱化，再加上农村地区缺乏可供自身建设的资金支撑，乡村发展的财政来源一直依赖国家的转移支付，也相应地导致了农村凋敝、治理缺失的困境。此外，随着社会主义市场经济的深入发展，农村地区的各种资源要素相继流入城市，导致乡村传统社会秩序被打破，尤其是伴随着大量的农村人员进城务工经商，乡村人才流失严重，村庄建设缺乏活力与创新力，农村地区的共同体意识逐渐淡薄，村社文化观念面临解体，共同体的乡土村落日益分裂为高度原子化的村庄，也进一步解构了乡村发展的稳定格局。村民集体意识的缺失也导致传统乡村治理模式难以为继，使得乡村治理的窘境日益成为社会主义现代化建设的症结。

（二）乡村治理主体性缺失，制度束缚严重

人的主体性的发挥是马克思主义所追求的人的全面发展的前提。进入新世纪以来，随着新农村改革的逐步推进，国家在推动乡村发展的同时，也弱化了乡村建设主体性作用的发挥。尤其是基层政府作为乡村治理的统筹者与决策者，在财权与事权不匹配的境况下，由于权限的上移和自上而下决策制度的束缚，导致其在乡村治理中"缺位"严重，不作为事件频发，治理秩序紊乱。村两委作为乡村治理"最后一公里"的屏障，在进行村庄建设与乡土治理中，由于缺乏有效的外部监督机制，导致其在建设中过度推行行政命令，致使相应的民意表达渠道不畅，且未将农民的切身利益作为决策推行的考虑因素，使得民情无法得到有效回应，严重忽视农民的主体性作用，使得农民参与乡村治理的积极性不高，权利意识淡薄。尤其是在建立相应的村民自治组织时，由于传统乡政村治制度的束缚和博弈的失衡，使得农民在乡村治理中的作用"虚化""浮化"，乡村建设举步维艰。

（三）乡村教育发展滞后，致使乡村治理人才流失

马克思在论述旧社会分工的后果时认为，教育能够使人摆脱分工造成的发展片面性②，并且通过教育作用的发挥，不仅能够使人获得提高社会生产力的技能，而且能够促进人的各方面即精神领域、艺术、科学等的全面发展，从而为实现人的自由全面发展奠定根基。进入新世纪以来，由于国家"城市优先、工业优先"战略的深入实施，导致城乡之间的基本公共服务差距日益扩大。尤其在城乡教育资源的配置方面，由于农村要素的单向度流失，乡村教育资源严重短缺，基础设施发展滞后，乡村人才培养模式日益固化、片面化，造成乡村治理人员技能素质和知识结构低下。随着城市化和工业化进程的加快，城市所需人才和务工人员相继增多，农村作为传统乡土中国人才的蓄水池，在为城市发展输送大量人力资本的同时，也进一步造成了当前农村"三化"困局。尤其是农村人员的过度流失，使得乡村治理人才青黄不接，治理模式僵化，严重阻碍了乡村治理有效目标的顺利实现。

---

① 马克思恩格斯文集：第 1 卷 [M]. 北京：人民出版社，2009：571.
② 马克思恩格斯文集：第 1 卷 [M]. 北京：人民出版社，2009：689.

三、马克思人的全面发展理论视域下新时代中国乡村治理模式的重构

传统的乡土中国，由于长期在政治和经济上的弱势地位，农民形成了对国家和政权的依附心理，政治参与意识淡薄、民主意识欠缺。改革开放以来，随着社会主义市场经济的不断发展和新农村建设的不断实践，乡村治理向现代化征程迈出了关键步伐。尤其是伴随着中国特色社会主义进入新时代，党和国家审时度势，提出了乡村振兴战略，不仅为未来农村的现代化建设描绘了美好蓝图，也为当前乡村的有效治理提供了方向引领。实现人的全面发展为核心的乡村治理模式的重构并非一蹴而就的，涉及农村经济、政治、文化、生态等各个层级。因此，推动新时代中国乡村治理模式的重构，不仅需要在中国共产党的坚强有力领导下，按照自愿、民主、公平的原则，通过有效规范的引导，稳步向前推进，激发农民的民主意识，而且也要加大对乡村治理人才的培育力度，引导农民逐渐由小农意识向公民意识的现代化转型，满足其更高层次的需求，从而促进每个人自由而全面地发展。

（一）壮大农村集体经济，重构乡村共同体意识，这是以人的全面发展为核心的乡村善治的经济基础

马克思在肯定共同体作用的同时，也指出只有消除旧社会分工的弊端，按照共产主义的原则组织生产，才能为实现每个人自由而全面的发展奠定基础。中国作为一个拥有数千年封建传统的农业大国，小农意识根深蒂固，因此，要推动乡村治理模式的转型升级，不仅要重构乡村共同体意识，为乡村善治奠定理念指引，更要壮大农村的集体经济，重塑现代农民的合作意识，为乡村治理筑牢经济保障根基。首先从农业生产角度考量，必须要改变自给自足的小农经济生产方式，紧跟社会主义市场经济的步伐，积极发展社会化大生产，壮大乡村的集体经济实力，实现农业生产的商品化、产业化发展。一方面要提高认识，认识到农村集体经济在我国国民经济发展中起到的基础性作用，认识到我国目前人口大国的现状与有限资源及较低农产品供给水平之间始终存在着矛盾，因此在经济发展过程中要牢牢坚持农业的基础性地位不动摇，深化农村产权制度改革，根除集体经济发展的顽疾；另一方面要加大投入，加强对农村公共设施建设的支持力度，缩小城乡差距，提高农村集体经济的市场竞争力，帮助农民在社会主义市场经济大环境中确立主体地位。其次要完善农村的社会化服务，将党在农村的经济政策运用好、落实好，将我国的粮食流通体制结合实际进行优化升级，加强对农产品市场的应变能力，促进农业适度规模发展，从而为壮大农村集体经济找准发力点，重塑乡村共同体理念。

（二）加强制度化建设，提升农民主体性地位，这是以人的全面发展为核心的乡村善治的制度保障

人的全面发展离不开社会实践，而参与通道的制度化、充分性和有效性，直接决定着农民参与的效能感，并在很大程度上影响着人的全面发展的乡村善治的成效。在这个意义上，成熟的农村基层民主政治建设是塑造健全的公民人格和公民态度，树立农民集体意识、促进人的全面发展的重要环节。

我们需要围绕乡村善治的制度化建设，运用多种途径加强农村基层民主政治建设，为以人的全面发展为核心的乡村善治提供制度保障。作为多中心治理模式的成功实践，民主恳谈会在担负群众民主教育职责方面发挥了巨大的作用，一方面培养了村民较高

的民主素养；另一方面为村民搭建起了沟通、协商、对话的平台，使民主参与的广泛性与有效性之间的矛盾得到了化解，为乡村治理提供了制度化的保障。更重要的是，多种协商形式的出现促使基层民众积极参与到政治生活中，为乡政村治注入了活力，推动着乡村治理向乡村善治有效嬗变。

在政策实施层面，需要重点加强以下制度化建设：一是转变乡镇政府的职能，为人的全面发展提供外部条件。要明确乡镇政府的法律定位，充分认识其在乡村治理中的职能定位与角色设计。乡政府除了履行必要的行政管理职责之外，在尊重村民自主和村委会独立的基础上运用多种方式进行有效的管理，包括法律、经济、教育等方式和手段。二是坚持和完善村民自治制度，提升农民的主体意识，增强农民的政治参与感。以有效参与为切入点，不断完善村民自治制度建设，将法律法规赋予村民的各项权利真正予以有效落实。在民主选举中，要尊重和保障村民的选举权、提名权、投票权和罢免权；在村级重大事务的民主决策中，要尊重和落实好村民的知情权、决策权、管理权和监督权，以此来提升农民的权利意识、主体意识和平等意识。三是要建立健全与市场经济发展相适应的社会参与机制，进一步建立和完善农村地区的选举制度、听证制度、信息公开制度、人民代表大会制、行政复议制等。通过各种直接或间接的乡村管理方式，提高农民参与乡村政治活动的深度和广度，吸引农民积极投入到乡村治理之中，加强农村基层民主政治建设，为以人的全面发展为核心的乡村善治提供保障。四是要创新土地制度。在稳定家庭联产承包责任制的前提之下，允许土地使用权合理转让，进一步调整农民与土地之间的关系，弱化行政权力对集体土地的直接干预，强化农民的承包经营权，增强农民对土地的自主权，使农民成为土地产权的主体，真正提高其主体意识、产权意识、竞争意识、契约意识，为农民的全面发展提供良好的市场氛围。

总而言之，只有通过制度建设和机制实施，才能激发乡村治理的活力与创新力，也只有从农民的切身利益出发来助推乡村治理模式的重构，才能真正确立农民的主体地位，为实现以人的全面发展为核心的乡村善治筑牢内生性动力。

（三）提高农村教育水平，加强乡村治理人才培育，这是以人的全面发展为核心的乡村善治的人才根基

文盲是处在政治之外的。教育程度的高低决定着一个人参与意识、民主意识的强弱。马克思在论述教育的作用时认为，教育是提升人们生产技能、促进人全面发展的最基本条件和手段。然而，在我国，相比于其他群体，农民是社会文化知识最匮乏的。要实现以人的全面发展为核心的乡村善治，就必须从提升农村整体教育水平入手。

第一，要加大对农村基础教育的投入力度。各级政府要以乡村公民教育作为主要内容，有计划、有步骤地增强农村教育资源投入，促进公共财政在城乡之间实现公平覆盖，为乡村公民教育创造良好的财政条件。另外，在加强农村基础性教育的基础上，也要重视成人教育的发展，提升农村基础文化水平。第二，要将人的全面发展理念渗透到各类教育中。人的全面发展的理念具有非常丰富的人文内涵，高技能、高学历不代表人的全面发展，要将道德教育、政治教育、思想教育与技能教育和学历教育充分结合，提升乡村治理人才的技能素质与知识应用能力。第三，建立与农村实际相适应的培训和继续教育体系。目前，我国还没有形成自成体系的、独立的农民教育制度。因此，农村需要在实践中摸索，寻求培养农民健全人格、积极态度、民主生活技能的

有效形式，建立符合乡村治理人才全面发展的环境机制，以此来加强对乡村治理人才的多途径培育，为乡村善治奠定人才支撑。

（四）培育新时代乡村精神，这是以人的全面发展为核心的乡村善治的精神动力

在中国的农村，传统的价值观念是自发传承的。建立以人的全面发展为核心的乡村善治模式是一项长期、艰巨、系统性的任务，我们需要培育新的乡村精神，来助推乡风文明的形成，为新时代的乡村治理提供动力引领。具体而言，一是要结合农村地方实际，广泛开展各种具有浓郁地方特色的文化活动，与地方院校、文艺团体等广泛合作，通过组织寓教于乐的文艺活动、先进模范人物学习活动等，深入挖掘农村深层次的文化资源，对农民传统的生活方式加以组织和引导，从本质上推进农民知识化、现代化、文明化，从而实现农民个体的全面发展。二是通过报刊、图书、网络等多种形式不断激发农民掌握新技术、学习新知识的热情，积极引导农民树立文明意识、创新意识、竞争意识、自强意识，营造积极、健康、向上的文化氛围、道德风尚和精神面貌，为培育以人的全面发展为核心的乡村善治模式奠定良好的文化基础和精神指引。

（编辑：刘世强）

131

新时代少数民族地区文化精准扶贫实践路径研究

罗俊梅

【摘要】 新时代少数民族地区文化精准扶贫对于驱动与加速民族地区文化事业的发展具有重要意义。当前，我国少数民族地区还面临着部分少数民族人民群众思想观念保守落后、经济发展水平相对滞后、文化教育水平有待提高、文化精准扶贫体制机制有待完善等诸多困境。本文针对上述困境，提出要采取扶观念、扶经济、扶教育、扶制度等多元融合的方式方法，进一步推动新时代少数民族地区文化精准扶贫实践的展开。

【关键词】 少数民族地区；文化扶贫；精准扶贫；贫困文化

【作者简介】 罗俊梅，西南财经大学马克思主义学院 2017 级硕士研究生。

一、引言

党的十九大报告指出："我国社会的主要矛盾已经转化为人民日益增长的美好生活需要和不平衡不充分发展之间的矛盾。"① 少数民族地区因长期受偏远的地理位置和恶劣的自然生态环境的制约，经济发展缓慢，地区文化建设与发展水平低下，少数民族人民群众整体文化素养有待提升。2015 年 12 月，文化部等七部委在"十三五"期间发布了《贫困地区公共文化服务体系建设规划纲要》，"文化扶贫"首次成为支持我国贫困地区公共文化发展的一项重要战略任务。2017 年 6 月，文化部发布了《"十三五"时期文化扶贫工作实施方案》，再次将"文化扶贫"工作提升到国家重要战略高度。新时代少数民族地区文化建设与发展面临诸多困境和挑战，亟须通过文化精准扶贫补齐文化发展这块短板，满足少数民族人民群众对全方位、多层次的美好文化生活的需要。

"文化精准扶贫"是指根据少数民族地区的文化发展需求，采取由外向内"输血"和由内向外"造血"的双向帮扶模式，助力少数民族地区实现文化脱贫。习近平总书记指出："文化减贫与脱贫都要更加精确和准确。"② 文化精准扶贫不仅要为少数民族人民群众提供新知识、新思想、新观念和新信息，还要全方位、多层次输送适宜民族地

---

① 习近平. 决胜全面建成小康社会 夺取新时代中国特色社会主义伟大胜利——在中国共产党第十九次全国代表大会上的报告 [N]. 人民日报，2017-10-28（001）.

② 习近平谈"精准扶贫"的内涵和意义是什么 [DB/OL]. http://politics.people.com.cn/n/2015/0804/c70731-27408438.html.

区生产生活的科学技术和知识技能，丰富少数民族人民群众的精神生活，提高少数民族的整体文化素养，更要帮助少数民族人民群众充分发挥他们的聪明才智，弘扬吃苦耐劳的精神，合理发掘地区的特色文化资源，变发展阻力为发展动力，将潜在财富转化为现实财富。"文化精准扶贫"旨在提高少数民族人民群众的思想道德素质和科学文化素养，增强少数民族人民群众自身发展能力，为少数民族地区经济发展提供强大的精神动力和智力支持，最终摆脱物质贫困。文化精准扶贫的投入力度最小，但成效最显著，产出量也最大，既是扶贫工作实现外部"输血"转向内部"造血"的关键环节，也是扶贫攻坚工作的艰难环节。"发展最终需要的是人民素质的变化，这种变化是实现更大发展的先决条件和主要途径，也是发展过程本身的伟大目标之一。"[①] 实现少数民族地区文化建设全面发展，文化精准扶贫是关键，要因地制宜、因人而异、因贫施策、扶真贫和真扶贫。

二、新时代少数民族地区文化精准扶贫的重要性

自党的十八大以来，在以习近平同志为核心的党中央的坚强领导下，我国的脱贫攻坚工作取得了重大成效。文化精准扶贫作为我国扶贫工程的一项重大任务，对补齐我国文化建设领域短板，促进少数民族地区经济文化建设和社会全面进步具有重大价值意义。

（一）提升少数民族人民群众文化素养的需要

中国作为一个拥有 56 个民族的多民族国家，除汉族以外的 55 个少数民族的文化占据着我国优秀传统文化的半壁江山。一方面，因受本民族传统文化潜移默化的影响，许多不良生活习惯和陈旧落后的思想观念深深扎根于少数民族群体中，长期形成的"亚文化"难以根除，部分年长的老人坚持推崇他们心目中所谓的"优秀"传统民族文化和思想价值观念，少数民族人民群众的整体文化素养有待提高；另一方面，少数民族地区经济发展缓慢，民族地区文化教育事业发展落后，公共文化资源配置不平衡，公共文化基础设施缺乏，公共文化服务水平不高，严重阻碍着少数民族地区青少年群体学习先进的科学文化知识，缺少开阔视野、提升自我、与时俱进的平台以及接受外界先进文化和价值观念的机会，青年群体的文化素质有待提高。余秋雨先生曾在他早期的文集《文明的碎片》中说过："文化有时是非常强大和无所不能的，总是带领人群逐步走向更高的文明。然而文化有时又非常脆弱，脆弱得就像一只精美的瓷器。"[②] 文化的易碎性质无时无刻不对人类产生深刻的影响。新时代少数民族地区青少年群体的文化素养的高低体现着中华民族文化的兴衰。可见，文化精准扶贫是提升新时代少数民族人民群众整体文化素养和民族文化发展水平的重要前提。

（二）传承和保护少数民族地区文化的客观要求

中国拥有悠久独特、丰富多彩的民族文化，各民族文化在国家不断发展的过程中逐渐兴盛，是中华民族优秀传统文化中的亮丽瑰宝，不仅具有记录、保存和传承少数民族人民群众成长的重要功能，还对少数民族地区经济发展产生深远影响。当前少数

---

① 英格尔斯. 人的现代化 [M]. 殷陆君，译. 成都：四川人民出版社，1985：6-7.
② 余秋雨. 文明的碎片 [M]. 沈阳：春风文艺出版社，1995：216.

民族人民群众传承保护民族文化的方式既古老又单一，既包括举办传统民族节日、保留传统民族建筑风格和民族服饰、继承传统习俗和礼仪制度、传承民族歌曲舞蹈和古老神话传说等主位传承的方式，又包括成立非物质文化遗产保护中心、建立少数民族文物博物馆和民俗博物馆、申请联合国教科文组织或国家级"非遗"保护名录等客位传承的方式。面对经济全球化的时代潮流以及政治多极化和文化多元化的影响，少数民族人民群众对民族文化的传承与保护已经习惯于采用家族世代传承的方式，部分少数民族人民群众难以理解新媒体、互联网、大数据以及人工智能等技术在文化传播、交流、传承和发展中的重要作用，有的还排斥使用现代化的电子产品或网络技术来传承和保护民族文化的想法或做法。此外，为追赶时代潮流，许多少数民族青少年群体在离开家乡走出"家门"的过程中和在更广阔的世界接受多元文化的熏陶中，对本民族文化的认同感逐渐下降，有的甚至持有民族文化"无用论"的观点，致使民族文化的继承者与推动者逐渐减少，民族文化传承的支柱崩塌，人才智库流失。新时代少数民族地区的文化扶贫必须与"扶志""扶智"相结合。

（三）对实现少数民族文化创造性转化与创新性发展的回应

文化创新是民族精神的灵魂，也是国家兴旺发达的不竭动力，还是各民族文化交流互动的重要精神纽带。民族文化作为一种精神力量，集中展现着我国各少数民族的历史底蕴与精神风貌，必须经过创造性转化与创新性发展才能永葆青春、散发活力、经久不衰。新时代中国少数民族地区文化建设领域存在诸多短板，如部分少数民族人民群众思想价值观念保守落后、传承和保护民族文化的方式与载体缺乏创新、民族特色文化资源开发不到位、文化产业和文化事业发展不充分等。部分少数民族人民群众难以把握新时代带来的新机遇，缺乏应对新挑战的有效举措，少数民族文化实现创造性转化与创新性发展的步伐缓慢，迫切需要文化精准扶贫推动少数民族地区的文化建设与发展。2016 年 2 月，习近平总书记在视察江西井冈山时指出："扶贫措施和工作必须精准。"① 可见，文化精准扶贫是实现新时代少数民族文化的创造性转化与创新性发展的关键。

（四）推进少数民族地区民族文化全面发展的必然要求

经济是基础，文化是对经济的反映并对经济发展产生重要影响。纵观我国文化发展现状，"文化自信""文化软实力"等词汇正是对文化在一个国家和民族发展中占据关键地位的重要认识。当今世界，文化全球化已成为时代大潮，各国各民族之间的多元文化交流与融合已成为时代潮流，文化作为民族凝聚力和创造力的重要源泉，已成为国家综合国力竞争的重要因素，"文化软实力"的作用日益凸显。新时代我国少数民族地区经济发展的整体水平和发展速度低于全国各地区平均发展水平，少数民族地区的文化发展动力不足，文化整体推进的步伐缓慢，这在一定程度上制约了国家文化软实力水平的快速提高，少数民族地区的文化建设已然成为实现中华民族伟大复兴和建设社会主义现代化强国的重要战略任务。要抓好少数民族地区文化精准扶贫工作，激发少数民族地区文化发展的内生动力，提升国家文化软实力，为国家经济建设与社会

---

① 江西"精准扶贫"牵手"互联网+"［DB/OL］. http://jx.people.com.cn/n2/2016/1110/c190260-29289209.html.

发展提供正确的方向保证、强大的智力支持和不竭的精神动力。可见，文化精准扶贫是促进新时代少数民族地区文化全面发展的重要方面。

三、新时代少数民族地区文化精准扶贫实践发展的困境

新时代少数民族地区的文化建设与发展面临诸多困境，既存在部分少数民族人民群众的思想价值观念保守落后等主观方面的问题，又面临着自然生态环境、公共文化基础设施和服务以及文化扶贫体制机制不完善等客观条件的严重制约。

（一）部分少数民族人民群众的思想观念保守落后

"贫困文化"[1] 这一理论最早是由美国的人类学家奥斯卡·刘易斯在其著作《五个家庭：墨西哥贫穷文化案例研究》中提出的。所谓"贫困文化"是指"长期生活在贫困中的人群所表现出来的生活方式、行为习惯、价值观念、思维定式等非物质的形式"[2]。我国少数民族地区也存在类似的"民族贫困文化"现象。少数民族地区因受偏远的地理位置和自然生态环境的影响，少数民族人民群众长期处于地形闭塞、交通不便、精神生活贫乏的环境中，既缺少与外界多元文化的学习与交流，又深受传统民族文化、风俗习惯和族风族训的长期熏染，不少少数民族人民群众不愿接受新的思想价值观，难以适应新时代多元文化发展的趋势，不少少数民族人民群众思想价值观念保守落后。少数民族人民群众由于长期处于"民族贫困文化"的状态，旧的生活方式、行为规范和思想观念根深蒂固，如视野狭窄、不思进取、畏惧新鲜事物、不愿主动求知、固守旧有生活方式、缺乏安全感和与时俱进精神等。"建设新文化，是确立新的社会主义行为准则和道德观念，确立对社会、劳动、家庭的新态度的前提之一"[3]，要改善少数民族地区"民族贫困文化"的现状，就要大力建设民族文化，积极开展文化精准扶贫工作。

（二）少数民族地区的经济发展相对滞后

我国大多数少数民族位于自然生态环境较差的偏远高山区和高寒高海拔地区，地形多样，地势陡峭，地形复杂，高山、深谷、平原、盆地、丘陵相互交错，少数民族人民群众的大规模生产与生活不便，经济效益低下，区域经济发展滞后。一是缺少青年劳动力，机械化作业不便，农业、林业、畜牧养殖业等规模经营程度低；二是受复杂地形地貌的影响，少数民族地区的交通设施建设水平落后，特色资源开发难度较大，第一、二、三产业发展速度缓慢；三是土地和山林权属多样，部分少数民族人民群众"小农意识"根深蒂固，部分荒地、荒山不能有效流转，难以形成特色产业；四是部分少数民族人民群众安于现状，"小富即安"的思想严重，缺乏市场经济的意识和经济发展的新思想、新观念和新技能，对本地区特色产业发展缺乏长远规划，开发利用和管理保护地区资源不到位，集体经济意识薄弱。少数民族地区落后的经济发展水平制约着民族地区公共文化基础设施的完善、公共文化资源的合理配置以及公共文化服务水平的提高，需要文化扶贫与经济扶贫相互配合，协同发力。

---

① 周怡. 贫困研究：结构解释与文化解释的对垒 [J]. 社会学研究，2002（3）：53.

② 方清云. 贫困文化理论对文化扶贫的启示及对策建议 [J]. 广西民族研究，2002（3）：159.

③ 高敬增，刘彦章，刘文涛. 列宁 [M]. 北京：红旗出版社，1997：415.

（三）少数民族地区的文化教育水平有待提高

当前经济与文化深度融合，少数民族地区经济发展水平严重制约着当地文化教育事业的发展。正如美国著名政治学家塞缪尔·亨廷顿所言："人类越是开始对抗贫穷和无知的战争，他们就越是对自己发动战争。"① 少数民族地区文化教育事业发展的落后，使少数民族人民群众精神文化食粮集体缺失，青少年群体的文化自觉与文化认同感被削弱，使得少数民族人民群众的科学文化素养和思想道德素质普遍较低，民族文化的传承和保护面临着"后继无人"的危险。少数民族地区的文化教育与扶贫不仅是阻断贫困文化代际传递的重要途径，也是帮助少数民族人民群众增强自我积累和自我发展能力的主要手段，还是稳定文化精准脱贫成果的关键举措。《"十三五"时期文化扶贫工作实施方案》提出："要充分体现文化在扶贫攻坚中的'扶智'作用，确保到2020年贫困地区文化建设取得重要进展，文化发展总体水平接近或达到全国平均水平，文化交流逐步扩大，文化传承人才队伍不断壮大。"② 实现文化精准脱贫，要以"授人以渔"为根本，全面提高少数民族人民群众自身的"造血"机能，才能从根本上摆脱文化贫困。可见，文化精准扶贫是全面提升我国少数民族地区文化教育水平的关键一环。

（四）少数民族地区文化精准扶贫的体制机制有待完善

我国少数民族地区文化精准扶贫的长效机制有待完善，文化扶贫的精准性难以把握。一是文化精准扶贫的主体责任落实不到位。少数民族各区、县级的文化扶贫开发领导小组成员的分工不明确、职责不清晰，文化扶贫专项资金的使用有限，各帮扶部门对贫困对象、致贫原因、帮扶对策和扶贫资金使用情况缺乏全面缜密的思考和把握。二是文化精准扶贫的责任制度考核不完善。文化精准扶贫工作未将少数民族地区下设的乡、镇一级纳入文化扶贫专项发展考核体系，缺乏科学有效的考核指标体系与标准，如对县级部门文化扶贫工作的考核仅限于扶贫专项资金的使用和落实，文化精准扶贫考核的指向性不明。三是文化扶贫缺乏针对性和精准性。少数民族地区的文化扶贫的力量和方式相对有限，缺乏对各类文化扶贫资源和载体的有效整合；文化扶贫研究不够深入，"欠精准"问题凸显，如缺乏科学有效的界定"民族文化贫困户"的标准、缺少创新有效的帮扶对策和对致贫原因的科学分析等。四是激励机制与鼓励优惠政策不完善。科学合理的激励机制，能有效调动少数民族人民群众接受新思想和新观念的积极性与主动性，激发少数民族文化发展的内生动力与创造活力。

四、新时代少数民族地区文化精准扶贫实践发展的路径

新时代少数民族地区文化精准扶贫面临许多新问题与新挑战，对深受"贫困文化"影响且甘于保持"民族文化贫困"现状的部分少数民族人民群众而言，文化精准扶贫不仅需要通过外部的经济扶贫、教育扶贫和制度扶贫以改善少数民族的"文化生态"环境，还需要解决物质匮乏引发的信息、智力、精神和价值观念匮乏等内在原因。只有通过文化精准扶贫打破少数民族地区文化系统的内部平衡和封闭式循环，外因才能有效发挥文化精准扶贫的作用。

---

① 塞缪尔·P.亨廷顿. 变化社会中的政治秩序 [M]. 王冠华，刘为，等译. 上海：上海人民出版社，2008：66.

② "十三五"时期文化扶贫工作实施方案 [DB/OL]. http://cul.china.com.cn/2017-06/08/Content_9514137.html.

（一）扶观念：创新少数民族人民群众文化交流的方式与载体，转变少数民族人民群众的思想观念

扶贫先扶志，转变少数民族人民群众思想观念是前提。一是丰富少数民族人民群众的文化活动。通过将独具特色的民族舞蹈、民族歌曲和传统文化活动以舞台剧、相声、小品、朗诵、晚会等形式加以展现，吸引和鼓励少数民族人民群众参与丰富多彩的文化活动。二是科学引导少数民族人民群众合理地使用手机、电脑等移动终端设备和微博、微信、QQ等聊天软件，加强少数民族人民群众相互之间的文化交流与互动，改变少数民族人民群众"等、靠、要"思想，帮助少数民族人民群众树立主体意识和摆脱"民族文化贫困"的斗志与勇气，培育自力更生、艰苦奋斗的精神，激发少数民族人民群众改变文化贫困和落后面貌的决心与毅力。三是制定族规民约。倡导现代性的文明理念和生活方式，培育文明新风，改良少数民族地区的社会文化生态，营造良好民族文化生态环境。四是抓住各民族文化相互交流的契机，鼓励少数民族人民群众迈开脚步走出"家门"。如各少数民族每年举办的盛大民族节日、少数民族文化交流对话会、地区政府举办的少数民族共同发展高峰论坛、座谈会、民族庆典晚会等，通过线上与线下的方式积极参与，促进各民族人民群众之间的相互交流与学习，激发少数民族人民群众实现文化脱贫的内生动力，改变少数民族文化贫困的历史命运。

（二）扶经济：因地制宜地打造少数民族地区特色文化产业，推动经济文化协同发展

因地制宜地打造少数民族地区特色文化产业是开展文化精准扶贫工作的重要抓手。一是利用"互联网+文化"，将传统民族节日、神话故事、习俗礼仪等文化资源进行整合并转换开发为网络视频、卡通动漫、微视频、微电影等网络文化产品，通过"两微一端"平台、广播站、LED屏等平台实时输送，推动民族文化产业的快速发展。二是大力发展民族特色文化旅游产业。加大专项文化扶贫资金力度，立足于少数民族地区文化发展的实际，利用民族地区的地质地形地貌等优势，开发特色文化旅游资源，建设少数民族文化旅游扶贫试验区，推动休闲旅游、生态旅游与历史文化旅游的融合发展，打造少数民族特色文化旅游品牌。三是建立少数民族特色文化企业。少数民族地区文化精准扶贫应在政府的科学指导下，充分发挥文化企业主体性，因地制宜开发和整合少数民族地区各类文化资源，摒弃民族地区"亚文化"，开发良性先进民族文化，打造民族特色文化产业链，树立民族文化特色品牌，建立"质量高、效益好、口碑佳"的民族特色文化企业，带动其他民族产业协调发展，实现少数民族地区"经济硬实力"与"文化软实力"并驾齐驱。

（三）扶教育：大力发展少数民族地区的文化教育事业，打造新型民族人才智库

列宁多次强调指出："工人不会忘记他们每一分钟所需要的知识的力量。没有知识，工人就无法自卫；有了知识，工人就有了力量。这个真理在今天更加显出它的重要性。"[①] 新时代少数民族人民群众要加强科学文化知识的理论武装，这既是文化精准扶贫的重要任务，也是阻断民族地区贫困文化代际传递的重要途径：一是改善少数民族地区的公共文化基础设施，提高公共文化服务水平，如报摊、文化广场、小型运动场、文体活动中心等。二是加强公共文化资源的供给。建立健全少数民族公共文化服

①　邓小平. 邓小平文选：第2卷［M］. 北京：人民出版社，1983：104.

务配送机制，如知识讲座、电影戏剧、文艺演出等；开展"流动性图书馆或博物馆"公共文化传输活动，免费赠送适合各年龄阶段读者的读物，如漫画、小说、期刊、散文集、农民技能培训书籍等，满足少数民族人民群众的精神文化需求。三是利用"互联网+教育"，提升少数民族学生的科学文化知识水平。利用多媒体教学、MOOC教学、微电影和情景剧教学、"两微一端"网络在线教学等现代化教学方式，推动传统民族文化教育同现代信息技术的高度融合，引导少数民族学生利用线下交流讨论与线上自主学习相结合的方式，增强文化精准扶贫的实效性。四是加强对少数民族人民群众进行科学文化知识职业技能的教育和培训。通过职业技能培训班、科学文化知识讲座、民族历史文化知识讲堂、网络在线培训课程等平台提升少数民族人民群众整体文化素质，打造一支高素质的新型民族文化传承人才队伍。

（四）扶制度：建立健全少数民族地区文化精准扶贫的体制机制，确保文化扶贫取得实效

"如果制度合理，就可以调动积极性。"[1] 科学合理的体制机制是文化精准扶贫成功的重要保证。一要加强对文化精准扶贫工作的组织领导。充分发挥党政"一把手"组织领导、协调各方、统筹推进的作用，严格落实文化扶贫领导小组工作责任制，立足于少数民族文化发展的实际，深入研究部署文化精准扶贫工作。文化扶贫部门和各区县、乡镇部门要各司其职，通力合作，切实解决文化扶贫重难点问题。二要构建多元文化建设投入机制，汇集文化扶贫实践的巨大合力。加强民族地区的村企共建，组织动员国有文化企业及民营文化企业到少数民族地区捐资助贫、投资兴业，增强少数民族人民群众的自我发展能力；出台优惠政策鼓励少数民族地区的人才回乡创业，建设民族文化特色产业基地，促进少数民族地区文化产业的加速发展。三要改革文化精准扶贫考核监督机制，落实文化扶贫工作责任制。将文化精准扶贫工作纳入乡镇部门年度责任制评估体系，从领导认可度、责任落实、文化扶贫举措、扶贫工作绩效、群众满意度五个方面进行考核，细化工作要求，强化监督管理职责，突出结果导向，加大对文化扶贫部门、干部和个人的奖惩力度。四要完善文化精准扶贫激励机制。出台相关优惠政策，对率先实现文化脱贫目标的少数民族人民群众给予物质和精神奖励，提高少数民族人民群众的参与度和积极性。

五、结语

习近平同志在2014年举行的中央民族工作会议上强调："脱贫要靠内生动力，坚持外部'输血'和内部'造血'相结合，不断增强自我发展能力。"[2] 新时代少数民族地区文化精准扶贫是一项长期的、复杂的巨系统工程，需要思想观念、文化教育、经济实力和体制机制等多元方式方法的融合并进，文化扶贫工作才能达到全面提升的新高度。我国文化精准扶贫工作任重而道远，必须坚持内部"造血"与外部"输血"双管齐下，以期助力新时代少数民族地区文化精准扶贫实践取得实效。

（编辑：敬狄）

① 邓小平. 邓小平文选：第 2 卷［M］. 北京：人民出版社，1983：54.
② 习近平谈扶贫：脱贫要靠内生动力［DB/OL］. http://news.cctv.com/2016/09/01/ARTIo1x1iiGA2ULi7XD6cwcp160901.shtml.

新时代推进我国城乡基本公共服务均等化的路径研究

李永辉　罗　贝

【摘要】城乡基本公共服务均等化作为促进城乡融合发展新格局的重要引擎，能够为激活城乡资源要素提供全新的发展路径。尤其是在新时代的当下，公共服务均等化也是化解双重体制弊端的有效手段。因此，通过全面分析我国在实现城乡基本公共服务均等化方面取得的成就以及仍然存在的非均等化现象，不仅能够为我国在新时代背景下继续深入推进城乡基本公共服务均等化提供路径指引，更能为实现乡村振兴挖掘内生性动力提供政策目标引领。

【关键词】新时代；基本公共服务；城乡融合；制度保障

【作者简介】李永辉，西南财经大学马克思主义学院 2017 级硕士研究生；罗贝，西南财经大学马克思主义学院 2017 级硕士研究生。

党的十九大的胜利召开，为我国各项新事业的发展勾画了全新的蓝图。在新时代，我国的发展不仅有了新的机遇，也面临着新的挑战与矛盾。在新的历史节点上，继续贯彻落实国家在城乡公共服务均等化方面的政策，推动城乡之间的创新性交融发展，不仅是解决新矛盾的重要一环，也是更好地满足人民美好生活需要的现实愿景。

一、新时代推进城乡基本公共服务均等化的内涵与意义

（一）基本公共服务均等化的内涵

根据《"十三五"时期推进基本公共服务均等化规划》，基本公共服务均等化是指城乡公民能够享受到一体化的公共服务，不仅保证享受服务的机会平等，而且也有享受服务的权利平等，在资源要素方面，实现共建共享。而在新的发展层次上，深入推动城乡基本公共服务均等化，就是在教育、医疗、卫生、保障、就业、住房等方面，统筹城乡各种资源要素，发挥政府的制度资源优势，通过消除城乡双重制度壁垒，加深城乡一体化发展，为实现城镇化与农业现代化协同发展奠定坚实基础。

（二）新时代推进城乡基本公共服务均等化的意义

1. 习近平新时代中国特色社会主义思想的题中应有之意

实现城乡基本公共服务均等化，是习近平新时代中国特色社会主义思想的重要体现。进入新世纪以来，我国的发展面临着新的矛盾与机遇，在解决新矛盾、抓住新机遇的同时，世界一体化加速推进，经济全球化迅猛发展。站在新的发展方位，面对新

的时代课题，习近平新时代中国特色社会主义思想应运而生，成为我国今后实现中华民族伟大复兴的又一新的指导思想。在新思想中，提出要继续坚持以人民为中心的发展理念，践行全心全意为人民服务的根本宗旨，满足人民对美好生活的需要，并且在新发展理念中也重点提出要继续践行"共享""协调"发展理念，其根本就是要实现城乡协调发展，打造城乡融合发展新格局，使全体人民在共建共享中有更多的获得感和幸福感，满足人民对美好生活的需要，从而实现城乡发展的公平性和可持续性。

2. 有利于解决新矛盾，促进社会和谐稳定

党的十九大站在国家新的发展高度，指出了我国今后发展的新矛盾，而新矛盾的重点就是发展的不协调问题，尤其是我国城乡之间基本公共服务服务不完善、供给不足、质量较低的现实矛盾日益突出，再加上广大农村地区的基本公共服务不健全甚至缺失，进一步加深了城乡之间发展的不均衡不平等。要想从根本上解决目前我国面临的不平衡不协调的问题，必须要加大民生保障力度，着重关注目前仍然影响社会和谐与稳定的民生性难题，继续缩小城乡之间的发展差距，深入贯彻落实国家精准扶贫、精准脱贫的工作机制，加速城乡协调发展，使城乡居民共享改革发展成果。这不仅有利于解决社会新矛盾、新问题，更有利于促进社会公平稳定。

3. 有利于新时代乡村振兴战略的实施，解决"三农"问题中乡村治理难题

党的十九大报告提出，在新时代要深入推动实施乡村振兴战略，为实现城乡融合发展奠定路径指引，从而为农业农村的现代化发展提供可持续的内生动力。因此，大力推动城乡基本公共服务均等化，改变以往只注重城市建设的方针，完善乡村治理和加大农村基础服务投资，不仅是贯彻落实乡村振兴战略的具体措施，也有利于打造"生态宜居、乡风文明、生活富裕"的现代化农村格局。并且"三农"问题的根源就在于城乡之间发展的不平等和乡村有效治理的缺位，导致了工业与农业的发展不协调、农村与城市的差距拉大、农民与城市居民距离日渐遥远。所以推进城乡基本公共服务均等化，不仅有利于解决我国"三农"问题中的乡村治理难题，助推乡村走善治之路，也有利于促进城乡要素的平等交换与资源的均衡配置，更有利于形成新时代的工农关系与城乡关系。

二、我国实现城乡基本公共服务均等化取得的成就

改革开放 40 年以来，我国的经济社会建设取得了巨大的成就，尤其在民生事业方面得到了历史性的改善，城乡居民的生活水平不断提高，精神文明建设不断丰富，惠及全体公民的基本公共服务体系不断完善，新农村建设取得了巨大进展。

（一）基础教育方面

为了进一步实现城乡义务教育的均衡发展，党和国家加大了对农村义务教育的投入，从 2005 年开始国家实行免费义务教育政策，主要针对贫困家庭上不起学的学生，免除他们义务教育阶段的学杂费，有效地降低了困难家庭的教育负担，解决了大部分学生的"上学难"问题。国家大力推动高等教育、职业教育的发展，为家庭贫困学生提供在校助学金、开通绿色助学通道，解决了在校困难学生的生活之忧。国家在加大对农村教育财政投入的基础上，积极完善农村办学设施，通过改造农村校舍、宿舍、餐厅，使农村的教育环境水平有了大幅度的提高，尤其注重对农村教师的培养和进修，提高了教师的教学能力和政治理论水平，逐步完善农村教师的生活保障条件，采取鼓

励、政策优惠、多项扶持等措施积极引导年轻教师投入到贫困地区支教，不断壮大乡间教师队伍，使教师的数量逐年上升（详见图1），为我国义务教育事业的长足发展提供了完备的人才宝库。

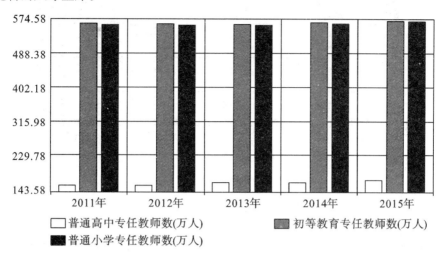

图1　专任教师数量
数据来源：国家统计局官网统计数据. http://data.stats.gov.cn/.

（二）医疗卫生方面

随着新时代人民对医疗保健、公共卫生方面的需求全面释放，国家采取有力措施大力提升城乡医疗卫生水平，加大改善农村的医疗环境，投资建设相应的医疗卫生机构，重点支持乡镇医院的发展，健全其门诊服务体系，使城市和农村的医疗机构床位数逐年提高（详见图2）。除此以外，从国家开始实行新型农村合作医疗制度以后到2014年，覆盖率达到90%以上，基本实现全覆盖（详见图3）。新型合作医疗制度的实行，不仅有效解决了农村居民长期以来的"看病贵"问题，而且有效地推动了我国医药体制的改革，使广大农村人民群众深刻地感受到"病有所医"。国家积极采取措施，划拨专项资金，大力整顿农村的社会卫生环境，改造和建设新型厕所、配备专业环卫工人，实施农村人居环境三年整治行动，集中开展各种污染防治工作，整顿农村的生态环境，使农村的社会面貌得到了根本好转，加速了城乡融合发展的步伐。

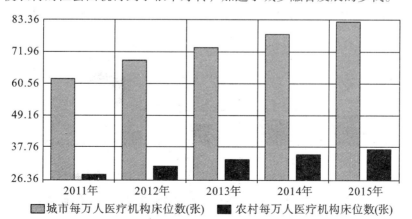

图2　城乡医疗机构床位数
数据来源：国家统计局官网统计数据. http://data.stats.gov.cn/.

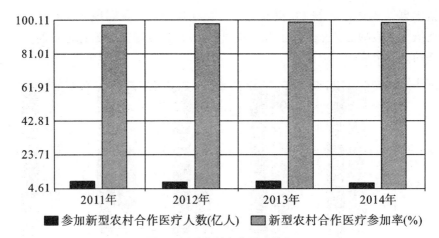

图3 新型农村合作医疗情况

数据来源：国家统计局官网统计数据. http://data.stats.gov.cn/.

（三）社会保障方面

国家在大力推动经济发展的同时，也在不断加大保障和改善民生的力度，尤其在社会保障方面，城乡的社会保障体系进一步健全。随着城市居民基本养老保险制度日趋成熟，农村新型养老保险制度也相继出台，新农保采取个人缴费、集体补助和政府补贴相结合的模式，基本养老金由国家专项基金统一划拨，使参保农民在60岁以后都有权享受到国家财政统一发放的养老金，填补了农村居民在养老保障方面的空缺。近几年国家加大对社会保障领域的改革，为全体公民建档立卡，统办社会保障卡"一卡通"服务，解决了过去居民在享受服务时的各种限制和关卡，使农村居民与城市居民一样真正感受到"老有所养、老有所依"。国家不断完善社会救助制度，为农村居民提供"低保、五保"政策，保障农村人民群众的基本生活需要。除此之外，随着精准扶贫、精准脱贫政策的贯彻落实，大部分的农村居民逐步脱离贫困，生活水平日益提高，城乡享受最低生活保障的人群逐年减少（详见图4），大大缩小了城乡公共服务之间的差距。

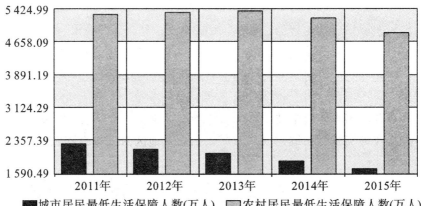

图4 城乡居民最低生活保障人数

数据来源：国家统计局官网统计数据. http://data.stats.gov.cn/.

（四）公共就业方面

就业是民生之本，也是社会的有效"稳定器"。党和国家在推动城乡就业方面，不断采取有效的措施来保证城乡居民之间的就业平等。在推动创业方面，国家大力提倡"双创"方针，鼓励城市和农村地区有能力的人员积极创业，并为创业人员提供多项政策、税收优惠，为投资项目提供多种补贴基金，放宽银行贷款限制，为创业营造良好的投资环境；在促进就业方面，国家实施就业优先战略，打造多样化就业技能培训平台，加强就业人员的职业培训和自身能力建设。并且国家多方面出台措施，推动城乡实现平等的就业规制，保护农村务工人员在城市就业的权利与权益，有力推动了城乡居民在就业方面的机会与权力平等，也对实现我国就业格局的革新具有重大意义。

三、当前我国城乡基本公共服务存在的非均等化现象

随着经济的飞速发展，我国民生事业有了巨大的发展，但是也应看到，我国城乡基本公共服务还存在规模不足、质量不高、发展不均衡的短板，比较突出地表现在城乡之间资源配置的不均衡、财政投入的非均等、基础设施建设的差异较大、社会保障体系的不健全和体制机制的滞后等方面的矛盾。

（一）政府公共财政投入的非均等

受传统的城乡二元体制的影响，政府在投资城乡建设的同时，主要以"城市偏向"政策为主，对城市基本公共服务建设给予更多的财政支持和政策补偿，而对于农村基本公共服务的投资主要以乡镇一级的财政作为主要资金来源，再加上乡镇财政需要统筹各个方面工作，使政府能够用于公共服务的资金减少，导致乡村基础服务设施建设长期处于停滞不前的局面。随着政府对城市基本公共服务设施的不断投资建设，其城市生态和服务体系越来越健全，道路交通、电力通信、社会保障、基本教育以及水利建设日趋完善，而广大的农村地区由于缺乏相关资金的支持和有效的政策激励，致使相应的基本公共服务设施严重短缺，农民还处于较低的服务享受水平，城乡之间的现实差距不断加大，再加上城乡居民原本不平等的收入分配水平，导致其基本公共服务越来越不均等。

（二）基础教育资源配置非均等

长期以来，由于国家对农村的教育资源投入不足，再加上城乡之间二元户籍制度的影响，导致农村在教育发展步伐上远远落后于城市。近几年，随着国家经济社会的发展，政府对义务教育的投资不断加大，但是城市的教育资源在很多方面仍然要优于农村。在办学条件方面，城市学校凭借政府强大的教育资金支持，在校舍环境和教学仪器方面不断更新，多媒体教学技术成为城市教师授课的主要方式，并且学校的基本设施如体育场、多种实验室相继建立，而广大的农村地区由于教育资源匮乏，校舍环境比较恶劣，各种教学仪器还处于空白状态，相应的基础设施还不健全。据统计，"农村校舍危房率比城市要高 4.09 个百分点，教学仪器达标比例比城市低 11.86 个百分点"①。在教育师资力量方面，由于城乡之间发展的不均等，再加上城市的待遇优厚，因此更多的年轻教师和有能力的师资更愿在城市任教，导致乡村教师流失严重，人才

143

---

① "完善农村义务教育财政保障机制"课题组. 农村义务教育水平对城乡差距的影响 [J]. 教育研究，2005(9).

短缺，并且在师资学历构成方面，城市师资的学历水平大多已经完成本科、研究生教育，而农村的师资还有很多是专科甚至是职专毕业的，从而致使城乡之间的教育非均等更加显著。

（三）社会保障体系的非均等

由于城市过去较早建立起以"养老、医疗、失业、生育、工伤"为主的社会保障体系，并且经过多方面的改革日渐完善，而广大农村地区的社会保障体系才刚刚成型，从而导致城乡在社会保障方面的差距越来越大。尤其在养老保障方面，城市的居民养老保险制度覆盖率已经达到95%以上，且有政府专门的养老基金划拨，而农村地区的新型农村养老保险制度起步较晚，且保险的金额较低，体制还不成熟，广大农村居民的参保率还远远低于城市居民。在医疗保障方面，城市早已建立起完善的医疗服务设施与机构，居民的医疗保健意识日益提高，身体素质日渐增强，寿命不断延长，而农村地区的医疗水平还比较落后，各种设施建设还不健全，农民的医疗服务意识还不够高，再加上缺乏合理的医疗制度，使城乡居民在生活幸福感和满足感方面还存在明显的差距。

四、新时代推进我国城乡基本公共服务均等化的路径

推进城乡基本公共服务均等化迈向新的发展阶段，不仅需要统筹谋划，综合施策，更需要政府作为提供主体进行相关利益的切割，改革原有的体制运行模式，推动基本公共服务得到多主体参与，激活各方活力，打造城乡生态良好、生活宜居、生产发达的一体化发展新格局。

（一）平衡城乡财政投入机制，推进资源要素均等化

由于传统的城乡二元结构，导致政府在投资城乡建设的同时，主要以城市的基本公共服务建设为主，而广大农村地区一直处于标准水平之下，再加上以往二元户籍制度的影响，城乡之间一直处于单要素流动，主要以农村补给城市为主，使农村原有的财政资源少之又少。因此，政府在改革财政支出体系的同时，要深化行政体制改革，提高政府财政的运行效率，在均衡城乡资金流通层面，适度向农村地区倾斜，加强对乡村地区和贫困地区的转移支付力度，以财权赋予为起点，疏通乡镇村级表达沟通机制，扩大地方的财政自主权，确保农村有充足的资金投入到基本公共服务建设之中。政府也应积极落实党和国家最新实行的乡村振兴战略，以习近平"三农"思想为指导，坚持农业农村优先发展的原则，构建现代农业产业体系、经营体系、销售体系，加大城乡之间资源要素的良性互动，推动农业科技创新，以培育绿色、无污染的农产品为抓手，打造生态化农业发展产业链条。在完善农村人才培养机制上，要加强新生代乡村青年对乡村文化的认同感，以政策激励为手段，积极鼓励和引导城市优秀人才投身乡村、服务乡村，有效推动城乡人力资源积累均衡，为社会主义新农村的建设造就一批高素质、懂科学、爱农村的新型人才，为实现工业化与农业现代化的共同发展奠定智力支撑。

（二）完善城乡教育资源优化配置，加强制度顶层设计

城乡基础教育资源投入的不均等，一定程度上造成了当前乡村不断衰败的代际传递，农村优质教育资源匮乏，供需不匹配矛盾加剧，因此，从教育资源的优化配置为起点，就必须建立城乡统一的教育保障与财政投入机制，整合城乡义务教育资源，改

变以往的单要素教育投入模式，推动教育体系改革。在具体实施层面：一是要深入贯彻落实城乡义务教育阶段教师轮岗制度与特聘计划，鼓励、引导城市优秀教师到农村学校、贫困学校支教，并以此作为教师工资分配、职务晋升和福利待遇的重要参考依据。二是要建立健全农村教师待遇保障机制，激发乡村教师的积极性与主动性，使其树立服务乡村的理念。并且要从软硬平台建设方面改善农村的办学条件，继续贯彻和巩固九年义务教育制度，促进城乡教育的一体化发展。除此以外，在加强教育制度顶层设计层面，要积极探索多种投入模式，加强城乡之间教育互动提升的制度供给，在《全面深化新时代教师队伍建设改革》指导下，推进城乡教师队伍师资能力建设，提升教师的教学能力与素质水平。在制度激励方面，大力实施乡村教师支持计划，建立完善的城乡教师沟通表达机制，推动城市的优质教师资源可持续性向农村延伸，为建设一支资质优良、素质过硬、能力突出的新时代农村教师队伍奠定制度基础。

（三）统筹城乡社会保障体系，深化医疗体制改革

实行统一的城乡社会保障体系不仅能够有效打破城乡二元对立的格局，而且能够为新时代实施乡村振兴战略提供服务保障支撑，因此，在加大统筹改革的同时，要重点推动城市社会保障资源下沉，实现与农村地区的有效衔接，在继续提升农村养老保险比例的层级上，探索新型农村合作医疗制度的多种实现路径。推动医疗卫生服务的城乡全覆盖，通过加大医疗改革创新力度，实施城乡医疗保障并轨改革，建立健全"两制运行"管理平台。在平台要素推进方面，要加强创新改革，提升社会保障部门的运行效率。激励其积极作为，使其基本公共服务平台能够高效持续运转，为城乡社保水平的提升保驾护航。此外，在加强医保并轨制度顶层设计的同时，统筹城乡医疗财政基金，推动城乡医保一体化建设，在继续深化医药卫生体制改革背景下，加强医药安全监管检查力度，确保药品生产安全、销售安全、使用安全，严格把控重点流通环节。最后，在加快城乡医疗服务机构建设方面，以政府财政投入为支撑点，设立专门的管理服务平台，重点支持农村卫生院、村卫生室改造完善，大力加强农村人居环境整治力度，以建设美丽宜居、生活富裕的新业态村庄为导向，提升农村的新时期吸引力与活力。

（四）打造信息化服务平台，建立城乡融合发展新格局

随着科技的加速发展，信息化的生活方式已经成为国民日常生活中最重要的一环，因此，在推动城乡基本公共服务均等化的同时，要革新传统的服务手段，借助互联网技术，打造信息化服务平台，为新型城乡融合发展格局的建立奠定物质基础。首先，在社会保障领域，要加强全民社会保障信息化建设，完善相关部门的网络化服务渠道，积极开展网上社保办理、跨地区社保结算和缴纳等互联网应用，从而便利城乡居民接受社保服务，促进城乡在社会保障方面实现融合、平等。其次，在教育改革领域，应当加快教育信息化建设，探索多种网络化教学模式，建设乡村学校的网络化课堂，鼓励乡村教师积极采取多媒体教学，丰富课堂内容，并开展城市和乡村的远程互动教学，建立健全城乡教师轮岗教学制度，开创教育发展的新局面。再次，在医疗服务方面，大力推动"1+1+1分级诊疗"模式向纵深发展，打造不同层次、不同病种的居民个性化服务平台，从而优化医疗资源配置，提高医疗服务质量。加大对医师的信息化服务培训，推动全科医师借助"大数据、手机APP"等新型媒体对城乡居民进行网上诊疗和咨询服务，加快全国"互联网+乡村家庭医生"改革试点全覆盖，为乡村居民签约家

145

庭医生提供制度保障，提升乡村居民的医疗水平。再其次，在城乡公共文化服务建设方面，要多方面构建网络文化服务平台，推动城乡文化资源的共建共享，以互联网、大数据作为输送媒介，积极推动城市的优秀文化和高雅文化向农村地区传播覆盖，丰富农民的精神生活，以国家的"互联网+中华文明"行动计划为契机，大力开发城乡数字文化产品，加快城乡在提供文化产品方面的融合交流，形成全新的文化一体交互格局。最后，在公共服务提供上，要扩大开放交流，推动互联网技术与政府公共服务体系的融合，利用"互联网+"技术积极借鉴吸收其他地区和国家的有益经验，提升城乡基本公共服务的质量和效益，为我国在新时代尽早实现城乡基本公共服务均等化目标探索多种路径和模式。

参考文献

［1］马井彪. 城乡公共服务均等化：破解城乡协调发展难题的突破口［J］. 城乡建设与发展，2017（18）：184-186.

［2］王宏利. 构建城乡统筹的公共服务机制与推进公共服务均等化［J］. 农村经济，2011（6）：44-48.

［3］魏后凯. 新常态下中国城乡一体化格局及推进战略［J］. 中国农村经济，2016（1）：2-16.

［4］项继权，袁方成. 我国基本公共服务均等化的财政投入与需求分析［J］. 公共行政评论，2008（3）：89-123.

［5］安应民. 构建均衡发展机制——我国城乡基本公共服务均等化研究［M］. 北京：中国经济出版社，2011.

［6］刘兆征. 我国城乡基本公共服务均等化问题探讨［J］. 兰州商学院学报，2008（5）：41-44.

［7］常修泽. 逐步实现基本公共服务均等化［N］. 人民日报，2007-01-31（09）.

［8］柏才慧. 新时期推进城乡公共服务均等化建设的思考［J］. 人民论坛，2012（35）：56-57.

［9］孟艳玲，余媛. 我国城乡居民医疗保障制度并轨研究［J］. 北方经济，2010（5）：29-30.

［10］黄英，洪春梅. 乡村医生在家庭医生制服务中的现状与建议［J］. 上海医药，2016（4）：7-9.

（编辑：刘杨）

可行能力理论视角下对精准扶贫的探析

牟秋萍

【摘要】解决贫困问题是社会的美好愿望和努力的方向，我国精准扶贫政策就是要让现有标准下的贫困人口在 2020 年全部脱贫，这是一项决胜全面小康的艰巨任务。本文在凉山彝族自治州（以下简称凉山州）彝族地区精准扶贫社会实践调研的基础上，基于经济学家阿玛蒂亚·森的可行能力理论，对我国新时代背景下可行能力理论内容进行阐释并将其与我国精准扶贫进行相关性分析。最后，分别从基本公共服务建设、基本医疗卫生建设、基本公共教育建设三个方面对精准扶贫给出一些相关建议，从而为我国打赢脱贫攻坚战提供可借鉴的思路。

【关键词】贫困；可行能力；精准扶贫

【作者简介】牟秋萍，西南财经大学马克思主义学院 2017 级马克思主义基本原理专业硕士研究生。

引言

改革开放 40 年来，我们走上了中国特色的扶贫之路，使 7 亿多人口摆脱贫困，人民生活基本实现小康。但是，想要全国人民实现共同富裕，奔向小康，任重而道远。党的十九大提出要坚决打赢脱贫攻坚战，意味着到 2020 年我国要按照现行标准实现农村贫困人口的减贫，让贫困县全部摘帽，解决区域性整体贫困，真正摆脱贫困。[①] 随着精准扶贫政策的实施，我国的贫困问题得到了极大的缓解，但贫困问题仍然是我国面临的重大挑战。

本文的讨论起源于对凉山州金阳县 M 村调研发现的三种现象。现象一：M 村地处大山深处，地形崎岖，自然灾害频繁。从 20 世纪 90 年代开始到 2010 年约 30 年间，村中房屋基本是土坯房，而且保持多年不变，没有像样的道路，靠种植为生。直观感知，M 村是典型的贫困村。然而，2013 年前后 M 村开始出现大量宽敞明亮的楼房，这些楼房的造价大多在 30 万~60 万元之间。从收入的角度来看，M 村似乎不是贫困村。现象二：通过对村民的访问得知，M 村的楼房得益于国家实施的精准扶贫政策。通过政府的政策规定，该村村民可以在此期间建房并获得 1 万元到 5 万元不等的建房补贴。为了能拿到金额不少的补贴，有建房打算的村民都将建房日期安排在此政策期间，以获

---

① 习近平. 决胜全面建成小康社会 夺取新时代中国特色社会主义伟大胜利——在中国共产党第十九次全国代表大会上的报告 [N]. 人民日报，2017-10-19.

取政府的福利。而根据村民的描述，"据我所知，（建房的人）近几年都是这么做的"。

现象三：M村在确定扶贫对象时产生了争议，经过漫长的讨论，最后以民主决议的形式确定。访谈得知，被评定的对象中 A 与 B 为母子关系。由于父亲去世，母亲 B 一直与儿子 A 住一起。A 年近 50 但未婚育，无劳动技能；B 为 80 岁高龄老妇，除这个儿子外，有 6 个女儿，都已出嫁。据称其被评定为贫困户是因为二人人缘好，而且和村委会主任的关系也不错。落选的 C 对结果不满（C 患有糖尿病，长期需药物治疗；C 的配偶一人靠务农支撑起整个家庭；大女儿在城里上大学，二儿子现就读于当地县城高中，由于教育成本较高，儿子打算放弃学业外出务工），但是碍于民主评议结果，只能忍气吞声。综合 M 村的三种现象可知，仅仅以收入标准作为扶贫政策的依据不能从根本上认识贫困，在政策推行的过程中也不能做到真正的"精准扶贫"，而且很容易导致错评漏评现象。

习近平在谈扶贫工作时指出："到 2020 年稳定实现扶贫对象不愁吃、不愁穿，保障其义务教育、基本医疗、住房。"这意味着扶贫工作应该注重民生事实，如温饱、教育、就业、医疗社会保障等。显然，考察单一收入标准很难对我国贫困问题进行全面的认识。为了更好地推进精准扶贫政策的有效实施，有必要选择更加客观、全面的衡量贫困的标准。

一、森的贫困理论

关于贫困，各界学者都提出了自己的一些看法，包括从经济角度、政治角度、文化角度等都做出了相应的解释。阿玛蒂亚·森从经济与哲学的角度提出，导致贫困的原因不仅是收入低下，还包括可行能力与权利的被剥夺。他指出，真正的贫困意味着他们缺少享有正常生活的能力，也可以将贫困定义为贫困人口的能力贫困。能力贫困是"真实的贫困"，它包含了人类社会生活中的各方面致贫因素，既包括了收入性贫困，也包括了非收入性贫困。在很多情况下，贫穷往往以低收入的形式表现出来，比如我国也以年收入低于 3 000 元来衡量所谓的贫困户，但在看重低收入形式的背后，却忽略了人们可行能力的缺失也会导致贫困。

（一）权利贫困

权利的定义指的是法律赋予权利主体作为或不作为的许可、认定及保障。根据权利的内在要求，森从权利角度出发，将贫困、饥饿视为"权利丧失"的结果。关于权利与贫困的结合，在《饥饿与公共行为》一书中，森提到"权利指的是一个人可以利用的各种能够获得的法律渠道以及所获得的可供选择的商品数的集合"。因为"如果一群人无法确定支配足够数量食物的权利，那么他们将不得不面临饥饿。如果这种剥夺足够大，饥饿的结果可能导致死亡"[①]。我们可以看出，如果一个人不具备支配足够食物的能力，以及在社会现有法律体系中不具备合法控制食物的手段，那么他将是贫困的。

（二）可行能力的概念

"可行能力"的概念首次被提出是在森的 *Equality of What*?（《平等是什么？》）一

---

① 阿玛蒂亚·森，让·德雷兹. 饥饿与公共行为 [M]. 苏雷，译. 北京：社会科学文献出版社，2006：23-24.

文中，他认为可行能力是一个人有可能实现的、各种可能的功能性活动。而这里所指的功能性活动则反映的是一个人有能力并愿意去做的事情或状态。准确地说，可以把一个人的可行能力理解为各种可能实现的功能性活动的集合。可行能力的内涵是丰富的，它不仅包括一个人先天所具备的生活能力，保持良好的健康状态，能接受教育并受到社会尊重等一些基本要求，还包括人所处社会中的荣誉或成就。这与我国强调的综合素质一样，在拥有基本知识的前提下，能自信地出现在公共场合，不胆怯、不害羞，并且能参加社交活动。可行能力与功能性活动相联系，在一定程度上影响着衣食住行、获取知识与技能、媒介能力和社会参与等活动。功能性活动具有一个由基础到高级的多元化结构，它包括从能够避免饥饿并获得足够的营养、有条件地免受疾病灾害的侵扰的基础性需要，到能够充分地接受教育、过着体面的生活并且不害羞地出现在公共场合等高层次需要。一个人所具备的可行能力，既可以是能够实现的各种功能性活动，也可以是所拥有的愿意且可供自由选择的真实的机会。因此，所谓的可行能力就是个体所拥有的真实的自由和机会，是一种将社会资源转化为有价值的功能性活动的能力。

（三）可行能力视角下贫困的实质

我们熟知的传统的贫困度量方法包括"贫困人口比率"和"贫困缺口"两种。"贫困人口比率"强调穷人人数占社会总人数的比率。该比率从比较宏观的角度来衡量贫困，无法确定低收入者低于贫困线的具体贫困程度。如若贫困人口的贫困问题在一定程度上得到解决，但仍然未恢复到贫困线标准以上，此时"贫困人口比率"会呈现下降趋势，表面的贫困问题得到解决，实质背后隐藏着重大的灾难。"贫困缺口"衡量指标是为了使所有低于贫困线的人的生活恰好提高到贫困线以上所需要的最低额外收入。该方法从总体上把握收入差距，但不注重单个贫困者收入如何进行分配的问题，同时也不能确定总体收入差距较大的情况下所包含的具体贫困人口数量。以上两种分析贫困的方法过于强调个人所拥有的经济资源的数量，认为贫困仅仅源于物质资源的匮乏。这不仅不利于探索"精准扶贫"中贫困的实质，而且如果一味只是"输血"，最终会陷入拜物主义和享乐主义，贫困问题将无法得到根本的解决。与传统的经济学不同，可行能力理论关注贫困者的收入分配情况，但更强调人们所拥有的能力。财富的价值不在于拥有其数量的多少，而在于其给人们带来实现各种可能性的能力。因此，贫困的根源并不是收入低下（这其实是结果而不是原因），而是其自身的能力不足。正如森所说："如果我们把注意力从排他性地集中考虑收入贫困，转到更包容的可行能力的剥夺，我们就能按照一种不同信息基础来更好地解释人类生活的贫困和自由。"[①] 关于"贫困的实质"这一问题，有必要改变过去以个人所拥有的物资资源匮乏来衡量贫困，应该把可行能力纳入研究贫困的理论体系中。因此，森认为识别贫困的方法是确定一个最基本的生活必需品的集合，把缺乏满足这些基本需求的能力作为贫困的检验标准。在可行能力理论的指导下，能力成为识别贫困的新标准。我国的"精准扶贫"工作，也应该从保障贫困户的基本生活水平转变到提升个人的可行能力上。

149

---

① 阿玛蒂亚·森. 以自由看待发展 [M]. 任赜，于真，译. 北京：中国人民大学出版社，2002：59.

二、可行能力视角下对"精准扶贫"的探析

2016 年习总书记提出"要坚持精准扶贫、精准脱贫"。精准扶贫政策实施以来，我国贫困问题进一步得到显著缓解，大部分贫困人口的生活水平有了显著提高，但在实施的过程中也会出现金阳县 M 村的现象。本文拟根据森的贫困理论，结合我国新时代发展具体实际，从可行能力角度来认识我国的贫困问题。

（一）我国新时代下可行能力的构成

可行能力是森的发展理论的基础，发展的本质在于增强人们认识世界和改造世界的能力，这与马克思主义发展观具有一致性。马克思主义认为，人的发展就是人内在本质力量的发展，而人的本质源于人的社会存在与社会关系。进入社会主义新时代，我国社会主要矛盾已经发生变化，现在的主要矛盾更加强调精神、文化方面的东西，贫困亦是如此，不同时代衡量的标准也会随着社会、时间、空间的变化而变化。过去的我们也许仅仅因为吃饱穿暖就可以说是非贫困人口，但是在社会主义新时代，不仅仅局限于简单的生存需要，而是更多地强调可行能力。因此，贫困人口可行能力的缺失尤其应引起重视。基本公共服务、医疗卫生和公共教育资源的不均衡等因素，都可能会导致可行能力的不可持续发展。依据人的发展理论和我国的具体实际情况，可行能力可以由以下三个部分组成：

1. 健康生活的可行能力

身体是革命的本钱。健康生活是人类进行其他活动的前提和基础，如果基本的生存需求都得不到保障，人就无法维持自身作为一个有机生命体的存在，更不要说从事动脑、意识和交往活动了。有两个方面的因素影响着健康生活。一是科学合理的饮食习惯。对于人的身体来说，每天需要摄入相应的营养成分，如果不能保证身体每天所需养分，一个健康的身体将无法得到保障。二是免受疾病的困扰。如果一个人长期受疾病困扰，他将无法进行正常的功能性活动，可行能力的权利将会被剥夺。总之，健康生活的可行能力是人们有能力从事自己想要的社会事务的前提和基础，也是人的发展所必不可少的条件。

2. 自由劳动的可行能力

马克思主义认为劳动是人类生存和发展的第一要义，是人的本质属性。人的劳动能力表现在人们可以按照自己的意志和愿望从事一项活动并且具有从事该项活动的基础、条件和能力。这其中虽然包括一部分天赋的因素，但后天的培养对人的劳动能力的提升有着至关重要的作用，其中，教育的作用尤为突出。对于贫困人口来说，由于缺乏思想和技能，导致其收入低下，可行能力缺失。总之，自由劳动的可行能力是人们想要完成各种功能性活动的重要保障。

3. 自我意识的可行能力

意识是建立在实践的基础上的，体现了人的主体性和能动性。自我意识能力的发展程度决定了人对于客观事物以及自身身份、地位、价值的认识程度，是人们认识世界和改造世界的基础。自我意识的可行能力属于可行能力的高级阶段。应提升贫困人口的自我意识的可行能力，让贫困者从思想方面提升觉悟，想从根本上摆脱自身的贫困状况。总之，自我意识的可行能力的提升是使贫困者摆脱贫困的根本保障。

（二）可行能力与精准扶贫的相关性

可行能力方法超越和批判了单纯物质资源分析和效用分析的两种方法，它有效地将形式自由与实质自由融合起来。精准扶贫政策要求我们准确识别贫困人口，找出导致其贫困的根本原因，进而对贫困人口有针对性地进行帮扶，使之从根本上脱贫。本文通过分析认为可行能力理论与精准扶贫具有较强的耦合性，可以此更加深刻地认识我国的贫困问题。

1. 可行能力与扶贫的精准性

在扶贫工作的实践中，贫困人口的测定和衡量一直都是我们面临的首要难题。研究发现，不同的贫困测量方法由于对于影响贫困的因素的关注程度不同，测定的贫困率的结果具有显著差异。当前，将收入低下作为贫困标准和"一刀切"式的资源分配根据的传统扶贫治理模式，就难以实现扶贫的精准性。有效地把握可行能力理论的内涵，是提高扶贫精准性的重要手段之一。可行能力对影响贫困的因素的关注体现在以下两个方面：第一，不同特质的人群达到同一标准所需要的经济资源不同。例如，患有糖尿病的人比正常人需要支出更高的生活费用（如胰岛素以及定期检查等的费用），这就意味着他们需要更多的经济资源。第二，可行能力包含的维度更加广泛，能够统筹兼顾不同主体的不同需求，将一些对某些群体重要而对另一些群体不那么重要的能力纳入理论框架之内。比如可行能力理论的研究者就将女性、老年人、残疾人以及少数民族等群体的特征纳入了贫困测量的指标之内。

2. 可行能力与扶贫的主动性

贫困人员精神的贫困是扶贫事业最大的敌人，扶贫应先扶志，致富应先治心。只有让贫困人员树立了脱贫的信心与决心，首先在精神上战胜贫困，才能促使贫困人员充分利用各种物质资源致富。传统物质救济的扶贫方式无法调动贫困人员的内在动力，反而会进一步增强他们的惰性，甚至出现"越扶越贫"的现象。基于可行能力理论的扶贫措施有助于培养个体能力，赋予个体实质机会，发挥贫困人员的主观能动性，使他们从原先的被动等待扶贫转变为主动脱贫。此外，在制定反贫困政策时，贫困人员基于主体地位的认知，会更加积极主动地参与到有关福利政策的制定中，而不是被动接受"精英"们制定好的条条框框，这也有助于增强扶贫措施的精准性。

3. 可行能力与扶贫的长效性

以通过物质救助等给予一定经济资源的方式扶贫，经常会存在返贫率高、政策落实不到位的问题。这往往是由于没有找到"贫根"，进而没有从根本上解决贫困。可行能力理论为找到贫困的根源进而维持长期的脱贫提供了一种良好的理论视角。根据可行能力理论，贫困者贫困的原因是可行能力的缺失，导致无法进行正常的功能性活动。贫困者具备基本可行能力有利于其真正意义上摆脱贫困。可行能力方法既可以形成科学的判断贫困与否的标准，也有助于引导相关的资金、项目和政策对症下药。同时，与传统的以经济救助的方式扶贫相比，可行能力方法有助于增强贫困人群创造和转化物质资源的能力。通过以上分析可见，可行能力理论有助于提高脱贫的长效性。

三、可行能力理论对我国精准扶贫的启示

（一）可行能力视角下基本公共服务建设

当今社会，政府在扶贫工作中扮演着重要的角色，政府也有义务保障公民享有基

本的生存权利，从而提高人民的可行能力。基本公共服务的本质是通过一系列的社会服务，提高贫困人口的可行能力，从根本上解决贫困问题。根据对贫困人群的不同划分，我们可以提供有针对性的公共服务。首先，对于老弱病残等弱势群体，我们可以给予一定生活补助和精神安慰，保障这部分人在解决基本生活需求的同时精神上对生活充满希望；对于出现具有"等、靠、要"思想的有劳动能力的群体，应加强思想意识教育，让每个人通过自己的努力过上自己想要的生活。具体来讲，一是要加强劳动技能培训，使每一个人至少掌握一种保障基本生活水平的生存技能；二是政府要提供就业咨询服务和一定的就业机会，保障每一个人都有一份养家糊口的工作；三是要扩大贫困人口与其他发达地区的交往范围，加强人们之间的沟通。总之，基本公共服务的目的就是通过提升有劳动能力的贫困人口的可行能力来使之主动脱贫、长期脱贫。

（二）可行能力视角下基本医疗卫生建设

当前，如凉山州雷波县等贫困地区发生了"因病致贫，因病返贫"的现象，从中我们可以看出我国部分贫困地区基本医疗卫生体系仍待加强。没有相对较完善的医疗卫生体系，贫困人口无法承受疾病对其的困扰，在昂贵的医药费下，即使是已经摆脱贫困，但又会陷入另一个贫困的恶性循环。身体是革命的本钱，想要拥有自由的劳动能力来创造收入，就必须要有健康的身体作为前提；想要自身得到全面的发展，就要不断提高自己的可行能力。因此，作为精准扶贫的领导者，政府应该更加注重提供基本医疗卫生服务的责任，一是要制定相关医疗政策和普及医疗卫生知识，提高贫困人口的自我保护能力和健康意识，扫除农村贫困地区的不良生活方式；二是要完善基本医疗服务，对于一些有极大危害的地方病、流行病以及传染病要有基本的预防性服务和及时救治服务；三是要不断加强贫困地区的基础性医疗设施，保障贫困地区的人们也能得到更科学合理的治疗。总之，要通过加强基本医疗卫生体系建设，提高贫困地区人民的健康素质，提升贫困人口的健康生活能力。

（三）可行能力视角下基本公共教育建设

教育作为一种具有外部性的公共产品，不仅对人的成长和发展至关重要，而且对社会的发展也影响深远。我国教育现阶段存在的问题，包括优秀教师缺乏和家长思想相对落后等，造成贫困地区受教育水平相对较低。毫无疑问，教育对于人的劳动能力具有提升作用，同时也能培养人的自我意识能力。即通过发展教育，改变贫困人口的落后思想，促进就业，提高收入水平，让贫困家庭的下一代不再把贫困问题延续下去。因此，在精准扶贫政策实施的过程中，不仅要注重贫困地区人口的劳动能力的培养，即对已成年的贫困人口要加强其职业文化素养和职业技能的培训，让他们掌握一定的与现代化、工业化相适应的职业技能，提高人们的自由劳动能力，还要注重贫困地区人口自我意识能力的培养，通过教育消除其"等、靠、要"等不健康的思想意识；对于未成年的人群，要在教育中使其从小树立自主、自立、自强意识。为此要进一步加强乡村教师队伍建设，提升乡村教师专业化发展水平，加强教育补助的倾斜力度。总之，在实施教育扶贫的过程中，要注意打破"贫困文化"的屏障，特别是要提高贫困家庭子女的受教育水平，阻断贫困代际传递的文化因素渠道，以帮助他们摆脱贫困。

总 结

如果我国仅仅按照收入一项指标来衡量贫困，在反映贫困的真实方面以及政策的实践中都将面临一系列的问题。在比较优势下选取更加完善的可行能力标准作为收入标准的补充与拓展，可以更加深刻地认识和把握我国贫困问题，进而推动我国精准扶贫事业的发展，确保所有贫困人口如期在 2020 年全面实现小康。本文以社会实践调研内容为逻辑线索，首先从权利的剥夺与可行能力的缺乏角度指出可行能力视角下贫困的实质；随后根据我国现阶段发展水平提出可行能力的内涵，并按照相同的脉络对可行能力标准与精准扶贫的相关性加以具体论证，得出可行能力视角下的精准性、主动性和长效性与精准扶贫的内在要求高度耦合的结论，从而使本文论点得到验证：利用可行能力理论来指导和推进精准扶贫，更容易实现精准脱贫。

参考文献

[1] 阿玛蒂亚·森，让·德雷兹. 饥饿与公共行为 [M]. 苏雷，译. 北京：社会科学文献出版社，2006.

[2] 阿玛蒂亚·森. 评估不平等和贫困的概念性挑战 [J]. 经济学（季刊），2003，2（2）.

[3] 阿玛蒂亚·森. 以自由看待发展 [M]. 任赜，于真，译. 北京：中国人民大学出版社，2002.

[4] 鲜祖德，王萍萍，吴伟. 中国农村贫困标准与贫困检测 [J]. 统计研究，2016，33（9）：3-12.

[5] 梁小民. 经济学发展轨迹——历届诺贝尔经济学奖获得者述要（第 3 辑）[M]. 北京：人民日报出版社，1999.

[6] 马克思恩格斯选集：第 1 卷 [M]. 北京：人民出版社，1995.

[7] 吴丽萍. 中国农民可行能力贫困研究——以阿玛蒂亚·森可行能力理论为视角 [J]. 西安石油大学学报（社会科学版），2015（3）.

（编辑：刘杨）

精准扶贫视角下农村低保主体资格认定的问题与对策研究

——基于河南省新密市的调查

王晓毅

【摘要】农村最低生活保障制度是全面建成小康社会的主要手段之一，也是当前精准扶贫工作的重要抓手。该制度有效保障了农村贫困人口的基本生活，对于缩小社会贫富差距，打赢我国的脱贫攻坚战具有重要意义。农村低保主体资格的认定问题在精准扶贫工作中尤为关键。本文以河南省新密市为例，对农村低保主体资格认定问题进行实地调研和分析，发现当前农村低保主体资格认定的问题主要表现为以下三方面：资格标准、认定流程和事后核查。通过对这些问题的具体分析，并结合当地的具体情况，文章提出了具有针对性的推动新密市精准扶贫工作的政策建议。

【关键词】农村最低生活保障；新密市；对策

【作者简介】王晓毅，西南财经大学马克思主义学院 2017 级硕士研究生。

党的十九大报告指出，目前我国正处于全面建成小康社会的决胜阶段，而消除贫困是全面建成小康社会的重要内容。[①] 在基本建成小康社会之后，精准扶贫逐渐成为我国现阶段主要的扶贫工作机制。精准扶贫方式与以往的扶贫方式相比，最重要的在于"精准"二字，变过去"漫灌"的粗放式扶贫方式为"滴灌"的精准式扶贫方式。由于我国的贫困人口主要集中在农村地区，想要做到精准扶贫，首先就要做好农村的扶贫工作，而在农村扶贫工作中的"精准"就主要体现在农村低保主体资格的准确认定上。这受到资格标准、认定流程以及事后核查等多方面因素的影响。如何从源头上准确认定农村低保的主体资格，对于打赢我国的脱贫攻坚战和全面建成小康社会具有十分重要的意义。

一、新密市农村最低生活保障认定工作现状

（一）新密市农村低保政策概况

新密市是隶属于河南省郑州市的一个县级市，下辖 13 个乡镇、3 个街道办事处，常住人口约为 79.7 万人，截至 2018 年 9 月底，全市建档立卡的农村低保人数约为 1.6

---

① 习近平. 决胜全面建成小康社会 夺取新时代中国特色社会主义伟大胜利——在中国共产党第十九次全国代表大会上的报告 [M]. 北京：人民出版社，2017.

万人。新密市根据本地区的人均消费支出、经济社会发展、物价水平等因素确定农村低保执行标准为月家庭人均纯收入低于 320 元。农村低保对象实行分类施保，A、B、C 三类对象分别按低保标准的 80%、60%、40% 核定补差，其中 A 类补助标准为 208 元／人／月，B 类补助标准为 156 元／人／月，C 类补助标准为 104 元／人／月。① 实际收入达到或超出农村低保标准，因必要的非生活支出（主要是大病支出）过高造成家庭生活困难者，农村低保对象按困难程度分类保障。新密市 2016 年政务服务网显示，2016 年本市享受农村低保的家庭总户数为 9 692 户，享受农村低保资格的总人数为 16 703 人。所有农村低保个人被分为三类，分别为：A 类低保人数 5 126 人，B 类低保人数 7 721 人，C 类低保人数 3 856 人，年农村低保补助资金共计约 3 207 万元。

（二）新密市农村低保政策的认定机制

在图 1 的申请环节中，申请低保的村民需要填写个人及家庭基本情况表。之后，农村低保申请人需要经过"三审核、三公示"程序。三次审核的部门分别为村民委员会、乡镇民政部门以及新密市民政部门。完成第一个审查环节的村委会工作人员，必须经过实地审查、邻里走访等工作，深入了解申请低保家庭的实际经济状况。然后，乡镇民政办工作人员根据各村委会提交的申请材料，按一定比例随机抽取一部分申请家庭进行入户调查。最后，新密市民政部门审核各个乡镇的申报资料，并且对发现有疑问的家庭再次进行实地考察。

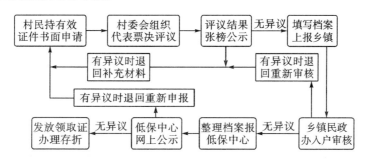

图 1　新密市农村低保对象确定流程图

每个环节都有申报家庭的信息公示，包括申请人个人及其家庭基本信息、申请人家庭经济状况以及申请过程中的民主评议结果。若在公示期间发现存有异议，立即暂停其申请材料的审批，相关部门再次入户调查。只有顺利通过"三审核、三公示"程序的申请人，才能最终被确定为新密市农村最低生活保障家庭。

二、新密市农村最低生活保障资格认定体系现存问题

（一）认定标准方面的问题

目前，在对申请家庭的经济状况进行审查时，只是对申请家庭的经济来源和现有资产进行排查，而其家庭生活花销的支出状况却并没有被纳入审查内容，这对于家中有重大疾病患者或者重度残疾患者的家庭是非常不公平的。并且，目前的收入核查体系尚未将申请家庭的农用机动车、个人存折、股票等财产纳入审查内容，只是根据家

① 新密市政务服务网. 新密市提高城乡低保标准［EB／OL］.［2017-09-09］. http：／／xm.public.zhengzhou.gov.cn／info／index.jhtml？a＝dir&c＝14303&f＝14323.

庭收入状况来对申请家庭进行贫困排序。这样片面的经济审查，使我们的农村低保工作缺乏科学性和公平性。

（二）认定流程方面的问题

1. 各级职能部门管理权限问题

乡镇民政部门根据相关政策规定，对村委会提交的家庭申报材料进行严格审查，并根据申报材料的审查结果给出民主评议意见。通过严格审查、民主评议以及广泛的政策宣传，可以使我们的农村低保政策真正惠及广大农村贫困人口。但是由于当前新密市各乡镇民政部门的工作人员有限、权力有限、办公经费有限等各种因素的限制，使得其对隐瞒实情、骗保套保等行为很难有效查处，这就在一定程度上影响了审查结果的公正性。乡镇民政部门与新密市民政部门在执行农村最低生活保障政策上是"协助"和"代办"的关系，但是在实际工作中，乡镇民政部门要接受县民政局的领导。

2. 审批程序繁琐，重复性劳动较多

在当前新密市农村低保的审批工作中，村民委员会对申请家庭的申报材料审核无误后，将审查结果在村民委员会公告栏进行公示。公示结束后，如果村民对初审结果没有意见，申请家庭的相关申报材料和村委会的初审结果将被报至上级审批部门。乡镇民政部门收到各村委会提交的申报材料后，组织工作人员对申请低保的家庭进行入户调查，并根据实地调查结果和乡镇民政部门材料审查结果提出审核意见。乡镇人民政府审核无误后，报新密市民政部门审批。新密市民政部门组织工作人员对审核意见进行书面审查，并提出处理意见，处理意见经集体讨论后，决定是否给予申请人农村低保待遇。这样三级审查、三级审批、三级公示，即使整个审批过程一切顺利，全部环节也至少需要大概20天的时间。如果公示结果出现问题、申报材料不完整或是有其他情况发生，整个审批过程将会花费更长时间。但是三级部门的审查方式和内容几乎一致，审批过程费时费力，效率极低。

3. 缺乏对审批部门的监管

农村低保的初审环节是由乡镇民政部门来完成的，而新密市的乡镇民政部门的农村低保工作人员大多是从各村委会选派而来的。由于文化素质、职业技能、工作能力等方面的欠缺，基层低保工作人员的失职行为经常发生。

上级民政部门、财政部门只是负责农村低保政策的调整和落实，却没有一个专门的机构对下级民政部门、财政部门的工作进行监督。这样缺乏监督的权力运行机制，使得农村低保审批过程中的以权谋私、权钱交易、优亲顾友的现象时有发生，常常让真正需要农村低保的家庭得不到应有的保障，也使我们的农村低保工作受到公众的质疑，严重影响了政府的公正形象。

（三）事后核查方面的问题

1. 缺乏对已享受农村最低生活保障家庭的监督力度

成功申请最低生活保障的家庭享受国家的生活补助和优惠政策，这并非农村最低生活保障制度运行的结束，而是另一种工作的开始。目前，新密市的农村低保工作的监督考核环节缺失，农村最低生活保障主体资格评审体系的事后核查制度不够健全。

2. 农村最低生活保障资格评审体系退出机制不完善

农村最低生活保障制度的审批程序相对复杂，申报条件也较为苛刻。低保工作只落实好了准入制度，却没有完善的退出机制以及动态监督机制。受保障家庭由于经济条件的改善，本应及时退出农村低保制度，但是在现实工作中却很难得到落实。有些是因为低保工作部门动态监督的缺失而造成的部分本应退出低保的家庭没有及时退出，有些是因为部分低保家庭转移财产、隐瞒实情等原因而延期退保，还有一些是由于相关部门信息沟通的缺乏而造成的应当退出低保的家庭没有及时退出。通过补贴方式享受农村低保的家庭，虽然财政部门可以运用终止划拨低保补贴的方式来停止对本应退出农村低保的家庭的保障，但这种解决方式往往十分滞后。已经享受低保待遇的家庭一般都不愿失去农村低保的资格，因为通过农村低保的资格他们可以轻易获得较为可观的国家农村低保补助金。即使是被发现违规延期退保，我国法律也没有明确规定对其的具体惩处措施，所以一部分不自觉的低保家庭就敢于铤而走险。

三、新密市农村低保对象认定问题的原因分析

（一）农村低保资格认定标准单一

在新密市农村最低生活保障主体资格认定工作中普遍存在着只查收入不查支出的现象，这样的做法不能准确地确定低保申请家庭的实际经济状况。一些因为突然遭遇变故或者其他特殊原因导致生活贫困的农民是否应该享受农村低保，至今仍是一个难以界定的问题。例如家庭成员中突然出现重大疾病患者，由于高额医疗费用而陷入贫困的家庭；或者因为子女学费过高而使家庭生活拮据……这些情况使得家庭经济状况的核定及低保主体资格的确定十分困难。

（二）农村低保资格认定流程不规范

1. 制度运行中的具体程序规定落实不严格，质量亟待提高

在农村低保的审批过程中，虽然河南省、郑州市低保工作部门都制定了相应的具体工作规章制度，但是在新密市的农村低保认定过程中，仍有相当一部分的低保工作人员不按照具体的工作规章制度去进行，对申请家庭提交的申报材料只是做了书面材料的审阅，并没有真正做到入户调查。虽然河南省对低保工作已经做出了动态监督的具体要求，但是由于新密市缺乏对基层低保工作人员的监督考核，部分工作人员懒政，导致对已享受农村低保家庭的监督严重缺失，对低保家庭经济状况的变化也不能及时了解，从而相当一部分低保家庭拖延退保，动态监督严重缺位。

低保工作人员的专业素养也是保障低保工作顺利进行的一个关键因素。根据目前的规定和要求，在我国农村低保工作中，乡镇民政部门和村民委员会主要负责受理低保申请、入户调查、信息公示以及真实性评议等工作。县民政部门主要负责组织相关人员进行审批工作。但是在新密市农村低保的实际工作中，家计调查的开展往往会遇到一些主客观的阻力，比如由于基层低保工作人员的文化素养、人际沟通、专业技能等方面的欠缺，导致调查效率较低。

2. 工作机制不健全

最低生活保障制度是政府的一项重要民生工程，是保障贫困人口基本生活的基本方式之一，政策执行者必须将低保政策向农村居民宣传到位。但是，在新密市农村低保政策的落实过程中，某些村干部为了个人利益，把农村低保名额作为利益交换的筹码，利用农村低保的评审工作为自己谋求利益。还有部分村干部并没有积极认真地向村民宣传农村低保政策，也未入户调查，只是凭个人主观看法来填写家庭情况调查表，评审工作成为形式，敷衍应付上级检查。

3. 基层自治缺乏职责约束效力

在新密市农村低保对象的认定过程中，村干部和村民组长为了维护各自的利益，往往将低保指标作为维系各自利益的筹码。村干部在村民事务的管理中需要众多村民的支持，因为村民组长负责村委具体工作的办理，他们与村民交往较多，在村内相对比较有声望，在村委会换届选举中，他们的意见对于选举结果具有重大影响，所以很多村干部为了"拉拢"村民组长，就将这些组长的家庭及其亲属列为农村低保对象。

目前新密市的农村地区大多数是留守的儿童、老人、妇女，这些人群文化素质较低，缺乏权利意识。而新密市农村基层又普遍缺乏对于具体民生事件的新闻媒体曝光意识，加上村民"安生自在过自己日子"，不愿得罪人这种思想观念的影响，最终导致对于村干部的行为缺乏监督，任由村干部扭曲执行低保政策。①

（三）农村低保监督核查制度不健全

1. 监督缺乏法律依据

监督的力度需要法律强制予以保证，目前相关法律法规的缺失是导致农村低保监督不力的重要因素。② 在很长的一段时期内，我国农村低保制度的发展很慢，而且农村低保立法十分滞后，农村低保工作主要以政策形式来推进，虽然政策实施起来更为方便和灵活，但是政策实施不具备国家强制性，而且各地区因为各种因素的变化，政策实施具有不稳定性，使得我国当前农村低保制度的实施困难重重。近年来，尽管国务院出台了《关于在全国建立农村最低生活保障制度的通知》《关于加强和改进城乡最低生活保障工作的意见》等，但是这些文件还是以政策性为主，依旧缺乏法律的强制性。新密市农村低保对象认定工作正是因为缺乏具体法律法规的有效监督，才使得村民组长、村委会主任甚至乡镇低保工作人员以权谋私行为的出现。

2. 监督主体缺乏协调统一

低保工作涉及的部门较多，其监督系统也是庞大复杂的，各监督主体之间的有效配合对于低保认定工作的顺利进行至关重要。在新密市农村低保政策的落实过程中，民政、财政、审计、新闻媒体等相关监督部门往往各自为政，相互之间缺乏协调与配合，使得农村低保对象的认定工作缺乏有效监督，农村低保对象的认定具有一定的主观随意性。由于低保工作中，各部门的工作是交叉进行的，其监督工作也同样是密切关联的，因此只有各监督部门相互之间有效协调与配合，才能实现对于农村低保工作的全面监督。

3. 监督方式不科学

农村低保监督工作应该贯穿于政府及其工作人员工作的全过程，采取事前预防、事中调控和事后监督相结合的监督方式。但长期以来，新密市的农村低保监督工作仅仅停留在事后监督上，因为没有事前预防和事中调控机制，从而导致一系列的问题出现，使监督工作变得十分被动。在新密市农村低保工作的开展过程中，以权谋私和徇私舞弊的行为大多发生在农村低保制度实施过程中。因此，我们应该把主要的监督工作放在事前和事中两个环节，辅之以事后监督，将事前预防、事中调控、事后监督三

---

① 王增文，邓大松. 倾向度匹配、救助依赖于瞄准机制——基于社会救助制度实施效应的经验分析［J］. 公共管理学报，2012（9）.

② 汪三贵，ALBERT PARK. 中国农村贫困人口的估计与瞄准问题［J］. 贵州社会科学，2010（2）.

者有效结合。

四、完善新密市农村最低生活保障主体认定的建议

（一）合理确定低保资格认定标准

科学的保障标准是低保实施的基础条件，过低的保障标准根本解决不了困难群众的生活负担，过高的保障标准又会造成地方财政负担，并且会降低低保户的劳动积极性，所以低保标准的制定既要保障农村低保家庭的基本生活，又要提升农民的劳动积极性。[①] 新密市民政部门应当根据本市的经济发展水平、物价水平等的差异，科学确定适合本市的低保标准，并且随着经济社会的发展，低保标准也应随之相应调整。

（二）规范农村低保资格认定流程

1. 健全农村低保工作机制

农村低保资格认定流程的规范需要有一套科学的运行机制。其中低保实行的覆盖范围、低保对象的确定、低保资金的管理，每个环节的顺利进行都体现出工作机制的重要性。只有严格按照运行机制的安排做好工作，才能在骨架的基础上丰富血肉，从而不断完善。[②] 对此，新密市农村低保工作部门首先要规范低保评审工作，通过个人申请、工作人员实地调查、乡镇审核、县级审批、张榜公示等环节严格把关，只让符合条件的贫困对象入选；同时，要加强低保督查和信访接待等工作，严肃处理低保工作中的弄虚作假、以权谋私等行为，坚决维护贫困人口的合法权益；另外，应加强对低保工作人员的监督力度和责任追究力度，严格规范工作人员的工作，避免审批过程中的违法违规现象。

2. 完善农村最低生活保障资格评审体系的立法

新密市人民政府应当着眼于农村低保工作的长远发展，把人民群众的利益放在经济社会发展的第一位，认真细致地制定出本市低保工作的长远发展规划，并根据本市经济社会的实际发展状况对最低生活保障资格评审体系进行适时调整。令人欣喜的是，新密市已出台《新密市最低生活保障管理办法》，通过加快最低生活保障资格评审体系的法制化进程，有效规范了低保工作人员的工作。

（三）健全农村低保监督核查制度

1. 完善监督体制

（1）行政监督

行政监督主要包括以下三个方面：第一，低保管理制度和监督制度是低保工作顺利运行的前提条件，新密市民政部门应该制定与本市实际情况相适应的低保管理制度和监督制度。第二，新密市的民政、财政、审计等部门应该加强对农村低保的申报、审核等环节的监督，着力提高农村低保工作的透明度，让权力在阳光下运行；第三，新密市农村低保工作相关部门应加强对农村低保专项补助资金的监督管理，保障低保补助资金安全运行。

（2）审计监督

农村低保资金的有效管理对于低保制度的顺利运行至关重要。审计监督是农村低

①　陈振明. 公共政策分析［M］. 北京：中国人民大学出版社，2003.
②　沈建乐. 公共管理与社会和谐［M］. 银川：宁夏人民出版社，2007.

保资金最为有效的监督方式之一，通过加强审计监督可以严格规范农村低保资金的运行。首先，审计新密市农村低保资金的管理部门和相关金融机构是否正规合法；其次，审计新密市农村低保资金的管理部门和相关金融机构的规章制度是否合理、健全；再次，审计新密市农村低保资金具体执行情况的合理性和科学性；最后，审计相关部门拨付的农村低保资金是否按时、足额到位。

（3）社会监督

虽然审计监督一定程度上限制了公共权力的肆意扩张，但是还是不能完全避免以权谋私情况的发生，因此还应加强社会监督。① 新密市各乡镇政府可以通过设立诸如村民委员会或村民代表小组等机构来监督农村低保制度的实施，从而确保各项程序的公开、透明。同时，还应加强新闻媒体的舆论监督作用，通过新闻媒体的广泛性和迅速性来监督低保基金的管理情况，从而通过社会力量来加强对新密市农村最低生活保障制度的监督。②

2. 信息数据联网核查家庭财产

新密市民政部门应联合新密市人力资源和社会保障局、不动产登记中心、工商局、国税局等部门将最低生活保障信息数据联网核查，相关社会保险登记系统、不动产登记系统、工商信息登记系统、车辆登记系统等数据信息共享，建立信息共享的交流平台。将最低生活保障系统和各类申请家庭的信息系统链接，实现信息共享，以便调查申请家庭的实际经济状况。③ 为员工出具虚假收入证明的单位，应承担相应的连带责任。同时，县、乡、村农村低保工作三级部门应接受社会监督，提高新密市农村低保政策执行的公开性和公平性。④

结 语

本文在对新密市农村低保主体资格认定工作开展实地调查的基础上，分析了当地在农村低保主体资格认定工作中所存在的问题，并提出了相应对策。新密市农村低保主体资格认定的问题主要表现在资格标准、认定流程和事后核查三个方面，这些方面的问题在我国其他地区也或多或少地存在，其治理措施对于我国其他地区也同样具有一定的借鉴意义。目前，我国已经进入全面建成小康社会的决胜阶段，核心在"全面"，"短板"仍是贫困人口，这部分贫困人口主要集中在农村地区，农村低保主体资格的准确认定保障了我国农村地区精准扶贫政策的有效落实，从而助推我国早日实现全面建成小康社会的伟大目标。

参考文献

［1］习近平. 决胜全面建成小康社会 夺取新时代中国特色社会主义伟大胜利——在中国共产党第十九次全国代表大会上的报告 ［M］. 北京：人民出版社，2017.

［2］江文胜. 扎实稳步推进社会主义新农村建设 ［J］. 思想理论教育导刊，2006 (11).

---

① 朱梅. 农村低保中"村委会"道德风险的成因及规避策略 ［J］. 农村经济，2011 (5).
② 唐钧. 社会救助：从边缘到重点 ［J］. 中国社会保障，2009 (10).
③ 童星，王增文. 农村低保标准及其配套政策研究 ［J］. 天津社会科学，2010 (2).
④ 邓大松，王增文. 我国农村低保制度存在的问题及其探讨——以现存农村低保制度存在的问题为视角 ［J］. 山东经济，2008 (24).

［3］陈振明. 公共政策分析［M］. 北京：中国人民大学出版社，2003.

［4］黄鹏，刘天坤，刘艳. 农村贫困地区最低生活保障制度的问题及对策——基于河南省集中连片贫困地区的调研数据［J］. 社会保障研究，2015（1）.

［5］汪三贵，ALBERT PARK. 中国农村贫困人口的估计与瞄准问题. ［J］. 贵州社会科学，2010（2）.

［6］沈建乐. 公共管理与社会和谐［M］. 银川：宁夏人民出版社，2007.

［7］王增文，邓大松. 倾向度匹配、救助依赖于瞄准机制——基于社会救助制度实施效应的经验分析［J］. 公共管理学报，2012（9）.

［8］吕倩. 农村最低生活保障制度动态管理中的监督问题研究［D］. 重庆：重庆大学，2014.

［9］黄晓峰. 完善甘肃农村最低生活保障制度对策研究［D］. 兰州：兰州大学，2012.

（编辑：刘世强）

161

从"世界工厂"到"世界市场"：改革开放 40 年中国国际经济角色的变迁

——以首届中国国际进口博览会为例

岳　婷　刘世强

【摘要】 自 1978 年改革开放以来，中国开始融入经济全球化的历史进程。通过积极参与国际分工，中国实现了自身劳动力的比较优势与国际资本、技术和市场的有机结合，成为名副其实的"世界工厂"。近年来，随着国内外经济形势的变化以及中国全球实力地位的提升，中国开始由"世界工厂"转变为"世界市场"。首届中国国际进口博览会的举办表明了中国进一步扩大对外开放的决心，对改善国内需求、提振全球经济具有重要作用，必将加速中国"世界市场"角色的形成。面向未来，中国将进一步完善国内相关体制，优化进口服务，释放国内消费潜力，为"世界市场"角色的形成提供政策和制度保障。

【关键词】 国际经济角色；世界市场；国际进口博览会

【作者简介】 岳婷，西南财经大学马克思主义学院 2017 级硕士研究生；刘世强，西南财经大学马克思主义学院副教授。

"世界工厂"是指一个国家或地区的工业制成品在世界市场中占有重要份额，成为世界市场上工业品的主要生产供应基地，它是一个国家或地区工业以及制造业相对发达的象征。[①] 改革开放以来，中国凭借其开放的市场环境和生产要素的比较优势，承接了发达国家大量的产业转移，为世界各国提供大量物廉价美的产品，在世界经济格局中扮演着"世界工厂"的角色。然而近年来，随着国内外经济形势的快速变化，中国进一步地开放国内市场，扩大进口，在提高国民生活水平、满足国民美好生活需要的同时，致力于推动世界经济增长，为世界经济发展做出新的贡献，开始从"世界工厂"向"世界市场"转变。

一、改革开放 40 年中国深度融入世界经济："世界工厂"角色的形成

改革开放以来，中国通过参与全球分工体系，逐渐形成了生产环节的加工、组装竞争优势，最终成为全球重要的制造生产基地。自 21 世纪初以来，中国经常被外国称为"世界工厂"。

---

① 吕政. 中国能成为世界工厂吗？[M]. 北京：经济管理出版社，2003：2.

（一）改革开放 40 年中国"世界工厂"角色形成的原因

首先，开放的市场环境和社会主义市场经济体制的建立。1978 年以来，中国始终坚持以开放的发展方针主动参与世界经济融合，带来了资本、技术的全球流动，推动了对外贸易的蓬勃发展，越来越多的外商投资企业落户中国，逐渐形成了珠三角、长三角以及北京地区等三大产业集聚群。与此同时，在党的十四大之后，我国经济体制的改革创新进入一个崭新的阶段，逐步建立起了新的社会主义市场经济体制。市场开始在资源配置中发挥着主导作用，政府的行政干预逐渐减少，市场秩序和市场体系得到进一步改善，这为我国制造业的发展提供了良好的制度环境。

其次，生产要素的比较优势。中国的比较优势主要归功于丰富而低成本的劳动力。一方面，中国人口众多。改革开放以来，随着工业化、城市化的不断推进，越来越多的农村年轻劳动力进城务工，为中国制造业尤其是劳动密集型产业提供大量劳动力资源。另一方面，与发达国家相比，中国工资成本一直处于世界较低水平。20 世纪 90 年代末，中国的平均工资水平只相当于美国的 1/40、日本的 1/20、韩国的 1/10。[①] 如此廉价的劳动力使中国的制造业在跨国公司的垂直分工中获得了更多的外包生产订单，成为世界上重要的劳动密集型制成品出口国。

最后，发达国家的国际分工和产业转移政策发生了新的变化。从 20 世纪 90 年代开始，随着贸易全球化的持续深入发展，世界制造业在新一轮的资源优化配置中实现了大规模重组。欧洲、美国等发达国家和地区努力维持自身在高新技术方面的垄断地位，大力发展技术密集型、知识密集型产业和现代服务业，将制造业特别是科技含量和产品附加值都相对较低的生产环节向国外大量转移，从而实现降低生产成本、提高市场竞争力的战略目标。而中国利用本国广阔的市场和廉价劳动力的优势，成了承接转移的首选之地，成为生产车间类型的"世界加工厂"。

（二）改革开放 40 年中国"世界工厂"角色形成的表现

改革开放 40 年来，中国在融入全球化的过程中，经济贸易得到快速发展，逐步成长为"世界工厂"，主要体现在：

首先，改革开放以来，我国工业总量及生产能力大幅提升。1978 年，我国工业增加值仅有 1 622 亿元，到 1992 年，工业增加值突破 1 万亿元，2007 年突破 10 万亿元，到 2017 年，工业增加值接近 28 万亿元。按可比价计算，年均增长近 10.8%。[②] 主要工业产品的生产能力发生了根本性变化，实现了由短缺到丰富充裕的巨大转变。同时，通过引进、消化、吸收外资等方式，中国已经形成了门类齐全、产值相对较高的完整工业体系，成为世界上唯一拥有联合国工业分类中所有工业类别的国家。

其次，改革开放以来，我国工业制造业占全球的比重持续快速增长，是世界上工业制造业增长速度最快的国家（如图 1 所示）。改革开放初期，我国制造业占全球份额不足 1%，到 1997 年，中国制造业仍然仅占世界总量的 5.9% 左右。[③] 进入 21 世纪，随着我国的进一步开放以及欧洲和美国等发达国家和地区在世界范围内新一轮工业制造业转移的加速，中国制造业在全球的份额显著增加。即使在 2008 年金融危机爆发以后，我国制造业仍然每年继续增长 10% 以上；到 2010 年，我国制造业占比超越美国，

163

① 胡放之. 中国经济起飞阶段的工资水平研究 [M]. 北京：中国经济出版社，2005：147.
② 国家统计局. 中国制造业总量连续多年稳居世界第一 [N]. 光明日报，2018-09-04.
③ 王辉耀. 全球化激荡 40 年：变迁中的中国与世界 [J]. 中国报道，2018（9）.

进一步提高到 19.8%，跃居世界第一。[1] 至此，我国制造业连续多年稳居世界第一。我国工业创造了世界发展史上的奇迹，谱写了中国制造业的壮丽篇章，"世界工厂"的名称和地位实至名归。

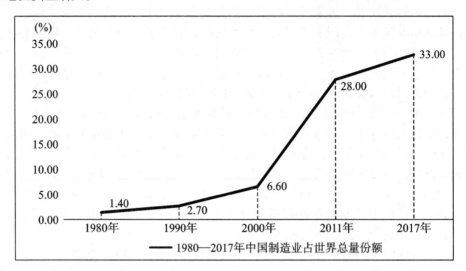

图 1　我国制造业占世界份额

数据来源：国家统计局、《人民日报》相关数据.

最后，改革开放以来，中国对外贸易迅速发展。1978 年，中国进出口贸易额仅有 206.4 亿美元，所占全球份额不足 1%，在世界贸易中仅排名第 32 位。到 2017 年，中国货物贸易进出口总值达到 4.1 万亿美元，增长近 198 倍，全球份额达到 12.8%，成为世界第一货物贸易大国；其中出口额从 1978 年的 97.5 亿美元增加到 2017 年的 2.3 万亿美元，增长近 231 倍，出口总值超过美国，成为世界上第一大出口国。[2] 同时，改革开放 40 年来，我国外汇储备大幅增长（如图 2）。1978 年，我国外汇储备仅 1.67 亿

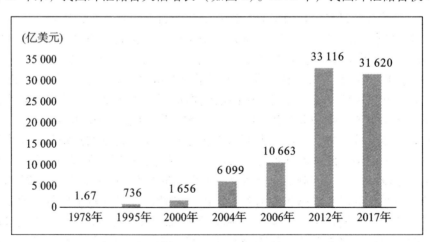

图 2　1978—2017 年我国外汇储备规模

数据来源：中国政府网、《人民日报》相关数据.

① 国家统计局. 1978 年以来我国经济社会发展的巨大变化 [N]. 人民日报，2013-11-06.
② 王一鸣. 中国经济转型为世界经济注入新动力 [N]. 光明日报，2017-03-18.

美元，在世界排名中，仅位居第 38 位。随着我国对外贸易的不断发展，我国开放型经济水平不断提升，外汇盈余不断积累，到 2017 年末，外汇储备余额达 31 620 亿美元，实现了从外汇储备短缺到外汇储备排名世界第一的历史性转变。

二、从"世界工厂"到"世界市场"中国国际经济角色转变的原因

中国的崛起过程就是从封闭到开放，主动参与全球化的过程。随着国内外经济形势的快速变化以及中国全球实力地位的提升，中国展现出超越"世界工厂"之外的另一种价值——具有世界影响力的中国大市场。

（一）全球化对世界经济的影响

当前，全球正处在一个大发展、大变革时期。一方面，科技进步日新月异，物质财富不断积累，以自由贸易为核心的经济全球化带来了贸易的大繁荣、技术的大发展、投资的大便利以及人员的大流动。经济全球化和区域合作的深入发展，成为不可阻挡的时代潮流，越来越多的国家和地区加大对外开放的力度，各国彼此之间利益融通日益加深，世界正逐渐融合为一个难以分割的整体，这为各国发展提供了更多的机会和空间。另一方面，世界发展面临的不确定性大大增加，反全球化、逆全球化思潮涌动，贸易摩擦、投资保护不断加剧，自由贸易与多边体制正在面临单边主义和保护主义的非理性挑战，经济全球化站在了十字路口。例如，特朗普政府所推行的全面贸易保护主义政策，不仅为世界经济增长前景蒙上阴影，而且使以 WTO 为基础的多边贸易和投资体系处于极大危险之中，带来强烈的示范和竞争效应，引发贸易保护主义全面抬头，使得刚刚复苏的全球贸易和世界经济再次陷入低潮。全球化面临的挑战与不确定性大大增强。[①] 在此背景下，中国实现从世界工厂向世界市场角色的转变，是顺应世界发展潮流的正确选择，充分表明了中国主动开放 13 亿人口大市场的真诚意愿，成为中国支持经济全球化和贸易自由化深入发展的实际行动。

（二）中国全球实力地位的提升

改革开放 40 年来，我国经济规模和实力不断提升，综合国力和国际影响力显著增强，许多国家都把拓展中国市场作为重要的发展机遇。40 年来，中国作为世界最大的出口国，经济实力得到快速提升，经济总量不断增长（如图 3）。到 2010 年，中国超越日本，成为世界第二大经济体；2017 年，中国国内生产总值更是实现 127 880 亿美元的重大突破，成为世界经济的火车头。[②] 同时，随着中国经济发展进入新常态，在保持中高速增长的同时，更加注重经济的高质量、高效率和可持续发展，为全球经济的健康发展增添了新的动力。而中国快速发展的经济已经吸引了全球的目光，经济上的成就已经带动了文化、政治、科技、军事以及外交等方面的全方位发展。近年来，中国在 G20 峰会、上海合作组织、金砖国家、APEC 等国际组织中的声音逐渐增强，对国际组织、国际制度的建设能力逐渐提高，在处理国际事务中的声誉和影响力也大大提升。中国所提出的"一带一路"发展倡议、所倡导的平等互惠和共同发展等原则也越来越受到更多国家和有识之士的支持和认同，全球实力和影响力显著提升。

---

① 保罗・克鲁格曼. 英国脱欧与特朗普贸易战 [J]. 中国经济报告，2018（7）.
② 国家统计局. 改革开放铸辉煌 经济发展谱新篇 [N]. 中国经济日报，2013-11-06.

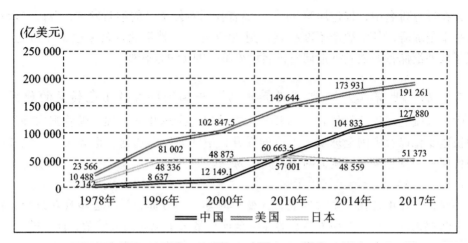

图3 1978—2017 年中、美、日经济总量对比

数据来源：中国政府网、中国经济网相关数据.

（三）中国经济发展的现实需要

党的十九大报告指出，进入新时代，随着我国社会主要矛盾的转换，必须大力提升我国发展质量和效益，着力解决好发展中的不平衡、不充分问题，更好地满足人民日益增长的美好生活需要。美好生活需要最显著的表现是消费需求的增长和消费水平的提升。根据国家发改委发布的《2017 年中国居民消费发展报告》，2017 年我国恩格尔系数为 29.3%，比 2016 年下降 0.8 个百分点，进入了联合国划分的 20%–30%的富足区间。[①] 我国居民消费层次、消费质量不断提高，消费对经济发展的基础性作用不断增长。根据自然增长率的趋势，以消费总额在 GDP 中的占比，中国的上升空间仍然相对较大，2017 年，最终消费支出对 GDP 增长的贡献率达到 58.8%，2018 年上半年消费需求依然保持平稳增长态势，并带动了进口额的快速增长。[②] 未来，中国外贸进出口结构中，进口增长快于出口增长将会进入一个常态化阶段。此外，近年来，中国新型城镇化、供给侧结构性改革、人民币国际化以及深化中国国内市场化改革进程的加快，使中国经过一个较长时期的产能和库存的出清之后，存量配置会更加科学合理，这将带动一批新兴消费市场的产生。这些都为中国从"世界工厂"转变到"世界消费市场"提供了巨大的机遇和现实可能性。因此，可以说，从"世界工厂"向"世界市场"的转变符合中国产业经济结构和消费结构升级的要求，也符合国家大力推进供给侧结构性改革和"一带一路"发展倡议的政策取向。

三、首届国际进口博览会：从"世界工厂"到"世界市场"的角色转变

2018 年 11 月 5 日至 10 日，中国首届国际进口展览会在国家会展中心（上海）举行。2017 年 5 月，习近平主席在"一带一路"国际合作论坛上宣布，中国将于 2018 年举办中国国际进口博览会。国际进口博览会由中华人民共和国商务部和上海市人民政府主办，旨在坚持支持贸易自由化和经济全球化，主动向世界开放市场；并以"新时代，共享未来"为主题，秉承"一带一路"的精神和原则，坚持以习近平新时代中国

---

① 国家发展和改革委员会. 2017 年中国居民消费发展报告［R］. 国家发展和改革委员会网站，2018-03-30.
② 国家统计局. 中国 2017 年最终消费支出对 GDP 增长的贡献率［N］. 国家统计局网站，2018-01-18.

特色社会主义思想为指导，着力打造全球包容开放、互惠发展的新型国际公共平台，让世界共享新时代中国发展成就。

（一）表明主动开放市场的决心

党的十九大报告提出，为推动建设开放的世界经济，中国始终坚持对外开放的基本国策，坚持以开放助发展。习近平总书记一再强调，中国开放的大门永远不会关闭，只会越开越大。一方面，国际进口博览会是新时代背景下，党中央着眼于推进高水平对外开放所做出的一项重大决策，是我们主动向世界各国开放国内市场的重大举措，是在逆全球化思潮涌动、贸易摩擦不断加剧情况下，坚定支持经济全球化和贸易自由化深入发展的实际行动，它反映了我国在新时代继续深化对外开放的决心，体现了中国自信与中国担当；另一方面，通过进口博览会，中国不仅向世界表明了坚持和扩大对外开放的决心，也为世界提供了切实推动建设开放型世界经济的全球性方案。进口博览会是"一带一路"倡议下的重要举措，是连接中国和世界的新平台，它为"一带一路"沿线国家特别是发展中国家提供了快速进入中国大市场的有效渠道。作为一个负责任、有担当的大国，中国在此刻举办以进口为主题的商品交易博览会，将会在国际社会形成榜样作用，进一步鼓励和促进更多国家主动开放市场，共同维护多边贸易体系，推动世界全球化合作道路再启新征程。

（二）持续提升全球市场需求

根据目前中国经济转型的进展情况，"十三五"期间，中国的人均 GDP 预计将增长 30%左右，国内需求潜力将持续增长。随着居民收入的快速增长，中等收入群体不断扩大，未来我国居民可支配收入仍略高。按购买力计算，2006 年中国的消费仅占全球消费的 6.6%，但到 2015 年，中国在全球消费中的份额上升至 15%；就增量而言，中国在过去两年中都占全球的 1/3 左右。① 近期，国家统计局公布：2018 年上半年，中国消费对 GDP 增长的贡献率达到 78.5%，与 2017 年同期相比，提高了 14.2 个百分点；其中，餐饮业所代表的服务消费占家庭消费支出的 50%。② 如此大的消费需求，对各国工商界而言是一个巨大的市场。由此可以看出，当下所举办的进口博览会不是一般的博览会，而是中国市场向世界日益开放的重要里程碑，是中国对世界传递的一个积极信号。通过进口博览会，中国与外部市场的需求互动将越来越多，中国国内市场的巨大潜力也将不断释放，这将为大规模的跨境货物和服务贸易提供更加便利的交易平台，让中国这个大市场通过国际进口博览会变得更具吸引力，进而为全球提供更多的发展机遇，也为中国对世界经济的增长贡献更多动力。

（三）助推中国产业升级，满足人民美好生活需要

党的十九大报告对中国经济做出了重大判断，指出，中国经济已从高速增长阶段转向高质量发展阶段。高质量的发展是从总体扩张到结构优化的过渡，即从"有没有"向"好不好"转变。根据商务部公布的最新数据，近年来，中国商品消费总体增长率保持在 10%左右；在保持稳定增长趋势的同时，消费结构也在不断升级，主要表现为对国际品牌和各国特色产品以及国内有机生态食品消费需求的旺盛增长。③ 然而，与消

---

① 王一鸣. 中国经济转型为世界经济注入新动力 [N]. 光明日报，2017-03-18.
② 张翼. 改革开放 40 年：消费成为我国经济增长第一驱动力 [N]. 光明日报，2018-09-06（10）.
③ 黄隽，李冀恺. 中国消费升级的特征、度量及发展 [J]. 中国流通经济，2018（4）.

费需求不断上升相比，中国的消费品供应仍存在差距，一些个性、多样、高端化的消费需求还得不到充分满足，其中一部分需要通过扩大进口来解决。因此，举办国际进口博览会必将丰富国内消费选择，引导海外消费回归，促进消费升级，满足人民群众的个性化、多元化、差异化的消费需求，发挥内需提振经济增长的重要作用。与此同时，中国国际进口博览会将为知识产权交易提供更广阔的平台，推动中国产业结构升级。中国改革开放 40 年的经验证明，引进先进技术和设备是促进产业结构升级，提升竞争力的重要途径。[①] 特别是在加强知识产权保护的背景下，未来将重视专利以及其他技术的贸易，特别是进口，对提高整个经济的竞争力和结构升级都具有重要意义。

四、未来成就"世界市场"应有的政策考量

未来中国要真正成为世界重要消费市场，受到的挑战因素仍然还有很多。因此，当前和今后一个时期，一方面要通过体制机制创新进一步释放内需潜力，同时改革国内相关体制，为扩大进口提供制度保障；另一方面，优化进口通关流程，提高进口贸易便利化水平。

（一）以体制机制创新进一步释放内需潜力

内需潜力的进一步释放是我国从"世界工厂"角色转向"世界市场"角色的关键一环。初步估算，到 2020 年，中国国内需求市场有望达到百万亿元级别，这是一个真正的需求的市场。[②] 如果能够有效释放出国内需求潜力，不仅可以推动我国顺利实现经济转型，同时可以推动我国成为世界级重要消费市场，成为推动经济全球化新进展的重要动力。然而，潜在的增长并不会自动实现，国内需求的巨大潜力并不意味着它会自动释放，它取决于政府、市场和社会之间的协同作用，取决于社会领域的政策调整和制度创新。根据《中国人民银行 2018 年第二季度城镇储户问卷调查报告》，倾向于储蓄和投资的居民占比分别达到 43.5%、31.7%，只有 24.7% 的居民倾向于消费；未来 3 个月，准备增加支出的项目大都集中在教育、医疗保健和购房等领域。[③] 这说明我国社会基本保障在提升居民消费信心方面尚有不足。因此，一方面，要继续完善社会保障制度，加大对基本公共服务供给的保障力度。近 10 年来，我国对社会政策进行了持续调整，基本公共服务体系建设不断完善。但是，与整个社会日益增长的公众需求相比，还有进一步提升的空间。必须进一步加强在教育和医疗等领域的基本公共服务供给，以实现基本的消费公平。另一方面，对于改善和享受的服务型消费，有必要发挥市场的决定性作用，扩大有效供给。在政府对基本公共服务给予有效保障的基础上，对于更高层次、更高要求的服务型消费，必须充分利用市场机制，加快市场开放，引入社会资本。这不仅是进一步释放内需，刺激经济增长的重要力量，同时也是满足人们对美好生活的渴望的根本保证。

（二）完善国内进口制度，为扩大进口提供制度保障

未来中国要真正成为世界级重要消费市场，必须要改革国内相关体制，为扩大进口提供一个很好的制度保障，积极发挥多渠道促进作用。一方面，要完善进口促进制

---

① 唐广应，赵昊东. 我国产业结构升级影响要素分析 [J]. 中国审计，2018（6）.

② 宫超. 多措并举激发内需潜力 [J]. 瞭望，2017（11）.

③ 中国人民银行. 中国人民银行 2018 年第二季度城镇储户问卷调查报告 [R]. 中国人民银行网站，2018-06-15.

度，落实中央政府已经确定的开放措施，履行开放承诺，在开放一般制造业的基础上，扩大电信、医疗、教育、养老金和新能源汽车的开放。同时，完善外商投资相关管理体制，持续发挥外资对扩大进口的推动作用，加快外资基础性法律立法进程，优化国内投资环境，加大对知识产权的保护，保护外商的合法权益。另一方面，构筑开放平台，大力发展进口促进平台，以适应我国经济转型发展为目标，培育形成一批示范带动作用突出的国家进口贸易促进创新示范区，提升各类开发区发展水平；以适应我国服务贸易快速发展为目标，明确将服务贸易作为国内自贸区转型的重大任务，推进以服务贸易为重点的更高标准的经贸规则先行先试，开创改革开放的新高地。同时，优化开放布局。在提升东部开放水平的同时，促进中西部地区的开放发展，促进新的开放增长极的形成，并将西部从开放的一端转向开放的前沿。

（三）优化进口通关流程，提高进口贸易便利化水平

改革完善进口管理，优化进口服务是中国未来真正成为世界重要消费市场的重要一环。近年来，港口管理有关部门大力推进了进出口环节改革，通关效率大大提高。但是，与贸易大国相比，仍然存在很大差距，贸易便利化程度仍需继续提高。因此，必须以提高进口贸易便利化水平为目标，继续在推进简政放权、放管结合，优化服务等方面深化改革，创新政府监管模式，严格落实《提升我国跨境贸易便利化水平的措施（试行）》，谋划创新进口服务新思路、新制度，进一步改善中国跨境贸易服务环境。一方面，优化进口通关流程，简化作业流程，减少非必要的作业环节和手续，实施单证手续，促进港口物流信息的电子化，简化自动进口许可证申请，完善随附文件的无纸化格式标准。同时，另一方面，在降低进口环节制度性成本等方面采取有效手段，清理进口环节的不合理收费。通过采取有效措施，规范和降低港口检查服务费，清理港口管理服务的不合理收费，进一步优化港口环境，缩短进出口时间和成本，提高贸易便利化水平。

（编辑：李怀）

第三篇 高校思想政治教育与思想政治工作

关于"马克思主义基本原理概论"课程教学体系的思考

曾　获　向　楠

【摘要】"马克思主义基本原理概论"课程教学需要实现从理论体系到教材体系再到教学体系的转化。"马克思主义基本原理概论"课程的理论主题是"为人类求解放",基于马克思主义对整个世界进行总体把握的哲学理论视野,基于马克思主义立足现实世界改造的实践性品格,"为人类求解放"的理论主题通过四个层级展开:第一个层级,世界观层级,讨论物质世界与精神世界的关系;第二个层级,属人世界观层级,讨论实践与认识的关系;第三个层级,人类社会层级,讨论社会存在与社会意识的关系;第四个层级,人类当下社会层级,讨论资本主义和社会主义(共产主义)的关系。"为人类求解放"的理论主题以及从宏观到微观、从抽象到具体、从理论到现实对这个主题进行展开的四个层级的理论构成了"马克思主义基本原理概论"课程的教学体系。

【关键词】马克思主义;"马克思主义基本原理概论";教学体系

173

【作者简介】曾获,西南财经大学马克思主义学院教授,博士生导师;主要研究方向为马克思主义基本原理、思想政治教育研究;向楠,西南财经大学马克思主义学院思想政治教育专业2017级博士研究生。

【基金项目】西南财经大学2016年度重大基础理论研究项目"马克思主义核心理论研究"(项目号:JBK16116)阶段性成果。

"马克思主义基本原理概论"课程教学需要实现从马克思主义理论体系到教材体系再到教学体系的转化。《马克思主义基本原理概论》(2018年版)(以下简称"2018年版教材")的出版使用把从教材体系到教学体系的转化任务推到了一线教师面前,如何将马克思主义基本原理这一博大精深的理论体系建构成自洽的教学体系成为亟待解决的问题。

一、问题的引入

关于马克思主义理论,人们有两个共同的认识:其一,关于马克思最重要的理论贡献的认识。马克思最重要的理论贡献一是唯物史观,二是剩余价值学说。其二,关于马克思主义理论的理论体系的认识。马克思主义理论体系包括三个组成部分,即马克思主义哲学、马克思主义政治经济学、科学社会主义。"马克思主义基本原理概论"课程的开设,给人们提出了两个新问题:其一,如何提炼马克思主义理论的基本原理;

其二，如何将这些基本原理建构成自洽的课程教学体系。在这两个问题中，第一个问题解决得比较好，如 2018 年版教材表述的那样，"马克思主义基本原理是对马克思主义立场、观点、方法的集中概括，是马克思主义在其形成、发展和运用过程中经过实践反复检验而确立起来的具有普遍真理性的理论"[1]。2018 年版教材在"导论"中还给出了一个马克思主义的"基本立场"、十七个马克思主义的"基本观点"、六个马克思主义的"基本方法"的概括[2]。但是，如何将这些内容建构为一个主题明确、层次清晰、结构合理的课程教学体系，似乎还需要进一步努力。从课程的理论主题来看，马克思主义基本原理的主题是什么似乎并不清楚——马克思主义基本原理到底是把握整个世界的哲学世界观，还是分析资本主义的政治经济学理论，还是指出社会主义必然代替资本主义，从而引导人们进行社会主义革命的革命理论？从课程的逻辑结构、逻辑层次来看，马克思主义理论体系三个组成部分还没能有机地结合为一个整体，马克思主义哲学、政治经济学和科学社会主义三部分还是以相对独立的形式呈现在教材中的，以至于在具体的教学实践中，仍然存在着熟悉哲学的教师讲哲学（教师的主观教学意图是向学生传授哲学知识，培养哲学素养），熟悉政治经济学的教师讲政治经济学（教师的主观教学意图是向学生传授政治经济学知识，甚至是传授经济学知识，培养经济素养）的情况，这种情况将严重地影响大学生从整体上把握马克思主义理论的学习效果，难以实现开设"马克思主义基本原理概论"课程的教学初衷。因此，在构建"马克思主义基本原理概论"课程的教学体系的时候，马克思主义基本原理的整体性需要得到更好的体现，马克思主义基本原理教学的层次性需要得到更好的呈现。

二、2018 年版教材的新启示

对于如何更好地解决这个问题，2018 年版教材第二章的修改似乎给了我们一个思路。仔细研读 2018 年版教材第二章的修改内容，会让我们深入思考一个问题——"2018 年版教材第二章能否仅仅归结为关于认识的哲学理论，即第二章能否归结为'认识论'"？这种思考会进一步给我们构建"马克思主义基本原理概论"课程教学体系以宝贵启示。

2018 年版教材一方面在第二章"教学目的和要求"中删去了"自觉培养和践行社会主义核心价值观"，在"教学要点"中删去"价值、价值评价和价值观""必然与自由"等内容，在正文中更详尽地讨论认识辩证过程的两次飞跃，似乎要把本章变得更"认识论"化；但是另一方面本章教材的更多修改似乎又在超越"认识论"，例如：

（1）第二章的标题由《马克思主义基本原理概论》（2015 年版）的"认识的本质及其发展规律"改为 2018 年版教材"实践与认识及其发展规律"。这个修改给人的感觉是本章既要讨论"认识及其发展规律"还要讨论"实践及其发展规律"。既然如此，本章当然就不只是"认识论"了。

（2）第二章第一节的标题由《马克思主义基本原理概论》（2015 年版）的"认识与实践"改为 2018 年版教材的"实践与认识"。这个修改不仅仅是"认识"与"实践"两个语词在行文顺序上的调整，而是内容上的重要变化。2018 年版教材在这一部

---

① 本书编写组. 马克思主义基本原理概论［M］. 北京：高等教育出版社，2018：3.
② 本书编写组. 马克思主义基本原理概论［M］. 北京：高等教育出版社，2018：3-4.

分仔细地讨论了"实践"的本质，"实践主体""实践客体"等实践的基本结构，却没有专门讨论"认识主体"与"认识客体"问题，这样的内容安排使得"实践"问题在本章中获得了独立存在的价值。2018 年版教材第二章第一节就专门增设第一条"实践的本质与基本结构"，而不是像《马克思主义基本原理概论》（2015 年版）教材那样，实践仅仅是作为认识的基础"出场"的。《马克思主义基本原理概论》（2015 年版）第二章第一节第一条的标题是"实践是认识的基础"。这样一来，本章当然就不只是"认识论"了。

（3）2018 年版教材增加了"主体客体化与客体主体化的双向运动"[①] 的内容，仔细研读这部分内容可以看出，这些内容主要不是从"认识论"角度阐述的，即不是从认识关系讨论"主体客体化与客体主体化的双向运动"，而是从实践关系讨论主体与客体关系的。2018 年版教材指出："主体客体化与客体主体化的双向运动是人类实践活动两个不可分割的方面，它们互为前提、互为媒介，人类就是通过这种运动形式不断解决着现实世界的矛盾。"[②] 这些内容非常清楚地表明本章是在仔仔细细研究实践的，本章当然就不只是"认识论"了。

（4）2018 年版教材在第二章中增加了"真理尺度"和"价值尺度"两个概念，并且非常清楚地指出这两个尺度都是"实践的尺度"："人们的实践活动总是受着真理尺度和价值尺度的制约。实践的真理尺度是指在实践中人们必须遵循正确反映客观事物本质和规律的真理。只有按照真理办事，才能在实践中取得成功。实践的价值尺度是指在实践中人们都是按照自己的尺度和需要去认识世界和改造世界。这一尺度体现了人的活动的目的性。"[③] 2018 年版教材增加的"实践的两个尺度"的理论再清楚不过地表达着一个意思：本章不只是"认识论"。

（5）2018 年版教材第二章以"实现理论创新和实践创新的良性互动"[④] 为本章的落脚点，相对于《马克思主义基本原理概论》（2015 年版）以"一切从实际出发，实事求是"的党的思想路线为本章的落脚点[⑤]，表明新教材的本章自始至终是在对"实践"和"认识"两个主题进行讨论，本章当然就不只是"认识论"了。

对上述问题的思考会让我们得出一个结论：2018 年版教材第二章不再仅仅是以往教材所讨论的马克思主义哲学的"认识论"，而是包括了"认识"和"实践"在内的"实践与认识论"。沿着这个思路，我们可以举一反三地进行思考：整本教材还是像过去那样，在按马克思主义哲学（其本身是在按辩证唯物主义、唯物辩证法、认识论、历史唯物主义的结构和顺序）、政治经济学、科学社会主义的结构在编写《马克思主义基本原理概论》吗？似乎不是了！

按照 2018 年版教材第二章并行研究讨论"实践与认识"的思路，对整本教材都可以做全新的理解。例如，教材第一章从最宏观的角度讨论了整个世界，也就是讨论了物质世界与精神世界的物质本质问题、辩证本性问题，属于世界观层次的理论。教材第二章则讨论的是人的基本活动问题，即"实践"和"认识"的关系问题，进入了人

① 本书编写组. 马克思主义基本原理概论［M］. 北京：高等教育出版社，2018：59.
② 本书编写组. 马克思主义基本原理概论［M］. 北京：高等教育出版社，2018：59-60.
③ 本书编写组. 马克思主义基本原理概论［M］. 北京：高等教育出版社，2018：91.
④ 本书编写组. 马克思主义基本原理概论［M］. 北京：高等教育出版社，2018：101.
⑤ 本书编写组. 马克思主义基本原理概论［M］. 北京：高等教育出版社，2015：95.

的活动层次（也可以称为"属人世界层次"）。教材第三章则把讨论的领域缩小到人类社会，是关于社会历史的哲学分析，主要研究讨论了社会存在和社会意识、人民群众与历史人物的关系问题，这个讨论对人的活动领域做了限定，与第二章相比，第三章从"属人世界层次"深入到了"人类社会层次"。教材第四章和第五章着眼的主体内容虽然是马克思主义政治经济学的内容，但是从马克思主义基本原理的角度，本部分着眼的是"资本主义"这种社会形态的整体把握，而不仅仅是资本主义社会的政治经济学问题，更不是一般意义上的经济学问题，这从这两章的标题可以非常清楚地看出来——第四章"资本主义的本质及规律"、第五章"资本主义的发展及其趋势"，这可不仅仅是"政治经济学"。教材第六章与第七章虽然也在讨论经典马克思主义关于社会主义的一般原则、共产主义的基本特征，但是本部分更重要的是把经典马克思主义关于社会主义（共产主义）的一般原则、基本特征作为分析现实的社会主义特别是中国特色社会主义的基本原理和基本方法，最终落脚到中国特色社会主义道路的阐述上。如果我们把第四章、第五章和第六章、第七章结合起来，则讨论的是人们当下生活的两种社会形态的关系，即资本主义与社会主义的关系。这种讨论是对第三章关于人的活动领域的讨论的进一步的具体的限定，即深入到"人类当下社会形态层次"，它的落脚点是中国特色社会主义。因此，从"世界观层次"，到"属人世界观层次"，再到"人类社会层次"，最后到"人类当下社会形态层次"，一个层次清晰、体系完整的马克思主义基本原理理论体系得以展现。如果我们再找到一个贯穿"马克思主义基本原理概论"始终的主题，那么，一个主题明确的、层次清晰的、结构合理的"马克思主义基本原理概论"教学体系就建构起来了。下面我们就沿着这个思路，来寻找这个主题，构建这个体系。

三、"马克思主义基本原理概论"课程教学体系

1. 马克思主义基本原理的理论主题

马克思主义理论博大精深，内容丰富，人们可以从不同侧面把马克思主义理解为哲学，理解为政治经济学（甚至经济学），理解为科学社会主义。所以在一些人的眼中，马克思是哲学家；在一些人的眼中，马克思是政治经济学家（甚至经济学家）；在一些人的眼中，马克思是政治家（革命家）。那么什么是马克思主义理论最基本的、最核心的主题？为此，习近平总书记在纪念马克思200周年诞辰大会上的讲话中指出："马克思主义是人民的理论，第一次创立了人民实现自身解放的思想体系。马克思主义博大精深，归根到底就是一句话：为人类求解放。在马克思之前，社会上占统治地位的理论都是为统治阶级服务的。马克思主义第一次站在人民的立场探求人类自由解放的道路，以科学的理论为最终建立一个没有压迫、没有剥削、人人平等、人人自由的理想社会指明了方向。马克思主义之所以具有跨越国度、跨越时代的影响力，就是因为它植根人民之中，指明了依靠人民推动历史前进的人间正道。"① 由此可以看出，马克思主义理论整个体系的主题，当然也是马克思主义基本原理的主题就是"为人类求解放"。这个主题在马克思那里有非常明确的表述。"马克思的一生，是胸怀崇高理想、

---

① 习近平在纪念马克思诞辰 200 周年大会上的讲话 ［EB/OL］. ［2018-05-04］. http://www.xinhuanet.com/politics/2018-05/04/c_1122783997.htm.

为人类解放不懈奋斗的一生。1835 年，17 岁的马克思在他的高中毕业作文《青年在选择职业时的考虑》中这样写道：'如果我们选择了最能为人类而工作的职业，那么，重担就不能把我们压倒，因为这是为大家做出的牺牲；那时我们所享受的就不是可怜的、有限的、自私的乐趣，我们的幸福将属于千百万人，我们的事业将悄然无声地存在下去，但是它会永远发挥作用，而面对我们的骨灰，高尚的人们将洒下热泪'。① 由于特殊的时代背景和社会状况，马克思把自己"为人类的幸福而工作"的焦点对准工人阶级即劳动群众、无产阶级，马克思主义也因此成为世界无产阶级反抗阶级剥削、阶级压迫，争取自身解放的思想武器。从俄国的"十月革命"到中国的"农村包围城市，武装夺取政权"，都是马克思主义这面旗帜的胜利。这种状况在人们的头脑中刻下了关于马克思主义的非常鲜明的印象，同时也使得一些人对马克思主义的思想主题产生了表面的理解，以为马克思主义就只是为无产阶级服务的，只是搞阶级斗争的，而且主要是搞暴力革命的；当人们进一步把这种表面认识与变化了的时代背景和社会状况对应起来，就必然陷入"马克思主义过时论"的错误思想之中。由此可以看出，我们要立足时代的发展，社会的变化，克服对马克思主义理论的表面理解，才能把握马克思主义理论的主题内容、实质内容。习近平总书记在纪念马克思 200 周年诞辰大会上的讲话中引用了恩格斯的话来阐明马克思主义与时俱进的发展品格："我们的理论'是一种历史的产物，它在不同的时代具有完全不同的形式，同时具有完全不同的内容'。"我们应该看到，"马克思的思想理论源于那个时代又超越了那个时代，既是那个时代精神的精华又是整个人类精神的精华"②。习近平总书记关于"马克思主义博大精深，归根到底就是一句话：为人类求解放"的论断，就是对马克思主义理论中那些超越时代限制的普遍真理的最精炼的概括，是对马克思主义理论的主题内容、实质内容的科学揭示。由此我们可以看到，在马克思主义的理论中，无产阶级的"阶级性"与最广大人民群众的"人民性"以及"全人类性"是一致的。习近平新时代中国特色社会主义思想是 21 世纪的马克思主义，习近平新时代中国特色社会主义思想所包含的"以人民为中心""为人民谋幸福""为世界谋大同""为人类求解放"的思想，就是 21 世纪马克思主义的理论主题，就是马克思主义基本原理的理论主题。明确了这个道理，就能在新的历史条件下坚定马克思主义信仰，"马克思主义过时论"就不成立了；明确了这个道理，也就明确了在高校为大学生开设"马克思主义基本原理概论"课程的价值：帮助大学生树立"以人民为中心""为人类求解放"的世界观、人生观和价值观。

2. "马克思主义基本原理概论"教学体系的四个层级

马克思主义基本原理的理论主题确立了，接下来的问题就是如何在"马克思主义基本原理概论"课程中展开"为人类求解放"这个理论主题。基于马克思主义对整个世界进行总体把握的哲学理论视野，基于马克思主义立足现实世界改造的实践性品格，"马克思主义基本原理概论"课程可以建构包括四个层级的教学体系来展开"为人类求解放"这个理论主题。这四个层级分别是：

第一个层级，世界观层级。该层级研究人们生活于其中的两个世界的关系，即物

---

① 习近平在纪念马克思诞辰 200 周年大会上的讲话 [EB/OL]．[2018-05-04]．http://www.xinhuanet.com/politics/2018-05/04/c_1122783997.htm.

② 习近平在纪念马克思诞辰 200 周年大会上的讲话 [EB/OL]．[2018-05-04]．http://www.xinhuanet.com/politics/2018-05/04/c_1122783997.htm.

质世界与精神世界的关系，这个研究的最重要的观念是整个世界统一于物质，统一于具有辩证性的物质。"为人类求解放"是在现实世界展开的人类活动，它的成功有赖于科学地认识我们生活于其中的世界，即有赖于正确哲学世界观的指导，树立正确的世界观是实现"为人类求解放"人类活动目标的哲学前提。2018年版教材的第一章"世界的物质性及其发展规律"，集中阐述了马克思主义哲学关于正确认识人们生活于其中的两个世界的关系即物质世界与精神世界的关系的辩证唯物主义和唯物辩证法。其中辩证唯物主义理论揭示了物质世界与精神世界的统一本性，即"物质性"或"客观实在性"，为展开"为人类求解放"的人类活动确立了最基本的哲学立场，即坚持从客观世界自身出发的唯物主义哲学立场；其中唯物辩证法理论揭示了整个世界（包括物质世界与精神世界）的联系和发展的基本特性，即辩证性质，为展开"为人类求解放"的人类活动确立了最基本的哲学观念和哲学方法，即以全面的、发展的眼光来分析问题和处理问题的辩证观念和辩证方法。

第二个层级，人的活动层级，即属人世界观层级。该层级研究人们的两种基本活动的关系，即改造世界与认识世界也即实践与认识的关系，这个研究的最重要的观念是人们的两种基本活动统一于实践。"为人类求解放"是具有崇高价值的人类实践活动，它的成功有赖于具有真理性的认识的引导，科学地把握实践活动与认识活动的关系，是实现"为人类求解放"价值追求的思想前提。2018年版教材的第二章"实践与认识及其发展规律"亦是站在哲学的高度分析了人类实践活动与认识活动的关系。第二章一方面集中地讨论了人类实践活动的本质和基本结构，尤其是分析了实践"主体客体化与客体主体化的双向运动"，充分彰显了实践活动本身的主客二重性，体现了人们在把握对象世界时从实践出发的现实立场。这一立场既发扬了唯物主义坚持从客观出发的逻辑立场，又不忽视人自身的主观意愿的现实立场，体现了马克思主义的"实践唯物主义"的科学精神。另一方面在实践的基础上，阐述了辩证唯物主义能动反映论关于认识本质、认识的辩证过程及其规律、认识的真理性的基本内容，为科学展开"为人类求解放"的实践活动确立了思想路线和行动指南。

第三个层级，人类活动的基本领域层级，即人类社会层级。该层级是对人类社会的一般认识，这个研究的最重要的观念是经济生活制约着人类社会的全部生活，人民群众是历史的创造者。"为人类求解放"是受社会客观规律制约的社会活动，科学地把握人类社会的客观规律是实现"为人类求解放"任务的科学前提。2018年版教材的第三章"人类社会及其发展规律"阐述了马克思最伟大的科学发现——历史唯物主义。本章以社会存在决定社会意识为核心观点，通过对生产力与生产关系、经济基础与上层建筑两对基本矛盾的分析，以及阶级斗争、社会革命、改革和科学技术在社会发展中的作用的分析，揭示了人类社会发展的动力系统和基本规律，最后落脚到"人民群众是历史的创造者"的核心命题，把历史唯物主义的科学社会历史观转化为具有中国特色的"以人民为中心"的群众观点和群众路线，确立了实现"为人类求解放"任务的科学前提。

第四个层级，人类当下基本活动领域层级，即当下社会形态层级。该层级研究目前人们生活于其中的人类社会的两种基本社会形态的关系，即资本主义与社会主义（共产主义）的关系，这个研究的最重要的观念是资本主义必然被社会主义取代，中国特色社会主义道路就是立足中国国情的科学的社会主义道路。"为人类求解放"是在现

178

实的具体的约束条件下进行的具有创新性的活动，科学地把握资本主义与社会主义（共产主义）的关系，尤其是科学地把握中国特色社会主义文化、理论、制度和道路，是实现"为人类求解放"理想的客观前提。2018版教材的第四章、第五章、第六章、第七章是整本教材理论内容经过前三个理论层级从宏观到微观、从抽象到具体、从理论到现实逻辑演绎的落脚点，是对马克思主义基本原理的"为人类求解放"的理论主题的直接讨论。本理论层级阐述了马克思另一项最伟大的科学发现——剩余价值学说和马克思主义最壮丽的社会理想——共产主义。其中剩余价值学说揭示了资本主义产生、存在、发展和最终被社会主义取代的奥秘，揭示了人类摆脱"劳动异化"，实现"人类解放"，从必然王国走向自由王国的必然性；而马克思主义的"本质论"的共产主义（共产主义的本质是自由人的联合体）、"运动论"的共产主义（"我们所称为共产主义的是那种消灭现存状况的现实的运动"）则表达了"为人类求解放"的现实道路。正如习近平同志指出的那样："我们要把共产主义远大理想同中国特色社会主义共同理想统一起来、同我们正在做的事情统一起来。"至此，马克思主义基本原理的"为人类求解放"的理论主题落脚到了共产主义的科学理解上，把马克思主义的共产主义同"乌托邦"式的共产主义严格地区分开来，"共产主义渺茫论"就不成立了；马克思主义基本原理的"为人类求解放"的理论主题落脚到了中国特色社会主义共同理想的奋斗中，"马克思主义基本原理概论"课程要传导的科学世界观、人生观、价值观就与青年大学生的人生目标对接上了，"马克思主义基本原理概论"课程的课程目标就实现了。

结　语

通过上述分析可以看到，马克思主义基本原理的理论主题是"为人类求解放"；体现"为人类求解放"理论主题的四个层级的理论分别从宏观到微观、从抽象到具体、从理论到现实构建起了层级清晰、结构合理、重点突出的"马克思主义基本原理概论"课程教学体系（详见图1）。

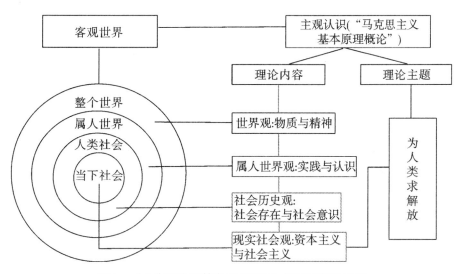

图1　"马克思主义基本原理概论"课程逻辑示意图

该教学体系较好地体现了马克思主义从整体上、从总体上把握对象世界的哲学理论本性、立足现实社会指导社会发展的实践本性，也较好地实现了从马克思主义理论三大组成部分到融合为一整块"马克思主义基本原理概论"课程教学体系的转化。这个教学体系表明，马克思主义基本原理在世界观层面是"物质本体论"，在属人世界观层面是"实践本体论"，在社会历史观层面是"经济本体论"，在当下社会观层面是"人民本体论"。这个教学体系还表明，信仰马克思主义就是要在世界观层面信仰辩证唯物主义，在属人世界观层面信仰实践唯物主义，在社会历史观层面信仰历史唯物主义，在当下社会观层面信仰社会主义（共产主义）。

（编辑：刘世强）

论"思想道德修养与法律基础"课程中 "绪论"的理论逻辑

胡军方

【摘要】作为一门思想政治理论课,"思想道德修养与法律基础"课程以"立德树人"为根本任务。绪论部分有三个主要内容,分别是新时代、新要求、新目标,对应于为什么要开设此门课程、这是一门什么课程、学习该门课程有何意义三个问题。三个主要内容和问题是相互联系的整体,体现为两个序列的逻辑关系。第一个序列是使命—要求—素质的下贯形式,第二个是素质—要求—使命的上达形式。两个形式关系之间的相互融通,需要通过课程教学的中介来完成,从而实现"立德树人"的根本任务。

【关键词】新时代;新要求;立德树人;基础课程

【作者简介】胡军方,西南财经大学马克思主义学院讲师,研究方向为西方伦理学。

2016 年,习近平总书记在全国高校思想政治工作会议的重要讲话中强调,高校思想政治工作关系到高校培养什么样的人、如何培养人以及为谁培养人这个根本问题,要坚持把立德树人作为中心环节、根本任务、根本目标。[①] 2018 年,习近平总书记在全国教育大会的重要讲话中强调,培养什么人,是教育的首要问题;我们的教育必须把培养社会主义建设者和接班人作为根本任务;要把立德树人融入思想道德教育、文化知识教育、社会实践教育各环节,教师要围绕这个目标来教,学生要围绕这个目标来学。"思想道德修养与法律基础"课程(以下简称"基础"课程)以立德树人作为中心环节、根本任务、根本目标,这集中体现在本门课程的绪论之中。"基础"课程已经采用 2018 年版的新教材,绪论与此前相比也有了较大的变化。如何理解新教材中绪论部分的新时代、新要求、新目标及其三者之间的理论与逻辑关系,关系到能否真正把握和实现"立德树人"这个根本任务。

一、新时代:为什么要开设此门课程?

大学阶段是大学生发展的一个关键时期。自进入大学开始,大学生会面临一系列的问题,比如什么是大学、在大学如何有效地学习、如何制订学习计划、如何处理学

[①] 习近平. 把思想政治工作贯穿教育教学全过程 开创我国高等教育事业发展新局面 [N]. 人民日报, 2016-12-09 (01).

习与生活的关系、做一个什么样的人等。这一系列的问题与人生课题，都需要大学生自己去思考和选择。大学生要做出选择，就涉及一个更根本的问题，即自我的问题：我的理想、兴趣爱好、自身素质以及其他很多方面。自我选择以自我认识为前提，大学生要想真正认识自我，就离不开对其所处时代的理解与把握。也就是说，正确认识社会是自我认识的必要条件。

新时代是大学生理解当前所处历史方位的关键词。什么是新时代？党的十九大报告中指出，中国特色社会主义进入新时代，意味着近代以来久经磨难的中华民族迎来了从站起来、富起来到强起来的伟大飞跃，迎来了实现中华民族伟大复兴的光明前景；意味着科学社会主义在 21 世纪的中国焕发出强大生机活力，在世界上高高举起了中国特色社会主义伟大旗帜；意味着中国特色社会主义道路、理论、制度、文化不断发展，拓展了发展中国家走向现代化的途径，给世界上那些既希望加快发展又希望保持自身独立性的国家和民族提供了全新选择，为解决人类问题贡献了中国智慧和中国方案。①这三个"意味着"标识了新时代的重大意义，是我们理解新时代的着眼点。

第一个"意味着"的关键词是"强起来"。从站起来到富起来，从富起来到强起来，这是近代以来中国所经历的历史阶段。目前，我们处于"强起来"的历史阶段。"强起来"作为一个动词，意指由富变强、将强而未强的一个动态过程。这样一个历史阶段非常关键，面临着很多的问题与风险。只有顺利度过这个阶段，国家才能真正强大起来。从近代以来世界强国产生和发展的历史中我们可以发现一些规律，吸收成功的经验同时借鉴失败的教训。从规律角度而言，强国的产生需要一段时期的发展，并且都有一个关键期。如何应对这个关键期存在的问题与风险？我们可以从内因与外因两个方面来看。从成功的例子来看，英、美两国都做出了很好的战略选择，进行了有效的国内改革，同时成功应付了外部风险。从失败的例子来看，德、日两国出现了严重的战略失误，陷入了所谓的"修昔底德陷阱"。由此我们可以看出，在这样的一个关键期，我们自身要有正确的战略安排，并且争取有利的外部环境。

第二个"意味着"的关键词是"科学社会主义"。2018 年有三个非常重要的纪念日，分别是马克思 200 周年诞辰、《共产党宣言》发表 170 周年、中国改革开放 40 周年。这三个重要的纪念日，都与科学社会主义有着密切的关系。在社会主义的发展历程上，科学社会主义可以追溯到更早的社会主义思想即一般被认为是空想社会主义的思想。500 年以前产生的空想社会主义之所以是空想，是因为它只是一种美好的设想，停留在对早期资本主义的揭露和批判上。马克思和恩格斯在 1848 年发表了《共产党宣言》，标志着科学社会主义的诞生。俄国十月革命的胜利，意味着科学社会主义从理论深入到实践，成了一种社会制度。从世界上第一个社会主义国家的出现到 20 世纪 80 年代末 90 年代初的苏东剧变，科学社会主义经历了曲折的发展。20 世纪 90 年代之后到今天，科学社会主义在奋进中发展，科学社会主义在 21 世纪的中国焕发出强大的生机与活力，在世界上高高举起了中国特色社会主义伟大旗帜。习近平在纪念马克思 200 周年诞辰大会上的重要讲话中指出："马克思主义为中国革命、建设、改革提供了强大思想武器，使中国这个古老的东方大国创造了人类历史上前所未有的发展奇迹。"②

---

① 中共中央宣传部. 习近平新时代中国特色社会主义思想三十讲［M］. 北京：学习出版社，2018：58.
② 新华网. http://www.xinhuanet.com/politics/zbmks200/index.htm.

第三个"意味着"的关键词是"中国方案"。进入到现代社会之后，关于现代化的发展路径与模式一直是个备受争议的话题。毋庸置疑，现代化由西方国家开启，现代化对于这些国家是原生的或内生的。西方国家的现代化发展具有一套成熟的发展模式，这表现在经济上提倡私有制和自由市场竞争，政治上实行两党或多党制，文化上是基督教文化传统。受西方国家现代化的发展模式的激发，其他国家或地区都予以了回应，要么照搬西方模式，要么发展出了另一种现代化的模式。以东亚模式为例，如日、韩等国，经济上崇尚政府引导下的市场，政治上强调强势政府的主导，文化上是儒家文化传统。自近代以来，中国也在追求现代化，在现代化的发展上走出了一条不同于西方模式和东亚模式的独具特色的发展道路。中国特色社会主义实行的是社会主义的市场经济、社会主义的政治制度，文化上坚持马克思主义的指导地位。中国的现代化发展道路不同于西方模式和东亚模式，拓展了发展中国家走向现代化的途径，给世界和人类的发展提供了中国方案。

新时代的历史方位和目前所处的关键期，以中国梦为其历史方向和目标。中国梦是历史的、现实的、未来的。从历史的角度看，中华民族创造过辉煌，经历过困难，懂得民族复兴的意义并对此怀有深切的渴望。近代以来，中华民族沦为半殖民地半封建社会，中国社会各阶级和阶层力图挽救中国于危亡之中。这些努力都未能取得成功，"它们失败的根本原因，就在于没有科学的理论指导……"[1] 但实现中华民族伟大复兴，是近代以来中华民族最伟大的梦想，凝聚着几代中国人的夙愿。从现实的角度看，改革开放以来中国取得了举世瞩目的成就，中华民族焕发出蓬勃生机。在习近平新时代中国特色社会主义思想的指引下，中华民族的伟大复兴更加清晰和坚实。从未来的角度看，站在新时代的起点，我们比历史上任何时期都更接近中华民族伟大复兴的目标，比历史上任何时期都更有信心、有能力实现这个目标。

新时代与中国梦和每个大学生具有密切的联系。当代大学生是民族复兴伟大进程的见证者和参与者，新时代为大学生成长成才、勤学报国提供了广阔的舞台和无限的机遇。大学生要想做出正确的选择，必须要理解和利用新时代的历史机遇，从而具体落实为个人的发展机会。这就要求大学生能够担当民族复兴的大任，以有理想、有本领、有担当为根本要求，夯实综合素质基础，着力提升思想道德素质和法治素养，成为中国特色社会主义事业的合格建设者和可靠接班人。

二、新要求：这是一门什么课程？

党的十九大提出了"培养担当民族复兴大任的时代新人"的战略要求和"有理想、有本领、有担当"的根本要求。做有理想、有本领、有担当的时代新人，必须具备良好的思想道德素质和法治素养。"在绪论中……同时讲明青年大学生在这崭新而火热的时代里所肩负的使命、所应有的素质。"[2] 以民族复兴为己任的战略要求和"三有"的根本要求，具体体现为"基础"课程的思想道德素质和法治素养。

"基础"课程，是一门融思想性、政治性、科学性、理论性、实践性于一体的思想

---

[1] 中共中央宣传部. 习近平新时代中国特色社会主义思想三十讲 [M]. 北京：学习出版社，2018：33.

[2] 本教材修订组.《思想道德修养与法律基础（2018 年版）》修订说明 [J]. 思想理论教育导刊，2018（5）：24.

政治理论课，这是"基础"课程的特点与性质。本课程针对大学生成长过程中面临的思想道德和法律问题，开展马克思主义的世界观、人生观、价值观、道德观、法治观教育，引导大学生提高思想道德素质和法治素养，成长为自觉担当民族复兴大任的时代新人，这是"基础"课程的内容和任务。具体而言，"基础"课程有三大板块。第一大板块是思想政治教育，第二大板块是道德观教育，第三大板块是法治观教育。这三大板块的内容以提升思想道德素质和法治素养为重要任务，以培育自觉担当民族复兴大任的时代新人为根本任务，最终实现思想政治理论课立德树人的任务和目标。

第一板块是思想政治教育，主要针对大学生成长过程中面临的思想政治问题，也是针对社会现实中存在的思想政治问题，引导大学生正确思考和辨析这些问题，从而提升大学生的思想政治素质。2018 年 4 月，社会上发生了一个"洁洁良事件"。厦门大学环境与生态学院在读研究生田佳良以"@洁洁良"的网名在新浪微博上发表错误言论，产生了十分恶劣的社会影响。厦门大学通报近期"洁洁良"网络事件处理情况，当事人田佳良被开除党籍、勒令退学。这个事件关系到抗战历史和民族尊严，属于第一个板块的内容。利用这个案例，引导大学生正确看待"洁洁良事件"，明确大学生要具有时代新人的思想政治素质。具体而言，这个事件涉及第三章中中国精神的内容。中国精神包括以爱国主义为核心的民族精神和以改革创新为核心的时代精神，是实现中华民族伟大复兴不可或缺的精神支撑和精神动力。爱国主义是对自己祖国极其忠诚和热爱的深厚情感，要求爱自己的祖国，尊重和传承中华民族历史和文化。"洁洁良"的错误言论，不尊重中华民族的历史，损及国家的国格和民族尊严，违背了爱国主义的根本要求。这种错误言论反映了一种不正确的历史观、民族观、国家观，有损中国人的骨气和底气。当代大学生要继承中华民族爱国主义的光荣传统，具有奋力实现民族复兴的强大精神力量。

第二个板块是道德观教育，主要针对大学生成长过程中面临的道德问题和社会现实中存在的道德问题，引导大学生正确看待和思考这些问题，达到提高大学生道德素质的目的。2018 年 8 月，社会上发生了一个"高铁男占座事件"。之后的 9 月，再次发生了"高铁女占座事件"。这两个事件经报道之后，在社会上引起了很大的关注。公安局和铁路方面及时调查并公布了事件的处理结果，给予了当事人罚款和一定期限限乘火车的处罚。"基础"课程要利用这两个事件，引导学生思考如何正确看待高铁占座事件。高铁占座事件反映了社会上某些人无视社会公共秩序，缺乏公德心，具有高学历但并没有高素质。通过对此类事件的思考，让大学生明白应该具有什么样的道德素质，这是第二大板块的内容。具体而言，此类事件涉及第五章第三节中社会公德的内容。"守好公德，就需要正确处理自我与他人、个人与社会、公与私、眼前利益与长远利益的关系，自觉建设既充满活力又和谐有序的社会。"① 社会公德中有文明礼貌、遵纪守法的要求，这些要求规定并调整自我与他人、个人与社会的关系。高铁占座事件反映了某些人对他人极为不友善的态度，出于私利而漠视有关法律法规，违背了公共生活中起码的道德要求。公共生活需要公共秩序，公共秩序需要公德规范。当代大学生都应该遵守文明礼貌、遵纪守法的社会公德，这既体现了个人的道德修养与品格，也是

---

① 王易.《思想道德修养与法律基础》教材道德教育部分的修订与重难点解析［J］. 思想教育研究，2018（8）：60.

社会文明的重要标志。

第三个板块是法治观教育，主要针对大学生成长过程中面临的法律问题和社会现实中存在的法律问题，引导大学生正确看待和思考这些问题，达到提高大学生法治素质的目的。2018 年 8 月，"昆山砍人案"引起了社会极大的关注。这本是一起轻微交通事故，却导致了一死一伤的不幸结果。据警方通报，伤人者的行为属于正当防卫，不负刑事责任，公安机关依法撤销了该案件。这起案件表明，在法治社会，企图凭个人武力解决问题是行不通的，每个人都要具有法治思维，学会依法行使权利与履行义务。基础课要利用这个案例，引导大学生提高法治思维，增强法治素养，这是第三大板块的内容。具体而言，这个案件涉及第六章第五节和第六节的内容。就法治思维而言，它是一种规范性思维，以法律手段与方法分析问题、处理问题、解决纠纷。"昆山砍人案"以暴力为手段解决问题，不问是非对错只问是否有力，从文明社会退回到野蛮社会，完全违背法治精神和法治意识。当代大学生要准确把握和逐步培养法治思维，提高运用法治思维分析与解决问题的能力。

从"基础"课程的课程特点、性质、内容与任务等方面来看，它从大学生面临的实际问题出发，在仔细思考与正确认识这些问题的基础上，着力提升大学生的思想道德素质和法治素养。大学生的思想道德素质和法治素养，体现了有理想、有本领、有担当的根本要求，最终体现了培养担当民族复兴大任的时代新人的战略要求。

三、新目标：学习该门课程有何意义？

"基础"课程与其他专业课程相比，并不是或者有异于对专业知识的学习与掌握。对专业知识的学习固然重要，但是"基础"课程之类的思想政治理论课也很重要。"基础"课程的重要性与意义，可以从与专业知识的对比中显现出来。

第一，从大学课程的设置来看。不同于专业课程，"基础"课程属于通识课程中的思想政治理论课。大学之所以要开设通识类课程，这和大学的理念、使命、精神、目的等是相关的。从 1810 年德国柏林洪堡大学这所真正意义上的现代大学开始，现代大学的理念一直是无所不包、广博无限。大学的核心使命是探索未知的知识，大学的精神是思想独立和学术自由，大学的目的是培养全面发展的人。为了体现大学理念、使命、精神、目的，大学的课程应该是非常广泛的，是学习与传承人类的知识，并在一定的基础上推动人类知识的创新和发展。不同于专业知识的学习，"基础"课程的功能在于思想政治教育、道德教育和法律教育，这无疑也是人类知识中的重要内容。这些知识在重要性上丝毫不亚于专业知识，这些素质和素养是每个人都应该具有的。

第二，从大学的专业区分来看。我国目前在大学的专业区分上，过分强调系科专业及其知识的划分，忽视了人文素养和价值理性的划分角度。这种相对狭窄的专业知识教育，使得大学生在知识、能力、思维与趣味等方面可能被过度专业化，进而可能成为哲学上所说的"单向度的人"。这固然与社会分工和职业特征有一定的关联，但由此导致的人的片面发展遭到了不应该有的忽视。马克思主义非常重视人的自由全面发展，而不是使人成为能工作的机器。其实，一些非常知名的经济学家都是具有全面知识的人。市场经济的奠基者亚当·斯密，曾是格拉斯哥大学的道德哲学教授。哈耶克不仅在经济学上取得了巨大的成就，他的哲学思想也产生了非常重要的影响。阿玛蒂亚·森不仅是一位出色的经济学家，他的自由理论与可行能力理论在政治哲学上至今还一直被他人研究着。多学科的知识的学习对于专业知识的学习是大有裨益的，对人的全面发展更是不可或缺的。

第三，从德与才的关系来看。在德与才的关系上，古今中外实践上都强调德的优先性和重要性。爱因斯坦曾说："我们切莫忘记，仅凭知识和技巧并不能给人类的生活带来幸福和尊严。人类完全有理由把高尚的道德标准和价值观的宣（传）道士置于客观真理的发现者之上。"① 司马光写道："夫才与德异，而世俗莫之能辨……夫聪察强毅之谓才，正直中和之谓德。是故才德全尽谓之圣人，才德兼亡谓之愚人，德胜才谓之君子，才胜德谓之小人。凡取人之术，苟不得圣人、君子而与之，与其得小人，不若得愚人。"② 从爱因斯坦与司马光的论述中可以看出，他们都认同知识与道德相区分，并且认为道德重要于知识。"基础"课程与这里讲的德有密切的关系，表明了"基础"课程的重要性。

"基础"课程的意义主要体现在三个"有助于"，即有助于大学生领悟人生真谛，坚定理想信念，践行社会主义核心价值观，做新时代的忠诚爱国者和改革创新的生力军；有助于大学生形成正确的道德认知，积极投身道德实践，做到明大德、守公德、严私德；有助于大学生全面把握社会主义法律的本质、运行和体系，理解中国特色社会主义法治体系和法治道路的精髓，增进法治意识，养成法治思维，更好行使法律权利、履行法律义务，做到尊法学法守法用法，从而具备优秀的思想道德素质和法治素养。③

结　语

大学生在选择一门课程的时候，通常会问为什么要开设此门课程、这是一门什么课程、学习该门课程有何意义三个问题。关于为什么要开设此门课程的问题，可以从大学生所处的新时代的历史方位来予以解答。新时代赋予了新的历史使命和责任，这是本门课程的时代背景。关于这是一门什么课程的问题，可以从新时代提出的新要求来予以解答。有理想、有本领、有担当的时代新人，必然要具有思想道德素质和法治素养。关于学习该门课程有何意义的问题，可以从新时代的新目标来予以解答。三个问题和三个内容是相互联系的整体，理论上体现为两个序列的逻辑关系。第一个序列是使命—要求—素质的下贯形式，第二个是素质—要求—使命的上达形式。两个形式关系之间的相互融通，需要通过课程教学的中介来完成，从而实现"立德树人"的根本任务。

（编辑：刘世强）

① 杜卡斯，霍夫曼. 爱因斯坦谈人生 ［M］. 高志凯，译. 北京：世界知识出版社，1984：61.
② 郭文成. 资治通鉴·周纪 ［M］. 北京：大众文艺出版社，2009.
③ 本书编写组. 思想道德修养与法律基础 ［M］. 北京：高等教育出版社，2018：7.

启发式教学法在高校思想政治理论课中的应用

孔　亮

　　【摘要】 在高校思想政治理论课教学中，大学生普遍存在缺乏兴趣、主动性弱和依靠机械记忆学习的问题。启发式教学法为思想政治理论课教师解决这一问题提供了新的教学思路。这一教学法通过引导学生思考来提升学习的积极性和主动性。在思想政治理论课的教学实践中，教师可以使用设问启发、直观启发、案例启发和实践启发四种方式增加学生的学习兴趣，提升教学质量。将启发式教学法应用于思想政治理论课教学中，可以提升思想政治理论课大班教学的教学效果，加深学生对于抽象理论的理解和使用能力，使思想政治理论课引导大学生人生观和价值观的功能更加充分地发挥。

　　【关键词】 启发式教学法；思想政治理论；应用研究

　　【作者简介】 孔亮，西南财经大学马克思主义学院讲师。

　　高校思想政治理论课是帮助大学生树立正确的世界观、人生观和价值观的重要途径，对于学生的全面发展和综合素质的提高有着不可替代的作用。它对在大学中贯彻落实党的教育方针、完成立德育人根本任务和传播马克思主义理论至关重要。在传统的思想政治理论课教学模式下，教师以灌输的方式讲解抽象的理论知识，对于学生的兴趣爱好和学习意愿不够重视。学生则习惯于用机械记忆的方式进行学习，缺乏主动性和积极性。其结果是很多教学内容无法被学生充分理解和掌握，教学目标难以完全实现。

　　启发式教学法为改进高校思想政治理论课的教学模式提供了新的思路。针对传统思想政治理论课教学模式的弱点，这一教学法旨在通过增强学生的学习兴趣和内在学习动力来提升教学效果。近年来，启发式教学法被越来越广泛地应用于高校课堂，但是关于它的应用方法的研究主要集中于专业课教学。高校思想政治理论课与专业课的教学内容和目标有着显著差异。这一教学法在思想政治理论课教学中的使用不能简单地照搬其在专业课中的应用方式。对于如何将启发式教学法应用于思想政治理论课，这方面的研究还比较匮乏。本文首先总结启发式教学法的基本内涵和使用方法，然后探讨它在高校思想政治理论课中的应用方法和应用前景。

一、启发式教学法的基本内容

　　启发式教学法是指教师根据教学计划和教学目的，在特定教学条件和教学环境下，通过创设问题情景，激发学生的求知欲望，让学生通过对问题的质疑和研究，启发和诱导学生自主学习的一种教学方法。① 这一教学法通过提升学生学习的自觉性和主动性来提高他们的学习效率和加深对知识的理解程度。启发式教学法鼓励学生丰富和完善自己，通过自身努力来成长和进步。启发式教学法的另一个优势是可以加强师生互动交流，增强教师的亲和力，营造融洽的课堂氛围。除此以外，这一教学法还可以帮助教师更加有效地获取学生对于知识的掌握程度和学习中的困惑等信息，从而使得教师能够更加有针对性地授课，提高教学质量。

启发式教学法有着深厚的历史渊源。在历史上，中国的春秋战国时期和西方的古希腊时代就已经出现了启发式教学法的雏形。"启发"一词最早源自孔子。《论语·述而》篇中说"不愤不启，不悱不发。举一隅不以三隅反，则不复也。"战国晚期的《礼记·学记》中也提出："道而弗牵，强而弗抑，开而弗达。"这就是说教师要指导学生的学习方法而不能直接灌输给学生知识；要鼓励学生自主学习而不要压抑他们的主动思维；要启发学生积极思考，不要直接给学生结论。

在西方，启发式教学法源自苏格拉底的"启发式谈话"教学思想。这一教学思想的核心就是通过谈话，让学习不再单纯是记忆的过程，而是学生探索和领悟知识的过程。在此之后，柏拉图在《美诺篇》中提出教学是要培养学生的逻辑推理能力，学生通过推理可以促使"沉睡"在他们大脑中的知识"觉醒"。在《理想国》中，柏拉图提出教师的职责是引导学生自我发现知识、自我发现真理。亚里士多德用"思想服装的缝制"比喻这一教育思想。他说，教师不可以把思想做成"成衣"交给学生，而要使学生学会"思想服装"的裁剪和缝制过程。

启发式教学法强调学生是学习的主体，学习效率的提升依靠的是学生学习的主动性和积极性。课堂教学就是激发学生学习兴趣、形成内在学习动力、促进学生思考的过程。但是这并不等于降低学习过程中教师的作用。这一教学法的应用需要教师充分运用自己的专业知识，并根据学生的特点给予有针对性的指导和启发。这本质上提高了对于教师教学技能和专业性的要求。教师准确有效地启发和引导是学生形成内在学习动力并在自我学习的过程中保持正确的方向的关键因素。"准确有效地启发"要求教师有充分的专业知识储备，深入钻研教材，加强对学生和社会的了解。

启发式教学法的适用范围广泛。当前这一教学法的应用不仅覆盖从基础教育到高等教育的各个教育层次，而且涉及几乎全部学科。在当前对中学教育的研究中，关于启发式教学法的应用研究已经不仅包括语文、数学、英语等主干课程，还包括美术、体育、音乐等综合素质课程。在大学教育中，虽然对于启发式教学法在高校思想政治理论课中的应用研究还非常有限，但是这一教学法在理学、工程、医学等专业课教学中的使用已经被广泛讨论和深入研究。

启发式教学法因为其符合大学生的心理特点而在现代教育学中受到广泛的推崇。大学生思维活跃，对未知事物充满好奇心，易于发现新问题。教师正确地运用启发式教学法，就能将这种心理特征转化为对知识的兴趣和自主学习的动力。这除了可以提高课堂的教学效果外，还可以培养学生自主学习的意识和习惯，全面地提升学生的综合素质，使学生成为适应社会发展需要的创新型人才。

---

① 韩宇梅. 启发式教学法在高校思想政治理论课教学中的探索实践 [J]. 科技资讯，2018，2（5）：204-205.

二、启发式教学法在高校思想政治理论课中的应用方式

在现代教育学中，启发式教学法包括许多种不同的具体应用方式。其中适用于大学思想政治理论课的应用方式主要有四种：问题启发、直观启发、案例启发和实践启发。这几种应用方式是将启发式教学法在其他课程中的应用研究与大学思想政治理论课的特点和课程内容相结合而产生的。它们相互联系，相互补充。教师在使用的过程中，应当根据课程的不同和学生的专业背景不同而灵活地运用不同方法。

（一）问题启发

在高校思想政治理论课的教学中应用启发式教学法，教师可以通过提出问题或者设置悬念来引导学生对某一观点进行思考并发表个人看法，从而调动学生的积极性，提高学生的课堂参与度。但是并不是所有的课堂提问都是问题启发。事实上，很多的课堂提问不能起到引导学生积极思考的作用，也不能提升学生对于教学内容的兴趣。问题启发需要教师对于问题设计和问题使用两个方面进行精心的设计和准备。

启发问题设计的前提是教师对学生接受能力、兴趣爱好和所关注问题等方面的情况进行准确把握。根据学生的实际情况设计问题才能做到有针对性和难易程度适当。问题太简单或太老套，学生很容易回答，学生就会感到索然无味。这样的课堂提问无法起到启发引导思维的作用。如果启发问题太难，超出学生的实际接受能力，他们又会丧失信心，对学习失去兴趣。教师可以将提出的问题和设置的悬念与学生的直接经验相联系，为学生提供思考的起点，从而鼓励学生有的放矢地思考。教师还可以设置没有标准答案的开放性问题和讨论性问题。这一类问题不仅可以给学生的思维更加广阔的空间，还会减少学生因害怕回答错误而不愿主动回答问题的情况。

在使用启发问题方法的过程中，教师不应该马上公布答案，而应该留给学生足够多的时间思考，在学生寻找答案的过程中充分调动学生的积极性、主动性。此外，当学生的回答不完全准确的时候，教师可以针对学生的回答再进一步发问，启发学生自己去找到正确的答案。这个过程不仅可以增进学生对知识本身的理解，还可以提升他们分析问题和解决问题的能力。问题启发的应用可以在课堂教学中激发学生的潜能，使学生在学习中产生积极的心理效应，从而将注意力最大限度地集中在所学的知识上，在思考的过程中形成自主学习的习惯。

（二）直观启发

直观启发就是利用图像、音乐、电影等多媒体形式所提供的直接感受进行启发的教学形式。直观感受所引发的联想可以促进学生对于相关问题的思考，并增强学生对于课堂内容的记忆。比如，在有关和平外交重要意义的教学中，可以首先展示战争中伤亡惨重的画面。学生在教师讲解以前就直观地感受到了战争的残酷性与破坏性，并引发出对于和平的重要性的思考。这就使得学生更容易接受后续的理论教学。与单纯的文字相比，直观启发所使用的图像和视频更加能够调动同学的学习兴趣。

影响直观启发效果的核心因素是教学素材的选择。从提升教学质量的角度，直观启发的素材应当符合两个标准。第一，素材应当直接与教学内容相关。与教学内容没有直接关系的多媒体素材不仅没有启发的作用，反而会分散学生的注意力，降低教学效果。第二，素材必须具有一定的吸引力。与其他的教学方法相比，吸引力是直观启发的优势。实现直观启发的教学效果，就必须选择能够发挥这一优势的素材。如果所

选择的素材平淡无味，学生就不会产生兴趣和思考。

（三）案例启发

案例启发也是一种启发式教学法的常用方式。教学中的案例不都是案例启发。大部分的案例往往只能解释说明教师所讲的问题，起到辅助教学的作用。案例启发需要教师根据事实和教材内容，选择能引发学生思考的典型案例。在案例启发中，通过教师启发和协助学生讨论的方式来挖掘案例中的深层次的问题，促使学生积极主动地学习。教师在使用案例启发的过程中不应有倾向性和结论性的提示，给学生充分思考和发挥的空间，培养他们的创新和创造意识

在引导学生分析案例的过程中，教师既可以用单个案例引导学生思考，也可以采用案例对比的方法。通过不同案例的对比，可以提高学生明辨是非和掌握事物本质的能力，类比推理的逻辑方法也能帮助学生理解和记忆新知识。案例对比包括把过去同现在相比较的纵向对比和把两个具有相关性的不同案例加以比较的横向对比。

（四）实践启发

近年来，实践教学在高校的思想政治理论课中的使用越来越普遍，地位也越来越重要。实践教学除了可以培养学生将抽象的课堂知识应用于实践的能力外，还对学生进一步的课堂学习有着重要的启发功能。实践的过程为学生提供了直接的经验和亲身的体验，启发学生对于相关问题的思考。教师在课堂中再讲解这些问题时，学生更容易理解和记忆。比如，教师讲解"毛泽东思想和中国特色社会主义理论体系概论"课程中"坚持人与自然和谐共生"这一节前，如果学生曾经参加过与环保相关的实践活动，就可以在教师授课以前先对环境污染的严重后果和保护环境的重要性形成直观的认识。这一认识就可以启发学生对于我国环境保护的相关战略和政策的兴趣和思考，从而有效地增强教学效果。高校思想政治理论课的实践教学活动有参观、调研、访谈等多种形式。不同实践形式适用于不同教学主题的启发，教师可以根据实际教学需要进行选择。

三、启发式教学法在高校思想政治理论课中的应用价值

启发式教学法适应高校思想政治理论课的课程特点和教学需要，可以有效地提升高校思想政治理论课的教学效果。它不仅可以有效地减少大班授课对教学效果的影响，加深学生对于抽象理论的理解，还可以增强思想政治理论课对大学生世界观、人生观和价值观的引导功能。

首先，启发式教学法在高校思想政治理论课中的应用可以增强大班授课的教学效果。由于思想政治理论课学生数量多，各个高校普遍采用大班授课的模式。因为学生的背景知识和认知能力等各方面的差异，同样的授课内容对不同的学生有不同的难点和疑问。因为学生基数大，思想政治理论课教师难以兼顾学生的差异和个性化需求，限制了教学效果的提升。启发式教学法帮助学生在教师的启发下通过自己积极主动的思考，理解和记忆所学的知识。由于这一学习过程主要依靠的是学生自身的主动性而不是教师的灌输，减小了大班授课的形式对于教学质量的影响。此外，在启发式教学法的使用过程中，师生互动的增强也弥补了大班教学的不足。师生互动有助于教师更好地把握学生对课堂知识的掌握程度，加强授课中的针对性。

其次，在高校思想政治理论课教学中应用启发式教学法能够加深学生对教学内容

的理解。传统的思想政治理论课教学方法的一个主要缺陷是侧重记忆，而不重视理解和认同。这对思想政治理论课的教学质量带来了消极影响。因为学生在学习抽象理论的时候，往往不能充分理解这些理论的内在逻辑和精神实质。学生虽然记住了理论本身，却无法有效地运用这些理论分析问题和解决问题。在高校思想政治理论课中恰当地应用启发式教学法可以有效地减轻这一缺陷对教学质量的不利影响。此外，启发式教学法注重对学生抽象思维和逻辑思维的训练，这就为学生理解抽象的理论知识奠定了基础。

最后，启发式教学法可以使高校思想政治理论课更加有效地发挥引导大学生世界观、人生观和价值观的作用。在传统的思想政治理论课教学模式下，学生由于缺乏学习兴趣，在接受教育的过程中，对于教师所讲的内容并不能形成发自内心的认同。学生虽然知道了什么是正确的世界观、人生观和价值观，却不能自觉地将其应用于自己的日常学习、生活和未来工作中。启发式教学法将教师授课和学生主动学习相结合，使学生对于所学内容充满兴趣，让学生通过自己的思考正确理解世界观、人生观和价值观的重要意义，这就可以促进学生将在课堂中学习到的知识内化为自身思想的一部分。

结　语

在高校思想政治理论课中应用启发式教学法，不仅可以培养学生的学习兴趣和学习意识，还可以提高学生的思维能力、理解能力以及应用能力。这一教学法在一定程度上克服了传统教学模式中存在的弱点。在高校思想政治理论课中有效地使用启发式教学法，不仅需要教师熟悉教学的重点和难点，还需要掌握启发式教学法的多种应用方式。在此基础上，教师需要对教学内容进行认真研究，然后根据不同教学内容的具体需要精心设计教学方案。只有这样，才能充分发挥启发式教学法的作用，提升高校思想政治理论课的教学效果。

参考文献

［1］洪英俊. 思想政治课教学启发式艺术探讨［J］. 华东交通大学学报，2005（12）.

［2］孙建香. 简析启发式教学的条件［J］. 中国科教创新导刊，2008（25）.

［3］韩宇梅. 启发式教学法在高校思想政治理论课教学中的探索实践［J］. 科技资讯，2018，16（5）：204-205.

［4］李婉宜，李虹，杨远. 启发式教学与学生创新能力的培养［J］. 西北医学教育，2002，10（4）：237-238.

［5］隋春艳. 浅析当前高校思想政治理论课存在的问题及对策［J］. 明日风尚，2017（11）：224.

（编辑：刘世强）

高校思想政治理论课教学同信息技术融合的对策研究

赵　宏　王玉萍

【摘要】信息技术时代来临以后，传统的思想政治理论课的教学面临着史无前例的机遇和挑战。如何做到利用新媒体新技术转变教学理念，改革教学方法，是当今高校思想政治教学工作亟待解决的首要问题。高校思想政治理论课教学传统优势与信息技术融合，要立足当今实际，顺应时代要求，创新课堂教学思维和模式，增强时代感和吸引力，努力打造信息技术下的新型思想政治理论课教学新模式。

【关键词】信息技术；思想政治课；教学改革；融合

【作者简介】赵宏，天津财经大学马克思主义学院教授；王玉萍，天津财经大学马克思主义学院2017级硕士研究生。

2016年12月，习近平总书记在全国高校思想政治工作会议上关于"推动思想政治工作传统优势同信息技术高度融合"的讲话，对于国内高校普遍广泛地开展信息技术应用于思想政治理论课教育教学的实践活动具有尤为关键的指导作用。

对于高校的思想政治理论课教育事业来说，网络信息技术正在使思想政治理论课的教学方式发生着深刻的变化，这种变化推动着我国的思想政治理论课教育走向一个新的时代。以信息技术与高校的思想政治理论课教学融合的方式促进思想政治理论课的教学改革，才能顺应时代的要求。

一、高校思想政治理论课教学与信息技术融合的必要性

(一) 信息技术时代下大学生学习习惯的改变

随着网络信息技术的快速发展，互联网正持续迅速地影响着人类生活的社会的发展和时代的进步。生活在社会中的大学生，基本上都离不开互联网，大家通过互联网进行交流，分享资源和信息，互联网的使用已经深深植根于大学生的日常生活之中，信息技术时代早已到来。

成长于互联网遍布的信息时代，高校的学生都对互联网不陌生，恰恰相反，他们根本离不开互联网。利用互联网进行学习对他们来说，已经是司空见惯的事。但是，目前的思想政治理论课形式单一，内容单调，枯燥乏味。更重要的是，传统的思想政治理论课教学根本无法与互联网方便快捷、有趣高效的网上课堂相匹敌。思想政治理论课的教师作为思想政治理论课教学工作的执行者，在信息技术发达的当今，应该充

分了解当前的形势，不断提升自己的修养和素质，积极促进高校思想政治理论课教学工作与信息技术融合，创新出满足学生要求的方便有效的思想政治理论课教学方式。

（二）互联网对传统课堂的冲击

我国的高校思想政治理论课教育作为我国高等教育的重要组成部分，在信息技术时代来临以后，面临着远大的发展前景和重大的挑战。首先，互联网上的网课与传统的课堂相比，具有不受时间、地点、观看次数限制的特点。同时，可以自由选择老师。对于传统的课堂来说，这是一项重大的挑战。其次，互联网上的授课形式虽然暂时还不会取代传统的授课方式，但是却会对传统课堂造成冲击。信息技术时代下的网络授课方式对传统的授课方式的冲击力比我们想象的大得多。

随着信息技术的发展，网络功能和手机功能的日益提升和完善，使得网络课堂的发展非常迅猛。线上学习的网络课堂视频时间短，中间有测试题目，有线上老师批改，还有互动答疑、在线讨论功能。传统课堂的学生多、老师少、课堂时间久和老师答疑不能全覆盖的问题，在网上都得到了解决。网络课堂基本实现了学生和老师一对一的模式，对于学生来说，这是致命的吸引力。如何有效地促进信息技术和思想政治理论课教学融合，减少互联网的冲击，是目前思想政治理论课教学改革的主要目标。

（三）信息技术与思想政治理论课教学的融合是大势所趋

在信息技术的时代背景下，网络成为当今人类生活不可或缺的工具的同时，改变和颠覆了许多传统的东西，网络已经深刻地改变了人们的思维方式和人们的价值观。高校思想政治理论课作为思想政治教育的主要阵地，只有跟上时代的脚步，才能再次获得大学生的喜爱和认同。

其一，信息技术与思想政治理论课教学的融合，为思想政治理论课的改革和创新提供了大体的方向。思想政治教育的阵地已经扩展到互联网，而且这片阵地范围广、传播快，对思想政治教育来说，是绝对要争取的领域，这使得"信息化"成为新的发展方向。其二，信息技术时代下，互联网已经在潜移默化之中成了国内外各种信息的发源地、思想观念的汇集地、大众发声的方便之地，是当今意识形态领域的话语权争夺战的主战场。大学生在接受教师传递的正能量的同时，也在被网络上国外敌对势力的不怀好意地散发的虚假的信息所腐蚀，这对于正处于树立正确的世界观、人生观、价值观的重要时期的大学生来说危害很大，影响深远。其中，以普世价值观为旗帜的不良的社会思潮，对国内某些热点问题和某些现象的曲解和歪曲，都在影响着广大青年大学生的思想。还有某些反马克思主义和马克思主义过时的社会思潮的影响。怎样在如此纷繁复杂的社会思潮之下，开展高校的思想政治理论课的教学与信息技术的融合，努力帮助大学生正确分辨和认识网络的虚假信息，学会抵制各种不良思潮，对思想政治理论课教学来说也是一种考验。

二、高校思想政治理论课教学与信息技术融合面临的问题

在信息技术高速发展的今天，传统的高校思想政治理论课的教学模式受到了极大的冲击和挑战。面对新形势下的各种问题，只有充分了解传统的高校思想政治理论课的教学中面临的各种问题，才能对症下药，更好地促进思想政治理论课教学同信息技术的完美结合。

（一）教学模式僵化

当前各大高校的思想政治理论课教学模式普遍存在模式僵化的缺点，较多地存在单一的老师讲、学生听的传统方式。虽然思想政治理论课教师都在努力尝试各种教学方式，如多媒体、PPT课件、视频资料等，但是都只是短暂地吸引了学生的注意力。由于课件的更新速度不快和部分老师没有及时与热点问题挂钩的授课方式，对于当前学生关心的热点问题没有进行理论与实践的结合，不但没能使学生得到他们想要了解的知识，反而因为枯燥无味的理论知识，使他们更加对思想政治理论课失去兴趣，缺乏学习的动力。学生的兴趣消失，缺勤率居高不下，只能靠点名来维持学生的出勤率。同时，有些老师与学生的互动很少，对于学生的想法也不太了解，对学生关心的话题自然没有多少敏感度。在教学过程中，主要依赖传统的教学模式和点名保证出勤率，导致学生不得不来上课的同时却都在底下做着自己认为重要的事。这种传统的教学方式，不仅没有达到思想政治理论课教学的目的，反而由于学生不得不上课而产生厌学心理。这种传统的教学模式，也没有对学生学习的主动性和积极性进行及时的引导，致使学生厌学的情况不断恶化下去。

（二）思想政治理论课教师话语体系破损

互联网的发展不仅深深影响着思想政治理论课的教学方式，同时也挑战了思想政治理论课教师的话语体系和威信。思想政治理论课教师都是受过马克思主义理论类专业教育的科班教师并且具有较高的思想政治理论素养，能运用一定的传播手段和传播方式向受教育者传授社会的主流文化和核心价值观，身上肩负着培养中国特色社会主义的优秀建设人才的重担。随着互联网的高速发展，高校思想政治理论课教师的信息控制能力和话语权慢慢被打破。当今的大学生更喜欢通过网络获得各种资源，活跃在各种网站，与各类学者探讨问题，分享各类资源。在思想政治理论课教学薄弱的互联网领域，受到各种网络学者的影响，大学生不再对思想政治理论课教师的教育和引导感兴趣。面对思想政治理论课教师所说的热点问题的观点与网络传言不符时，大学生偏信网络传言而对思想政治理论课教师的教学内容持怀疑的态度，使得思想政治理论课教学与信息技术融合的进程受到了阻碍。如何有效地避免不良信息的影响和干扰，更好地利用互联网的优势促进思想政治理论课的教学，是一个关键的问题。

（三）大学生信息免疫力低下

面对互联网的高速发展，身心发展尚未成熟的大学生，在网络的使用过程中面对鱼龙混杂的各种信息，难以分辨虚假信息和真实信息。此外，由于社会经历较少和知识含量不多，大学生对互联网的众多信息难以分辨真假，容易受到互联网垃圾信息的影响，思想活动复杂多变。这种思想活动复杂多变的特点，导致大学生在高校的思想政治理论课堂上表现出对思想政治理论课所教授内容的质疑和排斥。在大学生的世界观、人生观和价值观还没有构建完整的情况下，面对各种网络信息倾泻而来，难以做出理性的判断，很有可能被网络上别有用心的人们的不良信息影响，盲目地认同和相信，弱化了大学生对当今社会的核心价值观的认同，社会责任感也随之降低。这些问题，对大学生的全面发展而言都是一种毒害。

三、促进高校思想政治理论课教学与信息技术融合的对策

高校思想政治理论课教学，在新时代，应实现思想政治理论课传统教学与新技术

融合，创新教学模式，提升教学效果，构建新课堂，实现师生互动，使用新技术，增强课堂的引导作用。

（一）创新教学模式，提升教学效果

不管任何时候，教育都是本质，而互联网只是达到教育目的的手段和工具。不能为了使用互联网而使用互联网，不能将教育和互联网本末倒置。

在思想政治理论课的教学中，适度地使用互联网信息技术，可以提升教学效率，达到更好的教学效果。首先，思想政治理论课教师可以向网课取经，在课堂上进行适时提问，鼓励学生说出自己的观点和看法。主动地与学生进行交流，了解学生的需求和想法，才能真正有效地避免老师在课堂上唱独角戏的情况。其次，面对众多的授课方式，思想政治理论课教师可以尝试不同的授课方式，然后综合自己的能力和学生的喜爱程度，确定一种最合适的教学方式。这样，既可以满足学生的需求，让学生对课程感兴趣，又让自己在授课时游刃有余。课下可以模仿现存的网课，对学生的作业进行线上和实际课堂同步的提交和批改。这样，对学生和老师来说都是极大的便利。最后，教师情感的本质是对教育事业的热爱和对学生的尊重。在对学生进行引导时，教师应该把自己的信念转化成行为榜样，为学生树立典范。教师应该高度重视情感教育，用自己乐观高尚的情感去合理引导学生的内在潜力，达到身和心的双重教育，培养出内外兼优的人才。

（二）构建新课堂，实现师生互动

互联网进入人们的日常生活以后，大学生的生活方式简易化，思维方式也跟着简单化。许多高校的思想政治理论课教师还没有很好地将信息技术与思想政治理论课教学融合，常常处于"失语"的状态。随着互联网进一步渗透到教育领域，思想政治理论课教师对信息的控制能力和话语权遭到了挑战，威信受损。网络为现在的大学生提供了更多的自由，让他们可以自由地参与教育活动，接触到网络上的各种学者，在某种程度上影响着思想政治理论课的教学效果。只有增强思想政治理论课教师在互联网领域的话语权才能积极主动地应对各种问题。具体而言，首先，思想政治理论课教师应该努力融入互联网领域这块主阵地，主动通过各种社交软件如微信、QQ、微博和 ins 等，关注学生并且主动地与学生交流，帮助学生解决面对的各种问题，通过与学生建立情感上的认同，对学生产生影响。其次，思想政治理论课教师应该努力掌握信息技术，让思想政治理论课教学与信息技术充分融合，通过举办一些活动，如"思想政治理论课优秀课件评比"这样的活动，鼓励学生积极参与到促进信息技术与思想政治理论课教学融合的过程当中，师生一起为实现信息技术与思想政治理论课教学的完美融合而努力。同时，向学生传达一些正能量，有利于提升思想政治理论课教师在互联网领域的话语权。

（三）使用新技术，增强课堂的引导作用

我国的大学生虽然可以熟练地使用互联网的各种功能，能够便捷地获取各种资源，却无法对信息本身的好坏做出正确的评价和认识；虽然能够利用互联网发声，却没有很好的自控能力；虽然能够在虚拟的互联网环境中找到朋友，却对其真假一无所知。思想政治理论课教师此时就显得非常重要，在日常的课堂中，穿插如何分辨虚假信息这些内容，对当今的大学生非常重要。思想政治理论课教师可以在课堂中，针对热点问题，在给出正确的观点的同时举出网络上流传的虚假观点，然后进行对比教育，让学生在课堂中不仅可以学习到正确的知识，还能够了解虚假观点的缘起。同时，加强大学生对信息的分辨能力更有利于高校思想政治理论课教学的实效性的实现，更加有利于信息技术与思想政治理论课教学的融合。让学生可以在利用互联网的优势的同时，更好地接受思想政治理论课老师传达的核心价值观，树立正确的三观和民族认同感，从而减弱互联网不利一面带来的种种不良影响。

总 结

思想政治理论课教学在任何时候都是重中之重，不论在什么时代，思想政治理论课教学都应该努力顺应时代大势，做到与时俱进，都应该强调其实效性。当前，中国特色社会主义建设进入改革深水期，思想政治理论课教学也同样进入攻坚克难期，思想政治理论课教学与信息技术的融合是思想政治理论课教学改革的主要任务。如何做到思想政治理论课教学与信息技术完美融合，使内容为王与形式手段统一，取互联网之精华与思想政治理论课教学结合，让学生真正受益，才是主要的问题。

（编辑：李怀）

高校党建工作进学生社团路径研究

——基于西部地区 4 所高校党建工作进社团现状调查的视角

肖楚韵　陈　昊

【摘要】为探索思想政治教育新形式，本研究通过问卷对高校社团党建工作的现状、路径、方法等进行调查。调查发现，高校党建工作未完全渗透到学生社团，思想理论类社团开展党建工作情况优于其他类型社团；学生对党建入社团持有比较积极的态度；党建工作进社团有助于促进学生社团发展；不同类型社团开展党建工作存在显著差异。研究建议，高校要高度重视党建工作进学生社团工作，扎实推进"思想""组织""活动"三进社团，用马克思主义促进社团发展，完善社团党建工作组织保障，推进党建活动与社团活动融合发展，切实提升大学生思想政治教育成效。

【关键词】党建工作；学生社团；先锋模范

【作者简介】肖楚韵，西南财经大学法学院 2016 级本科生；陈昊，西南财经大学教务处教师。

【基金项目】西南财经大学党建和思想政治教育研究中心 2017 年中国特色社会主义与党建工作研究专项课题"高校党建工作进学生社团模式创新研究"（项目编号：201715）阶段性研究成果。

　　党的十九大报告指出，党要团结带领人民进行伟大斗争、推进伟大事业、实现伟大梦想，必须毫不动摇坚持和完善党的领导，毫不动摇把党建设得更加坚强有力。习近平总书记在全国高校思想政治工作会议上强调，要加强高校党的基层组织建设，创新体制机制，改进工作方式，提高党的基层组织做思想政治工作的能力。学生社团作为学生课余文化生活的主要阵地，是大学生思想政治教育、第二课堂育人的重要载体。怎样充分发挥党组织的号召力，使得党的思想政治教育渗透到学生社团，加强学生社团管理、引导，进而促进学生社团健康发展，是高校党建工作面临的又一个重要而紧迫的新问题。① 本研究以党建工作进社团为着力点，通过问卷对高校党建工作入学生社团的现状、路径、方法等进行调查，并基于调查现状提出了党建工作进入社团的路径建议。

---

　　① 何兴杰，程士涛. 新时期高校党建工作进学生社团的探索与实践［J］. 学校党建与思想教育，2012（12）：55.

一、研究对象与方法

（一）研究对象

研究基于问卷星平台采用随机抽样方法在线调查，调查对象来自西部地区 4 所高校在校学生。调查共回收有效问卷 602 份。在样本中，男生占 40.37%，女生占 59.63%；大一学生占 24.58%，大二学生占 44.68%，大三学生占 20.27%，大四学生占 10.47%，大三、大四学生所占比例偏低，基本符合社团活动参与主力军为大一、大二学生的现状。

（二）研究工具

研究者在文献分析的基础上，编制了"高校党建工作进学生社团现状调查"预测问卷，问题采用单选题、多选题等形式，问题内容涵盖社团类别、党员作用发挥、社团党建工作模式等多个维度，经过初测、筛选、修订后用于正式调查，具有较高的信度和效度。

（三）统计分析

研究运用社会统计分析软件 SPSSAU 对有效回收的问卷进行统计，采用描述性统计等分析方法。

二、调查结论与分析

通过问卷调查，研究从党建工作进社团的现状、思想基础、作用发挥以及社团差异等方面进行了分析，基本结论如下：

（一）高校党建工作未完全渗透到学生社团

调查发现，高校党建工作进学生社团的情况并不理想，具体表现在党员和入党积极分子在社团中人数较少，社团开展党的理论学习及"红色教育"实践活动较少，党团组织对社团的指导不足，且效果有待进一步提升。

一是从社团党员人数来看，学生党员和入党积极分子在社团中人数较少。调查发现，认为自己所在社团没有党员或入党积极分子的学生占 17.94%，认为有 1~3 个的占 26.25%，认为有 3 个以上的仅占 19.1%，而对该问题不清楚的学生占比却高达 36.71%。这说明社团成员对社团中同学是否为学生党员或入党积极分子缺乏了解。

二是就党建实践状况而言，社团开展党的理论学习及"红色教育"实践活动较少。回收问卷显示，在理论学习方面，所在社团没有开展过党的理论学习或较少开展的占 62.46%。在开展过党的理论学习的社团中，反馈良好的占 13.79%，开展次数多但缺乏吸引力的占 23.75%。在实践活动方面，没有参加过以"红色教育"为主题的实践活动的学生占 46.84%。这反映了社团有组织开展党建活动的动力不足，效果也有待进一步提升。

三是从社团党建领导力度来说，党团组织对社团的指导不足。问卷中，认为党团组织对所在社团进行积极指导的学生占 33.89%，认为指导较少的占 32.89%，有 33.22%的学生对此问题的回答为"不清楚"。认为参与社团活动有助于提升自己思想政治水平的占 23.09%，认为有一定作用的占 30.07%，认为效果不明显或说不清楚的占 46.84%。这说明社团思政育人功能还没有充分发挥，党团组织的指导作用也有待进一步加强。

（二）高校学生对党建工作进社团持积极态度

调查发现，大部分学生认为加强党建工作有利于提高社团的整体向心力和凝聚力，也愿意参加社团党建活动尤其是实践性党建活动，他们期待学生党员和入党积极分子在社团中更好地发挥模范带头作用。总体来看，高校学生对党建工作进社团持积极态度，这为党建工作进社团奠定了较好的思想基础。

一是从党建的作用而言，超过三成的学生认为社团成立党支部或党小组对社团发展有积极意义，31.89%的学生认为党建工作应该被纳入高校社团生活中，62.79%的学生认为加强党建工作有利于提高社团的整体向心力和凝聚力。这说明了大部分学生认可党建工作进入社团。

二是从党员和入党积极分子作用的发挥来看，学生对于党员和入党积极分子在社团中更好地发挥作用持有积极认可的态度。66.61%的学生认为应该加强学生党员和入党积极分子在社团中的模范带头作用，赞同把社团中的优秀成员推荐为预备党员或入党积极分子的学生占比高达75.91%。党员学生加入社团有助于发挥先锋模范作用，同时也可将优秀社团骨干发展为党员。

三是从学生参与党建活动意愿而言，学生大多愿意参与社团的党建活动。27.91%的学生愿意参加结合重要节日或党的路线精神开展的宣传活动，47.51%的学生愿意定期开展形式不限的学习活动，如"新时代中国特色社会主义与当代青年"研讨会，67.77%的学生愿意以实践活动为载体参加党建活动，如开展前往山区的"文化扶贫"社会实践活动。

（三）党建工作进社团有助于促进社团发展

就党建工作进社团的作用来看，调查发现在社团中发挥模范带头作用的党员学生受到社团其他成员的高度认可，在社团开展党的理论学习情况对学生态度具有显著影响。具体表现在以下两个方面：

一方面，研究者对学生党员（入党积极分子）在社团中作用发挥情况变量和学生态度变量进行数据分析，从卡方检验结果 $p = 0.000 < 0.01$ 可以看出这两个变量之间达到 0.01 的显著水平。有 15.28% 的同学认为学生党员（入党积极分子）发挥了先锋模范作用，这部分同学更倾向于认可继续加强社团中学生党员（入党积极分子）的带头作用，其中认为应该加强他们模范作用的占比高达 89.13%。而在认为学生党员（入党积极分子）先锋模范作用发挥不太明显的学生中，认可的仅占 57.76%。

另一方面，研究者对社团开展党的理论学习情况变量和学生对于成立党支部（党小组）的态度变量进行比较，经卡方检验，显著性概率值 $p = 0.000 < 0.01$，达到 0.01 显著水平，表明社团开展党的理论学习情况对学生态度具有显著影响。在积极开展党的理论学习且效果较好的社团中，认为社团成立党支部（党小组）对社团发展具有积极意义的占 68.67%，认为没有作用的仅占 14.46%。

（四）不同类型社团开展党建工作具有显著差异

研究发现，不同类型社团对开展党建活动的态度和效果存在显著差异，思想理论类社团党建工作相对优于其他类型社团。

一是不同类型社团对开展党建活动的态度有显著差异。思想理论类社团对于党建工作进入社团的积极性最高，认为应加强学生党员或入党积极分子在社团中的模范带头作用的占 78.95%，认为加强党建工作有利于提升社团的整体向心力和凝聚力的占

85.96％，赞同将社团中的优秀成员推荐为入党积极分子或预备党员的占92.98％。学术阅读类、文化艺术类、公益生活类、实践交流类社团总体水平相当，而体育健身类社团参与学生态度水平则相对较低。

二是不同类型社团开展党建工作的效果具有显著差异。思想理论类社团党建工作开展情况相对优于其他类型社团，思想理论社团中半数以上的学生认为社团中有党员或入党积极分子的参与。在党的理论学习开展情况方面，思想理论类社团开展此类活动最为积极，而在文化艺术、体育健身、公益活动类社团中1/3以上的学生表示社团从未组织过党的理论学习活动。

综上所述，研究认为党建工作进社团有助于促进社团发展，增强社团的凝聚力和向心力；当前高校社团党建领导力还有待进一步加强，党建工作还未完全渗透到学生社团；大多数学生对党建工作进社团持积极态度，这为社团党建工作的开展奠定了较好的思想基础；不同类型社团开展党建工作具有显著差异，要创新党建工作进社团方式，提高社团党建工作的针对性。

三、对策建议

基于上述调查结论，研究建议高校应高度重视党建进学生社团工作，把社团变成学生党建工作的新阵地，扎实推进"思想""组织""活动"三进社团，加强思想教育，用马克思主义促进社团发展，进一步强化社团党建共识；完善组织保障，优化党建进社团的工作机制，提升社团党建工作领导力；创新社团党建活动方式，因团制宜，推进党建活动与社团活动融合发展。

（一）思想进社团：用马克思主义促进社团发展

首先，用马克思主义武装社团成员思想。要把马克思列宁主义、毛泽东思想、邓小平理论、"三个代表"重要思想、科学发展观、习近平新时代中国特色社会主义思想作为社团的指导思想和行动指南，让其占领社团意识形态阵地。积极引导社团成员学习马克思主义理论，自觉用党的理论创新成果武装自己，真正信仰马克思主义，深入实践马克思主义，做马克思主义的坚定支持者和执行者，不断提高思想政治素质。

其次，加强社团成员理想信念教育。要把社团成员的理想信念教育作为党建工作进社团的抓手，引导社团深入学习贯彻习近平新时代中国特色社会主义思想，坚定中国特色社会主义道路自信、理论自信、制度自信、文化自信，树立为中华民族伟大复兴而奋斗的远大理想和跟党走中国特色社会主义道路的坚定信念，让社团成为大学生思想信念教育的重要平台。

最后，培育马克思主义专业社团。调查发现，思想理论类社团党建工作开展情况相对优于其他类型社团，要充分发挥这类社团在开展党建工作中的优势，培育一批马克思主义专业社团。通过马克思主义专业社团建设，充分发挥示范引领作用，营造社团学习马列毛邓的经典著作和理论的氛围，以马克思主义社团工作带动其他社团党建工作。

（二）组织进社团：完善社团党建工作组织保障

首先，坚持学校党委对社团党建工作的领导。针对"党团组织对社团指导不足"的现状，要进一步提升社团党建领导力，将社团党建工作纳入大学生思想政治教育总体规划。一方面，要建立领导责任制，加强学校党团组织对社团的指导，聘任思想政治指导教师，把握学生社团建设和发展的方向，将社会主义核心价值观贯彻学生社团活动始终；另一方面，要加强对社团党建工作的督促和检查，将社团开展党建工作纳入社团考核的指标，将实施成效作为优秀社团评选的标准，通过评优争先、奖励先进、树立典型，调动社团开展党建工作的积极性。

其次，完善社团党建工作组织架构。由于社团中缺乏党组织，一些学生党员（入党积极分子）缺乏归属感，混同于普通同学。在社团中组建党组织有助于增强社团党员的归属感，增强党组织在社团的渗透力。社团党组织建设可参考以下几种方式：一是单独组建。对规模较大、有3名以上正式党员的学生社团，可以单独建立党组织。二是联合组建。学生社团中正式党员人数不足的，按社团性质相似、专业相近的原则，由多个学生社团联合建立党组织。三是派驻党建联络员。对学生社团中没有正式党员或正式党员人数少，暂时不具备建立党组织条件的社团，学校指派一名学生党建工作联络员，开展党组织的工作。①

最后，将社团骨干与学生党员培养结合起来。一方面，要注重社团骨干培养，大力提升学生干部的思想觉悟，通过抓社团骨干促社团党建，并将在实践活动中表现优秀的社团骨干发展为党员（入党积极分子），让社团聚集在党组织周围；另一方面，要充分发挥学生党员（入党积极分子）在社团中的旗帜作用，以党员的先进性带动其他社团成员，帮助他人、影响他人，使之成为凝聚社团成员的核心，将学生党员培养成社团骨干，进一步增强社团的凝聚力。

（三）活动进社团：推进党建活动与社团活动融合发展

首先，要正确处理党建活动与社团活动的关系。树立党建、团建一体化观念，党组织要发挥好政治引领作用，而不要简单地督导，要充分尊重社团自主性，注意发挥社团成员的积极性，将党建与团建有机结合，互相补充，互相促进，提升社团党建工作的亲和力。社团活动是参与人数较多的群体性活动，要推动党的活动和社团活动相结合，社团活动可以党的活动为内容，党的活动可以社团活动为依托，实现社团成员在活动中共成长、个人成长推动社团发展的良性循环。②

其次，不断提升党建活动的针对性和实践性。由于不同类型社团对开展党建活动的态度和效果存在显著差异，要针对不同类型学生社团，开展有针对性的党性教育活动，如阅读类社团可开展"马克思主义经典著作阅读活动"。基于实践性、参与性的党建活动更易被学生接受和喜爱的调查结论，要多开展以服务社会、服务群众为主题的社会实践活动，以学生喜闻乐见的途径引导他们向党靠拢，如体育类社团可开展"军事主题素质拓展活动"，提升社团党建工作的实践性。

最后，要充分挖掘社团活动中的思想政治教育元素。各种社团活动中蕴含着丰富的思想政治教育元素，要善于挖掘和发现。如在"七一""国庆"等重要节日，"七七事变""九·一八事变"等纪念日，开展讲座、征文等主题教育活动，培养学生爱国主义精神。总之，要将社团党建工作渗透到社团学习生活的各个方面，让学生在潜移默化中拓展知识面，增强社会实践能力，提高思想道德素质。

201

---

① 刘英姿. 基于认同理论的高校学生社团党建研究［D］. 长沙：湖南农业大学，2010：33.
② 阮俊华，沈黎勇，金芳芳. 高校学生社团党建工作的调研与思考［J］. 中国青年政治学院学报，2008（1）：44.

四、结语

目前高校学生社团党建工作尚处于摸索阶段①，但这无疑是一种思想政治教育新形式的探索和尝试，对发挥党组织的政治核心作用，加强改进学生思想政治工作，促进学生社团健康发展，具有不可替代的作用。在具体实践中，高校要充分发挥社团育人功能，用党的先进理论、思想、方法指导学生社团建设，健全社团党建工作机制，增强学生社团的凝聚力、吸引力，创新社团党建工作方式，充分发挥党员同学的先锋模范作用，让社团成为学生的价值塑造、人格养成的重要平台。

（编辑：敬狄）

① 刘晓东，董俊杰. 高校学生社团党建工作的探索与实践——以北京科技大学为例［J］. 思想教育研究，2014（5）：77.

新时代高校思想政治理论课青年教师工作的创新与发展

刘　静

【摘要】高校思想政治理论课是对大学生系统地开展思想政治教育的主阵地，有利于大学生提高基本素质和思想道德修养。新时代下高校思想政治理论课青年教师队伍的建设有利于培养德智体美全面发展的社会主义建设者和接班人，培养担当民族复兴大任的时代新人。但从目前来看，高校思想政治课青年教师工作中主要存在师德师风较为欠缺、业务能力问题突出、职业压力逐渐增大等问题。为了适应新时代新使命新征程的需要，应该积极采取解决措施，不断推进高校思想政治理论课青年教师工作的创新与发展。

【关键词】思想政治理论课；青年教师；创新；发展

【作者简介】刘静，西南财经大学马克思主义学院 2017 级硕士研究生。

党的十九大报告中提出"中国特色社会主义进入了新时代"[①]，这也是全面开展高校思想政治教育的新时代。在建设新时代中国特色社会主义进程中，习近平总书记强调要开拓高校思想政治教育的新局面，时刻把教师队伍建设摆在重要位置。2018 年 5 月 2 日，习近平总书记在北京大学师生座谈会上也谈到"建设政治素质过硬、业务能力精湛、育人水平高超的高素质教师队伍是大学建设的基础性工作"[②]。打造高素质教师队伍势在必行，而"政治素质"是摆在高素质教师队伍面前的首要条件。因此，推动思想政治课青年教师工作创新发展更是当务之急。

一、高校思想政治理论课青年教师队伍的特点

随着教育体制改革，全国高校青年教师队伍逐渐壮大。根据教育部 2016 年发布的数据，全国高校 45 岁（不含）以下中青年教师占比已达 69.83%，占据了高校教师的主体地位。与此同时，高校思想政治理论课青年教师队伍也在逐渐壮大。作为中国梦的造梦者，作为中国特色社会主义理论的宣讲者，作为大学生积极向上、健康成长的引路人，新时代高校思想政治教育理论课青年教师队伍具有其鲜明的特征。

---

① 习近平. 决胜全面建成小康社会 夺取新时代中国特色社会主义伟大胜利——在中国共产党第十九次全国代表大会上的报告［M］. 北京：人民出版社，2017.

② 习近平. 在北京大学师生座谈会上的讲话［N］. 光明日报，2018-05-02.

（一）价值观多元化，思维活跃

高校思想政治理论课青年教师处于从 70 后向 80 后、90 后转型阶段，他们是积极向上、充满活力、思维活跃的一个群体。他们性格鲜明，容易接纳新事物，对一切事物都有着自己的看法。特别是改革开放以来，人们逐渐打破传统观念的束缚，用开放的心态去迎接外来文化，积极吸收并借鉴各国优秀文化，价值观也愈来愈多元化。相对于老教师来说，他们更愿意打破常规，不屈于俗套，因此青年教师们在思想碰撞的火花中能得到对事物更加全面、客观的认识。这不仅能够提升思想政治课青年教师队伍整体素质，还有利于促进思想政治教育作用的发挥，培养出适应新时代需要的一流人才。

（二）教学手段灵活多样

作为高校思想政治教育的新生力量，青年教师们在教学设计中采用了多种多样的方式，给课堂注入了新鲜感。他们乐于接受新事物，善于采取新方式使课堂不再枯燥无趣。如利用数字化教学方式，充分运用多媒体手段丰富课堂教学，借助视频、音乐、图片等视听效果使课堂"活"了起来，借助互联网的力量使课堂不只是局限于教室。青年教师们熟练的多媒体技巧、灵活的教学手段，不仅提高了课堂教学的趣味性和有效性，并且还降低了学生们对思想政治课的排斥感。青年教师的教学手段新颖，越来越受到学生的喜爱，部分教师跻身于学生眼中的"网红教师"排行榜，由此一来，逐步促进了高校思想政治课的华丽蜕变。

（三）整体学历水平呈上升趋势

在激烈的社会竞争下，高校拥有博士学位的青年教师人数日趋上升。据《中国高等教育质量报告》统计，"1999 年到 2014 年，50%的专职教师拥有硕博士学位，全国整体教师队伍发展潜力大、后劲足"[1]。目前，高校在引进高等教育人才方面越来越重视，思想政治理论课青年教师的整体受教育水平也呈逐步上升趋势，青年教师学历结构日趋向博士化转变。高校思想政治课青年教师能够以自身的人格魅力和学识魅力感染大学生，使他们正确认识历史规律，准确把握基本国情，给当代大学生树立了良好的学习榜样，激发他们学习的无限动力，满足党和国家对卓越人才的强烈渴望。

二、高校思想政治理论课青年教师工作存在的问题

改革开放以来，特别是党的十八大以来，党和国家都特别重视高校思想政治理论课的创新和发展，制定了一系列促进高校思想政治课改革的相关政策，致力于打造一支适合新时代新使命的高校思想政治课青年教师队伍。并且在改革中逐步明确了教师队伍的主要职能，提供了队伍建设的科学支撑和宏观指导，制定了队伍建设的指导方针，提高了队伍的整体素质。虽然整体工作取得了一定进步，但是青年教师工作中仍然有许多不容回避的问题。

（一）部分教师师德师风欠缺

研究表明，近年来从研究对象上来看"青年教师""高校教师"成为教师师德师风

---

[1]　中国高等教育质量报告（摘要）[N]. 中国教育报，2016-04-08.

研究的主体。① 在当前复杂社会环境的影响下，一些高校思想政治理论课青年教师的道德行为逐渐出现偏差，在一定程度上，不利于青年大学生政治素养的培育。一是部分青年教师政治信仰不坚定。在经济全球化和中国改革开放不断向纵深发展的背景下，人们的思想观念和价值取向出现多元化的特征，部分青年教师有可能会受到西方思潮的影响，导致马克思主义信仰不坚定。② 同时有调研结果表明，在对高校青年教师入党动机选择的调查中，有 49.60% 的青年教师认为是出于"工作需要"③，可见部分青年教师共产主义理想淡化现象有所存在。一些青年教师把思想政治理论课当成任务完成，致使思想政治教育工作浮于表面，很有可能影响到学生们的政治素养。二是某些青年教师职业情感淡化。作为 80 后、90 后的一代青年群体，容易受到经济市场化、文化多元化、社会信息化等多方面因素的影响，价值观念逐渐背离主流思想，奉献精神较为欠缺，职业道德出现偏差。有部分青年教师过分看重个人利益，对教学工作敷衍了事，连基本教师职业道德要求也很难做到。三是不关心和爱护学生。部分青年教师不重视课下与学生的交流，只把课堂时间当成自己的主要工作时间，对学生的知识掌握情况、情感方面的问题以及生活方面的难处不加过问，由此形成了师生之间的隔阂。思想政治理论课作为一门公共理论课程，缺少了很多与学生进一步交流的机会，作为该课程的老师课下再不花费时间和精力去关心学生，师生关系就难以达到融洽的境地。

（二）业务能力方面问题突出

习近平总书记强调要打造一支高素质教师队伍，但就目前高校思想政治课青年教师队伍的现状来看，不少青年教师在业务能力方面仍存在很多问题。一是部分青年教师平衡课程内容和教学方法的能力较弱。在教学过程中，部分青年教师过于追求教学形式的多样化和趣味性，导致课程内容的深度不够，思想政治教育的效果不足，缺乏引导力。二是知识储备不足，理论和实践相联系的能力薄弱。④ 许多青年教师只注重本门课程的知识传授，只做到了课程的"专攻"，但是缺少跟其他课程的联系。要知道马克思主义理论是其他课程的基础，也是认识世界的出发点，做到与各类事物的联系，才能吸引学生的兴趣，让他们看到思想政治课堂的魅力所在。三是课程教学创新力不足。许多青年教师沿用传统的教学模式，课程教学没有自身特色和新颖之处，很难激发学生的学习积极性和创新性。大多数青年教师在思想政治理论课程从教材体系向教学体系转化的过程中，无法将灵活性、创造性和创新性结合起来，难以激发高校思想政治课教学的活力，也不利于高校思想政治理论课的创新。

（三）职业压力逐渐增大

如今，高校都特别重视青年教师发展状况，在各个方面都给予青年教师高度关注，由此给他们带来了较大的压力。此外，青年教师刚刚参加工作，工资收入低，由于资历浅薄，在工作方面的压力较大，比如在论文发表、评职称、申报课题等方面遇到了

---

① 田园，洪松松. 21 世纪以来我国师德发展的现状研究——基于 Citespace 软件的文献计量分析 [J]. 教师教育学报，2017（2）：33.

② 张小秋. 高校思想政治理论课青年教师存在的问题与对策分析 [J]. 思想教育研究，2014（7）：101-102.

③ 王迪钊. 新时代下高校青年教师思想政治状况分析研究 [J]. 华北电力大学学报（社会科学版），2018（7）：116.

④ 李虹. 加强新时代高校思想政治理论课教师队伍建设的思考 [J]. 思想理论教育导刊，2018（5）：113.

一些困难。① 所以青年教师心理压力增大，情绪起伏较大，再加上本科课程任务量大，同时承受科研的压力，造成青年教师职业压力逐渐增大，问题不容小觑。另外，思想政治理论课部分青年教师心态较差、心理素质较差，不会自我排解工作的压力，遇到情绪紧张、工作不顺利的状况时，会产生工作上的"不幸福感"，从而造成极大的负面影响。

三、新时代高校思想政治理论课青年教师工作的创新途径

高校思想政治理论课青年教师存在的这些问题，如果不能及时解决，不仅会影响思想政治课教学的顺利进行，还可能影响课程实效性的发挥，也将阻碍高校思想政治教育的全面创新和发展。因此，高校思想政治课青年教师要从以下几个方面解决目前存在的问题，并在此基础上使自己的工作能够得到更好的创新与发展。

（一）牢筑师德师风新面貌

"加强师德师风建设，培养高素质教师队伍"，是习总书记在党的十九大上对新时代优先发展教育事业、建设现代化教育强国提出的要求，也是对做好高校思想政治教育的要求。② 在高校思想政治工作会议上，习总书记提出了加强师德师风建设的"四个坚持"，以此引导广大教师以德立身、以德立学、以德施教。③

首先，青年教师要深入学习习总书记在全国高校思想政治教育工作会议上的讲话，牢记教师师德师风建设的"四个坚持"，牢记教书育人的使命，牢筑师德师风新面貌。同时，高校思想政治课青年教师需要增强对中华民族历史文化的认同感，增强对中国特色社会主义思想理论的情感认同。其次，要提高教师自身的职业修养。作为高校思想政治课青年教师，要做到爱岗敬业，关爱学生。爱岗敬业是体现高素质教师的重要条件之一，青年教师要有智慧、有激情、有责任心，要以饱满的热情对待工作和学生，使学生感受到老师对事业的热爱，不断从老师身上获得正能量。作为青年教师，要积极利用和学生之间代沟小的优势，尊重学生的兴趣爱好，帮助学生解决学习上、生活上和情感上的问题，努力把自己的心与学生的心融合到一起。对比高校师生的距离以及中小学师生的距离，我们可以清晰地感受到高校师生的距离是最大的，这也是高校思想政治课难以达到理想效果的症结所在。所以青年教师们一定要关心和爱护学生，让他们与自己成为朋友，亦师亦友才是师生关系的良性发展。高素质教师的要求就是要以爱感化学生、以激情感染学生、以行动引领学生。

（二）注重自我学习，教学、科研能力齐头并进

高校思想政治课青年教师想要获得学生的喜爱，获得工作的满足感，减轻职业压力，就需要不断地提升自身业务水平。通过自主学习，使自己的教学和科研能力相互促进，以达到理想的教学效果。

1. 加强自我学习，培育良好心态

在工作和学习中，青年教师应加强对马克思主义理论的研究，认真学习马克思主义的经典著作，学习新观点、新思想，逐步提高理论水平，从而提升理论素养。要将

---

① 湛风涛. 高校思想政治理论课青年教师职业压力微探 [J]. 学校党建与思想教育, 2015 (1): 73.

② 顾海良. 新时代高校思想政治教育的理论指导和发展理念——学习习近平新时代中国特色社会主义思想 [J]. 思想理论教育导刊, 2018 (1): 10.

③ 习近平. 在全国高校思想政治工作会议上的讲话 [N]. 光明日报, 2016-12-08.

教育和自我教育相结合，切切实实地明白自己作为青年教师的职责与担当，做到"在马言马""在马爱马"①，才能真正发挥思想政治教育的效果，帮助大学生扣好"人生的扣子"。2018 年恰逢马克思 200 周年诞辰、《共产党宣言》发表 170 周年以及改革开放 40 周年，高校思想政治课青年教师要抓紧这个重大契机，利用好学术研讨、专题讲座、红色教育等多种学术交流形式进行深入的理论学习。并且要给其他学科的青年教师起模范带头作用，带领高校青年教师们一起学习马克思主义经典，领悟马克思主义真理。同时，高校思想政治教育理论课青年教师应善于通过自我教育、自我管理和自我完善来缓解职业压力。通过培养自尊、自信、乐观向上的心态，逐渐克服浮躁和焦虑的情绪。

2. 提高教学能力，提升专业水平

除了强调专业知识的学习外，高校思想政治课青年教师也需要注重教学质量。这就要求青年教师及时了解和掌握最前沿的教育动态，关注本学科发展的新成果，善于学习借鉴并付诸实践，找到最能达到效果的教学方法。同时，青年教师应该积极参加各种活动，例如青年教师技能大赛、学术研讨会以及经验分享交流会，因为这些活动不仅有利于培养自己的教学技能，也能够利用其他老师的优秀经验强化自己的知识结构，促进自身专业能力的提高。还需创新教学方法，注意处理好教材与教学之间的关系。② 青年教师只有在教学技能方面多下功夫，潜心钻研，灵活创新，才能使自己的课堂更具特色。

3. 加强科研能力，以科研促进教学

科研能力与教学能力是相辅相成的，青年教师需要加强科研能力的培养，通过科研促进教学。青年教师要科学地发现和利用科研与教学之间的联系，不能过分追求科研的成果，导致"功利化"；也不能轻视科研能力的培养，导致自身理论水平停滞不前，而要努力营造"以教学带动科研、科研促进教学"的良好氛围。青年教师要积极参与学校及有关部门的科研立项活动，通过潜心研究，杜绝学术抄袭和造假，研究出新的学术成果，强化思想政治课教学理论，增强高校思想政治理论课教学效果。

（三）利用"慕课"新平台，创新学习交流渠道

教育部部长陈宝生多次强调，要运用好互联网手段，线上线下结合打好高校思想政治课"攻坚战"。当下，"慕课"平台的诞生充分利用了互联网技术，同时也是高校探索新的教学模式的成果。我国的部分高校已经采用了慕课的在线教学形式，结合线下教育，发挥了慕课教学的特有优势。

对于高校思想政治理论课而言，慕课的出现，不仅优化了教学实施过程，而且为高校思想政治教育提供了一个便捷的平台。学生可以通过慕课自主学习或者查漏补缺，教师可以利用慕课的数据反馈，及时了解学生的掌握情况。同时通过慕课，教师与学生之间也多了一个交流平台，师生之间的互动交流可以更有实效性和针对性，也有利于优化师生关系。慕课作为思想政治课的线上学习平台，可以对线下思想政治教育起

207

① 侯锡铭. 论新时代高校青年教师思想政治工作 [J]. 中国青年社会科学，2018（5）：71-72.
② 王易，岳凤兰. 关于加强新时代高校思想政治理论课教师队伍建设的思考 [J]. 思想理论教育，2018（5）：65.

到很好的辅助效果。教师可以根据慕课教学平台的数据对学生开展辅导工作，充分发挥思想政治理论课的作用。因此，高校思想政治课青年教师需要正确看待慕课教学的先进性和优越性，并充分利用这一平台，结合自身已经具备的基本网络知识技巧和课程所需的多媒体使用方法，学习慕课所需要的互联网操作技能，熟练掌握慕课的操作技巧，同时也能全面提升自己制作课件的能力。通过新的教学方式，采取线上线下的教学模式，有助于引领高校思想政治教育理论课新潮流，促进高校思想政治理论课青年教师工作的创新与发展。

（编辑：敬狄）

新时代提升高校思想政治理论课亲和力的创新路径研究

陈丽婷　罗俊梅

【摘要】 新时代对提升高校思想政治理论课亲和力提出了新的要求与新的目标。亲和力的进一步提升对创新教学平台、增强教学互动、提升教学质量具有重要的理论意义和现实价值。新时代下提升高校思想政治理论课亲和力面临着思想政治课内容陈旧、形式单一、缺乏创新等困境。为了进一步提升高校思想政治理论课亲和力，本文有针对性地提出了四个创新路径：一是提高教育主体对思想政治课的认识，激发主体参与积极性；二是丰富思想政治课教学内容，创新教学形式，拓展教学渠道；三是有效利用互联网与新媒体搭建思想政治课学科平台；四是顺应时代潮流，确保思想政治课始终坚持"三贴近"原则。

【关键词】新时代；高校思想政治理论课；亲和力；创新性

【作者简介】陈丽婷，西南财经大学马克思主义学院 2017 级硕士研究生；罗俊梅，西南财经大学马克思主义学院 2017 级硕士研究生。

【基金项目】本文系西南财经大学"学习贯彻落实党的十九大精神"基层党建创新项目"思想政治理论课多维度贯彻立德树人研究（项目批准号：DJCX180250）"中期成果。

"提升思想政治教育亲和力"在全国高校思想政治工作会议上被提升至思想政治教育工作的重要战略高度，为思想政治教育的深入发展指明了方向。思想政治理论课作为引领我国社会主义意识形态的主阵地和传播中国特色社会主义思想的主渠道，在新时代下提升思想政治课的亲和力具有重要的理论意义和现实价值。同时，思想政治理论课在实际发展中面临诸多困境和巨大挑战，需要厘清高校思想政治理论课亲和力的含义及其重要意义，深入分析新时代高校思想政治理论课亲和力的困境，以期提出具有建设性的创新路径。

一、提升新时代高校思想政治理论课亲和力的含义及其意义

（一）思想政治理论课亲和力的主要含义

习近平同志在全国高校思想政治工作会议上明确指出，思想政治理论课要用好课堂教学这个主渠道，加强改进，不断提高思想政治教育的亲和力，切实满足学生发展的需求与新的期望。习总书记的重要讲话，从大局出发，高度肯定了思想政治理论课

在高校课程中的核心地位和主渠道作用，并以问题意识为导向对提升高校思想政治理论课亲和力提出了新的目标与新的要求，为实现高校思想政治理论课的创新性发展提供了理论指导与根本遵循。

要研究高校思想政治理论课亲和力，首先要理解"亲和力"的具体含义。亲和力是指人与人之间亲密互动和亲近相处时的行为或能力。"亲和力"最开始主要被作为一个燃料化学术语而被使用，是指"能使纤维及其他材料着色的有机物质特性的一种定量表示方法，后来衍生为两种或两种以上物质结合成化合物时相互作用的力"[①]。从心理学角度看，"亲和力"可被理解为："当人们相处时所表现出来的具有亲密行为的动机和能力水平。"一般意义上，亲和力主要是指"将自己与他人联系起来，建立相互尊重、互相信任与共同合作的氛围的能力"[②]。"思想政治理论课亲和力"是一个内含丰富的概念，由"教育者亲和力、教学内容亲和力、教学方法亲和力和教育环境亲和力等元素组成"[③]，其含义主要是指对教育对象（教育客体）在思想政治教育方面的吸引、感召和说服。这种亲和力是建立在教育者和受教育者对基础理论的理解的基础上的，是对马克思主义中国化理论的精髓要义的深刻领会与运用，它是思想政治教育的生命力。高校思想政治理论课的重要作用就是教育和引导新时代的大学生深入学习、领会和运用马克思主义理论和中国特色社会主义思想，用马克思主义的科学理论武装头脑，引领当代大学生朝着正确的认识方向发展，指引他们知事理、明德性，进而树立正确的人生价值观，提高自我修养和综合素质。只有具备了这种亲和力，才能使受教育者（高校大学生）发自内心地"亲其师、信其道、乐其学"，真正做到把马克思主义基本理论、观点和方法和以习近平新时代中国特色社会主义思想为代表的最新理论成果内化于心、外化于行，努力成为中国特色社会主义事业的合格建设者和可靠接班人，做一名可以担任民族复兴大任的有志新青年。

（二）提升新时代高校思想政治理论课亲和力的意义

作为马克思主义理论教育的核心课程，思想政治教育课的亲和力在新时代逐渐增强。其对于教育引导高校广大师生深入学习贯彻习近平新时代中国特色社会主义思想，强化对马克思主义理论的学习与掌握，传播青春正能量，明确政治站位，树立正确的世界观、人生观、价值观，推进马克思主义的中国化，充分发挥新时代课堂教学的主渠道作用，具有重要的现实指导意义。

1. 有利于创新高校思想政治理论课教学手段与教学平台，丰富教学形式

习总书记在全国高校思想政治工作会议上对提升高校思想政治理论课亲和力提出了新的目标要求和任务重点。在中国特色社会主义进入新时代的历史定位下，提高高校思想政治理论课亲和力势在必行，必须加足马力扎实向前推进。对于具有高度亲和力和针对性的思想政治课教学而言，教学经验丰富又幽默风趣的思想政治课教师、丰富详实的教学内容、多种教学方法、创新多样的教学平台、良好的教学环境都是不可缺少的。尤其是面对 95 后的当代大学生，他们作为"网络原住民"，思维异常活跃，思想观念更新快，接受新生事物的能力较强，传统的单向灌输式的思想政治教育对他

---

① 马瑞，吕海平. 品牌亲和力研究［M］. 长春：吉林大学出版社，2007：11.
② 樊永恒. 亲和力 NLP 销售魔法［M］. 深圳：海天出版社，2009：15.
③ 蔡诗敏. 提升思想政治理论课亲和力探究［J］. 学校党建与思想教育，2018（2）：52.

们而言已经过时了。因此，要有效利用移动互联网、大数据、云计算、人工智能等新型科技手段，合理利用微信、微博、QQ等常规社交平台，利用微视频、翻转课堂等现代化的教学平台，对当代大学生进行思想政治教育，实现"互联网+思想政治教育"，不仅可以增强思想政治教育的亲和力，而且有助于丰富高校思想政治理论课的教学手段与教学平台，使教育者与受教育者在思想政治理论课中良性互动。

2. 有利于深化教育者与受教育者对思想政治理论课的认识，增强课堂教学互动

富有亲和力和针对性的思想政治理论课课堂蕴含着极大的学科魅力，闪烁着智慧与真理的光芒，有利于不断强化教育者和受教育者对新时代高校思想政治理论课的认识和理解。马克思曾指出："理论只要彻底，就能说服人。所谓彻底，就是抓住事物的根本。"[1] 具备亲和力的思想政治理论课教师必须对他们所教授的理论知识有透彻的理解和把握，并有自己独特的教学方法，才能在实际教学中真正的贴近学生、贴近生活、贴近实际，才能生动形象、深入浅出地向受教育者传道授业解惑，才能结合中国特色社会主义实际和国家大政方针政策游刃有余地运用马克思主义基本理论、立场、观点和方法教育学生做到理论结合实际、具体问题具体分析，用历史的和辩证的思维正确看待发展中的一切事物，真正激发当代大学生对思想政治理论课学习的兴趣和热情，引导大学生正确认识人生、明确政治站位、树立人生理想，不断深化教育者与受教育对高校思想政治理论课的认识与理解。

3. 有利于优化高校思想政治理论课的教学环境，提升课堂教学质量

良好的课堂教学环境是衡量高校思想政治理论课亲和力的重要指标，有利于更好地激励教育者开展思想政治教育的积极性，激发受教育者主动接受思想政治教育的内生动力，增强思想政治教育理论课的吸引力和感召力。教学环境既有客观的，如教学条件、与思想政治课相关的教学设备设施等"硬件"方面的环境；又有主观的，如教育者与受教育者双方在思想政治理论课中顺畅的课堂互动、和谐的课堂氛围、良好的教学秩序等"软件"方面的环境。具备亲和力的思想政治理论课一定能够营造良好和谐的课堂教学氛围，具备亲和力的思想政治课教师也一定会通过其人格魅力、人生阅历、政治定力和对知识理论的透彻领悟力为受教育者创造良好的师生互动环境，在学习和生活中关心爱护受教育者，解决受教育者在生活与学习中遇到的各种困难，营造良好的课堂教学氛围，不断提高思想政治理论课的教学质量。

二、新时代提升高校思想政治理论课亲和力的制约因素

新时代条件下思想政治理论课亲和力的提升是一个具有针对性的循序渐进的发展过程，面临着一系列亟须解决的困难和挑战，如课程内容陈旧、形式单一、环境复杂等困境。如何更好地发现问题并解决问题，这也是提升思想政治课亲和力的题中应有之义。我们综合考虑各种主客观因素，总结出新时代下思想政治课亲和力的主要制约因素如下：

（一）教育者与受教育者主体参与度不够

教育者与受教育者是教育教学活动的直接参与主体。作为教育教学活动的主体，教育者和受教育者应充分发挥自己的主观能动性，推动新时代高校思想政治理论课亲

---

① 马克思恩格斯文集：第1卷 [M]. 北京：人民出版社，2009：11.

和力的创新性发展。但总体来看，目前我国高校思想政治理论课的亲和力提升空间还很大，一方面，教育者作为思想政治课的主体的参与度不够，主要表现为一部分思想政治课教师对思想政治教育理论课的认识不足、理论水平不高、个人教学素质和道德修养有待进一步提高，仅仅把思想政治课当成学校教学的一项任务来完成，几乎没有认识到思想政治课自身的发展规律和学生的成长规律，课堂教学内容缺乏与时代特点的紧密结合，致使高校思想政治理论课与现实严重脱节，亲和力和针对性不足；另一方面，受教育者作为思想政治课的又一重要主体，没能认识到思想政治课对个人成长发展的重要价值指引作用，对思想政治理论课的学习只是比较被动地接受，加之目前高校在校大学生多为90后和00后，他们由于身心特点和成长环境等因素的影响，相对来说比较自我，对于集体的关注度比较缺乏，从而导致他们对提升思想政治课亲和力的践行力度不够，亟须采取多元创新性方式激发当下大学生思想政治课学习的创造活力。

（二）课程内容陈旧且形式单一

新时代高校思想政治理论课缺乏亲和力和针对性的又一重要原因是其内容和教学形式的陈旧单一。思想政治理论课教学内容陈旧首先体现为教材内容的陈旧。翻看过去几年的思想政治课教材就会发现，理论上来说两年一修订的教材至少五年内几乎没有什么明显的变化，相差好几个年级的学生可以使用同一本教材；其次是教师讲授课程内容的陈旧。部分教师未能及时更新自己的知识体系，停留在最初的知识内容，给学生们讲授的思想政治课内容乏味无趣。例如有部分教师将自己的课堂教学课件一用就是好几年，很少更新课件内容。思想政治课教学形式单一主要体现在倡导新课改多年之后，专业教师的教学形式依然停留在教师单方面讲述的"满堂灌"，偶尔的课堂交流和学生课堂展示更多地表现为形式化和简单化，学生在思想政治理论课中的主体参与性没有被激发出来，所以调动学生在课堂探讨中的乐趣和积极性有一定的困难，使得课堂自主交流流于形式而无法真正达到其目的。

（三）思想政治课学科建设平台利用不够

思想政治理论课的平台也即思想政治理论课的载体，是主体和客体相互作用的一个媒介。思想政治课的平台（载体）具有主观性、客观性、传导性、承载性等一系列特点。新时代思想政治课平台的选择和运用应该遵循学科发展规律、学生成长规律和时代发展规律，有计划、有目的、有针对地进行思想政治课教学。但目前我国高校思想政治理论课教学平台的利用更多地停留于教师运用多媒体为学生展示教学课件，这样只是节省了传统教师手写板书所用的时间，并没有将信息技术的便捷性、传导性、承载性和超时空性等优点在教学中真正发挥到最大限度。学科建设平台利用不足是当下制约思想政治课亲和力和针对性的又一重要因素。

（四）思想政治课教学环境不佳

思想政治教育理论课的自身因素如教育者和受教育者、教学平台、教育载体等是思想政治课教育教学的内部环境，而思想政治教育的外部环境例如校园文化、社会主义核心价值观、新时代的社会和时代背景也是影响新时代思想政治课亲和力和针对性的重要因素。当下思想政治理论课亲和力受外在环境和内在环境的共同影响和制约，新时代下思想政治课教学环境出现的新问题和新矛盾，需要新的解决方法。当今时代是一个以互联网和大数据为主要生活载体的时代，而当下高校大学生一出生便拥有互联网，这是思想政治教育必须面对的客观现实。目前高校思想政治教育仍停于传统课堂的说教，未能将思想政治课与社会实践有效结合，更没有与新时代的时代特点紧密结合，难以有效把握学生特点和新时代发展的脉搏，致使新时代下的思想政治课自身说服力不够，不可避免地会出现课堂教学缺乏一定的亲和力和针对性。

三、新时代提升高校思想政治课亲和力的创新路径

新时代创新性地提升思想政治理论课的亲和力是一个重大的举措，需综合考虑从多方面入手。针对以上制约因素，我们认为应着重从以下方面解决问题，使新时代思想政治理论课更具亲和力。

（一）提高思想政治教育主体的认识，激发主体参与的积极性

思想政治理论课是根据一定社会的发展要求培养具有正确"三观"的人的学科。如前所述，教育者和受教育者是思想政治课两大必要主体，他们在教育教学过程中是双向互动、密不可分的关系，同时他们又共同且分别地与思想政治课本身发生作用。作为"教"的主体和"学"的主体，首先必须对该门课程有一个较为清醒的认识，例如对于课程性质、地位、目的、任务、内容等学科基本话语的了解和掌握，这是作为一个"思想政治人"的专业素养和职业修养。再者在思想政治课教学和学习过程中多动脑勤动手，具备理论基础的前提下，才能更好地投身实践，与实践相结合才能检验真理，有针对性地去解决现实问题，才能使思想政治理论课这门看似空洞的学科落到实处，才会有更多的人去信服思想政治课和"思想政治人"，从而让新时代的思想政治理论课理想层面和现实层面都更具亲和力和针对性。

（二）拓展教学渠道，教学内容和形式多样化

思想政治课的教学内容和教学形式是丰富多样的。当今时代是一个网络化、信息化、数据化的时代，知识更新换代的速度快得惊人，新时代思想政治课的教学内容和形式必须紧跟时代的步伐，不能只停留于课堂和课本，思想政治课教材和授课者所讲授的内容必须随着时代变化随时更新。这就要求教育者不断更新自己的知识内容和结构框架，做到"因时而变"，同时教学形式和渠道可以更多样化。传统的形式单一的课堂教学已不能满足90后学生的知识诉求，应针对他们成长成才的特点进行教学，将课内教学与课外教学、线下教学与线上教学有机地结合起来，例如多鼓励学生参加社会实践，将课堂所学运用到社会实践中，激发学生的思维能力和动手能力，防止理论只停留于理论层面。再者，条件允许的情况下，各高校名师线下共享，甚至可以将国际知名专家请进课堂与学生面对面交流，极大地提高学生学习的主动性和积极性，让思想政治课教学成为有温度的教学，让更多的人愿意靠近它、倾听它、发展它。

（三）有效利用互联网与新媒体搭建思想政治课学科平台

习总书记在全国高校思想政治工作会议上的讲话中强调："要运用新媒体新技术使工作活起来……增强时代感和吸引力。"[1] 我国网民的数量相当庞大，加之网络上的信息良莠不齐，成长中的大学生的思想观念、价值判断、人生选择等很容易受到网络的影响，所以思想政治理论课在网络中占有一席之地显得格外重要。用正确的社会价值观合理地引导新时代的大学生，这成为当下青年学生培育正确价值观又一不可或缺的

---

[1]　习近平在全国高校思想政治工作会议上强调：把思想政治工作贯穿教育教学全过程 开创我国高等教育事业发展新局面 [N]. 人民日报，2016-12-09（1）.

重要渠道。当今时代几乎每个人都有 QQ、微信、微博等社交软件和平台，而青年学生的社交软件使用率几乎是 100%。针对这一有利条件，思想政治课教学必须借助这些平台促进学生的思想政治课学习和"三观"养成。例如教育者可以通过网络平台及时有效地了解学生的思想和行为，及时予以适当和合理的帮助和关怀，这种方式既有效帮助学生解决了问题又保护了他们的个人隐私，同时师生之间可以实时在线交流学习和生活困惑，分享美文、正能量小视频等，于无声处让思想政治课亲和力的提升和发展落地发芽。

（四）顺应时代潮流，确保"三贴近"原则

时代的发展是任何事物发展都逃脱不了的大环境，并不自觉地在他们身上留下时代烙印，思想政治理论课的发展也不例外。思想政治课亲和力和针对性的提升如果脱离了时代背景来谈，便是空中楼阁，没有任何现实意义。党的十九大报告宣告中国特色社会主义发展进入新时代。新时代，新要求，各方面的事实也强有力地证明中国特色社会主义的物质、法制、精神文化、生态等建设取得了长足的进步与突破，但未来的社会主义建设仍然有很长的路要走，思想政治课应站在时代的高度培养为人民、为党、为国家做实事的新时代人才。思想政治理论课要始终确保贴近实际、贴近生活、贴近学生的"三贴近"原则，从党和国家需要实际、社会发展的现实情况及广大人民群众的现实生活出发，从学生成才成长的需要和身心特点的具体情况出发。这本身就体现了新时代对思想政治课的亲和力和针对性的具体要求，即从"人"的生动生活中了解问题，用心倾听一线教师和在校学生的真切呼声，关注他们的现实需要并有针对性地去解决当下思想政治课亲和力不足的问题，才能将新时代大学生的人生梦与中国梦、民族梦融于一体。

（编辑：敬狄）

新时代高校中华优秀传统文化教育发展探析

段江波　陈　艳

【摘要】党的十九大报告指出，中国特色社会主义进入新时代，我国社会主要矛盾已经转化为人民日益增长的美好生活需要和不平衡不充分的发展之间的矛盾。传统文化是中华民族文化的精髓，大学生作为社会主义事业的建设者和接班人，对其进行传统文化教育，对于我们树立文化自信、建设文化强国具有重要作用。本文旨在揭示当前我国高校传统文化教育面临的发展不平衡不充分的问题。在此基础上，进一步提出了具有针对性的优化建议。

【关键词】社会主要矛盾；传统文化教育

【作者简介】段江波，西南财经大学马克思主义学院教授；陈艳，女，西南财经大学马克思主义学院2016级硕士研究生。

中华优秀文化是中华民族的"文化基因"，塑造着中华民族的民族精神。正如习近平总书记指出的："中国传统文化博大精深，学习和掌握其中的各种思想精华，对树立正确的世界观、人生观、价值观很有益处。"[1] 大学是文化文明传承的主要场所，毫无疑问，大学生应是中国传统文化的继承者和发扬人，但其现实状况却与近年来主流思想界"传统文化热"大相径庭，在校大学生对传统文化的态度不容乐观，还没有激发出应有的热情。"有调查结果显示，50%的大学生对中国传统文化失去兴趣，20%的大学生持无所谓的态度，20%是中间派，仅有10%的大学生以我们的传统文化为自豪。"[2]显然，在新时代背景下，高校如何加强大学生的中华优秀传统文化教育已成为必须要面对和解决的问题。

一、新时代高校加强中华优秀传统文化教育的必要性

（一）美好生活的需要离不开中华优秀传统文化的内容

党的十九大报告指出，中国特色社会主义进入新时代，我国社会主要矛盾转变为人民日益增长的美好生活需要和不平衡不充分的发展之间的矛盾。这是党和中央在正确分析国内各方面的基本情况后做出的科学论断，是关系全局的历史性变化。这意味着我国经济和社会发展取得了很大成就，改革开放以来我国生产力水平极大提高，经

---

① 习近平. 在中央党校建校80周年庆祝大会暨2013年春季学期开学典礼上的讲话［N］. 人民日报，2013-03-03.

② 朱萌，张立成. 大学生中国优秀传统文化教育探析［J］. 思想教育研究，2011（11）：17-21.

济高速发展，综合国力显著提高，一跃成为世界第二大经济强国，改变了以往落后的社会生产力现状。这一矛盾的提出意味着我国现阶段已经不再是落后的生产力发展的问题，而是存在不平衡不充分发展的问题。物质生活需要得到满足后，精神生活需要的提升尤为重要。"人民的美好生活需要日益广泛，不仅对物质文化生活提出了更高要求，而且在民主、法治、公平、正义、安全、环境等方面的要求日益增长"①，人们越来越注重经济、精神、文化等领域的全面发展。

对美好生活的向往是人们对政治、经济、文化、社会、生态等各方面的需要，从根本上说，即人的全面发展的需要。改革开放以来我国高度重视经济的发展，而精神、文化等方面相对欠缺。党中央也逐渐认识到这一问题的严峻性，并着力实施全面协调可持续的发展战略，解决人民精神文化意识薄弱的问题。习近平在同全国劳动模范代表座谈时的讲话便强调："实现我们的发展目标，不仅要在物质上强大起来，而且要在精神上强大起来。"② 党的十八大以来，政府非常重视并加强了文化生活的建设，提倡社会主义核心价值观、中国特色社会主义文化、建设文化强国。

中华民族的优秀传统文化是中华文化的精髓和核心，加强中华传统优秀文化的继承和发展是人们对精神、文化等全面发展的美好生活的需要的内在要求之一。所以，新时代，要解决人民日益增长的美好生活的需要与不平衡不充分发展的矛盾，必须要加强文化领域建设，着重加强优秀传统文化的发展，才能处理好传统文化不平衡不充分发展问题。习近平在党的十九大报告中也指出："推动中华优秀传统文化创造性转化、创新性发展，继承革命文化，发展社会主义先进文化，不忘本来、吸收外来、面向未来，更好构筑中国精神、中国价值、中国力量，为人民提供精神指引。"③ 这表明新时代，我们要高度重视中华传统文化的作用，也为新时代该如何继承和发扬中华优秀传统文化指明了道路。

（二）中国梦的实现离不开中华传统文化的弘扬

习近平总书记在联合国教科文组织总部的演讲中指出："没有文明的继承和发展，没有文化的弘扬和繁荣，就没有中国梦的实现。实现中国梦，是物质文明和精神文明比翼双飞的发展过程。"④ 他将我国传统文化概括为：讲仁爱、重民本、守诚信、崇正义、尚和合、求大同。这是中华传统文化的精髓，继承和发扬这些优秀文化和精神对满足人们对精神文化的需要、建设文化强国具有重要作用。

首先，加强传统文化的教育有利于增强国家的文化软实力，增强中华民族的文化自信，有利于建设文化强国，有利于国家的富强和谐。其次，这也有利于形成良好的社会氛围，增强社会的自由、平等、公正、法治，促进人与人的良好互动。再次，可以在一定程度上解决人们在市场经济条件下形成的一些功利化和物质化的问题，解决人们长期存在的精神和物质发展不平衡的问题，从而促进个人的全面发展，有利于满足人们对文化发展的需要，满足人们对美好生活的需要。所以，新时代社会主要矛盾制约下，我们应该重视传统文化教育，逐步解决传统文化教育不平衡不充分发展的问

① 闫越. 准确把握社会主要矛盾的历史性变化 [N]. 吉林日报，2017-10-26.
② 习近平. 在同全国劳动模范代表座谈时的讲话 [N]. 人民日报，2013-04-29.
③ 习近平. 决胜全面建成小康社会 夺取新时代中国特色社会主义伟大胜利——在中国共产党第十九次全国代表大会上的报告 [N]. 人民日报，2017-10-28.
④ 习近平. 习近平在联合国教科文组织总部的演讲 [N]. 人民日报，2013-03-28.

题。大学生作为祖国的未来和栋梁，更需要加强对其进行传统文化教育。但是目前高校传统文化教育同样存在比较严重的不平衡不充分发展的问题。所以，高校要加强对传统文化的优秀内容进行挖掘，并努力实现创造性转化和创新性发展。

二、新时代高校中华优秀传统文化教育面临的问题

（一）高校中华优秀传统文化教育意识的缺乏

改革开放以来我国比较重视经济的发展，强调加快经济发展，以此来增强国家经济实力，从而走上国家富强、人民富裕的道路。但是在这一过程中，也造成了过度强调经济发展，而忽略了精神文化等方面建设的问题。国家教育政策的倾斜，在一定程度上也造成了高校缺乏对传统文化教育重要性的认识。同时，由于市场经济的影响，高校在培养学生的时候，重实用而轻人文教育。比如在学科建设中，高校比较重视经济类、管理类、理工类等专业性较强的，比较适合市场经济需求的专业的发展，而轻视文学、哲学等文科性质专业的发展，所以文学、哲学等专业在高校的地位不高，人们对它的重视度比较低；在课时分配上，高校在专业知识讲授上的课时大大多于文化教育等课程的课时。

高校对学生的教育和培养中，一定程度上存在一些较功利的心态，希望通过短时间的教育培养出适合社会市场经济需要的人才。对于需要花费大量人力、财力、时间来培养的道德品德等问题即精神文化领域，特别是传统文化教育则比较忽视。大多数高校比较重视学生智育的培养，将就业率作为主要目的，而对道德教育和文化教育的重视度则不如前者。譬如，有高校认为"学生的就业率是衡量一所学校办学质量和专业优势的重要标准，每年学校都要对各院系毕业生的就业率进行统计，以此来考核院系的工作业绩"[①]。再者，就学生而言，他们自身也存在较功利的心态，急于求成，比较倾向于短时间学习就能看到成效的东西，所以，他们主观上也不愿意花大量时间来学习传统文化，学习传统文化的意识不强。

（二）西方文化强势涌入并冲击传统文化

首先，当今世界经济全球化的发展，加之互联网的发达，为世界各国文化的充分融合提供了机会，人们获取信息的方式也越来越便捷。但是我国对于网络空间的监督和管理并不完善，对西方传入的文化和价值等进行过滤和处理不够。所以在这一过程中，以美国文化为首的西方文化，特别是其宣扬的自由、民主等所谓的普世价值观大量涌进中国，并在中国拥有大量的粉丝，这些都大大冲击了我国传统文化的优势地位，使得我国传统文化的发展更加受阻。其次，高校的大学生自身缺乏传统文化底蕴，缺乏理性的判断能力和鉴别能力，对于西方传入的文化和价值观念在一定程度上存在盲目接受的现象。同时，他们对本国文化又存在缺乏认同和自信的问题，这使得高校对他们进行传统文化教育的难度增大。再次，高校某些具有海外留学背景的教师比较推崇西方文化，对学生进行教育的时候则侧重于西方文化的宣传，忽视甚至否定民族文化，造成传统文化教育发展不充分。最后，某些高校领导对本国文化特别是传统文化的继承和发展不充分，对本国传统文化的忽视也在很大程度上造成西强中弱的文化现

217

---

① 林海. 创新毕业生就业思路 努力提高毕业生就业率［J］. 桂林航天工业高等专科学校学报，2003（3）：11-12.

象，导致西方文化和我国传统文化不平衡发展的问题。

（三）各年级学生接受的教育不平衡不充分

学生进入高校之后，大一到大四各个年级接受的关于传统文化的教育程度也存在不平衡不充分的问题。大学一年级的时候，学生除了专业课的学习任务，还有"大学语文""毛泽东思想与中国特色社会主义理论体系概论""中国近现代史纲要"等通识课程的安排。这些课程是大学生了解我国传统文化、历史发展的主要途径，而且课时安排也比较合理，他们在大学的第一学年接受了比较充分的传统文化的教育。但是到大二的时候，则主要是专业课和专业拓展课程学习以及他们选修的一些感兴趣的课程。有些同学会选择一些关于传统文化的课程，从而在部分同学中达到进行传统文化教育的作用，但是缺乏全校性的共同的教育。学生大三、大四的时候，主要是专业课以及一些就业指导课程的学习，这一阶段比较缺乏传统文化教育甚至是思想政治教育内容的课程。同时，某些课程的深度和广度也不太符合这些高年级学生的特点和成长规律。大三、大四的同学在知识储备以及理解能力、吸收能力等方面都比低年级的同学强，应该拓宽课程内容，加强教育的广度和深度。但目前很多高校还未充分按照学生成长成才规律进行传统文化教育，各年级接受教育的情况不平衡不充分。

（四）传统文化教育内容和方式发展不充分

1. 教育内容不充分

我国高校目前对大学生进行的传统文化教育主要通过思想政治课、文学课等课程对中国历史、风俗习惯、传统美德等进行介绍，内容比较片面。而对于儒家的经典著作和思想、四大名著、琴棋书画、民俗习惯、传统节日、戏曲、对联等具体的传统文化内容的教育以及传统文化中的精神的教育则相对比较缺乏。所以大多数大学生对传统文化的了解非常浅显，只有比较模糊的印象和认识，更难产生较强的文化认同及自信。

2. 教育方式发展不充分

首先，高校进行传统文化教育的课程并不全面。目前高校主要是"毛泽东思想与中国特色社会主义理论体系概论""中国近现代史纲要"等通识课程承担传统文化教育的任务，而其他的专业课则较缺乏传统文化教育的内容。其次，除课堂教育以外的其他教育形式则比较缺乏。目前高校对学生进行文化教育的形式还存在比较单一的问题，主要是利用课堂这一主要途径进行宣传和教育，课外的教育便相对缺乏，比如传统文化教育的讲座、知识宣讲、社团活动、校级大型活动等形式还未被积极利用起来。最后，学校对大学生进行传统文化教育的方式较陈旧，未充分按照 90 后大学生的特点充分利用各种方式进行教育。90 后大学生生活在经济快速发展、物质较丰富的年代，追求新鲜事物并且接受能力很强，加之全球化和互联网的发展，信息、文化交流越来越快，所以高校应该充分利用互联网等新形式进行传统文化宣传和教育。

三、新时代加强高校中华优秀传统文化教育的理性思考

（一）增强对优秀传统文化教育重要性的认识，促进其更加平衡充分地发展

传统文化作为我国文化的主要成分，是中华民族屹立世界民族之林的重要基础，它对于树立民族自信心、文化自信心有巨大作用。目前我国也逐渐意识到这一问题的重要性，大力倡导发扬传统文化，重视传统文化的价值。但是很多高校还未充分认识

到对大学生进行传统文化教育对国家、社会、学生个人的影响，主动进行传统文化教育的思想还未形成。随着社会的发展，人们对生活的需求不再只是物质方面，而是追求美好生活，特别是对文化的需要，这是符合历史发展规律的。传统文化的建设对于建设中国特色社会主义文化、建设文化强国具有重大意义。所以目前高校一定要转变思维，对精神文化的建设要有变被动为主动的思维和意识。

首先，高校要树立"立德树人"的教育目标，转变教育思维，不能把就业率作为高校教育的主要甚至唯一目的，而要增强通过对大学生进行传统文化等教育从而提高学生思想道德水平的意识。其次，高校要重视人文学科的建设，并加大资金等投入促进其发展，提升人文学科在高校的地位。高校要促进自然学科和人文学科平衡发展，这样可以在一定程度上增强大学生对于人文学科包括传统文化的热爱和信心。再次，各高校要增强相关课程的课时量，并且对这些课程严格考勤、严格管理，避免高校开设这些课程之后出现流于形式的问题。最后，还要改变学生的意识，改变学生对于自然学科、就业等过分功利的心态，教育学生要充分认识到传统文化的内容和精神对人生具有长远的影响，比如勤俭节约、自强不息等精神使人终生受益，从而增强大学生对于我国优秀传统文化的认同和自信。

（二）正确对待中西文化，促进优秀传统文化更加平衡和充分地发展

随着经济全球化的发展，文化渗透也相伴而来，面对西方文化的挑战，我国如何处理好中西文化关系，如何充分发展优秀传统文化这一问题十分重要。高校学生目前存在比较严重的崇尚西方文化的问题，比如热衷好莱坞的电影、明星，向往美国等发达国家的生活和文化，而对本国文化则缺乏自信。在网络信息发达的时代，大学生获取世界各类信息越来越便捷，在这一背景下，高校一定要加强对大学生优秀传统文化的教育，增强学生对中国优秀传统文化的自信，并且教会学生辩证地看待问题，正确看待西方文化传入的利弊，并且看到资本主义国家传播其文化和所谓普世价值的本质和目的，减少对西方文化盲目崇拜和接受的现象，为我国传统文化的发展留出更多空间。同时，教师自身一定要增强对我国优秀传统文化的认同和自信。教师的言论和思想会对学生产生非常重要的影响，所以高校还需要对教师进行传统文化的教育，首先让教师充分了解我国优秀传统文化的内容和精髓，树立良好的榜样，然后再让老师在课前、课中、课后对学生进行宣传和教育，避免出现教师自身也对我国优秀传统文化不感兴趣和不了解，从而对学生的教育也流于形式的问题。

（三）遵循学生成长成才规律，充分进行优秀传统文化教育

高校遵循学生成长成才规律对其进行教育，才能够达到更好的效果。优秀传统文化的教育需要一个长期的过程，而非只是在某个阶段对大学生进行一些形式主义的教育。高校应该从学生一进校的开学典礼到学生毕业离校全过程都对其进行教育，营造良好的校园文化和氛围。

大一年级的学生对大学的事物充满了好奇，积极性比较高，希望抓住机会锻炼自己的能力，所以高校在这一阶段可以多举办一些宣传传统文化的活动、比赛等，从而在活动中对学生进行教育。大二年级的学生相对来说还是比较活跃的，但是专业课的任务比较重，所以这一阶段应该把课堂作为主要的教育途径，充分利用各个专业的专业课以及专业拓展课和其他选修课程进行宣传和教育。这一阶段的学生活动同样也是一个重要的教育的途径。大学三年级的学生则相对不是很活跃，参加课外活动的情况

较少，但他们可支配的自由时间比一、二年级的同学来说更多，高校应该针对他们这一特点对其进行集中教育。这一阶段也主要是利用课堂进行传统文化教育，针对大三的学生应该多举办一些文化知识的讲座、论坛，进行集中教育，同时大一、大二的同学也可以参加。大四的同学则主要忙着准备毕业论文、就业、考研等。高校要针对学生的特点，对于文学、哲学、法学等专业的同学的毕业论文，学校及教师可以引导学生写关于传统文化方面的论文；在就业指导课程中加强传统文化和思想道德教育，以帮助学生形成正确的就业观；在进行考研的专业选择时，也可以引导有兴趣的同学选择文学等相关专业。同时，根据高年级与低年级大学生不同的情况进行有针对性的教育。比如，高年级的同学与低年级同学的知识储备以及理解能力等有一定区别，所以在教育的时候要有针对性。在对低年级的同学进行教育的时候，要注重形式的丰富性以及内容的浅显易懂性；对高年级的同学则应注重内容的丰富性和深度广度。所以高校应该根据大学生各个阶段的特点对他们进行传统文化教育，才能够达到更好的教育效果。

（四）充分利用各种教育方式，丰富教育内容

高校应该围绕立德树人根本任务，遵循学生认知规律和教育教学规律，把中华优秀传统文化全方位融入教育教学全过程。高校应该充分利用和创新教育方式，细化和具体化传统文化的内容，让学生能够真正理解、认同我国优秀传统文化。

首先，高校要丰富优秀传统文化教育内容。其一，加强对中华优秀文化和历史的教育。习近平指出："对中华人民和中华民族的优秀文化和光荣历史，要加大正面宣传力度，通过学校教育、理论研究、历史研究、影视作品、文化作品等多样方式，加强爱国主义、集体主义、社会主义教育"①，从而帮助学生形成正确的历史观、文化观。其二，高校要加强核心思想理念的教育。即包括实事求是、与时俱进、脚踏实地的思想，以及道法自然、天人合一、人与自然和谐相处等思想的教育。其三，加强中华民族传统美德的教育。传承发展优秀传统文化就要加强"天下兴亡、匹夫有责"，"先天下之忧而忧、后天下之乐而乐"，振兴中华的爱国情怀和美德的教育；为人正直、诚实守信、助人为乐的为人处世原则和美德的教育；尊老爱幼、孝老爱亲的家庭美德的教育。其四，注重和加强中华人文精神的教育。譬如，求同存异、和而不同的处世方法，文以载道、以文化人的教化思想，大力弘扬有利于促进社会和谐、鼓励人们向上向善的思想文化内容。其五，加强对具体的传统节日、经典文化和著作的教育。比如，加强对春节、端午节、重阳节、中秋节等重要节日所蕴含的优秀传统文化内容的讲解和宣传；加强对四大名著等经典著作、戏剧等文化遗产、琴棋书画艺术等进行详细的讲解和宣传，促使当代大学生更加了解我国优秀的传统文化，以此提高学生对优秀传统文化的重要性和价值的认识，从而增强文化认同和文化自信。

其次，高校要充分利用各种途径和方式对学生进行教育。其一，充分利用好课堂这一主要途径，发挥思想政治教育课程以及各门专业课的作用，利用课堂对学生进行集中教育。其二，充分发挥课外实践活动的教育作用。学校可以举办大量的包括优秀传统文化在内的文化教育类型的讲座，举办这一主题的大型诗歌比赛、朗诵、演讲比赛以及文艺晚会。比如，实施中华节庆礼仪服装服饰计划，在高校各个学院之间进行

---

① 习近平. 习近平在中共中央政治局第十二次集体学习时的讲话［N］. 人民日报，2014-01-01.

设计制作展现中华民族独特文化魅力的系列服装服饰的比赛，让学生通过服饰更加充分地了解我国优秀传统文化，从而让学生在不知不觉中接受教育，并真正形成认同感。其二，根据当代大学生特点，充分利用网络对其进行教育。比如，实施网络文艺创作传播计划，推动网络文学、网络音乐、网络剧、微电影等传承发展中华优秀传统文化。同时，学校可以成立针对传统文化教育的微信、微博公众号，并且定期推送相关的信息，学生可以在这一平台上进行交流，学校在严格管理网站的同时也要重视学生的反馈，通过良好的互动推进传统文化教育内容和形式的丰富化，从而有利于高校传统文化教育的开展。其四，建设一批"四有"教师队伍，即专业性强、教学方式灵活，能以教学内容吸引学生的教师队伍。加强高素质的教师与学生之间良好互动，可以增强教育工作的实效性。其五，加强优秀传统文化教育的制度建设。建立一套完善的关于优秀传统文化教育的具体实施方法以及实施效果的考评机制，把高校的文化建设成效纳入对高校的考核和评价体系之中，并建立一定的惩罚机制，以此加强高校对传统文化教育的重视，并逐步解决传统文化教育不平衡不充分的发展与学生对精神文化等全面发展的美好生活需要的矛盾。

参考文献

[1] 朱萌，张立成. 大学生中国优秀传统文化教育探析 [J]. 思想教育研究，2011 (11).

[2] 刘同舫. 新时代社会主要矛盾背后的必然逻辑 [J]. 华南师范大学学报，2017 (6).

[3] 杨建伟. 毛泽东"八大"前后的社会主要矛盾思想探析 [J]. 武汉大学学报，2005 (4).

[4] 高琼，刘茹. 我国高校传统文化教育的现状及对策分析 [J]. 教育研究，2008 (5).

[5] 黄高锋. 当前大学生传统文化教育面临的挑战与对策 [J]. 教育探索，2010 (3).

[6] 饶品良. 当代大学生对中国传统文化的认知现状分析 [J]. 教育探索，2014 (6).

[7] 林海. 创新毕业生就业思路 努力提高毕业生就业率 [J]. 桂林航天工业高等专科学校学报，2003 (3).

[8] 闫越. 准确把握社会主要矛盾的历史性变化 [N]. 吉林日报，2017-10-27.

[9] 赵智奎. 社会主要矛盾变化指向人的全面发展和社会全面进步 [N]. 湖北日报，2017-10-20.

[10] 栗战书. 全面把握中国特色社会主义进入新时代 [N]. 人民日报，2017-11-09.

[11] 闫坤. 新时代：以新的主要矛盾标识新的历史方位 [J]. 学习与探索，2017 (12).

[12] 张亚男. 大学生中国传统优秀文化教育现状与对策分析——以驻青高校为例 [D]. 青岛：青岛科技大学，2016.

（编辑：敬狄）

新时代高校立德树人的实现路径探析

徐代珊

【摘要】 立德树人是高校教育的根本任务，高校加强立德树人教育的时代意义在于为我国的社会主义建设培养一大批高素质创新人才和拔尖领军人才。但是，当前我国高校开展立德树人教育存在许多制约因素，诸如思想政治理论课教学方法和内容落后、高校部分教师道德素质不高、保证立德树人实施的相关机制不够健全、社会环境对高校立德树人造成冲击、家庭教育对立德树人的不重视、大学生自身对立德树人的忽略等。要落实新时代高校立德树人教育，必须从加强高校德育、优化社会环境、完善家庭教育、提升大学生的自我教育等方面着手，努力培养出能够担当民族复兴大任的时代新人。

【关键词】 新时代；立德树人；实现路径

【作者简介】 徐代珊，西南财经大学马克思主义学院 2017 级硕士研究生。

一、立德树人的思想内涵与时代意义

（一）立德树人的思想内涵

立德树人的思想起源于我国优秀的传统文化，《左传·襄公》有言："太上有立德，其次有立功，其次有立言，虽久不废，此之谓不朽。"① 这表明人们一生追求的最高境界是德行修养，其次是建功立业，最后是著书立说，可见古人对立德的重视。这里的"立德"指的是能给他人树立榜样的道德品质。树人的意义在于丰富人的学识和修养，培养人们的社会责任感。《管子·权修》中有言："一年之计，莫如树谷；十年之计，莫如树木；终身之计，莫如树人。"② 管仲将培养人才与种植庄稼和栽种树苗进行时间对比，表达出培养人才的不容易，需要终其一生进行培养和教育。

如今，立德树人的教育理念是我国高校教育的立身之本。立德，就是确立崇高的思想品德；树人，就是培养高素质的人才。"立德"强调道德的养成，"树人"强调能力的培养；"立德"是"树人"的前提，"树人"是"立德"的最终目的，"立德树人"体现了"立德"和"树人"的唯物辩证关系。胡锦涛总书记在党的十八大报告中提出："把立德树人作为教育的根本任务，培养德智体美全面发展的社会主义建设者和

---

① 杨伯峻.《春秋左传》注（三）[M]. 北京：中华书局，2009：10.

② 李远燕，李文娟. 管子·权修 [M]. 广州：广州出版社，2001：22.

接班人。"① 习近平总书记在党的十九大报告中重申了立德树人教育的根本任务，强调"要全面贯彻党的教育方针，落实立德树人根本任务，发展素质教育，推进教育公平，培养德智体美全面发展的社会主义建设者和接班人。"② 随着立德树人教育的深入开展，爱国主义、民族精神、创新精神等已经成为高校立德树人教育中不可或缺的重要内容，爱国、敬业、责任、担当、竞争、平等和创新等意识逐渐深入人心。

（二）高校立德树人教育的时代意义

人无德不立，国无德不兴。目前，加强高校立德树人教育不仅是对教育本质的回归，还契合了我国实现人才培养目标的迫切需要。一方面，中国的传统文化非常重视人的道德品质的培养。如今受功利主义和实用主义的影响，高校部分学生一味追求知识的积累以获得高分，而忽视自身道德素质的养成。"育分"比"育人"更具吸引力，这使得高校在某种程度上偏离了教育的本质。习近平总书记指出："高校立身之本在于立德树人。"③ 这是对高校教育本质的回归和匡正。另一方面，当今社会对教育和人才的需求比以往任何时候都更迫切。中国要实现社会主义现代化建设和中华民族伟大复兴的宏伟目标，需要大批优秀人才的支持，青年一代是当前中国经济和政治发展的新生力量和突击队。党的十九大报告强调："青年兴则国家兴，青年强则国家强。"④ 高校作为培养年轻人才的主要阵地，必须坚持立德树人的教育理念，按照全国高校思想政治工作会议精神，培养新时代人才，努力培养出一大批高素质的创新人才、高素质的专门人才和拔尖领军人才，以满足时代发展的需求。当代大学生处于信息全球化和网络媒体快速发展的时代，他们思维敏捷，极具个性，智力发展趋向成熟，对新生事物常常表现出极大的兴趣和爱好。然而，由于缺乏阅历和社会经验，极易受到错误思想的影响，这就要求从事高校思想政治工作的老师和辅导员重视当代大学生的思想道德建设。此外，还需要从社会、家庭和大学生自身的角度，努力探索高校立德树人的实现路径，培养出能担当民族复兴大任的时代新人。

二、高校立德树人教育的制约因素

（一）高校德育对立德树人的作用发挥不足

近年来，我国高校一直大力倡导"德育为先"的原则，积极发展素质教育，强调学生德智体美全面发展。但是，部分高校德育的效果并不明显，对大学生立德树人的作用发挥不足，主要体现在以下几个方面：

1. 思想政治理论课教学方法和内容落后

目前，高校思想政治理论课的教学形式单一，多数教师仍以传统的说教方式对学生进行"灌输"教育。在这种教育模式下，大多数学生缺乏主体意识和创新精神以及独立思考的能力。在灌输教育的过程中，教师往往会忽视学生的主体地位，不注重对

① 胡锦涛. 坚定不移沿着中国特色社会主义道路前进，为全面建成小康社会而奋斗——在中国共产党第十八次全国代表大会上的报告［N］. 人民日报，2012-11-08.

② 习近平. 决胜全面建成小康社会 夺取新时代中国特色社会主义伟大胜利 —— 在中国共产党第十九次全国代表大会上的报告［N］. 人民日报，2017-10-28.

③ 习近平. 把思想政治工作贯穿教育教学全过程 开创我国高等教育事业发展新局面［N］. 人民日报，2016-12-09.

④ 习近平. 决胜全面建成小康社会 夺取新时代中国特色社会主义伟大胜利 —— 在中国共产党第十九次全国代表大会上的报告［N］. 人民日报，2017-10-28.

学生个人特点的关注，也不关心学生接受程度如何、是否受用、是否对其言行产生积极影响或消极影响。此外，当前高校的德育内容大多已经过时，缺乏更新，难以找到适应时代发展和学生需求的德育内容。随着经济全球化的发展以及多元文化的冲击，大学生的主体意识逐渐提升，要求独立、自由的愿望也不断增强，思维活跃、充满个性，喜爱追求新鲜事物，传统思想政治理论课单一的教学方式和过时的教学内容显然不能满足当代大学生的需求。

2. 高校教师道德素质有待提高

教师是大学生立德树人教育的榜样和实施者，学生常以老师的道德准则来约束自己的言行，教师的道德修养和思想政治理论素养，对大学生道德水平的提升起着十分重要的作用。但是，目前仍然有一些高校教师的道德素质在某些方面存在不足。在多元文化、互联网快速发展的新形势下，受享乐主义、拜金主义、利己主义等腐朽文化的影响，高校教师队伍中出现了少数"没有道德的专家""失去灵魂的人才"。还有部分高校教师将大学课堂当作是完成课时任务，没有从思想上真正去教育学生，甚至有的教师对待教学工作消极懈怠，教师自身对立德树人的理解都不够深刻，他们没有把工作热情投入到教书育人的工作中去，而是把大量时间和精力投入在自身科研项目中，忽视课堂教学。

3. 学校考核制度对于道德教育的忽视

高校考核评价标准的偏差影响高校对德育的重视和执行，主要体现在对高校教师和学生的考核标准上。在对高校教师的评价上，高校往往只关注教师的学历程度、科研水平以及教学时间，而忽略了教师的道德水平。在对学生的评价上，成绩、专业能力是衡量标准。目前，各高校都能响应国家号召，将德育放在教育管理中比较重要的位置。但是，在具体落实政策的过程中，不少高校的重视程度和执行力度远远不够，德育机制不健全、不完善，而社会对高校的评价标准也更多地停留在科研、规模、招生情况、就业率等方面，对于培养学生的道德、人格等精神品质缺乏相应的评价和考核标准。这就造成目前高校更多地注重硬件建设、重视"标志性成果"，办学的功利性倾向明显，常常忽略智育和德育的有机结合，也不注重学生的全面发展。学校考核制度对道德教育的忽视不利于高校立德树人教育取得重大进展。

4. 保证立德树人实施的相关机制不够健全

能否实现高校立德树人教育的根本任务，能否将高校立德树人教育落到实处，与高校的制度建设密切相关。但是，当前确保高校立德树人实施的相关机制尚不健全，主要表现在以下几个方面：第一，立德树人的领导机制不健全。目前我国大多数高校尚未健全和完善学校党委统一领导，党政齐抓共管，院系、教师与学生管理人员、班级三级管理为一体的思想政治领导体制。第二，立德树人的保障机制不健全。高校在德育方面的资金投入和支持力度上远远不够，德育工作者的工作资源和工作权限都有待提高和完善。第三，立德树人的效果评价机制不健全，导致高校德育工作中取得的成就不能及时传播，存在的问题不能快速地得到反馈和解决。立德树人的机制化是高校思想政治工作有序开展的重要保障，但是，我国立德树人相关机制的不健全，极大地影响了高校立德树人教育的实际成效。

（二）社会环境对高校立德树人造成冲击

当前我国市场经济发展迅速，但是，与社会经济发展相适应的法律法规体系尚不健全和完善。在这种情况下，一些商人在利益的驱使下做出违反职业道德、社会公德和法律道德的事情。另外，21世纪是一个多元化的信息网络时代，网络技术飞速发展，每天都有海量的信息时刻更新和传播。互联网是一把双刃剑，不仅会传播正能量，也会夹杂许多消极和颓废的负面信息，这些负面信息的传播对高校立德树人教育带来了不利的影响。当代大学生大多手机不离手，沉迷于腾讯QQ、微信等网络聊天工具，而在现实生活中却不愿意与老师、同学交流。由于网络的隐蔽性，许多大学生对社会热点事件盲目从众地进行评论，各种低端、庸俗、带有攻击性的词汇出现在评论区，此外，西方国家的个人主义、拜金主义、享乐主义和功利主义的价值观传播到中国，部分大学生被这些错误思想侵蚀，使得部分大学生变得自私自利，缺乏社会道德意识。

（三）家庭教育对立德树人的不重视

家庭教育是大学生接受德育的重要场所，也是高校德育的有力补充。但是，部分家长对道德教育一无所知，根本没意识到家庭道德教育的重要性。此外，一些父母文化水平比较低，自身的道德修养还不够，常常口出脏话或者动手打人，无法在孩子面前起到榜样的作用。大学生多数都已成年，自尊心非常强烈，父母的"打骂教育"可能会导致大学生产生逆反心理，十分不利于大学生优良道德品质的形成。大学生多在外地上学，远离家长，和父母在一起沟通交流的机会也变少了。还有一些家长认为家庭教育仅仅是针对未成年人的，大学生不再需要父母的教育，便放任他们自己成长和发展。家庭教育对立德树人的不重视，家人之间缺乏沟通，对高校立德树人教育的开展产生了不利影响。

（四）大学生自身对立德树人的忽略

当前，在校的大学生群体多为95后学生，他们自信、独立、勇敢，凡事都有自己的意见和看法，自我意识强，充满个性，对新鲜事物有很强的好奇心。但是由于社会经验不足，缺乏阅历，使得部分大学生道德意识薄弱，道德标准模糊，一些大学生自身道德修养水平不高。进入大学校园后，远离父母的管教和约束，加上宽松、舒适的大学校园生活使他们也逐渐放松对自己的要求，不再像高中那般忙于学习，开始变得自由涣散，失去原有的奋斗和拼搏精神，无论是生活还是学习都缺乏明确的目标，不重视自身道德素质的提升和文化理论知识的积累。此外，部分大学生自控能力很弱，在进入大学后，容易受到不良诱惑的影响，整天沉浸在打游戏、抽烟、喝酒等不良行为中，变得不爱学习，终日虚度光阴，无法养成良好的道德行为习惯。

三、高校立德树人的实现路径

（一）加强高校德育

为了实现立德树人的根本任务，必须加强高校德育工作。可以从改革思想政治理论课教学、加强高校师德师风建设、改进高校教师和学生的考核制度、健全实施立德树人的相关机制等方面努力。

1. 改革思想政治理论课教学

高校思想政治理论课是实现"立德树人"目标的主渠道，是发挥思想政治教育功能的根本阵地。因此，高校教师必须结合时代特征和当代大学生的特点，改革思想政治理论课教学。首先，在网络时代，各种外来理论挤进大学课堂，高校教师要用深厚的马克思主义理论功底帮助大学生明辨是非，学习和吸收正确的思想，摒弃错误的思

225

想言论，提高大学生在网络时代的是非判断能力和抵御诱惑的能力。其次，探索形式多样的思想政治理论课教学方法。比如引导大学生阅读红色经典书籍，组织大学生学习党的十九大报告，课余时间带领大学生参加社会实践爱心活动等。最后，充实思想政治教育课程内容。高校立德树人教育课程内容除了传统的道德观念教育、理想信念教育等，还应结合当前时事增加党的十九大精神、网络伦理道德教育等富有时代特征的教学内容，吸引大学生关注和讨论当前社会热点问题，引导大学生树立正确的道德价值观。

2. 加强高校师德师风建设

立德先立师，树人先树己。徐特立曾说过："学师范，做人民教师的人，他的思想品行显得格外重要。"[①] 学高为师，身正为范。高校教师不仅要不断提高自身的专业知识，还要加强道德修养，发挥对学生的榜样示范作用。首先，高校教师必须加强学习，提高道德认识。努力学习和掌握马克思主义基本理论和方法，继承中华民族优秀的道德文化遗产，遵循社会主义道德建设的基本要求以及高等教育职业道德的规范和原则。其次，高校教师要坚持自己的道德准则和高尚的道德品质，不为金钱和权力所动。在日常工作和生活中，始终按照自己的道德认识和信念约束自己的言行，不做违背道德原则的事情。最后，高校教师要身体力行，积极参与教育教学课程、科研项目和社会实践活动。在实践过程中，不断总结经验，提高自己的道德品质。

3. 改进高校教师和学生的考核制度

高校考核制度应重视对教师和学生道德方面的评估。在高校教师的评价上，不应只重视教师的科研水平、学历程度，还必须对教师的道德修养加以评估。高校要改进教师考核标准，将思想道德素质作为评价、聘任、考核的重要依据，综合全面地评价教师的教学水平和道德水平，对于那些在品德修养方面存在问题的教师实行一票否决制，从而有效遏制教师的不良言行。并定期开展评估，对各学院各部门的德育工作进行督查和指导，了解工作进展情况，发现问题，解决困难，保证工作的有序推进。此外，高校要科学合理地利用奖惩激励机制，将奖励机制从重视教学和科研逐步向育人倾斜，对德育工作的优秀成果给予奖励，对先进工作者、道德模范给予表彰，激发高校德育人员的工作热情，及时惩罚和清退少数师德低下、言行不当的教师。在高校学生的评价上，不仅要注重学生的成绩和专业技能的评价，还要重视对学生的道德修养的评估。奖励和鼓舞品行优良的学生，严格管理道德败坏和品行不端的学生。

4. 健全实施立德树人的相关机制

要真正落实新时代高校立德树人教育，必须健全和完善高校领导体制与德育工作协同联动机制，真正实现党政齐抓共管，院系、教师与学生干部、班级管理人员为一体的领导体制。作为高校有机组成部分的各个部门、学院、系部、教职员工，虽然分工不同，但都有育人的职责。完善高校立德树人的保障制度，对高校开展立德树人教育给予资金和政策支持，切实保障立德树人教育的顺利开展。要想做到长效立德树人，学校还应建立各部门在育人工作中的联动和效果评价制度，对高校立德树人教育取得的成就和一些先进的个人事迹在学校官网、微博等平台上进行宣传，对于在德育方面存在的问题进行反思，并积极寻求解决之道。

① 中央教育科学研究所. 徐特立教育文集 [M]. 北京：人民教育出版社，1979：354.

（二）优化社会环境

古语有云："蓬生麻中，不扶而直；白沙在涅，与之俱黑。"① 此语说明不同的环境塑造出不同的人。要落实高校立德树人，必须优化社会环境。首先，政府要完善社会主义市场经济体制并建立与市场经济相一致的道德规范，努力为大学生营造出一个积极、健康的社会经济大环境。其次，相关法律部门要加快网络立法，并大力加强互联网传播过程中的监督力度，对于在网络上大肆传播虚假信息、扰乱网络秩序的行为进行严肃处理。紧跟时代潮流，发挥网络文化推动思想政治教育的正向功能，主动占领网络阵地，努力营造出一个健康、和谐、有序的网络环境。最后，宣传和巩固我国的主流意识价值观。大力倡导社会主义核心价值观，宣传党的十九大精神，大力弘扬中华民族吃苦耐劳、顽强拼搏的精神文化，培养大学生"修身、齐家、治国、平天下"的高尚品德和爱国情感，帮助大学生正确认识自己，引导其建立正确的人生观和价值观。

（三）完善家庭教育

父母要努力为大学生构建一个良好的家庭立德环境。首先，在家庭教育过程中，父母要遵循言传身教的原则，做到言行一致，给子女树立正面榜样，让子女对父母产生敬佩之情。其次，加强与孩子的交流，并在其思想和行为中加以引导。如今，大多数大学生都是在外地求学，离家很远，不能长时间和父母一起相处。但是，当今的时代，是信息化和数字化的时代，家长可以通过智能手机，利用微信、QQ 等途径和子女进行视频沟通和交流。在寒暑假，学生回到家后，父母也要抽空与孩子多交流，主动关心和询问孩子在学校的基本情况。父母通过多种多样的途径来关心孩子的学习、生活、心理等方面的问题，与孩子谈论他们在学习和生活中遇到的趣事或难题，增强双向互动交流，在沟通了解中有意识地强化对孩子的道德要求，帮助孩子养成良好道德品格。

（四）提升大学生的自我教育

要实现新时代高校立德树人的目标，最重要的是大学生自身要重视道德修养，在日常的生活和学习中实践道德行为。苏霍姆林斯基说过："只有能够激发学生去进行自我教育的教育，才是真正的教育。"② 大学生刚刚成年，进入大学后对环境不熟悉，思想不稳定，心智也不成熟，缺乏生活阅历和社会经验，这就需要教师和管理者针对大学生的特点，将自我教育的理念渗透到课堂和实践活动中，引导大学生开展自我教育，将德育理论内化为道德意识，并将道德意识转化为自己的道德行为。学校、家庭、社会都是高校立德树人教育的外因，大学生自身才是立德树人教育的内因，外因只有通过内因才能起作用。大学生只有充分意识到道德自我教育的重要性，经常反思自己的思想和行为，将学校、社会、家庭教育与自我教育紧密结合，用内心的道德认识指导社会实践活动，才能从真正意义上提高自身的道德修养和道德水平，真正达到高校"立德树人"的目的。

总　结

"国无德不兴，人无德不立。"新时代高校立德树人教育的主要阵地是高校，但离

---

① 荀子. 劝学［M］. 上海：上海书店出版社，1996：3.
② 苏霍姆林斯基. 给教师的建议［M］. 杜殿坤，译. 北京：教育科学出版社，1984：341.

不开家庭、社会和学生自身的共同努力。当前，中国已经进入了伟大复兴的新时代，我们必须全面贯彻落实全国高校思想政治工作会议精神，把握新时代的特点，牢记"立德树人"的根本任务要求，扎实做好大学生思想政治教育，努力把大学生培养成德才兼备的社会主义建设者。从加强高校德育、优化社会环境、完善家庭教育、提升大学生的自我教育等方面努力，齐心协力致力于立德树人的教育目标，推动高校德育取得重大进展，促使大学生的道德品质和修养逐渐提高，这样才能为社会和国家培养出能担当民族复兴大任的时代新人。

（编辑：李怀）

全面从严治党形势下档案服务高校党建工作的几点思考

徐　琨　朱国康

【摘要】 在推进全面从严治党向基层延伸的过程中，档案能够全面系统地反映高校党建工作的开展情况。高校档案管理部门通过强化校史馆育人功能、举办档案特色活动、加强档案校史编研、注重党风廉政档案建设和创新档案服务模式等路径，可以持续推进高校党的思想、组织、作风和文化建设，为落实全面从严治党新要求提供坚实保障。

【关键词】 全面从严治党；档案；党建工作

【作者简介】 徐琨，西南财经大学档案馆馆员；朱国康，西南财经大学档案馆馆员。

一、全面从严治党形势下档案在高校党建工作中的意义

党的十八大以来，习近平总书记把全面从严治党纳入"四个全面"战略布局，把全面从严治党作为关键举措和政治保证来推进，围绕全面从严治党发表了一系列重要讲话，提出了一系列重大论断，开创了党的建设新局面和新征程。党的十九大报告用"成效卓著"来评价党的十八大以来全面从严治党战略部署所取得的成效，并明确提出新时代党的建设总要求，强调应坚持和加强党的全面领导，坚持党要管党、全面从严治党，以加强党的长期执政能力建设、先进性和纯洁性建设为主线，以党的政治建设为统领，以坚定理想信念宗旨为根基，以调动全党积极性、主动性、创造性为着力点，全面推进党的政治建设、思想建设、组织建设、作风建设、纪律建设。全面从严治党的"全面"，指的是要"管全党、治全党，面向全体党员和全体党组织，覆盖党的建设各领域、各个方面、各部门"[①]，因此，推动全面从严治党向基层延伸，是全面从严治党战略的重要组成部分和应有之义。高校是基层党组织中的重要一环，有落实全面从严治党的使命和职责，应同时注重发挥各类主体运用不同的方式服务于基层党建工作的作用，档案工作即是其中之一。

在全面从严治党形势下，档案之所以能够服务于高校党建工作，是由档案的独特属性和功能决定的。2014 年 5 月 5 日，中共中央办公厅和国务院办公厅联合印发的

---

① 田改伟. 全面从严治党下基层党建工作创新思考 [J]. 中国特色社会主义研究，2017 (4)：89.

《关于加强和改进新形势下档案工作的意见》指出，档案作为党和国家各项工作和人民群众各方面情况的真实记录，是促进我国各项事业科学发展、维护党和国家及人民群众根本利益的重要依据。无论是政府行政部门，还是企事业单位，档案工作都是党的基础性工作中不可缺少的组成部分，档案工作对党建工作也具有重要意义。就高校而言，一方面，档案全面系统地记载了高校党建工作的发展脉络、机构变革、实践历程和人员材料等方面的信息，在如实传承历史和反映当前党建工作方方面面的同时，充分利用档案更能够为未来党建发展决策提供重要参考依据；① 另一方面，档案工作又要紧密围绕高校党建中心和重点工作展开。党建工作为档案事业发展的新局面提供了根本保障，也为档案工作的整体规划与建设指明了方向。未来，档案工作要坚持以党建强基、文化聚力、服务凝心为指导思想，以发挥党员先锋模范作用为前提和基础，找准与基层党建工作的结合点和切入点，持续推进高校档案管理部门党建工作稳步开展，为完成部门业务工作提供坚强有力的思想和组织保障。

二、全面从严治党形势下档案服务高校党建工作的职责与使命

（一）档案工作应突出高校党建的灵魂：思想建设

思想政治建设是党的根本建设，是管根本、管方向、管长远的基础性工作。认真学习习近平总书记系列重要讲话精神和治国理政新理念，学习学校党代会会议精神，加强党员干部的思想政治建设是高校党建工作的重中之重。档案管理部门要深入挖掘学校党办、校办、宣传部、组织人事部、机关党委等中心部门归档材料中有关党的路线、方针、政策系列重要教育学习文件；充分利用学校党委会、历届历次党代会、分党委、党总支、直属党支部和基层党支部的各项会议材料、重要决议决策、发文文件、工作计划、工作总结、"三会一课"、政治学习记录等思想政治工作材料；积极借用党建报纸、期刊、杂志等刊载的重要领导讲话、党建专题报告、最新理论成果、时评论坛、视点新闻等信息。这些档案资源涵盖了高校党委思想政治教育工作的各个方面，是进行思想政治建设的可靠的材料支撑和保障。高校档案工作也要紧密围绕学校党建中心工作，找准档案服务的切入点，将思想政治学习和岗位工作实践相结合，政治理论水平提升和业务能力技能提高相结合，做到党员干部思想政治教育的规范化、制度化和常态化。

（二）档案工作应坚持高校党建的根本：组织建设

组织建设是党的建设的重要内容，抓好高校党员干部领导班子建设、党员队伍建设和基层党组织建设是高校党的组织建设的关键所在。学校党委历年组织召开的党员领导干部专题民主生活会，要求深入透彻地剖析各部门领导班子及成员在党性修养、理想信念、宗旨意识、政治纪律、组织生活、政绩观念和管理能力等各个方面存在的主要问题，并提出具体整改方向和措施，形成严谨详实的班子及个人对照检查材料，这类党建属性深刻、内容涵盖全面的档案材料能够为管理者开展基层党建工作提供较好的借鉴和辅助作用。另外，高校干部人事档案详细记录和反映了个人主要经历、政治思想、品德作风、业务能力、学识水平、工作实绩、勤政廉政等内容，② 作为领导干

---

① 林珺. 在基层党建工作中加强档案管理的重要性和对策 [J]. 办公室业务，2015（11）：16.
② 李应玲. 干部人事档案工作是单位人事工作的组成部分 [J]. 陕西档案，2017（1）：51.

部个人信息的"记录仪"，为上级组织客观、全面地考察和了解干部，正确选拔、任用新干部或者对已在位的干部进行奖惩、任免和职务晋升等工作提供重要参考依据，真正做到坚持用好的作风选人、选作风好的人。同时，档案材料在党员队伍建设中也发挥了重要作用。党员档案能够准确全面地反映党员个人的思想动态、入党动机、入党志愿、政治审查等情况，全面掌握党员档案信息有助于基层党组织科学、正确地推进发展党员工作，切实把好党员入口关，加强入党过程的规范性和严肃性，对于健全完善党的队伍，保持党的先进性和纯洁性，增强党组织和党员队伍的凝聚力和战斗力具有重要作用。再者，利用统战部门、信访部门的归档材料，如统战工作总结及汇报材料、干部出国出境考察审批材料、港澳台同胞情况汇报材料、重要来信来访及相关上级领导的批示、已结案的信访材料等档案资源①，主动关注和把握高校党的基层组织和与其有紧密关联的各类机构的动态和情况，及时做好统战和信访工作，在不断扩大学校党建工作覆盖面的同时，确保维护党内团结和巩固党的统一，使基层组织切实成为贯彻全面从严治党重要战略的组织者、推动者和实践者。

（三）档案工作应牢记高校党建的准绳：作风建设

作风建设是党的建设的重要组成部分，高校党建工作要以"党要管党，从严治党"为原则，坚持领导带头、标本兼治，加强作风建设，以保持党的廉洁性和先进性。一是来自学校纪检监察办公室、审计处等部门归档的各类上级单位工作发文文件，部门生成的规章制度、管理办法、工作计划和总结、重要数据统计报表、审计报告、重大会议材料、会议决策、党员处分及复查材料、重要举报材料、党内重大警示案例等一系列档案文件，均在党风廉政建设中具有较好的教育、约束和警示功效。党员干部应主动加强对这些档案的学习利用，不断夯实自身思想基础，强化理论武装，自觉保持廉洁自律，真正做到权为民所用、情为民所系、利为民所谋。二是通过开展"文明家庭""十佳教职工""先进党支部"评优评选等活动，收集档案材料并在党建互动中积极宣传推广，为广大党员树立模范和典型，使党员干部受到熏陶和鼓舞，树立正确的权力观、地位观和利益观，切实加强自身的工作作风和生活作风建设。三是纪检监察部门利用按照管理权限建立健全的党风廉政档案，对领导干部的住房、收入等情况进行核查，进而为领导干部提拔重用提供参考证明，发挥廉政档案的监督约束作用；而且，纪检机关在接待和处理人民群众来信来访时，可查阅廉政档案，为调查、核实和处理问题提供办案依据。②

（四）档案工作应重视高校党建的保障：文化建设

文化建设是党的建设取得成效的重要途径，充分挖掘和发挥高校档案资源的价值和作用，对于创新高校党建工作机制，做好群团活动，保持基层党组织的先进性和活力至关重要。档案所记载的高校在革命、建设、改革不同历史时期发展的风雨历程和光辉历史，是对师生员工进行革命传统教育和爱国爱校教育的第一手党性素材。利用老一辈教育家、知识分子为了振兴和发展民族教育事业，积极投身办学一线艰苦奋斗、无私奉献的真实事迹编撰校史读本，作为党课讲堂的范本进行宣传教育，能够激发党员干部的职业道德情怀，增强工作责任感、使命感和荣誉感。通过了解和查阅校史史

---

① 梁樟标. 做好党建档案工作　为加强党的建设服务 [J]. 浙江档案，2002（2）：14.
② 武飞霞. 积极发挥档案在党建工作中的重要作用 [J]. 山西档案，2003（A1）：64.

料，指导学生党支部、校史讲解员团队开展富有特色的党团建设活动，如"缅怀先烈、砥砺前行"纪念活动，党建主题的诗歌创作、朗诵比赛，以学校发展历史为主线的主题沙龙活动等。学校各部门以业务工作特性为出发点，梳理本部门的重要档案，以党建工作为落脚点，申报各类党建创新项目、党建优秀工作案例，并结合申报材料内容开展丰富的文化活动，拓展基层党组织的精神文化内涵，转化为推动发展的内在动力。

三、全面从严治党形势下档案服务高校党建工作的路径

（一）强化校史馆功能，形成党建思想集聚地

通过统筹规划和精心布局，将校训、大学精神、办学理念、校园文化等重要发展历史以特定空间布展陈列的校史馆，是学校研究和产生思想、汲取和形成精神、积淀和创造文化的摇篮，更是高校进行思想政治教育、人文德育教育和文化传承教育的重要基地。① 校史馆管理团队要主动作为，结合党和国家重大政策出台、重大活动开展和重大节庆日、纪念日、新生入学教育、新进教职员工入职教育等契机，积极组织校内相关部门和学院参观校史馆，使广大党员干部和师生群众一起重温学校逐步发展壮大的风雨历程，深入了解厚重而辉煌的创业历史，深切感受积淀深厚的校园文化，进一步弘扬党的奋斗拼搏精神，激发学习、工作的积极性和创造性，发挥共产党员的先进性，为学校双一流建设献计献策、努力拼搏。

（二）彰显档案特色，开展党建主题活动

党建主题活动是创新工作载体、激发党员工作热情和积极性的重要举措。高校档案工作紧密围绕"党建强基，文化聚力，服务凝心"的工作理念，结合支部工作重点，精心策划党建活动。举办档案专题展览，配合学校党委工作安排或者党建专题教育学习活动，陈列布展各类反映党史党情、党的优良传统、党建文化成果等照片或实物档案，增强党建专题展览的吸引力和感染力，切实对党员干部起到教育作用。另外，组织党建知识系列学习，邀请学校著名专家、知名学者、老校友通过讲党课、研讨沙龙、大讲堂等形式，着眼学校历史文化传统，激发爱国爱校情怀，让党员干部深刻体会学校创业发展过程中的不易，自觉树立知校、爱校、荣校、强校意识，进一步坚定理想信念、增强党性修养。

（三）加强档案校史编研，打造党建文化品牌

党的十八大以来，党的系列主题教育学习活动持续开展和推进。高校档案工作要结合当前治国理政新形势和党建工作重点，有针对性地进行二次挖掘和深度开发党建档案文献，形成特色编研成果公开出版；分类整理校级、机关和学院层面的党建创新项目、优秀党建工作案例编撰成册；广泛收集校内外党报党刊所载录的重要信息，高质量、高标准地汇录成集，从而为学校党委、各级党支部党性学习教育提供详尽、准确和便捷的参考服务；同时，积极利用支部书记工作会、青年党员论坛、党的重大活动等各种机会和场合宣传和推广党建文化读物，充分发挥档案工作服务党建存史、资政和育人功能。

（四）注重党风廉政档案建设，开展警示教育活动

警示教育活动是高校加强党风廉政建设、转变党员干部工作作风、营造廉洁从政

---

① 朱玉玲. 浅议高校照片档案编研与档案文化建设［J］. 机电兵船档案，2013（6）：28.

良好氛围的重要举措。产生和积累学校党风廉政档案的相关部门，要充分挖掘和利用好这些档案资源，促进其价值最大化。例如，设立党风廉政文化宣传栏，及时更新各类廉政文化档案信息和文件史料；积极梳理学校历年党风廉政活动专题档案，按照类别进行筛选，对文字、照片、音视频、实物进行二次加工和提炼，形成警示汇编读本、警示图册、警示教育纪录片等公开出版和发行，在党员干部中大力宣传和推广，并要求认真学习、准确理解、全面把握，告诫和警示广大党员干部，从反面典型中吸取教训，严格遵守党和国家的法律法规，遵守党的纪律，时刻警钟长鸣，筑牢思想道德防线。

（五）创新档案服务模式，提高党建工作实效

高校档案工作服务党建不能拘泥于传统模式，要在实践中积极探索，勇于变化和创新，努力使档案工作紧跟党建发展步伐、紧扣时代脉搏、紧贴工作实际，不断适应新形势新任务的需要。大数据时代背景下，高校档案工作逐步实现数据信息的融会贯通和资源共享，为系统化、科学化服务学校党建工作奠定基础。档案工作要紧密结合现代信息网络技术，充分发挥网络、智能手机等新媒介不受时间、地理位置限制，传播速度快、范围广的特性，积极利用档案工作 QQ 群、业务网站、微博、微信公众号、电子杂志等载体和平台定期或不定期发布党的新政策、新思想、新理念、新战略以及各类党建教育学习专题内容；创新支部党员自主自觉学习和活动宣传平台，加强与校内外各方面的大力合作，以档案史料、党建素材为基础，创作视频短片、小品短剧、专题片、电视剧本等，以最直观生动的形式再现党建工作的方方面面，使得党建档案文化的传播不再枯燥无味，大大提高传播的速度、深度、广度和效度。

233

（编辑：李怀）

高校党建活动在校园文化育人中发挥引领作用调查研究

——以西南财经大学为例

张 鸿 郑 君

【摘要】党的十九大以来，习总书记在党的建设方面提出了许多新思想、新论断、新举措，是新时代加强党建工作的行动指南。党建活动作为高校宣传时事政治、帮助党员同志树立正确价值观的有效载体，在校园文化育人中承担着政治引领、思想引领、学风引领和作风引领的重要作用，高校基层组织担负着教育党员、管理党员、监督党员和组织群众、宣传群众、凝聚群众、服务群众的职责，引导广大党员发挥先锋模范作用。本文以西南财经大学为例，深入党建指导中心、各学院进行深入细致的调查研究，分析当前大学生党建活动在学生群体坚定政治立场和方向、树立正确价值观、创建优良学风氛围和形成优良作风等方面发挥引领作用中存在的问题和不足，并从构建以政治建设统领大学生党建活动的运行机制，提升政治引领；用新时代中国特色社会主义思想武装党建活动，注重思想引领；实现党建活动与学习有效互动，强化学风引领；创新党建活动形式，完善作风引领四个方面提出相应的策略建议，期望对大学生开展党建活动有所启发。

【关键词】高校学生党建；校园文化育人；引领作用

【作者简介】张鸿，西南财经大学马克思主义学院 2017 级硕士研究生；郑君，西南财经大学马克思主义学院 2017 级硕士研究生。

【基金项目】西南财经大学党建和思想政治教育研究课题"中国特色社会主义与党建工作研究专项"支持。

　　高等学校是培养国家优秀人才的基地和摇篮，基层党组织是党的基本理论、基本路线、基本方略贯彻落实的有效载体。在党的十九大报告中，习近平总书记明确提出："要以提升组织力为重点，把企业、机关、学校等基层党组织建设成为宣传党的主张、贯彻党的决定、团结动员群众、推动改革发展的坚强战斗堡垒，党支部要担负起直接教育党员、管理党员、监督党员的职责。"① 在第二十三次全国高等学校党的建设工作会议上，习总书记也提出要加强和改进高校党建，全面推进各项党建工作，办好中国

---

① 习近平. 决胜全面建成小康社会 夺取新时代中国特色社会主义伟大胜利 —— 在中国共产党第十九次全国代表大会上的报告 [N]. 人民日报，2017-10-28.

特色社会主义大学。高校党建活动是党建工作发挥重要作用的一部分，在培养时代新人中发挥着核心作用，决定着学生的政治方向、价值观取向、校园文化氛围的构建，新时代不断加强和改进高校党建活动，才能有效发挥基层党组织战斗堡垒作用，进行伟大斗争，建设伟大工程，推进伟大事业，实现伟大梦想。

一、高校党建活动在校园文化育人中发挥引领作用的重要性

校园文化育人主要通过构建校园文化环境、丰富校园文化内容、实施有效的文化育人载体等实现对师生的政治方向、思想道德建设、作风建设等方面的导向和引领。校园文化育人内容丰富，形式多样，包括以社会主义核心价值观为导向的精神文化、以校园环境和人文景观为主的物质文化以及以各种活动形式展现的制度文化。① 党建活动作为制度文化中的一种表现形式，具有引导党员学生发挥先锋模范作用、树立正确的思想观念和规范行为准则的作用，是校园文化育人中不可缺少的部分。高校基层党组织承担着发展党员、教育党员、管理党员、监督党员和服务党员的职责，党建通过"三会一课"、民主生活会、专题报告会、社会实践等活动形式对党员、预备党员和入党积极分子政治立场、价值取向、学习风气等方面进行引领，实现全员育人、全程育人、全方位育人。

（一）发挥党建活动在校园文化育人中的引领作用是坚持社会主义办学方向的客观要求

在全国高等学校思想政治工作会议上，习总书记指出培育社会主义事业建设者和接班人要坚持正确的政治方向。社会主义的办学方向就是要以马克思主义为指导，坚持党的领导，贯彻党的教育方针，用社会主义核心价值观教育学生，培育时代新人。高校党建为社会主义办学方向提供了基本保证。高校党建在校园文化建设中处于核心地位，党建活动是实现党建工作良好发展的载体，应发挥党建活动在校园文化育人中的引领作用，充分发挥党组织的政治核心作用和战斗堡垒作用，充分发挥党建工作政治上的引导性、文化上的包容性，调动师生积极性与主动性，营造和谐校园文化氛围。

（二）发挥党建活动在校园文化育人中的引领作用是应对当前复杂形势的现实需要

当今世界正处在大变革时期，全球化进程的加快使各国思想文化彼此交融。西方国家利用各种传播手段和途径渗透传播本国的价值观念，这些非主流文化对我国主流意识形态形成冲击，必须加以重视。从国内形势而言，我国正处在重要战略机遇期，出现了新的问题和情况。高校作为社会人才聚集地，担负着实现国家富强、民族复兴、人民幸福的时代大任，面对复杂多变的国际国内环境，应发挥高校党建活动在校园文化育人中的引领作用，引领师生坚定正确的政治方向，提高政治鉴别力和敏感性；将社会主义核心价值观融入日常生活，牢牢把握住意识形态主导权，防范西方非主流文化的渗透；加强作风建设，营造风清气正的校园环境，充分发挥大学生引领社会向前发展的主导作用。

（三）发挥党建活动在校园文化育人中的引领作用是实现高校科学发展的内在动力

党是领导一切的，高等教育的发展离不开党的建设。高校党建与高校发展有着共同的价值追求和导向，是高校贯彻落实习近平新时代中国特色社会主义思想的重要体

235

---

① 齐卫平. 论高校党建对校园文化的引领作用［J］. 学校党建与思想教育，2014（4）.

现。新时代更加强调培育德智体美劳全面发展的时代新人，不断推进"一流学校、一流学科"建设。随着社会环境的变化，学生群体对教育环境、教育内容和教育方式都有了更高的追求，应不断加强党的领导，通过高校党建活动有效载体实现对师生政治方向的引领，突出政治功能，强化政治引领；将党建内化于人才培养模式中，实现以党风带学风的和谐局面。将党建与高校科学发展融为一体，是积极响应党中央建设"双一流"、培育时代新人的重要举措。

二、高校党建活动在校园文化育人中发挥引领作用的调查概况

（一）调查目的

西南财经大学学生党建活动在党委领导下取得了可喜成绩，各项制度健全、制度建设到位，规范化程度高；并且形成了党建带团建的完整工作体系，成果斐然，增强了党建活动的成效，丰富了大学生校园文化。本次调查的目的是：进一步提升党建活动在校园文化育人中的引领作用，履行党建对党员的发展、管理、监督、服务等方面的职责，全方位了解大学生党建活动在学生政治建设、思想建设、学风建设和作风建设中发挥引领作用的现状、存在的问题，剖析问题产生的原因，以及提出相应的对策，不断提升高校党建活动质量，发挥基层战斗堡垒作用，培育高素质的时代新人。

（二）调查对象

本次调查的对象是：第一，在校大学生。以西南财经大学各学院、各年级的本科生和研究生同学为主要对象，调查和了解他们对于学校、学院开展的学生党建活动在政治思想引领、学风引领和作风引领方面的观点和看法。第二，学校党建指导中心的学生干部。访谈在西南财经大学党建指导中心工作的学生干部，了解开展大学生党建活动的现状。第三，校党建指导中心的教师。访谈学生党建工作指导教师，获得更多的资料和信息。

（三）调查方法

此次调研采用的是问卷调查和深度访谈结合两种方式。问卷调查分为线上和线下两种形式发放，回收问卷共计 1 000 份，有效问卷 980 份。其中，线上问卷共计回收 400 份，有效问卷 395 份；线下问卷分别为各学院分发 50 份，随机发放问卷 200 份，线下问卷共计回收 600 份，有效问卷 585 份。在问卷调查的基础上，还深入党建指导中心，与相关的教师和学生干部进行集体和个别访谈，详细了解大学生党建活动在校园文化育人中发挥引领作用的相关情况。

三、高校党建活动在校园文化育人中发挥引领作用存在的主要问题

通过调查和分析，结合我校学生党建活动在校园文化育人中发挥引领作用的实际，我们发现了以下四个问题：

（一）大学生党建活动"高大上"，政治引领待提升

作为马克思主义政党的传承者和传播者，讲政治是根本要求，高校党建要在具体实际中贯彻落实党的路线方针政策，加强基层组织建设，以提升组织力为重点，突出政治功能，强化政治引领，确保基层党组织方向正确。从调查问卷结果分析，在"您认为党建活动能否引领您更加坚定政治立场、政治方向、政治原则和政治道路"中，52.47%的同学认为能发挥引领作用，40.9%的同学认为比较能发挥引领作用，4.94%

的同学认为不太能发挥引领作用，1.69%的同学认为不能发挥引领作用。总体来讲，党建活动在政治建设中发挥了引领作用，但细化落实程度和成效有待进一步提高。

1. 党建活动内容注重贯彻落实党的路线方针政策，但细化落实程度不够

党的根本性建设是政治建设，决定了党建的方向和效果。党建活动着力宣传党的路线方针政策，始终与党中央保持一致，所开展的各项党建活动紧紧围绕相关会议精神，"学习十九大精神""学党章"等形成了系列教育活动，力争将党中央的各项会议精神落实到基层党组织。在具体的实施过程中，受各种其他因素的限制，只是对相关会议精神的大致内容进行了讲解，没有细化和深入理解各项政策的深层意义，对党员学习、生活的指导性较弱，学习深度有待加强。

2. 党建活动内容强调政治引领，但成效不显著

新的时代背景下，由于知识结构和自身经历的差异性，学生群体对党建活动提出了更高的要求，政治建设在学生的政治立场、政治方向的引领上更具挑战性。内容是事物存在的基础，党建活动内容紧密围绕党的各项决议和会议精神进行，内容丰富，但宣讲形式有待改进。调查发现，学生兴趣有待提高，对于相关会议讲话内容的精神实质解读不到位，而且会后未对老师所讲内容进行消化吸收，在政治引领方面难以收到良好的成效。

（二）大学生党建活动泛化，思想引领待提高

思想建设是党的基础性建设，高校是各种思想汇集的聚居地，应加强思想道德建设，实现正确思想引领，牢牢把握住意识形态工作领导权。有52.13%的同学认为党建活动对于坚定理想信念和树立正确价值观帮助非常大，30.79%的同学认为帮助一般，还有17.08%的同学认为没有帮助，党建活动思想监督和导向作用有待加强。

1. 党建活动理论宣传引导和思想监督不到位

基层党组织承担着发展党员、教育党员、管理党员、监督党员的责任和义务。随着知识结构和教育环境的变化，学生思想政治教育内容有所变化，更加注重各种活动的内容、形式和意义。思想层面上，更多注重社会主义核心价值观的有效作用，相对忽视了学生成长精神需求和其他方面的引领。高校党建活动中，许多学习都是根据上级的指示安排进行统一学习，采取宏大的爱国主义叙事方式，对于学生群体个人思想层面、发展层面的理论宣讲较少，对于学生复杂的入党动机和学生群体中不良思想的监督作用、引领作用有待提高，学生思想监督作用不太明显。

2. 大学生参加党建活动目的复杂化，导向作用不突出

党建活动是宣传贯彻落实党的主张、团结动员群众、推动改革发展的重要载体，具有组织群众、宣传群众、凝聚群众的作用。高校党建活动积极响应党的号召，围绕相关精神开展各种活动，民主生活会、"三会一课"、座谈交流等是高校党建活动的常用形式，举办活动的目的除了丰富组织生活外还有迎接检查或考评。参与活动的对象动机复杂化，并未从思想上真正理解各种党建活动的实质意义，良好的思想引导作用有待加强。

（三）大学生党建活动与学风建设"两张皮"，学风引领待强化

新时代要着力培养全面发展的社会主义建设者和接班人，高校作为培养人才的集聚地，必须大力加强学风建设，将党建活动与学风建设有机结合，实现以党风带学风的和谐局面。学生群体中45.39%的同学认为党建活动能够帮助他们深层次地了解党的

相关知识，党员干部在学习上发挥了先锋模范作用，在创建优良的学风氛围中发挥了重要的引领作用，但是其中存在部分学生对党建知识兴趣不浓厚、党建活动与学术科研契合度不高等问题，还有待加强和改进工作。

1. 党建活动与学风建设紧密度有待提高，学生学习党建知识兴趣不浓厚

高校党建与高校学风建设相辅相成，学风建设是高校党建的重要目标，党建为高校学风建设提供了保障。党建活动作为宣传党的路线方针政策的有效载体，本身具有学习了解时政的特点，通过系列党建活动带动学生学习意识。高校党建活动形式未能与学风建设相结合，宣传工作缺位，部分学生对党建知识和党建内容兴趣不太浓厚，并未形成长期学习党的相关知识的学风氛围，深入学习了解党的相关知识成效有待提高。

2. 党建活动与学术科研契合度较低

高校是人才培养基地，将党建活动自身具有的知识性与学术科研结合，实现以党建带学风的和谐局面是党建活动发挥引领作用的应有之义。高校党建活动的各种形式在学生学习和了解党的知识方面发挥了一定作用，高校党建课题学生参与度明显提高，但在参与课题人员范围上有着局限性；党建活动内容丰富，但部分内容的讲解缺乏学术性，学生深层次学习了解党的相关知识效果有待提升。

3. 党建活动对培养学生学习习惯、构建良好学习氛围的作用发挥不充分

党建活动作为有效链接党中央相关精神和学生群体的有效载体，自身具有以党风带学风的责任和义务。党建活动与专业相契合，通过党建活动，增加对党的知识、专业相关知识的深层次理解，带动学习氛围；通过党建活动了解党的相关知识，增加学生对党建知识的兴趣，带动学习意识。但高校党建活动程式化，活动形式缺乏新意，对于培养学生思考、创新的学习习惯影响小，对构建积极上进的学习氛围的作用有待提升。

（四）大学生党建活动缺活力，作风引领待完善

党团活动是高校党建的重要形式，起着龙头导向作用。"四风"包括形式主义、官僚主义、享乐主义和奢靡之风，实现高校党建的作风引领实质就是要避免形式主义，真正实现教育党员、管理党员、服务党员、监督党员、凝聚群众、服务群众的目的。有50.34%的学生认为党建能够引领学生形成优良作风，期望在活动持续度和活动形式上有所改进。

1. 部分党建活动未形成长效机制，易陷入形式主义误区

高校党建活动形式主要包括"三会一课"、民主生活会、社会实践等，内容丰富，形式多样，活动契合当时相关文件或会议精神，迎合潮流，在活动开展之时隆重热烈，参与度较高，但活动结束之后就无人想起，并未形成长效机制，持续度有待延长。例如为深入贯彻落实党的十九大精神，高校掀起了学习十九大文件、践行十九大指示热潮，以宣传演讲、社会实践等形式力争做到学深悟透。一旦浪潮减弱，活动目标便发生更改，活动持续性较差，效果大打折扣，易陷入形式主义误区。

2. 党建活动创新性有待提升，引领效果欠佳

党团活动是高校党建的重要形式，起着导向作用。高校党建活动形式多、频率高，围绕党中央的相关政策或者决议指示进行，文件多、活动多，开展活动的目的除了丰富学生生活还要参与考评，活动较多沿用流传下来的固定形式，并没有根据互联网的

发展、学生的特点创新更多的活动形式，很大程度上没有真正解决学生的实际问题，作风引领效果不明显。

在"您认为哪些党建活动更能引领学生更加坚定理想信念、践行社会主义核心价值观"（可多选）中，认为党内生活或党组织活动更能发挥引领作用的占比为62.58%，社会实践占比为77.3%，专题讲座占比为38.43%，党课占比为33.82%，参观红色教育基地占比为66.63%，其他类包括通过党建带团建、警示教育、思想政治理论课等形式发挥引领作用。新时代要不断创新改进党建活动内容和形式，开展适合当代大学生思想行为特点的高质量党建活动。

四、促进高校党建活动在校园文化育人中发挥引领作用的建议

（一）构建以政治建设统领大学生党建活动的运行机制，提升政治引领

基层党组织政治引领作用的概念，是通过政治思想引领，凝聚政治共识，增强"四个意识"，达到对党的理论和路线方针政策的认同。[①] 大学生党建活动发挥政治引领作用必须要通过宣传党的路线方针政策、深入学习党的理论知识，提升政治素养，凝聚政治共识。

1. 加强大学生党支部政治建设，建设坚强的战斗堡垒

党的十九大报告要求"坚定不移坚持党组织的政治建设、思想建设、组织建设、作风建设、纪律建设"[②]，特别强调政治建设是党的根本性建设，这也是首次将政治建设摆在首位。除了常态化的政治理论学习，还需要加强党支部体制机制建设，要从领导、工作、考核、激励等体制机制方面不断健全和完善、创新党建工作。另外，还应该着力构建强化政治领导力的学生党员干部素质与能力提升机制。坚持正确的选拔机制，把好干部入口关。所选拔的党员干部必须具备坚决拥护党的领导、坚决维护党中央权威、工作能力强、强烈的责任意识等素质，并落实对学生干部的经常性教育与考核制度。坚持落实"四个意识"的培养，着力提升政治领导力，增强学生干部的政治本领。[③]

2. 改进政治理论学习方式，提升学习效果

深入学习党的理论，用党的理论武装自我，增强"四个自信"，才能用政治理论指导实践，并将理论知识转化为实践。大学生党支部的理论学习活动主要是专题讲座、撰写心得体会等，形式单一且容易流于形式，其实并未得到深刻的党性教育与灵魂洗礼，学习效果甚微。为了增强政治理论学习效果，各学院、各党支部应该利用支部特色，充分发挥主观能动性，创新活动形式，有针对性地开展学习活动并提出相应的要求。对于本科生而言，学生党支部通过"一图读懂""关键词""素质拓展"等方式组织学习，将学习与实践相结合，增添其生动性和趣味性。研究生理论深度要求较高，研究生党支部应通过设置相应的课题项目，鼓励研究生将其与自己的专业学习相结合进行深度学习，在研究的过程中将政治理论知识学扎实，做到"真学""真悟""真懂"。

---

① 虞云耀. 发挥好基层党组织的政治引领作用 [N]. 中国组织人事报，2015-10-16（6）.

② 习近平. 决胜全面建成小康社会 夺取新时代中国特色社会主义伟大胜利 —— 在中国共产党第十九次全国代表大会上的报告 [N]. 人民日报，2017-10-28.

③ 陈秋生. 坚持以政治建设统领高校院系党建工作 [J]. 思想理论教育，2018（1）.

（二）用新时代中国特色社会主义思想武装党建活动，注重思想引领

1. 理想信念教育常态化、制度化

新时代高校党建工作要把坚定理想信念作为党的思想建设的重要组成部分以及战略任务，制定相应的制度辅助落实，协同高校思想政治课教师将教育范围扩大至非党员群体，帮助大学生树立起共产主义远大理想和中国特色社会主义共同理想，提高思想引领效果。理想信念教育的内容应围绕世界观、人生观、价值观这个"总开关"的问题，将社会主义核心价值观的教育贯穿于党建工作的全过程、贯穿于思想政治教育的全过程，贯穿于育人的全过程，引导大学生党员与团员深入学习党的十九大以及习近平新时代中国特色社会主义思想，落实"两学一做"常态化教育。以党建活动为载体开展理想信念教育，创设平台与环境，让学生深入学习，丰富学习形式，通过专家解读、心得分享、参与实践等形式开展系列学习活动，通过相关媒介宣传工作渗透学习，引导大学生自觉成为中国特色社会主义共同理想的信仰者和践行者，为实现中华民族的伟大复兴不懈奋斗。

2. 适应个体思想新变化，实现精准引领

党建工作若采取宏大的爱国主义叙事方式，就会与青年个人发展脱节，因此，大学生精神世界的诉求应该成为党建工作的着力点。忽视个体需求，单纯地完成党建工作的任务，党建活动的效果引领就会大打折扣。应该在坚持正确思想指导的前提下，鼓励大学党建活动丰富化多样化，除了对党和国家路线方针政策的学习之外，丰富多样地开展心理咨询辅导、法纪教育等方面的活动，帮助当代大学生进行自我教育，树立正确的观念，摒弃错误的观念，帮助大学生丰富自己的生活，形成党建活动对大学生思想的全方位引领。

3. 创造性运用新媒介、新载体发挥引领作用

党建要牢牢把握住意识形态的领导权，注重正确价值观的引导，因此，大学生党建工作在校园文化建设中发挥思想引领作用应从多种媒介、多种载体入手，大力提升育人的效果。在微时代的背景下，大学生党建工作的思想引领主要以借助微信、微博、QQ等线上方式为主，传单、展板、海报等线下方式为辅，特别是微信在当今时代的普及率非常高，应该充分利用微信群、微信朋友圈以及微信公众平台传播正能量，进行及时的思想政治教育，达到"润物细无声"的效果，引导大学生群体自觉践行社会主义核心价值观，在阅读与转发的过程中弘扬正能量。

（三）实现党建活动与学习有效互动，强化学风引领

高校基层党组织开展的相关活动与高校的学风建设密不可分，应把大学学风建设贯穿于高校党建工作的各个环节。一方面，党建为学风建设把控方向，为指导学风建设起引领作用；另一方面，学风建设也是党建的重要载体和途径。因此，党建工作应该与学风建设有效互动，并且将党建工作贯穿于学风建设的全过程，实现当代大学生的全面发展，助力高校践行教育目标，完善教育功能，包括进行思想政治教育和实现立德树人，为中国特色社会主义事业培养合格的建设者和接班人。

1. 拓宽党建工作与学风建设的互动方式，在工作部署上达到统一

党建的主题是对大学生进行理想信念教育、党的理论教育和党性修养教育等，学

风建设的主题是对大学生的世界观、人生观、价值观进行思想政治教育。① 这表明二者在主题上和目的上不谋而合，具有一致性。因此高校党建工作要注重探索发掘二者的交叉点，在工作部署上将二者很好地结合起来，提升高校党建工作的效果，丰富学风建设的形式和内容；另外，在高校的大环境下，党建工作与学风建设也存在主体上的重合，因此，大学生党建活动要充分考虑这些一致性的因素，以党建工作为着力点，结合党建工作与学风建设开展活动，拓宽党建工作的范围，深化学风建设的力度，让党建工作与学风建设双向互动，相互促进。

2. 搭建党的理论知识与专业学习的桥梁

大学生党建活动容易与校园学风建设脱节，党建活动一味偏向党的理论知识的学习。事实上，党的理论知识与社会生活的各方面息息相关，党的理论知识的学习与专业的学习不是割裂的，用专业的角度可以解读出很多深意，拓宽学习面、拓展学习深度。这就要求高校基层党组织发挥主动性和积极性，设置一系列党建课题，以多种形式鼓励同学们加强党的理论知识的学习，提升理论修养和政治素养。

（四）创新党建活动形式，完善作风引领

1. 把控党建活动的数量与质量，避免形式主义

高校基层党支部应把控好党建活动的张力，高校基层党组织在开展党建活动时应该实际考察学生的学习与生活。党建活动过多会造成学生党员负担重，党建活动效果不明显，党建活动过少则不足以发挥出党建在校园文化育人中的引领作用。因此，就需要合理安排党组织生活，丰富党建活动内容与形式，努力做到规定动作做到位、自选动作做出彩。

2. 发挥党员的先锋模范作用，让党建活动引领生活作风和工作作风

发挥高校党员先锋模范作用，集中表现在贯彻执行党的路线、方针、政策，在学习生活的各个方面起带头作用，发挥好桥梁作用。② 因此，这就要求党员在日常生活中以更高的标准要求自己，加强作风建设，养成勤俭节约的生活作风和戒骄戒躁的工作作风，做好榜样示范。要求党支部严把党员入口关的同时，加强党员的日常教育培训，同时严格落实好党员民主评议制度，落实党员考核，促进党员完善自我，提升本领。这不仅是党组织对高校党员的基本要求，也是高校党员保持先进性、发挥先锋模范作用的必然要求。

（编辑：李怀）

① 王嫣. 论高校党建工作与学风建设的有效互动 [J]. 学校党建与思想教育，2015（6）：22-24.
② 苏晓敏. 学生党员在学风建设中的引领作用机制探究 [J]. 重庆与世界（学术版），2015（7）.

新时代大学生志愿服务工作创新研究

钟 鑫 乐 雅

【摘要】新时代赋予了高校志愿服务工作新内涵，国家对高校志愿服务工作越来越重视。在外部环境牵引与志愿者内生动力驱动下，高校志愿者队伍在逐渐壮大，这对高校志愿服务工作提出了新要求。而高校志愿服务工作现实表现与新时代的要求悄然出现矛盾，在活动中出现了志愿者对志愿活动内涵认识不足，志愿活动内容和形式同质化严重，志愿者管理和激励机制缺乏系统性，志愿者培训体系不健全和志愿者服务保障机制不完善等问题。结合上述问题，本文有针对性地提出建议，为优化大学生志愿服务工作现状提供建议参考。

【关键词】大学生志愿服务；新内涵；创新研究

【作者简介】钟鑫，西南财经大学工商管理学院讲师；乐雅，西南财经大学工商管理学院 2017 级硕士研究生。

近年来，我国多地开始逐渐加强实施高校学生志愿者教育工作，目的是提高当代大学生志愿者的服务质量，提高大学生志愿者素质。2015—2016 学年中的 105 所高校《高校志愿服务总体状况调查问卷》的统计结果表明，注册成为志愿者的学生在全部在校生中的占比达到了 62%。2015—2016 学年累计参加志愿服务为 1 857 934 人次，累计志愿服务时长逾 8 599 506 小时（人均约 7.27 小时）。84.76% 的大学生表示参与过志愿服务。在这 105 所高校中，有 79 所高校关于"共青团员占注册志愿者总数的比例"一题的问卷填写结果是有效的，其中，有 67 所高校占比达 90% 以上。此外，从高校志愿服务组织的数量来看，数据显示，在 2015—2016 学年活跃的社团共计 8 840 个，其中志愿服务类社团 354 个，志愿服务类的学生社团已经占到了学生社团总数的 15.32%。[①] 习近平总书记在十九大报告中指出，"推进诚信建设和志愿服务制度化，强化社会责任意识、规则意识、奉献意识"。由此可见，对高校大学生志愿者这一群体和高校志愿服务培训模式深入研究有较强的现实意义。

一、新时代志愿服务工作的新内涵

新时代给予志愿服务更多发展机遇，同时也赋予志愿服务更新的内涵，无论是共青团中央、教育部的相关政策支持，还是习总书记的殷切关怀，以及脱贫攻坚的国家战略，

---

① 赵少华，王华琳. 新时期高校志愿服务发展的机遇、挑战与对策 [J]. 中国青年研究，2017（12）：38-44.

志愿服务组织和志愿者所主导的社会力量已经进入到官方的视野，成为社会的潮流。

自共青团中央于 1993 年 12 月发起实施中国青年志愿者服务工作以来，教育部相继出台了一系列文件，用于指导、规范教育系统的志愿服务工作。2009 年，教育部出台《教育部关于深入推进学生志愿服务活动的意见》，从体制机制上对各级各类学校开展志愿服务活动进行统筹和规范。2012 年，教育部等 7 部门联合印发《关于进一步加强高校实践育人工作的若干意见》，进一步明确了志愿服务工作是推进实践育人的重要途径。2014 年，教育部联合团中央出台了《关于在各级各类学校推动培育和践行社会主义核心价值观长效机制的意见》，明确提出要建立健全学生志愿服务体系、评价体系和保障体系，推动学雷锋志愿服务常态化。党的十八届三中全会指出，要激发社会组织活力，支持和发展志愿服务组织。青年志愿者在我国重大活动服务、环保服务、扶贫服务及社区服务中发挥了越来越重要的作用。习近平总书记说："青年一代有理想、有本领、有担当，国家就有前途，民族就有希望。"① 而青年志愿服务恰恰是最能培育和践行社会主义核心价值观的途径之一。大学生作为接受过高等教育、掌握专业知识技能的特殊群体，正逐渐成为青年志愿者的主力军。随着时代的发展，大学生志愿者自身、服务对象及服务内容也在发生着变化，对志愿服务的认识也发生了很大的改变。经过 20 多年的发展，高校志愿服务无论是组织机制建设、志愿服务岗位开发，还是志愿者招募培训、志愿服务表彰激励、志愿者权益保障等方面，都已经初步探索和培育出一系列行之有效的模式。而各个志愿活动组织在逐渐做大做强，完善自我，紧跟时代步伐的同时，客观上也在不断推动志愿活动朝着更好的方向发展。

另外，从 2013 年《中共中央、国务院关于打赢脱贫攻坚战的决定》开始，到《志愿服务条例》的颁布和执行，都印证了志愿服务组织和志愿者所主导的社会力量不仅已经进入到官方的视野，同时也已经成为现代社会治理体系尤其是民生与社会保障事业的重要组成部分。② 党和国家的政策对于志愿者在扶贫工作中发挥作用的日益重视，体现了扶贫工作的观念进步。从原来仅仅是资金、物资的扶持，转向对贫困人口全面发展的帮助；从原来解决"一时之忧"的问题到提供长期发展生产、改善生活的帮助；从原来满足贫困地区群众简单的需求到努力满足他们共建共享共治美好生活的愿望。这些都是对志愿服务组织和志愿者调动多样化社会资源，从多角度、多层次帮助贫困群众提供的强有力的制度支持。

志愿服务参与脱贫攻坚，是对政府一系列精准扶贫措施的有益补充，是社会力量多元参与社会治理的有效体现。③ 综合中西方志愿服务发展经验，志愿服务往往充当两类角色：一类作用是查漏补缺，即作为与政府相区别的"民间支持"，可以有效规避或补充政府工作的不足，对现有政策进行监督、反馈，并以及时有效、灵活多变的方式加以补充。另一类作用就是体现社会自我治理的自发性。志愿服务组织化是社会力量参与社会治理的基础，在脱贫攻坚工作中，"补血"是暂时的，城乡社区居民脱贫能力提升才是关键。

---

① 习近平. 决胜全面建成小康社会 夺取新时代中国特色社会主义伟大胜利 —— 在中国共产党第十九次全国代表大会上的报告 [M]. 北京：人民出版社，2017.

② 国务院法制办公室. 志愿服务条例（征求意见稿）[EB/OL]. [2016-05-06]. http://zqyj.china law.gov.c/readmore？listType＝1&id＝1093.

③ 李芳，谭建光，张晓红，等. 志愿服务如何增力脱贫攻坚战 [J]. 中国社会工作，2018（7）：20-21.

总之，新时代给志愿者活动赋予了新的内涵，也对志愿活动提出了两方面的新要求。第一个层面是基层政府对志愿服务的系统政策与制度支持。完善相应的政策制度，弥补在顶层设计上的不足，才能有效组织引导志愿服务的开展。第二个层面在于志愿服务自身，志愿服务科学化、组织化和精准化是新时代志愿者要达到的要求。专业的服务技能配合社会基金和社会服务组织的有效支持，充分利用民间志愿资源，整合项目运作机制，培育孵化社会组织，才能进一步实现专业化的运营，更好地发挥志愿服务资源的效能。

二、当前大学生志愿服务中存在的问题

当前，青年志愿者活动围绕党政中心工作创造了一种较新的有效的组织化动员与社会化动员相结合的机制和方式，成为当代中国青年所喜爱和接受的新的精神时尚。其中具有代表性的高校志愿服务活动有暑期"三下乡"社会实践、高校志愿服务西部计划、大型赛会服务。但是，大学生高校志愿服务在蓬勃发展的同时也存在不少问题。例如，学生对志愿活动的内涵认识不足，志愿者组织管理制度不健全，志愿活动激励政策不完善和志愿活动内容与形式同质化严重等问题，在一定程度上制约了志愿者活动有序开展和健康发展，也反映出当前对志愿活动的理解与新时代志愿者活动的内涵还存在偏差，与新时代对志愿者活动的要求也还有一定的差距。

（一）对志愿服务的内涵认识不足

志愿服务精神是志愿服务工作的核心，它是一种公益的、利他与利己相结合的精神，体现了志愿服务的价值所在。[①] 早在 2012 年 11 月，党的十八大就明确提出"深化群众性精神文明创建活动，广泛开展志愿服务，推动学雷锋活动、学习宣传道德模范常态化"的新要求，要求我们必须以社会主义核心价值观为根本，以弘扬志愿服务精神为核心，立足于更好地满足人民精神需求、增强人民精神力量、丰富人民精神世界，开展人民群众便于参与的志愿服务活动，推动志愿服务由以青年为主体的相对松散的、偶尔的阶段性活动，向全社会成员共同参与的经常性、规范化的活动转变。在我国，志愿服务事业和我国国情紧密相连，不可分割，志愿服务文化也与时俱进，随着时代变化、国家发展呈现出阶段性变化的特点。[②] 然而相当一部分大学生并不是很了解志愿服务文化，甚至还没有形成相关的基础概念。他们片面地隔断了志愿服务与文化之间的无缝连接和有机结合，主观臆断地认为志愿服务仅仅是一种活动，并没有将其升华为一种文化。

另外，值得警惕的是，部分大学生志愿者的志愿服务动机过于功利化，将志愿服务仅仅看作是拿学分、拿奖学金以及评优的跳板，不去体会志愿服务给自身带来的价值以及为社会创造的价值。对于这种动机不纯的情况必须警惕，它会让大学生志愿者将志愿服务当作获取自身利益的某种工具，不仅不会认真地考虑志愿服务对于自身的价值，也不会顾忌服务对象的感受，结果就是为了志愿服务而志愿服务，将志愿服务活动变成走秀场，服务项目流于形式。这些现象都充分反映出大学生志愿者对志愿服务内涵的认识不足。

---

① 张玉立，张玲玲. 当代大学生志愿者活动存在的问题及对策 [J]. 教育现代化，2017，4（4）：102-103.
② 林波. 志愿服务的高度 [J]. WTO 经济导刊，2014（10）：3-4.

（二）志愿活动的内容和形式同质化严重

高校志愿服务大有可为，大学生志愿者在西部计划、扶贫济困、助老助残、教育援助、社区建设、环境保护、大型赛会、关爱农民工子女等很多项目中都能积极参与并发挥价值。目前，全国近千所高校开展的志愿服务项目数量达到数十万个，但是这些项目几乎全部集中在几大类项目之中。各高校开展的志愿活动受地域限制，大多在所属区域进行志愿服务，可以参与的活动种类很有限，部分标榜"创新"的项目，也无非是项目名称与服务地点的差别，项目内容大同小异，项目同质化倾向十分严重。以高校暑期志愿服务项目为例，各个高校暑期几乎都无一例外地开展暑期大学生支教项目，有些学校一个暑假就能派出上百支支教志愿服务小分队。农村地区固然需要教育资源的充实与补充，但是部分农村贫困地区同一时期内就要接待来自全国不同地区的好几支志愿服务队伍，而且这些志愿服务队伍的活动形式、活动内容千篇一律。这种"爱心"不仅造成了资源的极大浪费，也给当地老百姓的生活造成了困扰。

（三）管理和激励制度缺乏系统性

目前，部分志愿者组织具有行政化管理的色彩[1]，负责人大多来自行政指派，其强制性易打击志愿者的主动性、创造性和积极性。部分学生志愿者社团缺乏制性约束措施，组织结构不稳定，管理松散，在服务实践活动中缺乏活动的整体规划，不能保证志愿者活动的有序和稳定开展。这些问题的存在也反映出某些高校对大学生志愿者活动并不重视，使得志愿者活动流于表面，难以实现高质量的志愿者服务实践活动。

另外，志愿服务激励制度存在缺失。大学生志愿服务的激励方式主要以精神鼓励为主，部分高校也有荣誉式激励、有偿式激励和专业实践锻炼激励。但是现有的激励方式效果不够显著且机制不完善，比如荣誉的评选没有详细指标，没有对大学生志愿服务团队给予足够的重视与指导、没有对大学生志愿者的信息归档整理，缺少志愿者在志愿服务过程当中的记录与监督，也没有建立相应的激励机制等。合理激励机制缺失的后果就是直接导致了大学生志愿服务的热情不高，影响了志愿服务的质量与效率。

（四）志愿者培训体系不健全

大多数志愿者服务活动都缺乏专业的志愿者培训，培训内容没有体系，实际性、理论性较低。很多培训内容与实际需求不匹配，更有部分只注重形式而不注重服务能力水平好坏，只是临时的突击指导，不能达到为他人服务的目的，对于志愿者自身也没有实质性提升。许多志愿者组织对大学生专业知识、服务要求进行考核，而缺乏对价值观、道德感、服务礼仪、募款能力水平等方面的培训。例如，扶贫支教服务，它除了需要具备教学方面的知识、技能和经验，还需心理学、礼仪、沟通等方面的专业知识。支教活动中，志愿者们常常遇到很多尴尬局面，比如有的志愿者不懂孩子们的心理，不懂得正确引导和尊重孩子们，导致讲课方式简单，对孩子们的意愿毫不在意的情况出现。

（五）志愿服务保障机制不完善

志愿服务活动作为一项利国利民的社会公益事业，应当贯彻依法治国和构建社会主义和谐社会的基本要求。现有法律法规的规定过于笼统，缺乏可操作性，没有有效的解决措施，导致在大学生志愿者权益保障方面常常出现"无法可依"的尴尬局面。

---

[1]　孟超慧. 加强大学生志愿者服务组织管理 [J]. 现代交际，2017（5）：111-112.

一直以来，许多志愿活动特别是大学生志愿服务活动，很大程度上是靠志愿者个人的热情和积极性来支撑。可随着越来越多的大学生志愿者的加入，在其参加志愿者活动的过程中问题层出不穷。因此，保障机制就显得尤为重要。然而，我国志愿服务目前的相关法律制度还比较欠缺，存在着志愿者的权利和义务不明确、志愿组织成员与服务对象法律地位不清晰等问题，对于志愿者所面临的风险管理也不能给出完善的对策。[①] 通常情况下，大型活动会为志愿者办理保险，但是小型的日常活动一般很少为志愿者办理保险，这些小型活动多是志愿者自发组织的，没有安全保障，在发生意外事故后，志愿者无法享受自己应有的权利。这些问题的存在打击了志愿者服务的积极性，降低了志愿服务项目的社会效益。

三、新时代志愿者服务工作的 STIR 模式

随着时代的发展，志愿服务活动需要不断与社会发展方向相结合，而这种结合背后有两种推动力在起作用。其中一种是外部环境的牵引力。在国家发展的大背景下，政府不断出台新政策、新法规支持志愿者服务工作的发展。为了响应国家的号召，社会和高校也在积极做着努力。社会工作中需要志愿者的加入，高校志愿者作为志愿者主要群体也在积极迎合社会的需要。三方的不断努力是推动志愿者活动发展的重要动力。另外一种就是志愿者的内生驱动力。高校志愿者组织自身寻求更好的发展，想要将组织做大做强；大学生志愿者想要通过志愿者服务活动接触并学习新事物，从而提升自身能力与见识，自身发展的内驱力也是一种不可小觑的力量。[②] 在外部环境牵引与志愿者内生动力驱动下，新时代对志愿者活动提出了新的要求，针对我国大学生志愿服务工作中普遍存在的志愿者对志愿活动的内涵认识不足、志愿活动内容和形式同质化严重、管理和激励机制不完善、对志愿者的培训不足等问题，可以通过打造信息共享平台、完善管理制度（S），加强培训（T），活动创新（I）和完善保障制度（R），构建一种更加科学和规范的志愿者服务模式（见图 1），解决目前志愿者服务活动中存在的问题。

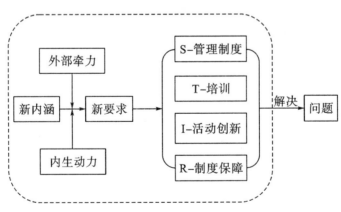

图 1　志愿服务 STIR 模式

---

① 胡佳丽，李恬原. 新时期大学生志愿服务参与机制研究——以浙江高校为例 [J]. 统计与管理，2017（12）：131-132.

② 赵思齐，王新宇. 大学生志愿服务动机研究——基于需要层次理论视角 [J]. 北京教育（高教版），2018（Z1）：150-152.

（一）构建"政府—社会—高校—志愿者"信息共享平台，完善组织管理制度（Systematization）

政府、协会、高校要做好全国注册志愿者工作的规划、协调和指导的工作。其中，高校要设置科学的组织结构，可以通过设置领导层和管理层的方式进行管理。在管理的过程中，领导层负责对大学生的志愿活动进行整体的规划，建立科学的管理制度，包括大学生服务组织档案管理、服务实践活动的考评与激励、志愿组织的审批、注销以及志愿者服务实践活动的探究等，对高校志愿者的职责和基本权利进行规范化、制度化。

建立电子化信息登记和社会评价监督制度，建立并完善志愿者基本信息数据库，为开展志愿者活动提供坚实的人员配备基础。将自律化的主动创造性和行政化的强制执行力相结合，合理维持两者之间适度的弹性，在约束志愿者的同时充分发挥其在志愿活动中的服务作用。对于具有授权的志愿者组织也要履行注册登记制度。通过登记志愿者的信息，累积服务的类型和时间，对相关服务可以进行优先的和有针对性的指派，同时也可将其作为一种奖励依据。通过评价监督制度，对于服务态度不佳、随意脱离组织的人员可以进行一定的教育和惩戒，从而加强对志愿者的管理，增强其稳定性。

（二）强化专业技能培训工作，提升志愿者的获得感（Training）

强化志愿者的培训工作，提供专业系统的培训。志愿者组织要积极引导志愿者理性地看待自己的优缺点，选择适合自己的志愿服务项目，帮助他们提高服务技能、科学文化素质以及思想道德素质，培养良好的行为习惯，在通过志愿服务关爱他人、服务社会的同时，也让自身成长为国家的栋梁。

完善大学生志愿活动的培训制度，依据培训需求，运用科学的培训方法、规划培训进程有序开展，重视培训内容，加强宣传力度，提升志愿者的获得感。政府、媒体要加大对志愿服务组织、公益活动的宣传力度，可以在全社会范围内营造一种志愿服务氛围。在一些需要专业技能的领域，更应该加强对大学生志愿者的培训，比如在精准扶贫的志愿活动中，因为致贫的原因众多从而形成了相互联系的系统，更加需要培养一批专业志愿者和技能志愿者参与扶贫工作。在志愿服务开始前，有效的培训和综合性方案的制定，能够加深大学生对相应志愿服务的了解，培养大学生进行志愿服务时的自信心，从根本上激发大学生参与志愿服务的强烈愿望，提升志愿者的获得感。

（三）完善志愿者工作的法律法规，用制度保障志愿者权益（Laws and Regulations）

科学合理且具有可行性的法律体系是大学生志愿者服务顺利实施的基本保障。科学的制度保障、法律法规要求高校志愿服务运行单位，必须统一按规定办理大学生志愿者的意外事故保险和其他特殊保险项目，通过逐步完善高校志愿服务体系，确保大学生志愿者在相对明确的分工下各司其职。除此之外，还需要逐步完善大学生志愿者的培训、考核、选拔和奖罚等管理机制，与法律政策体系共同形成一套完整的大学生志愿服务运行机制，确保大学生志愿者服务活动的实施有法可依。

完善的激励机制是志愿者服务活动发展的加速器。[①] 激励机制的核心要求是激发主体的内在需求。大学生志愿者服务激励机制应该以引导大学生具有服务社会、乐于奉

---

① 付婷婷. 高校大学生志愿者服务长效机制构建的思考［J］. 教育教学论坛，2016（17）：9-10.

献、关爱他人、和谐共生的道德意识为主要方向，采取多种有效的激励方式来满足不同的心理需求，激发大学生志愿者参与的热情和积极主动性。

（四）创新服务形式和内容，开拓志愿服务活动新领域（Innovativeness）

大学生志愿者年轻有朝气有活力，愿意探索新事物，愿意亲身实践走入社会。高校志愿服务创新应与大学生自身的特点相结合，与我国当前社会主义建设的伟大实践相结合，在"新常态""一带一路""互联网分享"等领域把握志愿服务逻辑，探索志愿服务开展的方式方法、依赖路径，用志愿服务架起大学生接触社会、服务社会的桥梁，结合高校办学特色，创新志愿服务内容，开展深受大学生欢迎、能够更好服务社会的志愿服务活动。另外，各大高校应该将地区或者学区联合起来，整合志愿服务资源，取代各自为政的现状，建立高校间的联合平台，实现资源的共享与合理分配，增加大学生志愿者服务活动的选择，为大学生提供丰富的机会，促进学生间的交流合作，不断扩大大学生志愿活动参与领域。

参考文献

［1］赵少华，王华琳. 新时期高校志愿服务发展的机遇、挑战与对策［J］. 中国青年研究，2017（12）：38-44.

［2］习近平. 决胜全面建成小康社会 夺取新时代中国特色社会主义伟大胜利——在中国共产党第十九次全国代表大会上的报告［M］. 北京：人民出版社，2017.

［3］国务院法制办公室. 志愿服务条例（征求意见稿）［EB/OL］.［2016-05-06］. http://zqyj.china law.gov.c/readmore? listType=1&id=1093.

［4］李芳，谭建光，张晓红，等. 志愿服务如何增力脱贫攻坚战［J］. 中国社会工作，2018（7）：20-21.

［5］张玉立，张玲玲. 当代大学生志愿者活动存在的问题及对策［J］. 教育现代化，2017，4（4）：102-103.

［6］林波. 志愿服务的高度［J］. WTO经济导刊，2014（10）：3-4.

［7］孟超慧. 加强大学生志愿者服务组织管理［J］. 现代交际，2017（5）：111-112.

［8］胡佳丽，李恬原. 新时期大学生志愿服务参与机制研究——以浙江高校为例［J］. 统计与管理，2017（12）：131-132.

［9］赵思齐，王新宇. 大学生志愿服务动机研究——基于需要层次理论视角［J］. 北京教育（高教版），2018（Z1）：150-152.

［10］付婷婷. 高校大学生志愿者服务长效机制构建的思考［J］. 教育教学论坛，2016（17）：9-10.

（编辑：敬狄）